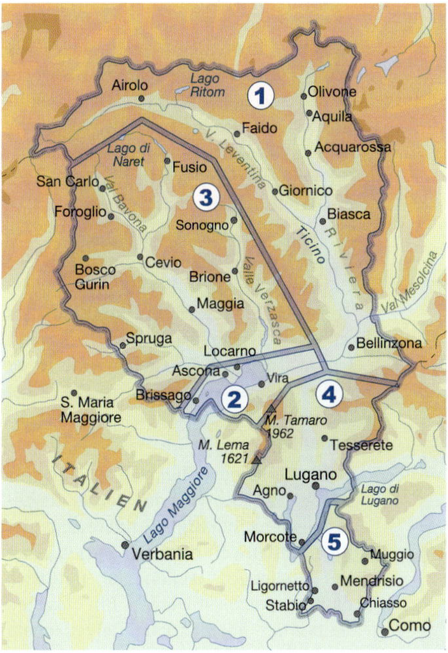
Airolo
Lago Ritom
1
Olivone
Aquila
Faido
Acquarossa
Lago di Naret
Fusio
V. Leventina
San Carlo
Val Bavona
Giornico
3
Foroglio
Biasca
Sonogno
Ticino
Riviera
Val Mesolcina
Bosco Gurin
Cevio
Brione
Valle Verzasca
Maggia
Spruga
Bellinzona
Locarno
Ascona
Vira
S. Maria Maggiore
Brissago
2
4
M. Tamaro 1962
M. Lema 1621
Tesserete
ITALIEN
Lugano
Agno
Lago di Lugano
Lago Maggiore
Morcote
5
Verbania
Muggio
Ligornetto
Mendrisio
Stabio
Chiasso
Como

Unterwegs mit

Marcus X. Schmid

Geboren und aufgewachsen in der Schweiz, im etwas öden Mittelland zwischen Zürich und Bern. Der fehlende Blick aufs Matterhorn oder in die Sonnenstube Tessin hat seine spätere Reisetätigkeit erheblich begünstigt. Studium in Basel, in Erlangen und im damaligen Westberlin, dort selbst die akademischen Weihen in Germanistik, Komparatistik und Politologie empfangen. Lebt und arbeitet freiberuflich als Autor und Übersetzer in der französischsprachigen Schweiz.

In meiner Schulzeit war eine Fahrt ins Tessin stets ein bisschen wie eine Fahrt nach Italien. Man testete im Tessin seine Italienischkenntnisse und freute sich, wenn dank der paar Sprachbrocken der Rotwein tatsächlich auf den Tisch kam. Von Wein verstanden wir natürlich alle nichts, die Qualität interessierte uns nicht die Bohne. Die Hauptsache war das Bild: Man saß im Grotto und trank Wein. Noch angenehmer war das Dolcefarniente, wenn wir hörten, dass es zuhause in der Deutschschweiz regnete, während im Tessin die Sonne schien – wie in Italien.

In späteren Jahren reiste ich oft von Italien in die Schweiz ein. Nach der Grenze fiel mir als Erstes auf: Ob Toiletten, Bahnhöfe oder Straßen, alles ist ein bisschen sauberer. Und wenn ich mit der Bahn nachhause fuhr, so stellte ich erleichtert fest: Die Züge fahren wieder pünktlich – wie überall in der Schweiz.

Die Tessiner fühlen sich zur Schweiz zugehörig, aber von der Berner Regierung vernachlässigt. Andererseits ist ihnen Milano oft näher als Zürich. Aber mit Italienern wollen sie natürlich nicht verwechselt werden. Ein bisschen Italianità, aber unter helvetischem Dach. Eigentlich könnten sie Brückenbauer zwischen den Kulturen dies- und jenseits der Alpenkette sein. Darüber denke ich am liebsten bei einem Boccalino Rotwein nach – am Granittisch im Grotto.

Was haben Sie entdeckt?

Haben Sie ein gemütliches Grotto entdeckt, eine freundliche Unterkunft oder den besten aller Badestrände? Wenn Sie Ergänzungen, Verbesserungen oder Tipps zum Buch haben, lassen Sie es uns bitte wissen!

Schreiben Sie an: Marcus X. Schmid, Stichwort „Tessin"
c/o Michael Müller Verlag GmbH | Gerberei 19, D – 91054 Erlangen
mxs@michael-mueller-verlag.de

Tessin

Marcus X. Schmid

komplett überarbeitete und aktualisierte Auflage 2023

Inhalt

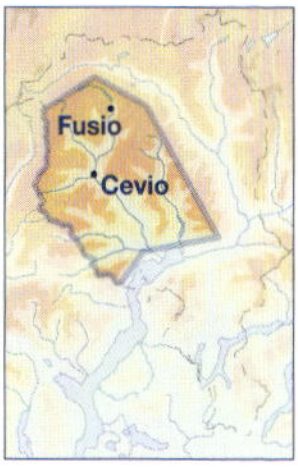

Das Hinterland von Locarno ist eine gute Alternative zum Seetourismus. Erfrischende Flussbecken laden zum Schwimmen und Plantschen ein, und ganz oben, im Onsernone, sprudelt warmes Thermalwasser in eine winzige Badekammer. Für Wanderer ist das Gebiet vorbildlich erschlossen.

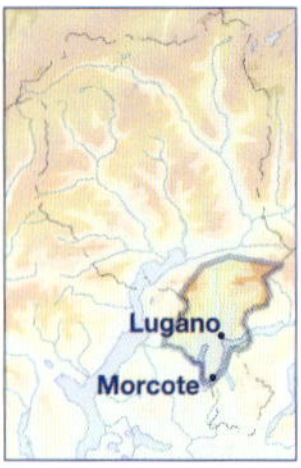

Das Luganese ▪ 146

In Lugano herrscht reges Leben, Touristen durchstreifen die Altstadt mit ihren zahlreichen Boutiquen. Die Perle am Luganersee ist das Örtchen Morcote. Oben in der Collina d´Oro thront das „Künstlerdorf" Carona.

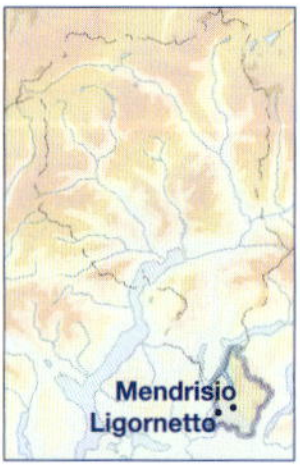

Das Mendrisiotto ▪ 186

In Riva San Vitale befindet sich nicht nur der älteste Sakralbau der Schweiz, der Ort am südlichen Arm des Luganersees lockt auch mit einem wunderschönen Lido. Naturliebhaber wandern durch die Breggia-Schlucht oder suchen den Monte San Giorgio auf. Schnäppchenjäger finden bei Mendrisio im größten Outlet-Center der Schweiz ihr Paradies.

Nachlesen & Nachschlagen ▪ 208

Preise Übernachten
(DZ in der Hauptsaison)

₣ unter 90 CHF
₣₣ 90–150 CHF
₣₣₣ 150-250 CHF
₣₣₣₣ 250–400 CHF
₣₣₣₣₣ über 400 CHF

nachhaltig, ökologisch, regional
meinTipp Die besondere Empfehlung unseres Autors

Was haben Sie entdeckt?

Haben Sie ein besonderes Restaurant, ein neues Museum oder ein nettes Hotel entdeckt? Wenn Sie Ergänzungen, Verbesserungen oder Tipps zum Buch haben, lassen Sie es uns bitte wissen!

Schreiben Sie an: Marcus X. Schmid, Stichwort „Tessin“
c/o Michael Müller Verlag GmbH | Gerberei 19, D – 91054 Erlangen
mxs@michael-mueller-verlag.de

Verscio, das Dorf des Clowns

Orientiert

im Tessin

Die Region im Profil

Das Tessin ist ...

Landschaften wie aus dem Bilderbuch und im Süden ein warmes Klima. Der Schweizer Zipfel des Lago Maggiore und der Luganersee locken mit ihrem Blau. Mit viel Grün laden die Täler des Locarnese zu Wanderungen ein und mit ihren wilden Wassern zu einem erfrischenden Flussbad.

- Etwa 350.000 Menschen wohnen im Tessin, ungefähr so viele wie in Wuppertal.
- Das Tessin ist rund 2800 km² groß, etwas größer als das Saarland.
- Lugano, die größte Stadt, ist fast 1000 Straßenkilometer von Berlin entfernt, fast so weit wie Paris.
- 25 % aller ausländischen Touristen kommen aus Deutschland.

... ein bisschen Italien

Die Amtssprache ist Italienisch, das die Einheimischen in einer lombardischen Variante mit viel „ö" und „ü" sprechen. Die meisten Italiener – deutsche Touristen dürfen sich freuen – beherrschen als Zweitsprache Deutsch, vor allem in den touristischen Hochburgen Locarno, Ascona und Lugano, die in den 1960er-Jahren eine massive Zuwanderung von Deutschen und Deutschschweizern erfuhren, die sich im sonnigen Süden einen Zweitwohnsitz einrichteten. Ein bisschen Italienischkenntnisse schaden dennoch nicht.

Natürlich gibt es auch Unterschiede zu Italien, schließlich verleibten sich die Eidgenossen das Tessin bereits im 15. und 16. Jahrhundert ein, und seit 1803 ist der Kanton ein vollwertiges Mitglied des Bundes. Ein bisschen Italianità ist gut, aber unter helvetischem Dach. Und so fahren die Züge pünktlicher als im Land, wo die Zitronen blüh'n, die öffentlichen Toiletten sind ein wenig sauberer, vor allem aber ist alles – vom Caffè in der Bar über das Essen im Restaurant bis zur Übernachtung im Hotel viel teurer. Die Schweiz gilt als Hochpreisinsel in Europa.

... ein Paradies für Wanderer

Die Betreiber einer einschlägigen Internetseite haben genau gezählt und kamen auf exakt 734 Wanderungen im Tessin. Rund zweitausend Kilometer markierte Wege stehen zur Wahl, von familientauglichen Varianten bis zur anspruchsvollen Gebirgstour in den Alpen. Nicht selten führt eine Drahtseilbahn oder Gondel in die höheren Regionen und erspart dem Wanderer den mühsamen Aufstieg. Nach einer meist mehrstündigen Höhenwanderung führt mit etwas Glück an anderer Stelle wieder eine Gondel hinunter ins Tal.

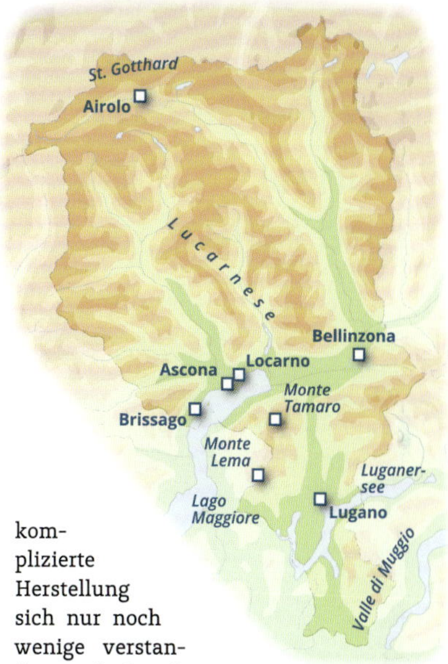

Als „Königsroute" gilt die sogenannte Traversata, die vom Monte Tamaro in rund fünf Stunden auf den Monte Lema führt. Beide Gipfel sind mit einer Gondel erreichbar. Unterwegs blickt man rechts auf den Lago Maggiore hinunter, links auf den Luganersee.

… eine kulinarische Einladung

Risotto und Polenta werden in jedem Restaurant aufgetischt, das auf regionale Küche Wert legt. Oft kommen dazu eine „Luganighe", die Tessiner Wurstspezialität, oder geschmortes Kaninchenfleisch. Den kleinen Hunger stillt vielleicht ein Piatto Ticinese, auf dem Schinken und Salami zusammenkommen, oft gesellt sich ein regionaler Käse dazu. Ein hervorragender Ort für solch kulinarische Freuden sind die sogenannten Grotti, Felsenkeller mit einem Garten dazu, wo man unter Kastanienbäumen am Granittisch sitzt. Der passende Wein wird hier in der Regel im „Boccalino", einem Steingutbecher mit Henkel und Schnabel, serviert.

In Seenähe kommt natürlich auch frischer Fisch auf den Tisch, meist Felchen. Vermerkt die Speisekarte noch ein „in carpione", wurde der Fisch in eine mit fein gehackten Gemüsen und Kräutern aromatisierte Essigmarinade eingelegt.

Bei Schweizer Käse denkt man in Deutschland allzu schnell an den löchrigen Emmentaler. Den findet man im Tessin kaum, dafür eine breite Palette von Hart- und Frischkäsen. Die Käserei über Airolo am Fuß des Gotthardmassivs ist auf Alp- und Bergkäsesorten (ist nicht dasselbe) spezialisiert. Ganz im Süden, in der Valle di Muggio, erlebt der „Zincarlin" eine Wiedergeburt, ein Frischkäse aus Rohmilch, auf dessen komplizierte Herstellung sich nur noch wenige verstanden und der deshalb schon fast „ausgestorben" war. Das besondere Aroma kommt unter anderem vom Weißwein, mit dem er täglich eingerieben wird.

… hypermotorisiert

Mit 635 Autos auf 1000 Einwohner ist das Tessin der am meisten motorisierte Kanton der Schweiz. Die Folge zeigt sich im Alltag: Zwischen Bellinzona und Locarno, aber auch zwischen Ascona und Brissago sind Staus regelmäßig, und in den Dörfern gibt's Parkprobleme. Dagegen hilft das „Ticino Ticket", das jeder Gast eines Hotels, einer Jugendherberge oder eines Campingplatzes gratis bekommt. Es berechtigt zur Gratisbenutzung des öffentlichen Verkehrs, der mit Bahn und Bus hervorragend ausgebaut ist: Mit dem gelben Postauto kommt man noch in das hinterste Dorf des Kantons. Zudem genießt man mit dem Ticket Ermäßigung bei den meisten Bergbahnen, auf dem Schiff sowie in zahlreichen Tessiner Museen.

Kirchen, Museen und Musik

Kunst und Kultur

Vom intimen Kunstgenuss im geschlossenen Raum einer Kirche oder eines Museums bis zum Musik- oder Filmfestival als Kulturevent auf der Piazza – das kulturelle Angebot im Tessin ist vielfältig.

- Romanische Kirchen und Ruinen von Festungsanlagen sind die eindrucksvollsten Zeugnisse aus mittelalterlichen Zeiten. Das Burgentrio von Bellinzona hat es sogar in die Liste des UNESCO-Weltkulturerbes gebracht.
- Moderne Kunst findet man in den Museen von Lugano, Locarno und Ascona. Wer an zeitgenössischer Architektur interessiert ist, kommt um den Architekten Mario Botta aus Mendrisio nicht herum, der in seinem Heimatkanton besonders aktiv ist.
- Und schließlich hat mit dem international renommierten „Locarno Film Festival" auch die siebte Kunst eine Heimat im Tessin.

Sakrale Kunst und Architektur

Im Ortskern von Riva San Vitale (→ S. 191), am südlichen Ende des Luganersees, steht etwas versteckt der älteste Sakralbau der Schweiz, ein Baptisterium, gebaut um das Jahr 500.

In Lugano (→ S. 148) zeigt die Kirche Santa Maria degli Angioli das berühmteste Renaissancegemälde der Schweiz, eine streng komponierte Passionsgeschichte.

In Bleniotal überrascht in der Nähe des ehemaligen Kurorts Acquarossa (→ S. 39) das romanische Kirchlein San Carlo di Negrentino mit wunderbaren Fresken.

Das Dörfchen Giornico (→ S. 33) hat nicht einmal 900 Einwohner, ist aber gleich mit sieben Kirchen gesegnet – weniger ein Zeichen besonderer Gottesfürchtigkeit als vielmehr ein Zeugnis von großem früheren Reichtum. Das Juwel unter ihnen ist die Chiesa San Nicolao, das bedeutendste romanische Baudenkmal im Tessin.

Wer sich für moderne Kirchenarchitektur interessiert, findet zwei sehr unterschiedliche Bauten des Tessiner Stararchitekten Mario Botta. An der Bergstation der Gondelbahn zum Monte Tamaro (→ S. 163) steht die hypermoderne Kapelle Santa Maria degli Angeli mit einer Aussichtsplattform als Dach verwegen auf einem Felssporn. Im oberen Maggiatal hat Mogno (→ S. 128) eine neue Dorfkirche bekommen, deren mit Eisenbalken verstrebtes, schräges Glasdach ein wunderbares Licht in den Kirchenraum zaubert – auch dies ein kühner architektonischer Wurf.

Profane Kunst und Architektur

Das 2015 eröffnete LAC (Lugano Arte e Cultura) in Lugano (→ S. 148) ist unbestritten das Flaggschiff der Tessiner

Kultur: Neben mehreren Theaterbühnen und einem Konzertsaal, der bis zu 1000 Zuschauer fasst, haben auch Werke der modernen und zeitgenössischen Tessiner Kunst hier eine ständige Heimstatt bekommen.

Eine geglückte Mischung aus Sammlung und Wechselausstellung zeigt das Programm der rührigen Pinacoteca Cantonale Giovanni Züst im Örtchen **Rancate** (→ S. 196) bei Mendrisio, sie ist auf Tessiner Malerei des 17. bis 19. Jahrhunderts spezialisiert.

Ebenfalls in der Nähe von Mendrisio, in **Ligornetto** (→ S. 197), befindet sich ein Museum, das gänzlich dem sozialkritischen Bildhauer Vincenzo Vela (1820–1891) gewidmet ist, jenseits der Grenze bekannter als im heimatlichen Tessin.

In den Hügeln über Lugano liegt **Carona** (→ S. 172), wo ein eleganter Brunnen den Dorfplatz ziert – ein Werk von Meret Oppenheim, die im Kreis der Pariser Surrealisten berühmt wurde und später als Künstlerin ihre eigenen Wege ging.

In **Giornico** (→ S. 33) steht auf einer Dorfwiese ein ebenso rätselhafter wie abweisender Kunstbunker, der Werke des 2012 verstorbenen Zürcher Bildhauers Hans Josephson versteckt.

Auf dem **Monte Verità** (→ S. 85) bei Ascona ist seit 2017 wieder die legendäre Ausstellung „Die Brüste der Wahrheit" zu sehen – eine umfassende Darstellung der Lebensgemeinschaft von Künstlern, Träumern und Exoten auf dem Monte Verità am Beginn des 20. Jahrhunderts. Die Schau wurde 1978 vom international bekannten Ausstellungsmacher Harald Szeemann (1933–2005) zusammengestellt, ging dann auf Tournee nach Zürich, Berlin, Wien und München und ist nun wieder zurückgekehrt – erweitert um eine Dokumentation über die Arbeitsweise Seemanns.

Festivals

Locarno (→ S. 64) platzt aus allen Nähten, wenn im August Cineasten aus aller Welt zum „Locarno Film Festival" anreisen. Es zählt wie Cannes, Venedig und Berlin zu den großen europäischen Filmfestivals. Auf der Piazza Grande wird eine 26 mal 14 Meter große Leinwand aufgespannt. Der Traum jedes Regisseurs ist es, den „Pardo d'Oro", den Goldenen Leoparden, mit nach Hause zu nehmen.

Ebenfalls in **Locarno** (→ S. 64) geht im Juli das vielbeachtete Rock-und-Pop-Festival „Moon&Stars" über die Bühne. 60.000 Besucher kamen 2019 zu den 20 Konzerten unter dem Vollmond auf der Piazza Grande, zu den Stars gehörten Jamiroquai, Liam Gallagher und der italienische Schmusesänger Eros Ramazotti.

Im **Maggiatal** (→ S. 115) findet im Juli/August unter dem Namen „Vallemaggia Magic Blues" das „kleinste große Bluesfestival der Schweiz" statt. Spielorte sind meist öffentliche Plätze in den Dörfern des Tals – magische Momente an der Maggia.

Im Wasser und in den Bergen

Sportliche Aktivitäten

Man kann im Tessin faulenzen, gut essen, Museen und mehr aufsuchen – oder vom harmlosen Badevergnügen bis zum muskelstählenden Radeln etwas für die Konstitution tun.

▪ Zu den hauptsächlichen sportlichen Aktivitäten zählen Wandern und Wassersport. Für beides bietet die Tessiner Topographie mit ihren Bergen, Flüssen und Seen viele Möglichkeiten.

▪ Aber auch Radeln, Segeln, Surfen, Tennis und Golf sind Sparten eines sogenannten Aktiv-Urlaubs – alles ist möglich im Tessin.

Wandern

Vom Gotthard-Massiv im Norden bis zum Muggiotal im Süden findet der Wanderer zahllose Möglichkeiten. Das Wegenetz ist so vorbildlich ausgeschildert, dass es fast eine Kunst ist, sich zu verirren. Die Talhänge sind oft steil, den mühsamen Aufstieg zum Startpunkt erleichtert an vielen Stellen eine Fahrt mit der Gondelbahn. Am Schluss der Wanderung ist eine Haltestelle des Postautos stets nah. Die gelben Busse des öffentlichen Verkehrs fahren bis ins hinterste Dörfchen des Tessins.

Beliebt sind Wanderungen mit Seeblick wie der Swiss Trail (→ S. 262) vom Monte Salvatore über dem Luganersee nach Morcote, der überdies durch das schmucke „Künstlerdorf" Carona führt. Gleich auf zwei Seen – links Luganersee, rechts Lago Maggiore – blickt man von der Traversata (→ S. 264), die vom Gipfel des Monte Tamaro auf den des Monte Lema führt. Diese sogenannte Königsroute beginnt mit dem Besuch einer architektonischen Perle: Das Dach der nach den Plänen von Mario Botta errichtete Kapelle Santa Maria degli Angeli, erreichbar über eine 65 Meter lange Rampe, bietet einen großartigen Ausblick.

Erst in jüngster Zeit haben Wanderer das Valle Onsernone entdeckt, wo der Aufstieg von Spruga zur Alpe Saléi (→ S. 260) mit einem Abstecher zu einem erfrischenden kühlen Bergsee verbunden wird. Mehr Einsamkeit findet man Bleniotal oder im nahezu unbekannten Bedretto-Tal.

Wassersport

Sowohl am Lago Maggiore wie am Luganersee verfügen viele Orte über ein gepflegtes Seebad mit einer mehr oder minder ausgebauten Infrastruktur.

Im Delta der Maggia ist der Lido von Locarno (→ S. 73), dem eine Wellness-

Anlage mit Solebad und Saunen angeschlossen ist, die Luxusadresse. Wer nur ein Bad im See nehmen will, ist am Lanca-Strand (→ S. 73) ebenso gut aufgehoben. Gut besucht ist auch der Grande Lido von Ascona am südlichen Ende des Deltas. Knapp vor der italienischen Grenze führt im Lido di Brissago (→ S. 97) eine 75 Meter lange Rutsche von der Seestraße hinunter zum Ufer des Lago.

In Lugano konkurriert der gut ausgebaute Lido di Lugano (→ S. 155) mit dem Bagno Pubblico im südlichen Stadtteil **Paradiso** (→ S. 155). Direkt am Staudamm von Melide, über den der Verkehr ins Sottoceneri rollt, herrscht am Lido di Bissone (→ S. 189) abends oft Partystimmung. Am südlichsten Ende des Seearms finden Badefreudige den Lido von Riva San Vitale (→ S. 191) mit einer einladenden Liegewiese.

Erfrischender als das Bad im See ist ein Flussbad. Die Maggia bildet bei Ponte Brolla (→ S. 116) zwischen den Felsen riesige Becken, die im Sommer Hunderte von Einheimischen und Touristen anziehen. Ganz Verwegene springen hier vom hohen Felsen ins kühle Nass. In der 2. Julihälfte findet hier die europäische Meisterschaft im Klippenspringen („Cliff Diving") statt, mit Sprüngen von 13, 15 und 20 Metern Höhe.

Die Verzasca lädt bei Lavertezzo (→ S. 112) mit langen, abgeschliffenen Felsbänken über dem glitzernd grünen Badewasser ein; die Stelle ist so beliebt, dass es hier regelmäßig zu Verkehrsstau kommt.

Im Centovalli wird direkt unterhalb der Eisenbahnbrücke bei Intragna (→ S. 134) gebadet.

Bei Kanuten sind der Ticino oberhalb von Bellinzona und die wildere Verzasca beliebt.

Wer den Adrenalinrausch sucht, wagt einen halsbrecherischen Bungee-Sprung von der Eisenbahnbrücke bei Intragna (→ S. 134) oder tut es James Bond gleich, der sich vom 220 Meter hohen Verzasca-Staudamm (→ S. 109) in die Tiefe stürzte.

Schluchtenwanderer finden im Verzascatal ein Paradies (→ S. 110), aber auch im Centovalli (→ S. 130) kommen sie auf ihre Kosten. Dort fährt von Intragna eine Gondelbahn hoch zum Einstieg bei Costa.

Weitere Sportarten

Fahrradfahren ist in der Bergwelt schweißtreibend. Auf engen Straßen ist Vorsicht geboten, das Tessin ist eine hochmotorisierte Gegend. Mountainbiker finden oft ihre eigenen Pisten, die sie hoffentlich rücksichtsvoll mit Wanderern teilen.

Tenniscourts gibt's an jedem größeren Ort. Exklusiver ist die Golf-Kunst: Ascona, Losone und Lugano verfügen über 18-Loch-Anlagen.

Familienurlaub

Mit Kindern ...

Ferien im Tessin sind für Kinder in erster Linie Badeferien. Aber natürlich gibt es auch noch andere Attraktionen. Bei Regenwetter allerdings beschäftigen Sie Ihre Kinder besser in den privaten vier Wänden oder in der Snackbar des Zeltplatzes – die Museen sind selten kindgerecht.

„Man kann in ein Kind nichts hineinprügeln, aber vieles herausstreicheln."

– Astrid Lindgren –

Wasserfreuden

In den großen Seebädern wie dem Lido von Locarno (→ S. 73) oder dem Grande Lido von Ascona (→ S. 81) gibt es eine Badeaufsicht. Das heißt nicht, dass Sie Ihre Kinder getrost aus den Augen verlieren können.

Ein Bad im Fluss ist für Kinder meist aufregender als eines im See; an seichteren Stellen hüpfen sie über Steine oder bauen Dämme. Weniger harmlos sind tiefere Becken wie bei Ponte Brolla (→ S. 116). Selbst Kinder, die schwimmen können, sollten hier nicht unbeaufsichtigt sein. Die Strömung hat schon zu etlichen Todesfällen geführt. Kinderfreundlicher ist die Maggia weiter oben, wo sie weniger Wasser führt, zum Beispiel bei Moghegno (→ S. 117). Die traumhaften Becken, die die Verzasca bei Lavertezzo (→ S. 112) bildet, sind sehr beliebt. Hinterher kann man sich auf den abgeschliffenen Felsen ausstrecken und trocknen lassen. Für das Baden im Fluss gilt auch hier, dass es nicht ungefährlich ist: Kinder nie unbeaufsichtigt lassen!

Ausflüge

Aufregender als im Fond der Limousine zu sitzen, ist für Kinder eine Schifffahrt, während der sie auf Bord herumspazieren, den vom Motor geworfenen Wellen nachschauen oder einfach die Aussicht genießen können. Schiffsausflüge werden sowohl auf dem Lago Maggiore wie auf dem Luganersee angeboten. Billiger ist eine Fahrt mit dem regulären Kursschiff: einfach den Fahrplan studieren. Mit einer klugen Planung wird ein Tagesausflug daraus. Für kurze Schifffahrten sei ein Besuch der Brissago-Inseln (→ S. 93) mit ihrem wunderschönen botanischen Garten empfohlen, zum Beispiel von Ascona aus (15 Min.). Eine kleine Mini-Rundreise führt vom Luganeser Ortsteil Castagnola erst auf dem wunderbar romantischen **Sentiero di Gandria** (→ S. 160) an Oliven- und Kastanienhainen vorbei ins ehemalige Fischerörtchen Gandria. Hier setzt ein Schiff hinüber nach **Cantine di Gandria** (→ S. 161). Das kleine Zollmuseum dort ist eines der wenigen Tessiner Museen, die auch Jugendliche begeistern. Hinterher fährt ein Kursschiff direkt nach Lugano zurück. Die genauen Zeiten finden Sie im Fahrplan.

Abenteuerlich ist eine Fahrt mit der **Centovallina** (→ S. 130), dem Schmalspurbähnchen, das von Locarno durch das Centovalli hoch zur italienischen Grenze und weiter nach Domodossola zuckelt – zahlreiche Viadukte in luftiger Höhe. Spannende Variante: Von der Bahnstation Verdasio führt eine Gondelbahn in furchterregender Höhe – Kinder sind oft schwindelfreier als Erwachsene – über das Tal der Melezza zum schmucken Örtchen **Rasa** (→ S. 136), das mit dem Auto nicht zu erreichen ist. Dort lädt das Grotto Ghiridone zum Mittagstisch.

... und noch mehr

Die **Falconeria** (→ S. 71) von Locarno ist einzigartiges artistisches Unternehmen und so erfolgreich, dass die Tribüne mit 650 Sitzplätzen stets schnell voll ist. Täglich zwei Mal zeigt das Team von vier professionellen Falknern und Falknerinnen eine hochkarätige Show. Falken und andere Raubvögel fliegen in präzisen Manövern quer über die riesige Naturbühne, streifen beinahe die Köpfe der aufschreienden Zuschauer und landen sicher auf dem ausgestreckten Arm des Empfängers. Die präzise Choreographie wird von einer dramatischen Musik begleitet. Zum Schluss dürfen die Kleinsten auf dem Pony gratis eine Ehrenrunde drehen. Ein schöner Besuch nicht nur für Kinder!

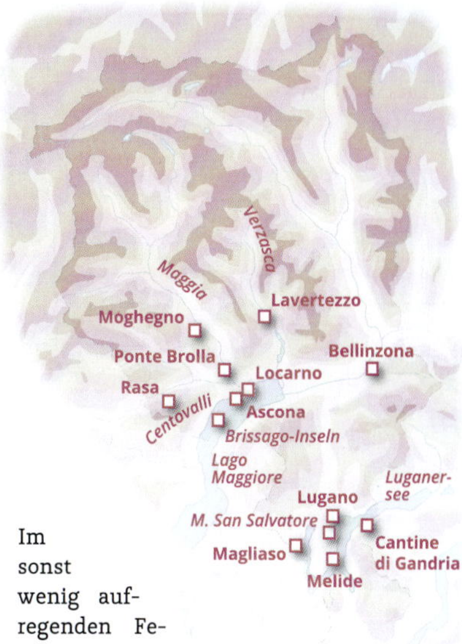

Im sonst wenig aufregenden Ferienort **Magliaso** (→ S. 177) findet man einen kleinen Privatzoo: Kängurus hüpfen, Kapuzineräffchen turnen, Hängebauchschweine lassen Bäuche hängen. Ein Prachtexemplar von einem Löwen brüllt gelegentlich seine Frau an, bevor er sich seiner Lieblingsbeschäftigung hingibt, dem Schlafen. Vor Ort kann gegrillt und gepicknickt werden.

Die Schweiz im Kleinformat wird im „SwissMiniatur" in **Melide** (→ S. 168) gezeigt. Auf einer Fläche von 14.000 m^2 sind 120 Modelle der berühmtesten Bauten der Schweiz im Maßstab 1:25 zu sehen, vom Großmünster in Zürich bis zur modernen Architektur des Beyeler-Museums in Basel.

Das Tessin ist unter anderen mit dem Castelgrande von Bellinzona, der Madonna del Sasso von Locarno und der Standseilbahn von Lugano zum Monte San Salvatore vertreten. Auf dem Gelände kurvt eine Eisenbahn, auf den Seen steuern Schiffe den Landungssteg an – ein erstaunlicher Parcours durch das gesamte Gebiet der Eidgenossen.

Corippo

Unterwegs

im Tessin

Der Norden

Hat der Reisende erst einmal das gewaltige Gotthardmassiv hinter sich, so dringt er gleichsam durch das Dach in die Sonnenstube der Schweiz. Aber erst einmal befindet er sich noch weit oben in den Bergen, die berühmten Seen sind noch lange nicht in Sicht.

Der Norden des Tessins wird touristisch wenig beachtet – zu Unrecht. Wer die Hauptverkehrsachse verlässt, findet eine wunderschöne Natur vor, z. B. in der Valle di Blenio oder im abgeschiedenen Val Bedretto.

Der nicht eilige Reisende nimmt statt des Gotthard-Straßentunnels die Passstraße, atmet auf der Passhöhe erst einmal die frische Luft und besucht dann die größte Alpenfestung, die von der Schweizer Armee noch bis 1998 gehalten wurde.

Im idyllischen **Giornico** mit seinen sieben Kirchen wird er einen Stopp einlegen, einen weiteren in **Biasca,** wo am Ortsrand die typischen Tessiner Grotti zu einem Piatto Ticinese und einem Boccalino-Rotwein einladen. Städtisches Flair findet er dann in **Bellinzona,** deren drei Burgen schon von weitem zu sehen sind. Verglichen mit Lugano präsentiert sich die Kantonshauptstadt angenehm bescheiden. Das historische Zentrum ist klein und platzt am Markttag aus allen Nähten.

Wanderer finden zahlreiche markierte Wegenetze, beispielsweise rund um den **Ritom-Stausee.** Der Anstieg ist wie so oft im Tessin sehr steil, man dankt der Drahtseilbahn. Einsamer ist die **Valle di Blenio,** von deren oberem Teil aus auch anspruchsvollere Gebirgstouren möglich sind, z. B. zur berühmten Greina-Ebene oder rund um den Lukmanierpass.

Was anschauen?

In **Giornico** steht eines der seltsamsten Museen der Schweiz, die „Congiunta" (→ S. 36). Der bunkerähnliche, abweisende Bau mitten auf einer Wiese ist dem 2012 verstorbenen Zürcher Bildhauer Hans Josephson gewidmet. Erklärungen gibt es keine, der Besucher ist auf sich gestellt.

Über dem Ort **Corzoneso** (→ S. 40) im beschaulichen Bleniotal stößt man in einem Rundturm auf das Archiv von Roberto Donetta (1865–1932), der hier zu späten Ehren kommt. Der verarmte

Mann zog als Samenhändler durchs Tal, sein wahres Interesse aber galt der Fotografie – sein Nachlass von rund 5.000 belichteten Glasplatten ist eine einzigartige Dokumentation über die Menschen im Bleniotal.

Im Kantonshauptort **Bellinzona** (→ S. 52) drängt sich eine Besichtigung der gewaltigen Burgen auf, die man am besten mit einem Spaziergang auf der „Murata" beschließt. Ihre militärstrategische Bedeutung haben die Burgen natürlich längst eingebüßt.

Wo wandern?

Der Norden des Tessins ist ein riesiges Wandergebiet. Oft ist der Wanderer froh, dass ihm eine Seilbahn den mühsamen Auf- und Abstieg erspart. Zu einer eher gemächlichen Höhenwanderung lädt das **Bedretto-Tal** ein (→ S. 246).

In **Acquacalda** (→ S. 44), unterhalb des Lukmanierpasses, schlägt das Centro Pro Natura Lucomagno sieben ganz unterschiedliche, mehr oder weniger anspruchsvolle Touren vor, über Wiesen und Bäche und durch duftende Kiefernwälder.

In **Rodi-Fiesso** (→ S. 30) lockt eine kurze Rundwanderung, die über einen alten Maultierpfad in die Piottino-Schlucht führt.

Wo essen?

Im unteren Ortsteil von **Ambri** (→ S. 30) serviert die preiswerte Osteria La Montanara in ihrem Garten über der Holzkohle gebackene Pizza.

In **Biasca** (→ S. 46) führt die Via ai Grotti zu mehreren schattigen Grotti, wo man am Granittisch typische Tessiner Küche – Polenta und Risotto stehen sicher auf der Karte – ausprobieren kann.

In **Bellinzona** (→ S. 60) hat man die Qual der Wahl. Eine gute Adresse ist das preiswerte und wohl auch deshalb sehr populäre Grottino Ticinese etwas außerhalb des historischen Zentrums.

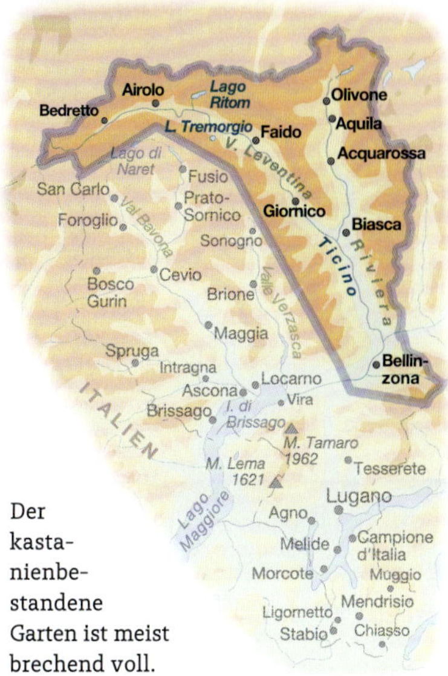

Der kastanienbestandene Garten ist meist brechend voll.

Wo shoppen?

Ein größeres Shopping-Angebot gibt's nur in **Bellinzona** (→ S. 52). Interessanter jedoch als die Boutiquen ist dort der Wochenmarkt am Samstag: regionale Produkte der Landwirtschaft, Salametti oder der berühmte Büscion, der traditionelle Tessiner Ziegenfrischkäse in Zapfenform, aber auch Honig, Gemüse und Salat werden angeboten. Auch Kleiderhändler fehlen nicht. Der Wochenmarkt, der sich von der Piazza Nosetto bis zur Piazza Collegiata zieht, ist beliebt – das ganze Umland strömt zusammen.

Ein kleines, aber exquisites Angebot, vor allem an Weinen der oberen Leventina, aber auch aus anderen Tessiner Gegenden sowie aus dem Piemont und der Toscana importierte Flaschen findet man bei Zamberlani im Örtchen **Piotta** (→ S. 29). Der Laden wird seit 1891 von derselben Familie geführt.

Im Caseificio (Käserei) von **Airolo** (→ S. 27) werden Käse aus dem Gotthardgebiet verkauft. Dem Herstellungsprozedere kann man zuschauen, am besten am Morgen, wenn die frische Milch angeliefert wird.

Giornico – Juwel der Leventina

Valle Leventina

Die Valle Leventina oder einfach „die Leventina“, wie das Tal des Ticino-Flusses zwischen Airolo und Biasca genannt wird, ist in erster Linie eine verkehrsschwere Transitachse. Lkws donnern über die Autobahn, die Einheimischen haben das Nachsehen.

Seit 2016 der *Gotthard-Basistunnel* eröffnet wurde, rollen zumindest keine Güterzüge mehr durch die Leventina, aber auch die Personenzüge des Fernverkehrs, die früher oft noch in Airolo hielten, erblicken erst unten in Bodio wieder das Tageslicht.

Eine touristische Entwicklung im Tal scheint nur beschränkt möglich. In den Ausläufern des Gotthardmassivs wird Ski gefahren, doch hält sich der Wintersport in Grenzen. Mehr Zukunft hat der sanfte Tourismus; zunehmender Beliebtheit bei Wanderern erfreut sich die Gegend um den *Lago Ritom*, zumal eine Bergbahn den mühsamen Aufstieg zu Fuß erspart. Weniger bekannt ist das abgelegene *Bedrettotal* westlich von Airolo.

Selbst für den, der keine Wanderabsichten hegt, hält die Leventina ein Schmuckstück bereit: Das Dörfchen *Giornico* mit seinen Brücken und Kirchen lohnt den Besuch und wartet obendrein mit einem wunderschönen Grotto auf.

St. Gotthard

Der „Gotthard“ ist für die Schweizer mehr als nur ein Gebirge, er ist ein nationaler Mythos. Hier kreuzen sich die Kulturen der mehrsprachigen Schweiz, das Gebiet spielt seit der Gründung der Eidgenossenschaft eine zentrale Rolle. Die Gotthardroute verbindet seit Jahrhunderten Nord- und Südeuropa, ob als

Säumerweg im Mittelalter oder heute als Straßen- und Eisenbahntunnel. Im Gotthardmassiv entspringen Rhein, Rhone, Reuß und Ticino, deren Wasser in die Nordsee, ins Mittelmeer und in die Adria fließen.

Militärstrategen erkannten den Wert des Gotthards schon früh. Im 15. Jahrhundert drangen die Eidgenossen in die Leventina vor, um sich die Kontrolle über den Pass zu sichern. Im 18. Jahrhundert besetzten Napoleons Truppen den Pass, umzingelten und vertrieben dort die russischen Gegner. Im Zweiten Weltkrieg schließlich wurde der Gotthard zum Mittelpunkt weitläufiger Festungsanlagen. Wäre Hitler in die Schweiz einmarschiert, so hätte er sich spätestens hier die Zähne ausgebissen; so jedenfalls lernten es Schweizer Schüler noch in den 1950er- und 60er-Jahren. Der Gotthard ist einfach ein harter Brocken – kein Wunder, dass sich eine der erfolgreichsten Schweizer Hard-Rock-Bands „Gotthard" nennt.

Wegvarianten: Der *Straßentunnel* ist eine praktische und schnelle Variante, um ins Tessin zu gelangen. Bei schönem Wetter aber ist die *Passstraße* eine empfehlenswerte Alternative, in der Regel ist sie von Juni bis September befahrbar. Auf der Passhöhe erwartet den

Autobahn: Umweltschäden durch Straßenbau

Die Gotthard-Autobahn durch die Valle Leventina, die hinter dem Gotthardpass beginnt, wird heute nur noch von Ewiggestrigen als gelungene Verbindung von Natur und Technik bezeichnet. In Wirklichkeit hat die meistbefahrene Alpenstraße das einst beschauliche Tal grundlegend zerstört. 2016 befürwortete eine Mehrheit der Schweizer Stimmbürger den Bau einer zweiten Gotthardröhre, um die notwendige Sanierung des bestehenden Tunnels in Ruhe durchführen zu können. Die Alpenschützer waren dagegen und plädierten für eine „weiche" Lösung (sukzessive Sanierung bis ca. 2035), die Autolobby war für eine zweite Röhre und siegte. Bis 2029 soll diese fertiggestellt sein, dann die Sanierung des alten Tunnels beginnen – und ab 2032 sollen beide Tunnels befahrbar sein. Selbst wenn, wie vorgesehen, beide Tunnels nur einspurig befahren werden, dürfte die Gotthardroute damit an Attraktivität zunehmen (weniger Stau), das Verkehrsaufkommen wird sich also weiter erhöhen.

Seit der Eröffnung des Straßentunnels 1980 hat sich der Personenverkehr durch den Gotthard mehr als verdoppelt, der Güterverkehr mehr als verdreifacht – Tendenz steigend. 2017 zählte man im Tagesdurchschnitt fast 16.000 Autos und rund 2200 Lastwagen. Neben der Lärmbelästigung ist die Luftverschmutzung die schlimmste Folge dieser Entwicklung. Die Ozonbildung zeigt im Sommer europäische Höchstwerte; im Sottoceneri kommt dann zur hausgemachten dicken Luft je nach Wind- und Wetterlage noch die verpestete Luft des Ballungsraums Mailand hinzu.

▪ Auskunft über den derzeitigen Stand der Arbeiten – aus regierungsamtlicher Sicht, also unkritisch – gibt es im Infozentrum Airolo neben dem Bahnhof (April–Okt. Fr 13–17, Sa 9–17 Uhr, Nov.–März Sa 13–17 Uhr).

Reisenden ein wunderbares Bergpanorama: eine Pause machen, die klare Luft einatmen, sich die Füße vertreten, sich stärken – oder im historischen Zollhaus die Geschichte des Gotthards vom Mittelalter bis heute studieren.

Die Passstraße ist auch eine Lösung, wenn sich vor dem Tunnel der Verkehr staut, was an sommerlichen Wochenenden die Regel ist (über Wartezeiten informiert Radio SRF im 30-Minuten-Takt). Motorradfahrer wählen stets die Passvariante, sie atmen lieber frische Bergluft ein als Abgase im Tunnel und genießen obendrein das Kurvenwedeln.

Sehenswertes

Sasso San Gottardo: Das 2012 eröffnete Museum in der einst wohl wichtigsten Alpenfestung der Schweizer Armee ist zweigeteilt. Erst gelangt man durch einen kurzen Stollen zur Kasse, der sich die Abteilung „Themenwelt" anschließt. Danach führt ein 600 m langer Stollen mit anschließender Standseilbahn hoch zur Abteilung „Historische Festung". Die Gesamtfläche des Museums beträgt 8000 m², was 100 durchschnittlichen 4-Zimmer-Wohnungen entspricht. Der Besuch dauert entsprechend lang, und auch wenn draußen die Sonne brennt: Nehmen Sie einen Pullover mit, und lassen Sie die Stöckelschuhe im Auto ...

Themenwelt: Vier Säle präsentieren sich in modernster Ausstellungstechnik und konzentrieren sich auf vier Themenkreise: Energie und Nachhaltigkeit, Mobilität und Lebensraum, Wasser und Klima, Sicherheit und Überwachung. Bei Letzterem erfährt man einiges über Cyberkriminalität, Passwortknacken und Kreditkartenbetrug. Und in jedem der vier Säle wird man einen Apfel, ein Stück Jeans und ein Handy finden – damit hat es eine besondere Bewandtnis.

Ein spezieller, separater Raum ist den in der Nähe gefundenen riesigen Bergkristallen gewidmet (effektvoll beleuchtet). Für den Themenrundgang wird ein sehr nützlicher Audioguide (Smartphone für QR-Codes) gratis zur Verfügung gestellt.

Historische Festung: Hier ist der Ort selbst das Thema. Im Zweiten Weltkrieg spielte der Gotthard für die Landesverteidigung eine zentrale Rolle. Mit dem nationalsozialistischen Deutschland im Norden, dem an Nazideutschland angeschlossenen Österreich im Osten und dem faschistischen Italien

Gotthard-Passhöhe

im Süden war nach der Kapitulation Frankreichs die Situation für die Schweiz äußerst brenzlig geworden. Der Oberbefehlshaber der Schweizer Armee, General Henri Guisan, entwarf darauf die Strategie des „Réduit national": Die Schweizer Armee sollte sich bei einem Einmarsch der Deutschen weitgehend in die Bergwelt zurückziehen, die Alpenpässe schützen und diese notfalls auch zerstören. Mitten ins Gotthardmassiv wurde so zwischen 1941 und 1943 eine militärische Festungsanlage gebaut – der „Sasso da Pigna", in dem Sie sich befinden. Die Schweizer Armee war noch bis 1998 hier zugange. Nach dem Ende des Kalten Kriegs war die Anlage überflüssig geworden, vermutlich entsprach sie auch nicht mehr den Anforderungen einer inzwischen weiterentwickelten Militärtechnik.

Zu besichtigen sind neben zwei Geschützständen (ein 5-Minuten-Video demonstriert Zielberechnung und Abschuss) die diversen Räumlichkeiten für die Festungstruppe und ein 20-Minuten Film über die Schweiz im Zweiten Weltkrieg. Im ehemaligen Munitionsdepot ist in über 200 Regalfächern eine Ausstellung mit Originalexponaten eingerichtet: Soldatenschuhe, General-Guisan-Fotos, eine Wolldeckenklopfmaschine mit monströsem Staubsaugersack, ein Schreibtelegraph und anderes mehr. Viele Fächer stehen noch

Eisenbahn: Die längste Röhre der Welt

Das Jahrhundertprojekt der schweizerischen Verkehrspolitik heißt NEAT, das Kürzel steht für „Neue Eisenbahn-Alpentransversale" und strebt in der Hauptsache eine effizientere Abwicklung des Schienenverkehrs von Nord nach Süd an und umgekehrt. Kernstück der NEAT ist der 2016 eröffnete Gotthard-Basistunnel (GTB), mit 57 km der längste Tunnel der Welt. Seither tauchen die Züge in Erstfeld (Uri) in den Berg und kommen erst in Bodio (Tessin) wieder aus ihm heraus. Maximale Geschwindigkeit im Dunkeln: 250 km/h. Milano rückt näher an Zürich, Italien näher an Deutschland.

leer, die Ausstellung wird fortgeführt. Unter anderem wird auch eines der 17 Todesurteile dokumentiert, die während des Zweiten Weltkriegs in der Schweiz gefällt wurden. Wegen Landesverrats wurde ein 20-jähriger Bürogehilfe verurteilt: „1.) zum Tode durch Erschießen, 2.) zur Ausschließung aus dem Heere, 3.) zu den Kosten des Verfahrens von Fr. 1137.40 nebst einer Gerichtsgebühr von Fr. 100" – in dieser Reihenfolge. Oder lesen Sie im Register der Disziplinarverfahren der Festungstruppe: „3 Tage scharfer Arrest wegen Betrunkenheit beim Einrücken".

▪ Wenn der Pass geöffnet ist (in der Regel Juni bis Mitte Okt.): Einlass Juni/Juli 10.30–15 Uhr, Di geschl.; im Aug. tägl. 10.30–15 Uhr, Sept. bis Mitte Okt. Mi–So 10.30–15 Uhr. Dauer des Besuchs ca. 2 Std. Eintritt 25 CHF.

Museo Nazionale del San Gottardo: Das im ehemaligen Zollposten eingerichtete Museum dokumentiert die Bedeutung des Passes für die Wirtschaft und das Transportwesen: Dokumente über Säumer und Pöstler, Modelle historischer Bauten, Uniformen, Waffen, Mineralien, die Entwicklung der Routen vom Maultierpfad bis zum Eisenbahn- und Straßentunnel. „Ein Museumsbesuch führt zu einem vertieften Verständnis der Schweizer Gegebenheiten und hilft die helvetische Eigenart besser zu erfassen", schreibt das Museum. Die 2022 eröffnete neue Dauerausstellung versucht das Versprechen einzulösen.

▪ Wenn der Pass geöffnet ist: Juni–Sept. tägl. 9–18 Uhr. Eintritt 14 CHF.

Tremola: Vom Gotthard führt die Passstraße hinunter ins Leventina-Tal. Als Alternative bietet sich die *Tremola* an, die kopfsteingepflasterte Straße aus dem Jahr 1830. Nach unzähligen Haarnadelkurven trifft sie knapp vor Airolo wieder auf die neue Passstraße. Vielleicht begegnen Sie unterwegs einer alten Postkutsche. Die Nostalgiefahrt im historischen Fünfspänner von Andermatt nach Airolo wäre eine weitere Alternative, allerdings eine sündhaft teure.

Praktische Infos

Übernachten **Ospizio San Gottardo,** das von einem Basler Architektenbüro umgebaute alte Hospiz auf der Passhöhe hat ein komplett neues Aussehen bekommen, die alte Kapelle des Hauses wurde integriert. Die Form des Gebäudes soll den Planern zufolge an ein Murmeltier von hinten erinnern. Innen helle, schicke Zimmer mit topmodernen Bädern. Anmeldung im alten Albergo San Gottardo (siehe unten). San Gottardo, 6780 Airolo, ✆ 091-8691 235, www.passosangottardo.ch. **FFF**

San Gottardo, ein paar bescheidene Zimmer neben dem Hospiz. Pro Etage zwei Bäder. Reiches Frühstücksbuffet im Gebäude des Museo Nazionale. San Gottardo, 6780 Airolo, ✆ 091-8691235, www.passosangottardo.ch. **FF**

Der Norden → Karte S. 25

Airolo

Wer durch oder über den Gotthard ins Tessin kommt, stößt zuerst auf Airolo, die nördlichste Gemeinde des Kantons. Doch der Ort wird als Tor ins Tessin kaum mehr wahrgenommen. Man liest auf der Autobahn, wie viele Kilometer es noch bis Lugano oder Milano sind, und fährt weiter.

Das war nicht immer so. Bis zur Eröffnung des Straßentunnels 1980 spielte der Ort am Fuß des Gotthardmassivs als Autoverladstation eine Rolle. Wenn der Pass geschlossen war, blieb keine andere Wahl als das Huckepackverfahren. Man fuhr in Göschenen mit dem Auto auf den Zug und in Airolo wieder herunter und trank hier erst mal einen „Caffè".

Der Bummel durchs Dorf zeigt einen halbwegs intakten Ortskern, allerdings ohne viel historische Bausubstanz. Airolo hatte schon mehrere Dorfbrände und Wiederaufbauten hinter sich, als 1898 ein Bergsturz Teile des Orts erneut zerstörte. Bedeutung hat Airolo heute noch für die Schweizer Armee, die hier einen großen „Waffenplatz" unterhält, wie in der eidgenössischen Terminologie ein Komplex aus Kasernen, anderen militärischen Zweckbauten und einem Schießplatz genannt wird.

Im Winter tauchen Skisportler und Snowboarder auf, Airolo ist mit sieben Skiliften der bekannteste Wintersportort des ganzen Kantons. Beliebt ist vor allem das Gebiet um *Pesciüm*, das man bequem mit der Gondelbahn erreicht. Im Sommer stehen die Gondeln dem Wanderer zur Verfügung, der sich den mühsamen Aufstieg ersparen will.

Sehenswertes

Denkmal für Opfer des Gotthardtunnels: Ein Denkmal neben dem Bahnhof zeigt in einem Flachrelief Arbeiter, die einen toten Kameraden auf der Bahre tragen. Die Inschrift weist auf die „Vittime del Lavoro" (Opfer der Arbeit) hin. Je nach Quellen kostete der 10 Jahre dauernde Bau des Eisenbahntunnels zwischen 171 und 199 Arbeiter das Leben. Das Monument stammt vom Tessiner Vincenzo Vela (→ Ligornetto), der es 1882/83 ohne Auftrag und Bezahlung schuf und damit im Jahr der Eröffnung des Tunnels einen Kontrapunkt zur allgemeinen Euphorie setzen wollte. Kein Politiker hätte damals gewagt, das Denkmal aufzustellen und damit die Feierlaune zu verderben. Man wartete ab bis 1932 – erst zum 50-jährigen Jubiläum des Tunnelbaus wurde an die Opfer erinnert. **0**

Denkmal für die Toten des Tunnelbaus

Caseificio del Gottardo: Die Schaukäserei am Abzweig ins Bedrettotal besucht man am besten zwischen 8 und 12 Uhr, wenn die Milch angeliefert wird. Im Untergeschoss ist – Hygiene verpflichtet – durch die Vitrine der Produktionsprozess in allen Etappen zu beobachten. Im Erdgeschoss werden „Gottardo"-Käse verschiedener Reifestadien sowie andere Käse aus der Region verkauft, das Angebot ist riesig. Und natürlich serviert das beliebte Restaurant des Hauses auch die hauseigenen Produkte, ein roter Merlot passt wunderbar dazu.

Praktische Infos

PLZ 6780

Information Tourist Information im Bahnhof, ist für das ganze Leventina-Tal zuständig. Juni–Sept. Mo–Fr 8.30–12/13–18, Sa/So 8–12 Uhr; Okt.–Mai Mo–Fr 8.30–12/13.30–17, Sa 8.30–12 Uhr. Gut bestückt, auch Wanderkarten-Verkauf. Via della Stazione 22, ✆ 091-8691533, www.bellinzonaevalli.ch.

Hin & weg Bahn: regelmäßig über Bellinzona nach Locarno.

Postauto: Tägl. mehrere Fahrten nach Ronco im Val Bedretto, einige weiter bis zum Nufenenpass; das Leventina-Tal abwärts mehrmals tägl. bis Bellinzona.

Gondelbahn Airolo–Pesciüm, im 30-Min.-Takt letzte Juniwoche bis 1. Okt.-Woche 8.30–18 Uhr. Einfache Fahrt 15 CHF, hin/zurück 22 CHF.

Übernachten/Essen * Forni,** beim Bahnhof. Der Klassiker am Ort war von 1917 bis 2018 im Besitz derselben Familie. 2018 übernahm das Hotel Internazionale aus Bellinzona den Betrieb, renovierte kräftig und richtete eine Wellness-Abteilung ein. Gepflegte Zimmer, gutes Restaurant angeschlossen. Via della Stazione 19, ✆ 091-8691270, www.forni.ch. ₣₣₣

B & B Motta, gute Mittelklasse, teils etwas kleine Zimmer. Weniger gut als das Bed ist das Breakfast: „Zu Müsli und Flakes keine Milch, Orangensaft wurde nicht aufgefüllt, Wurst und Käse billiges Gelumpe und der Kaffeeautomat nur eingeschränkt funktionsfähig", schimpfte ein Gast. Via San Gottardo 43, ✆ 091-8692211, www.bbmotta.ch. ₣₣

Caseificio del Gottardo, am Abzweig ins Bedretto-Tal. Die bekannte Schaukäserei besitzt auch ein beliebtes Restaurant, in dem man vorzüglich speist. Das Käseangebot hinterher sollte man auf keinen Fall verschmähen. ✆ 091-8691180.

Val Bedretto

Bevor der Ticino-Fluss durch Airolo fließt, hat er den rund 20 km langen Weg durch das Bedrettotal schon hinter sich. Das Val Bedretto, das sich vom Nufenenpass hinunter bis nach Airolo zieht, gehört zu den Tälern, die eine massive Abwanderung erfahren haben. Um 1800 zählte man in den vier Siedlungen des Gemeindegebiets von **Bedretto** (Ossasco, Villa, Bedretto und Ronco – Fontana gehört zwar zum Tal, ist aber Teil der Gemeinde Airolo) noch rund 600 Einwohner, um 1950 war die Zahl auf 200 geschrumpft. Heute verzeichnete die Statistik noch knapp 70 Einwohner.

Die Gründe für den massiven Bevölkerungsschwund liegen auf der Hand. Das Tal auf über 1300 m Höhe liegt abgeschieden, daran ändert auch die 1969 eröffnete Straße über den Nufenenpass ins Wallis nichts – die interkantonale Verbindung hat national keine große Bedeutung, international gar keine. In schneereichen Wintern ist das Val Bedretto manchmal tagelang von der Außenwelt abgeschnitten, immerhin richten die Lawinenabgänge weniger Schaden an, seit am Nordhang Schutzmaßnahmen ergriffen wurden. Arbeitsplätze gibt es so gut wie keine, die Landwirtschaft ist wenig ertragreich, die Jugend längst ausgewandert. Geht es um den prozentualen Anteil der über 65-jährigen, so nimmt Bedretto in der Statistik die nationale Spitzenposition ein: Es ist das „älteste Dorf der Schweiz".

Im Sommer bringen Touristen und Ausgewanderte, die in ihrer Heimat Ferien machen, wieder etwas Leben ins Tal. Wanderer begeben sich auf Touren durch noch einsame Alpengegenden, Hochgebirgstouren führen ins Bavona- oder ins Maggiatal und über den Nufenenpass ins Wallis.

Hin & weg Das **Postauto** fährt etwa im Stundentakt von Airolo talaufwärts bis Ronco mit Haltestellen in jedem Weiler, ungefähr jedes zweite Postauto windet sich weiter nach Acquacalda zum Nufenenpass hoch.

Übernachten/Essen **Stella Alpina,** das Haus liegt in der Ortsmitte von Ronco (Postautohaltestelle) und zeigt das „Relais de Silence"-Label. Sauna und Massage gehören zum Angebot, ebenso eine wunderbare Sonnenterrasse. Restaurant angeschlossen. 6781 Ronco Bedretto, ✆ 076-4410097, www.stella alpina.ch. **₣₣₣**

All'Acqua, in All'Acqua, dem obersten, um ein Hospiz entstandenen Weiler des Tals, treffen sich Wanderer und Motorisierte, die eine letzte Rast vor dem Nufenenpass einlegen. Mittags und abends warme Gerichte, ganztags Tessiner Platte (hervorragender Bergkäse!). DZ mit Du/WC 138 CHF, mit Etagendusche 118 CHF. Große Sonnenterrasse. 6781 All'Acqua, ✆ 091-8691 111, www.ristorante-allacqua.ch. **₣₣**

Der Ticino – noch ganz jung

Der Norden → Karte S. 25

Wanderung 1: Hoch über dem Bedrettotal → S. 246
Höhenwanderung zu Alpen zwischen Lärchenwäldern

Piotta

Der mit dem Nachbardorf Ambri fast zusammengewachsene Ort ist weiter nicht interessant. Aufregend hingegen ist die **Valle Piora** mit dem **Lago Ritom,** die zu den schönsten Alpengegenden des Sopraceneri, des nördlichen Tessins, gehört. Von Piotta führt eine Standseilbahn hoch, die mit maximal 87,8 % Steigung zu den steilsten Europas zählt. Die Bergstation Piora ist der ideale Ausgangspunkt für eine familientaugliche, rund viereinhalbstündige Wanderung an drei Seen vorbei.

Piotta und Ambri – das gibt zusammen **Ambri-Piotta,** den Namen eines der großen, jedem Schweizer bekannten Eishockeyclubs. Man mag sich wundern, wie der Club eines so kleinen Dorfes es schafft, sich seit über drei Jahrzehnten in der Nationalliga, der schweizerischen Topliga, zu halten. Die einen munkeln, es liege an eingekauften Spielern aus Kanada und Russland, andere meinen, es liege ganz einfach daran, dass die beiden Dörfer im Winter nie Sonne abkriegen. Tatsache ist, dass das neue, 2021/2022 eröffnete Stadion „Nuova Valascia" das kälteste der ganzen Schweiz ist. Es befindet sich neben dem Flugplatz Ambri-Piotta, der im Zweiten Weltkrieg für die Schweizer Luftwaffe gebaut wurde, aber von ihr seit 1994 nicht mehr genutzt wird.

Hin & weg Das **Postauto** fährt mehrmals tägl. talaufwärts nach Airolo und talabwärts nach Bellinzona. Haltestellen in Piotta und Ambri.

Standseilbahn Piotta–Piora, letzte Mai- bis 1. Oktoberwoche 8.35–18.10 Uhr (Okt. nur bis 17.20 Uhr) alle 40 bis 60 Min. Einfache Fahrt 14 CHF, hin/zurück 24 CHF.

Einkaufen **Enoteca (Zamberlani Vini),** in Piotta, an der Durchgangsstraße. Kleiner, dunkler Weinladen mit Tradition (seit 1891!) und großem Angebot an Tessiner Weinen und Grappa.

Essen **La Montanara,** im unteren Ortsteil von Ambri, von der Straße weit zurückgesetzt. Der Name ehrt den Eishockeyclub Ambri-Piotta, der vor jedem Spiel seine Hymne – „La Montanara" – singt. Angenehme Osteria, preiswert und von Einheimischen geschätzt. Neben klassischen Tessiner Gerichten auch hervorragende über Holzkohle gebackene Pizza. Sonnenplätze an den Holztischen und -bänken vor dem Haus. ✆ 091-8681398.

Wanderung 2: Rund um den Lago Ritom → S. 248
Familientaugliche Rundwanderung zu drei Seen

Rodi-Fiesso/Lago Tremorgio

Die Doppelgemeinde ist wie Piotta vor allem für ihre Umgebung bekannt. Eine Seilbahn fährt in schwindelerregender Höhe (wer nicht schwindelfrei ist, setzt sich in der Gondel besser mit Blick bergwärts) zum **Lago Tremorgio,** einem fast kreisrunden, blaugrünen Natursee in 1827 m Höhe, ein idyllisches Fleckchen. Im Frühjahr speist die Schneeschmelze den See, im Sommer rieseln noch viele Bäche die Berge hinunter. Sonnenplätze am Wasser sind ausreichend vorhanden. Spaziergänger umrunden den See in einer guten halben Stunde. Wanderer finden den Weg zur **Alpe di Pesciüm** (4 Std., dann mit der Seilbahn hinunter nach Airolo), Fischer mit Lizenz angeln sich eine Forelle ... Und für alle ist die „Capanna Tremorgio" da, die Speis und Trank anbietet (→ Essen).

Natursee Lago Tremorgio

Knapp unterhalb von Rodi steht rechts an der Straße der **Dazio Grande,** der „Große Zoll". Das stattliche Gebäude aus dem Jahr 1561 füllte den Urnern, die nach der Schlacht bei Giornico 1478 (→ Kapitel Geschichte) die Leventina endgültig unter Kontrolle bekamen, die Staatskasse. Daneben diente der Dazio Grande auch als Sust, in der die Händler und Reisenden ihre Saumtiere und Pferde unterbringen, essen und schlafen konnten – eine willkommene Zusatzeinnahme. Erst mit dem Beitritt des Tessins zur Eidgenossenschaft 1803 versiegte für die Urner diese Finanzquelle, doch die Tessiner konnten sich nicht lange freuen: 1830 wurde die Zollstation auf den Gotthardpass ver-

Der Norden → Karte S. 25

Ruine von Dazio Vecchio

legt, und mit der Gründung der modernen Schweiz 1848 wurden die Binnenzölle ganz abgeschafft. Nach einer sorgfältigen Restaurierung in den 1990er-Jahren dient der Dazio Grande heute als Hotel, Restaurant und Tagungszentrum.

Direkt beim Dazio Grande beginnt eine wunderschöne **Rundwanderung**, die knapp eine Stunde dauert. Sie ist als „sentiero educativo" ausgeschildert, aber davon sollte man sich nicht abschrecken lassen. Nach einer knappen Viertelstunde Aufstieg durch den Wald steht man vor der Ruine des *Dazio Vecchio*; er ist der Vorgänger des Dazio Grande und stammt aus der Zeit, als die Piottinoschlucht noch nicht begehbar war und die Säumer den Umweg über den Berghang nehmen mussten. Es folgt ein angenehmer Waldspaziergang und dann der Abstieg – größtenteils auf dem alten Maultierpfad – zur *Piottinoschlucht*, die man bei einer Brücke erreicht. Die Schlucht ist das Tessiner Pendant zur Urner Schöllenenschlucht nördlich des Gotthards und galt jahrhundertelang als unpassierbar. Auf einem bequemen, breiten Weg am tobenden Wasser entlang erreicht man wieder den Dazio Grande und begreift, weshalb die Urner ihre Zollstation gerade hier am Eingang zur Schlucht errichteten. Insofern erweist sich der Weg doch noch als „sentiero educativo" ...

Hin & weg Das **Postauto** fährt mehrmals tägl. talaufwärts nach Airolo und talabwärts nach Bellinzona.

Gondelbahn Rodi–Tremorgio: Juni bis Mitte Okt. 7.30–19 Uhr im 30-Min.-Takt. Einfache Fahrt 10 CHF, hin/zurück 20 CHF.

Übernachten/Essen **Locanda Dazio Grande,** die restaurierte Zollstation verfügt über drei DZ und zwei 3-Bett-Zimmer, freundlich eingerichtet, leicht rustikaler Touch, alle mit Bad. Restaurant (Di Ruhetag) mit sehr schönem Garten nach hinten. Strada Cantonale, 6772 Rodi-Fiesso, ✆ 091-8746060, www.daziogrande.ch. ₣₣

Capanna Tremorgio, zwischen der Bergstation der Gondelbahn und dem Lago Tremorgio. Tessiner Spezialitäten, Wurst- und Käseplatten und ein vorzüglicher Merlot als Hauswein. Einladende Sonnenterrasse. Der freundliche Pächter kommt aus Bellinzona und spricht perfekt Deutsch. Zur Verfügung stehen ein Zimmer mit 5, eines mit 14 und eines mit 20 Betten. Die Capanna vermietet wochenweise auch Wohnungen verschiedener Größe, zwei direkt im Haus, eine in einem Nebengebäude. 6772 Rodi-Fiesso, ✆ 091-8671252, www.capannatremorgio.ch. ₣

Faido

Von besseren Zeiten zeugen ein paar stattliche Bauten beim längst bedeutungslos gewordenen Bahnhof. Nach der Eröffnung der Gotthardbahnlinie im 19. Jahrhundert mauserte sich der Hauptort der Leventina zu einem beliebten Luftkurort, 1889 war Faido die erste elektrifizierte Gemeinde des Tessins.

Reminiszensen an bessere Zeiten in Faido

Bis 1976 donnerte neben der Eisenbahn auch der Gotthard-Straßenverkehr mitten durch den Ort, was allenfalls ein paar Gastwirte freute. Nach der Eröffnung der Autobahn hatte Faido zumindest etwas mehr Ruhe, die Bürger setzten eine Umfahrung des Orts in einem Tunnel durch. Noch mehr Ruhe herrscht, seit die endlos langen Güterzüge durch den neuen Gotthard-Basistunnel rasen. Faido ist zu einem beschaulichen Ort geworden. Der Besucher nimmt die ersten Palmen war, wittert einen Hauch südlichen Lebens und entdeckt beim Spazieren hier und dort Spuren einer längst vergangenen Zeit, die für die Leventina im Vergleich zu heute eine goldene war.

Sehenswertes

Cascata Pumogna: Wasserfälle gibt's im Tessin zuhauf. Faido besitzt einen besonders auffälligen, und dies direkt am Ortsrand. In mehreren Stufen stürzt sich das Wasser von Piana Selva den Felsen hinunter und ergießt sich hinter einer Wiese in ein großes Becken. Oben ergänzt eine alte Steinbrücke das Fotomotiv, neben der in großen Lettern „FAIDO" prangt. So weiß später auch der vergesslichste Fotograf, wo er das schöne Bild geschossen hat. Der Spaziergang zum Wasserfall ist kurz, die Lage idyllisch.

Kirche San Siro in Mairengo: Das knapp 3 km oberhalb von Faido liegende Örtchen Mairengo wird vor allem wegen der romanischen Kirche San Siro aufgesucht. Vom originalen Bau aus dem 12. Jahrhundert ist noch die Westfassade erhalten, die anderen Teile wurden im 16. Jahrhundert weitgehend umgebaut. Im Innern überrascht der doppelte Altar, dem ein doppelter Chor entspricht, dessen Fresken (15.–17. Jh.) teilweise restauriert wurden. Getrennt werden die beiden Seiten von einer steinernen Säule, auf der in Umrissen das Wappentier der herrschenden Urner zu erkennen ist, der Uri-Stier.

Praktische Infos

PLZ 6760

Hin & weg **Bahn** regelmäßig talaufwärts nach Airolo, talabwärts über Bellinzona nach Locarno. Der Bahnhof befindet sich im oberen Ortsteil.

Luftseilbahn Faido–Piana Selva, die sonnige Alp bei der Bergstation liegt auf 1095 m. Dort findet man einen biologischen Agriturismo, der von Mitte Juni bis August ein öffentliches Schwimmbad unterhält. Betriebszeit Mai bis Mitte Juni und Sept./Okt. nur Sa/So, Mitte Juni–Aug. tägl. 8–20 Uhr, einfache Fahrt 8 CHF, hin/zurück 12 CHF. Talstation in der Nähe des Wasserfalls.

mein Tipp **Einkaufen** **Mercatino Gabbo,** der heute viel zu große Bahnhof von Faido wurde in einem Teil sinnvoll zweckentfremdet. Ein freundlicher Trödelladen verkauft Geschirr, Taschen, Kleider, Schuhe, Fahrradhelme, Kinderwagen und vieles mehr. Der Erlös kommt bedürftigen Kindern in Äthiopien zugute; Sie selbst können auch gebrauchte, noch brauchbare Sachen abgeben. Geöffnet leider nur Di/Mi 9–14 Uhr. ✆ 079-7225963.

Hotels **** Faido,** im Zentrum, Faidos erste Adresse. Komfortable Zimmer, die teureren mit schönem Bad, die billigeren mit Du/WC auf der Etage. Ein Restaurant, das neben Grillgerichten auch Pizze serviert, ist angeschlossen. Eigener Tenniscourt. Piazza Stefano Franscini 8, ✆ 091-8661555, www.hotelfaido.ch. **₣₣**

Camping **** Gottardo,** an der Kantonsstraße, in Chiggiogna, von der Straße etwas zurückgesetzt. Wenig Romantik, aber gepflegtes, kleines Wiesengelände, hinter dem Haus terrassiert. Im Haus, das ein Restaurant und eine Bäckerei mit Pasticceria betreibt, werden auch 3 Zimmer vermietet. Kleiner Swimmingpool. Ein Platz eher für die Nacht unterwegs, auch für Wohnmobile. Keine Reservierungsmöglichkeit. Geöffnet März–Nov. 6764 Chiggiogna, ✆ 091-8661562, www.campingottardo.ch. **₣**

mein Tipp **Essen** **Mairengo,** kleine Osteria im Dorfzentrum von Mairengo. Mittagstisch, kalte Platten und hausgemachtes Eis. Mo/Di geschlossen. ✆ 079-2351489.

Der Norden → Karte S. 25

Chironico

Das malerische Dorf, auf einem Plateau über dem Leventina-Tal gelegen, gefällt auf Anhieb. Wo renoviert wurde, geschah dies mit viel Sorgfalt: Zwischen den Häusern aus Granit zeigen sich auch einige schiefergedeckte Holzhäuser. Der auffälligste Bau ist der verlassene **Pedrini-Turm,** ein sechsstöckiger Wohnturm einer lokalen Nobilität aus dem 13. Jahrhundert. Hinter ihm liegt versteckt die romanische *Kirche Sant'Ambrogio*, die einen Besuch lohnt. Wie die Pfarrkirche von Mairengo (siehe oben) hat auch sie einen doppelten Chor, dem hier im Unterschied zu dort auch eine doppelte Apsis entspricht. Im 14. Jahrhundert wurde das Innere komplett mit Fresken ausgeschmückt, von denen viele restauriert sind: im rechten Chorbogen die vier Evangelisten als geflügelte Wesen, an der Rückwand eine Apokalypse – Flötentöne für die Guten, Feuer und Flamme für die Schlechten. Andere Darstellungen sind nur noch als Sinopien (Rötelzeichnungen, Vorstufe der Fresken) erhalten.

Giornico

Von Kastanienwäldern umgeben, steinerne Häuser beiderseits des Flusses, der hier ein bewohntes Inselchen bildet, Kirchen mehr als anderswo und Weinberge, die bis in den Ort hineinwachsen – der Marktflecken Giornico ist unbestritten die Perle der Leventina.

Wenn in einem Ort sieben Kirchen stehen – so viele zählt man hier im Gemeindegebiet –, dann weist das auf früheren Reichtum hin. Den verdankt Giornico, ähnlich wie Faido, seiner Lage an der Gotthard-Route. Spätestens aber mit der Eröffnung der Eisenbahnlinie verlor Giornico an Bedeutung. Oberhalb des Orts verschwinden die Gleise in zwei Kehrtunneln (zwei 360-Grad-Schlaufen), um die Steigung zu überwinden. Seiner engen Lage und vermutlich auch besonnenen Lokalpolitikern, die mehr auf Restaurierung als auf Abriss setzten, hat Giornico es zu verdanken, dass es heute ein intaktes Ortsbild vorweisen kann. Trotzdem, die

Bevölkerung schwindet auch hier, die Jungen wandern nach Bellinzona ab, wo sie eher Arbeit finden. Zählte Giornico 1970 knapp 1400 Einwohner, so sind es heute weniger als 900.

In der zweiten Hälfte des 20. Jahrhunderts kam es in Giornico mehrmals zu Bergrutschen. Die nötigen Verbauungen zur Abwehr weiterer Katastrophen waren fertiggestellt, da kam der Angriff der Natur von anderer Seite: 2007 spielte der Ticino wild, das Hochwasser drohte die Häuser auf dem Inselchen mit sich zu reißen. Heute zeigt sich das schönste Dorf der Leventina unversehrt – den besten Blick gewinnt man von der Brücke über den Ticino.

Sehenswertes

Schlachtdenkmal: Am oberen Ortseingang steht auf einer Wiese über der Straße ein beunruhigendes Denkmal: Ein Mann wälzt einen gewaltigen Steinbrocken und schaut auf den Betrachter herunter. Wird er den Stein ins Tal hinunterstoßen? Das Werk stammt vom Tessiner Bildhauer *Apollonio Pessani* (1879–1958) und erinnert an die Schlacht bei Giornico. Am 28. Dezember 1478 rückte ein mailändisches Heer von 10.000 Mann talaufwärts, um die Urner in der Leventina zurückzudrängen. Nur 175 Eidgenossen aus der Innerschweiz, unterstützt von 400 Leventinern, sollen dem gut gerüsteten Heer begegnet sein. Sie ließen an der Engstelle bei Giornico ein veritables Gewitter aus Felsbrocken auf die anrückende Kolonne der Mailänder herunterprasseln. Unter den Angreifern, die obendrein die winterliche Kälte nicht gewohnt waren, entstand ein wüstes Durcheinander, worauf die Eidgenossen aus ihren Unterständen hervorbrachen und den Feind, Mann für Mann, niedermachten. So ungefähr lehrt und lernt man die Geschichte in Schweizer Schulen.

Eidgenössische Verteidigung 1478

Casa Stanga: Das schönste Haus im Ortskern ist ein ehemaliges Wirtshaus aus dem 16. Jahrhundert. An der Fassade prangen zahlreiche Familienwappen, die illustre Durchreisende auf der Gotthard-Route anbringen ließen. Heute wird die Casa Stanga als Regionalmuseum genutzt.

Chiesa San Michele: Die Kirche am unteren Ende des Dorfes gehört mit Jahrgang 1210 zu den ältesten von Giornicos Gotteshäusern. Doch wurde sie im 17. und 18. Jahrhundert radikal umgebaut, sodass von der romanischen Architektur nichts übrig blieb. Der Campanile stammt aus dem 19. Jahrhundert. Die barocke Ausgestaltung im Innern enttäuscht eher. Da begibt man sich besser gleich auf den ausgedehnten Kirchfriedhof daneben: moderne Kreuzwegstationen, viel Platz für zukünftige Gräber und eine nette Aussicht.

Chiesa San Nicola: Sie steht knapp oberhalb der Michaelskirche und ist ungefähr gleich alt. Im Gegensatz zur

Nachbarin hat San Nicola ihr ursprüngliches Aussehen bewahrt und gilt heute zu Recht als Juwel unter den romanischen Kirchen des Tessins. Die Tierfiguren am Eingang – Kuh? Elefant? Tapir? – sind typisch für die damaligen Steinmetzarbeiten an Kirchenbauten. Im Innern überrascht die Architektur der Apsis. Über der dreischiffigen Krypta wölbt sich eine dreibogige Brücke mit beidseitigem Aufgang zum Hochaltar. Der Chor ist komplett mit Fresken ausgemalt. Schlechter erhalten sind die Fresken an den Wänden, sie lassen aber immer noch die einst prachtvolle Ausstattung der Kirche erahnen.

Santa Maria del Castello: Die mailändische Burg, die einst Giornico dominierte, wurde von den Urnern zerstört und ist nur noch als kümmerliche Ruine erhalten. An die Burgkirche wagten sich die gottesfürchtigen Krieger nicht, sie überlebte die stürmischen Zeiten. Im Inneren sind Fresken aus dem 15. Jahrhundert und eine bemalte Kassettendecke zu sehen. Doch meistens ist die Kirche geschlossen, da nutzt es auch nichts, wenn Sie am frei hängenden Glockenstrang ziehen und das Glöcklein zum Bimmeln bringen. Begnügen Sie sich in diesem Fall einfach mit der schönen Aussicht auf Giornico.

Chiesa San Pellegrino: Sie steht im Nordwesten des Orts, am alten Säumerweg nach Chironico, von Santa Maria del Castello aus gut ausgeschildert. Die letzten fünf Minuten geht man zu Fuß durch den Kastanienwald hoch. Ganz ohne Auto erreicht man die Pilgerkirche von Giornico aus in einem rund dreiviertelstündigen Spaziergang. Sie ist vor allem für ihre reiche Ausmalung aus dem 16. Jahrhundert bekannt, in der Regel aber geschlossen. Der Spaziergang im Kastanienwald ist erholsam, einzig der Lärm von der nahen Autobahn stört den modernen Pilger.

Praktische Infos

PLZ 6745

Giornico, Casa Stanga

Hin & weg Mit dem **Postauto** gute Verbindung von Giornico talaufwärts bis Airolo, talabwärts bis Bellinzona.

Restaurants **Grotto dei Pescatori,** am oberen Ortsende. Das Rauschen des Flusses übertönt den Straßenlärm mühelos. Spezialität des freundlichen Grottos sind Fische, vor allem vor Ort gefangene Forellen in diversen Zubereitungen, aber auch Costine, besonders zugeschnittene und dann gegrillte Schweinerippchen, eine Tessiner Spezialität, die man nur noch selten findet. Mo Ruhetag. ✆ 091-8641991.

Mein Tipp **Grotto dei Due Ponti,** auf dem Inselchen und damit in bester Lage. „Mein Urgroßvater hat hier Hufeisen und Kuhglocken geschmiedet, und ich habe mich überzeugen lassen, statt eines Wohnhauses ein Restaurant daraus zu machen", erklärte Franco Migliarini einem Journalisten, dem der idyllische Ort ins Auge stach. Zweifellos eine gute Entscheidung, unter der Pergola zwischen den Brücken fühlt sich jeder Gast wohl. Lokale Küche, Forelle, eine hervorragende Polenta oder Salami – die Qualität überzeugt, Eis und Sorbets sind hausgemacht. Di Ruhetag. ✆ 091-8642030.

La Congiunta – ein Museum verbunkert sich

Auf das *Museo La Congiunta* wird in Giornico groß hingewiesen. Wer den Schildern folgt, findet sich am ehemaligen Bahnhof – und versteht erst einmal Bahnhof. Wir verraten, wie es weitergeht: Nehmen Sie das Sträßchen, das rechts talwärts führt, und bald sehen Sie mitten auf einer Wiese zwischen Eisenbahnlinie und Fluss einen Betonblock stehen, das ist La Congiunta. Für den fensterlosen Bau kassierte der Zürcher Architekt *Peter Märkli* 1995 den 1. Preis im Wettbewerb „Neues Bauen in den Alpen" und – immerhin etwas verständlicher – auch den „Architekturpreis Beton 97". Der ersten, rein optischen Abweisung folgt an der Türe eine zweite. Dort steht, dass Sie den Schlüssel zum Bunker in der Osteria Giornico bekommen, mit dem freundlichen Zusatz, dass diese Mittwoch geschlossen ist – also zurück ins Dorf. Wenn Sie nun glücklich im Besitz des Schlüssels sind, den Ihnen die Dame in der Osteria gegen Eintrag im Besucherbuch gratis aushändigt, gehen Sie zurück und besichtigen das Museum – bzw. Sie ersparen sich den doppelten Weg und lesen hier, dass Sie besser erst in die Osteria gehen.

Wenn Sie nun im Museum sind, fällt Ihnen als Erstes auf, dass es einigermaßen hell ist. Der Betonbau ist doch nicht fensterlos, der Architekt hat Oberlicht eingeplant. Dann lesen Sie die Information: „1. Raum Reliefs um 1950, 2. Raum Reliefs 1965–1975, 3. Raum Reliefs 1965–1975, Halbfiguren 1991, Anbau 1.-3. Raum Reliefs 1965–1975, 4. Raum Reliefs um 1985" – das war's. Kein Wort mehr, nicht einmal der Name des Künstlers wird erwähnt. Wir wollen etwas nachhelfen: Es handelt sich um 30 in Bronze oder Messing (nicht ganz sicher, der Künstler arbeitete mit beiden Metallen) gegossene Werke des Zürcher Bildhauers *Hans Josephson* (1920–2012). Die Reliefs stellen stets körperliche Wesen dar, in ihrer Haltung oft nicht einfach zu interpretieren. Josephson, der sich zeitlebens mit demselben Sujet und denselben Materialien auseinandersetzte, war schon betagt, als die Kunstwelt auf ihn aufmerksam wurde, internationale Anerkennung erfuhr er erst nach der Jahrtausendwende.

Wer sich für zeitgenössische Kunst interessiert, dem sei der Besuch von La Congiunta durchaus empfohlen. So verschlossen sich das Museum auch gibt: Das Gästebuch in der Osteria verzeichnet Besucher aus Amerika, Japan und anderen Ländern, Galeristen, Spezialisten und einfach Neugierige (zu denen der Verfasser sich zählt). Dass der offenbar bewusste Verzicht auf Kommunikation und Information der Kunstvermittlung dienlich ist, sei hier bezweifelt. Für Politiker, die gerne Kulturbudgets zusammenkürzen, könnte La Congiunta hingegen ein Vorbild sein: ein Museum ohne Personalkosten, ja nicht einmal Produktionskosten für einen Katalog – oder auch nur Papierkosten für ein Informationsblatt.

■ Tägl. außer Mittwoch. Den Schlüssel erhält man in der Osteria Giornico an der Durchgangsstraße. Eintritt frei. www.lacongiunta.ch (die Internetseite gibt sich ebenso verschlossen wie das reale Museum).

Valle di Blenio

Die Valle di Blenio, die sich erst sanft ansteigend von Biasca bis Olivone nach Norden erstreckt und dann unter dem Namen Valle Santa Maria nach Westen bis zum Lukmanierpass hochführt, gehört zu den weniger bekannten Tälern des Tessins.

Das war nicht immer so. Bis ins Mittelalter war der Lukmanierpass als Alpenüberquerung dem Gotthard ebenbürtig, dann aber geriet er für den Warenverkehr zwischen Nord und Süd gegenüber den anderen Alpenübergängen (Gotthard, Splügen, San-Bernardino) ins Hintertreffen – doch noch Mitte des 19. Jahrhunderts war der Lukmanier bei den Eisenbahnplanern eine Alternative zum Gotthardtunnel. Dass Letzterer das Rennen machte, veranlasste die Tessiner und auf der anderen Seite des Passes die Bündner, die Lukmanierroute auszubauen, doch brachte das keinen Umschwung mehr. Als in der zweiten Hälfte des 20. Jahrhunderts erst der San-Bernardino- und dann der Gotthard-Straßentunnel eröffnet wurde, rutschte die Lukmanierroute definitiv in die zweite Liga ab. Heute ist sie als Alternative vor allem bei Motorradfahrern beliebt.

Wie die Leventina verzeichnet auch das Bleniotal einen Bevölkerungsschwund. Im Gegensatz zum Tal des Ticino ist aber das des Brenno, wie der Hauptfluss hier heißt, wenig verkehrsbelastet, und Experten schätzen die Möglichkeit der Entwicklung eines sanften, nachhaltigen Tourismus hoch ein.

Blenio-Dorf Aquila

Malvaglia

Das unterste Dorf in der Valle di Blenio ist von Biasca und damit auch von Bellinzona aus bequem erreichbar, das macht Malvaglia mehr und mehr zu einem Pendlerort – ein Großteil der erwerbstätigen Bevölkerung arbeitet auswärts. Bei der Kapelle auf dem Kirchplatz im unteren Ortsteil erinnert eine Tafel an den gewaltigen Bergrutsch im Jahr 1513, der die Landschaft nachhaltig veränderte: Große Teile des Monte Crenone bei Biasca stürzten ins Tal und stauten den Brenno zu einem See bis Malvaglia auf. Der danach eilig errichtete

Ruinen von Serravalle

Damm brach zwei Jahre später und trug die Katastrophe weiter ins Tal des Ticino, das überschwemmt wurde. Die längst überwachsene Geröllebene südlich von Malvaglia ist das Resultat des Naturereignisses.

Sehenswertes

Chiesa San Martino: Die Kirche im unteren Ortsteil mit ihrem großen, aufgefrischten Christophorus-Fresko an der Fassade vermittelt im Innern kein einheitliches Bild: Der im 17. Jahrhundert üppig ausgemalte Chor findet einen Kontrapunkt in der Holzempore aus dem 18. Jahrhundert, deren Unterseite ein farbenfrohes Dekor zeigt.

Burg Serravalle: Auf der anderen Talseite, zu erreichen über die Straße von Semione nach Ludiano, ragen die Ruinen der Burg aus dem Grünen. Sie stammen aus dem 12. Jahrhundert, 1176 soll Kaiser Friedrich Barbarossa auf seinem Feldzug in die Lombardei hier genächtigt haben. Später zerstört und wieder aufgebaut, wechselte Serravalle oft den Besitzer, bis es schließlich 1402 bei einem Aufstand der Blenieser gegen die Burgherren endgültig geschleift wurde. Beim Spaziergang durch die Ruinenlandschaft beeindrucken vor allem zwei Säulen und ein Säulenstumpf einer ehemals gedeckten Halle sowie der kreisrunde Donjon, von dem aus man die Anlage am besten übersieht.

Südlich der Burg schließt sich – mit einem Christophorus-Fresko an der Westfassade – das Kirchlein **Santa Maria del Castello** (14. Jh.) an, dessen Südwand in die Ummauerung der Vorburg integriert ist.

Praktische Infos

PLZ 6713

Hin & weg **Postauto** talabwärts nach Biasca, talaufwärts bis Olivone (dort umsteigen für die weitere Fahrt bis zum Lukmanierpass).

Übernachten/Essen **Della Posta,** im oberen Ortsteil. Beliebtes Restaurant (Mi Ruhetag) mit Terrasse zum Platz, das neben guten Fleischgerichten auch Pizza serviert. 5 sehr hellhörige Zimmer, teils mit Dusche/WC auf Etage. Zona Rongie, 6713 Malvaglia. ✆ 091-8701267. **FF**

Grotto Sprüch, auf der anderen Talseite in Ludiano (dort ausgeschildert), für Autofahrer 5 km ab Malvaglia. Hausgemachte Pasta, Steinpilzrisotto und andere Tessiner Spezialitäten zu günstigen Preisen. Granitene Tische unter der Pergola und weiter oben als Geschenk ein hübscher Wasserfall. Mo Ruhetag. ✆ 091-8701060.

Val Malvaglia

Im Winter ist das weitgehend unbekannte Tal östlich von Malvaglia menschenleer, die Straße wird oberhalb von Malvaglia gesperrt, der Schnee liegengelassen. Im Sommer aber, wenn einige Alpen (deutsch: Almen) bewirtschaftet sind, können Sie die Fahrt wagen: Ein 19 km langes, sehr schmales Sträßchen, in den Kurven oft unübersichtlich, führt den Orino-Bach entlang zu einem Stausee, zum Weiler **Dandrio** und macht dort eine Kehre und führt über **Anzano** am Berghang entlang (da wird's noch schmaler) sowie an Wasserfällen vorbei nach **Dagro,** einem hübschen Bergnest mit Stein- und ein paar Holzhäusern und einer Aussicht auf Malvaglia. Verkehr herrscht wenig in dieser fast unberührten Landschaft, aber bei Gegenverkehr kann man schon ins Schwitzen kommen (nichts für Wohnmobile!).

Die weitaus bequemere Variante, nach Dagro zu kommen, bietet eine Gondelbahn. Die Talstation liegt etwas nördlich von Malvaglia an der Lukmanierstraße, Autofahrer gelangen durchs Ortszentrum zum Parkplatz.

▪ Gondelbahn: Betrieb ca. Mitte Mai bis Mitte September, 8–19 Uhr, alle 30 Min. Preis pro Fahrt 10 CHF.

Acquarossa und Umgebung

Das „rote Wasser" bezieht sich auf den roten Fango, der Acquarossa einst als Kurort bekannt machte. 1887 wurde ein Kurhotel gebaut, schon um die Jahrhundertwende kam die deutsche Klientel in Scharen, um hier im Wasser, durch eine Fangobehandlung oder mit dem Trinkbecher in der Hand zu gesunden.

Noch besser lief der Betrieb, als 1911 eine Schmalspurbahn eröffnet wurde, die von Biasca in einer halben Stunde nach Acquarossa hochzuckelte. Ursprünglich war eine Weiterführung der Strecke bis Olivone gedacht (Utopisten schwärmten schon von einer Fortsetzung über den Lukmanierpass ins bündnerische Disentis), doch wurden die Pläne im Ersten Weltkrieg wieder in die Schublade gesteckt. Das Bähnchen tat seinen Dienst noch bis 1973, dann wurde es wegen mangelnder Rentabilität durch das Postauto ersetzt. Das Thermalhotel hatte seine Pforten bereits zwei Jahre zuvor geschlossen. Es hätte einer Sanierung bedurft, das Geld mangelte, und obendrein war das Kuren etwas aus der Mode gekommen. Geblieben aus der goldenen Zeit ist das verwaiste, orange Kurhotel mit seinem kleinen Park. Gelegentlich wird von Interessenten gemunkelt, die den stattlichen Bau erwerben und zum Zentrum eines alpinen Wellnessresorts umbauen möchten. Bislang ist es bei Gerüchten geblieben.

Bis zur Gemeindefusion 2004 war Acquarossa Teil der Gemeinde Lottigna, die heute zusammen mit acht anderen fusionierten Gemeinden die neue Gemeinde Acquarossa bildet – schließ-

Der Norden → Karte S. 25

lich war es der einzige Name, der über das Bleniotal hinaus bekannt war.

Für Wintersportler ist Acquarossa eine Basis für das **Skigebiet Nara/Leontica-Cancori** (fünf Skilifte), für Wanderer Ausgangspunkt für familientaugliche Halbtagstouren, aber auch für sportlichere alpine Unternehmungen.

Praktische Infos

PLZ 6716

Hin & weg **Postauto** talabwärts nach Biasca, talaufwärts bis Olivone (dort umsteigen für die weitere Fahrt bis zum Lukmanierpass).

Einkaufen Im südlichen Nachbarort Dongo, direkt an der Durchfahrtsstraße zeigt und verkauft die **Bottega dell'Artigiano** eine große Auswahl an Tessiner Kunsthandwerk, vor allem Holzarbeiten. Di–Fr 14–18, Sa 14–17 Uhr.

Übernachten **Valsole,** moderner Bau im Ortsteil Comprovasco, an der Talstraße, etwas unterhalb der Brücke über den Brenno. Restaurant mit 7 komfortablen Zimmern und verglaster Speiseterrasse. ☏ 091-2244677, www.ristorantepizzeriavalsole.com. ₣₣

mein Tipp **Rubino,** Landgasthof im Ortsteil Comprovasco, den Abzweig direkt an der Brenno-Brücke nehmen; vom Elektrizitätswerk nicht abschrecken lassen, sondern noch ein Stück weiter fahren. Sehr ruhige Lage. Der frühere Familienbetrieb hat 8 Zimmer behalten und renoviert, die Osteria/Pizzeria (Mo Ruhetag) in andere Hände gegeben. Kicker im Speisesaal, einladende kleine Terrasse. Mountainbike-Verleih. Man fühlt sich hier schnell wohl. Gegenüber wurde an Stelle des Kinderspielplatzes ein kommunaler Hundeerziehungsplatz (!) gebaut. Via Rubino 4, ☏ 079-6888274, www.osteriarubino.ch. ₣₣

Camping **** Acquarossa,** von der Brenno-Brücke in Acquarossa 500 m talaufwärts fahren, dann links zwischen Straße und Fluss. Langgestrecktes Gelände in genügendem Abstand zur Straße; erst Wiese mit Schattenplätzen, ideal fürs Zelt, dann Wald, dann weniger romantische große Wiese, die vor allem von Wohnmobilen genutzt wird. Sanitäre Anlagen ausreichend, Waschmaschine. Swimmingpool, kleiner Lebensmittelladen und last, but not least Feuerstellen am Fluss. 90 Stellplätze. Ganzjährig geöffnet. ☏ 091-8711603 oder 079-4443506, www.camping-acquarossa.ch.

Wanderung 3: In der Valle di Blenio → S. 251
Gemütliche Talwanderung auf einsamen Wegen

Casa Rotonda in Corzoneso

In dem Rundbau im Weiler Casserio über dem Bergdorf Corzoneso kommt *Roberto Donetta* (1865–1932), der Pionier der Fotografie im Bleniotal, zu späten Ehren. Zeitlebens schlug sich Donetta, Vater von sieben Kindern, mit allen möglichen Jobs durchs Leben. Er führte einen Laden in Corzoneso, verkaufte Marroni im Piemont, kellnerte in London und erlernte um 1900 die Kunst des Fotografierens, die ihn fortan nicht mehr losließ. Er mietete für fünf Franken im Jahr eine Kamera, reich wurde er nicht damit; später wurde ihm sogar eine Kamera gepfändet.

Nach seiner Rückkehr ins Bleniotal verkaufte er, talauf talab wandernd, Samen und Marroni, vor allem aber fotografierte er wie besessen: Kinder, Alte, Familien, Brautpaare, Begräbnisse, Musiker, Arbeiterinnen. Roberto Donetta wurde zum Dokumentar seiner Zeit und des Tals. Seine letzten Lebensjahre verbrachte er einsam in der Casa Rotonda, die vorher als Schulgebäude gedient hatte. 1932 starb er völlig verarmt und hinterließ eine Sammlung von rund 5000 belichteten Glasplatten, die hier verwahrt werden.

Zu sehen sind die kostbaren Platten nicht, dafür rund 600 Abzüge, fein säuberlich in Leitz-Ordnern thematisch gereiht: Kinder, Arbeit, Hochzeiten, Katastrophen ... Manchmal sind es sehr poetische, manchmal einfach witzige, gestellte Fotos. Teilweise konnten die Porträtierten identifiziert werden, Namen sind Bleistift eingetragen, gelegentlich mit einem Fragezeichen versehen. Die Frau an der Rezeption zeigt auf ein Mädchen, das auf der Titelseite eines Buchs über Donetta zu sehen ist: „Das ist meine Großmutter".

▪ Auf zwei Etagen sind Sonderausstellungen zeitgenössischer Tessiner Fotografen zu sehen, durchaus betrachtenswert, aber der wahre König der Casa Rotonda bleibt der ambulante Samenhändler mit der Kamera. Sa/So 14–17 Uhr. Eintritt frei.

Casa dei Landfogti in Lottigna

Eines der schönsten Häuser des Tales ist die granitgedeckte Casa dei Landfogti in Lottigna, von Acquarossa knapp 5 km talaufwärts. Dicht an dicht stehen die Wappen der Herrscher an der Fassade, im Innern wird die Reihe fortgesetzt. In dem stattlichen Palast sprachen einst die eidgenössischen Landvögte Recht, vielleicht auch Unrecht, regierten jedenfalls in den Alltag der Blenieser hinein und erhoben vor allem Steuern. Heute ist der Bau Sitz eines durchaus sehenswerten Museums, das die verschiedensten Facetten des Tals beleuchtet: sakrale Kunst, darunter eine holzgeschnitzte Apostelgruppe aus dem Valle Malvaglia, eine reiche Waffensammlung, eine ethnographische Sammlung und auch Exponate, die an die Emigration erinnern, wie der ambulante Ofen eines Maronibraters, der wohl die Straßen vieler Städte Europas gesehen hat.

▪ Mitte April bis Okt. Di–So 14–17.30 Uhr. Eintritt 5 CHF.

San Carlo di Negrentino

In einsamer Lage, mitten auf einer Wiese, steht oberhalb des Orts Leontico das romanische Juwel San Carlo di Negrentino. Die etwas abseitige Lage der Kirche findet eine einfache Erklärung:

Wohnsitz von Roberto Donetta, Samenhändler und Fotograf ▲

Dominanz der Urner am Campanile ▼

Romanisches Juwel San Carlo di Negrentino

Sie liegt am alten Säumerweg, der vom Bleniotal über den Narapass in die Leventina führt. Der heutige Besucher ist meist motorisiert, lässt sein Gefährt oben am Parkplatz stehen, überquert auf einer elegant geschwungenen Fußgängerbrücke eine kleine Schlucht und zückt erst einmal die Kamera, die Lage des Kirchleins ist idyllisch.

Die beiden Kirchenschiffe sind unterschiedlich groß. An die ursprünglich einschiffige Kirche aus dem 11. Jahrhundert wurde im 15. Jahrhundert ein zweites kleineres Schiff gebaut, entsprechend proportional ist der Chor aufgeteilt, und auch in der Apsis wiederholt sich die Differenz. Berühmt ist San Carlo für seine Fresken, deren ältestes, die „Himmelfahrt Christi" an der linken Wand, auf die Mitte des 11. Jahrhunderts datiert wird. Viele der Malereien wurden restauriert und leuchten wieder in kräftigen Farben, andere harren noch der Behandlung, die je nach eintreffenden Geldschüben fortgesetzt wird.

Ebenfalls einer Restaurierung unterzogen wurden die drei Wappen, die den freistehenden Campanile zieren: das linke, mit schwörender Hand, steht für die Valle di Blenio, das rechte, mit segnender Hand, für die Leventina, und über den beiden wacht ein wahrhaft prächtiger Stier, Wappentier der Urner Herrschaft.

Olivone

Der Ort, hinter dem sich der Monte Sosto wie eine Pyramide erhebt, ist das Zentrum der nördlichen Valle di Blenio.

In Olivone vereinen sich die beiden Arme des Brenno-Flusses. Der Brenno del Lucomagno, der vom Lukmanierpass durch die Valle Santa Maria fließt, mündet hier in den Hauptfluss, der seine Quelle in der nördlich gelegenen Greina-Ebene hat und das Val Camadra bildet.

Mit der Gemeindefusion von 2006 wurden alle Ortschaften des oberen Bleniotals, der Valle Santa Maria und des Val Camadra zur neuen Gemeinde Blenio zusammengefasst. Als größter Ort ist Olivone deren administratives Zentrum. Der Fremde profitiert in erster Linie von einer guten Infrastruktur: Hotels, Restaurants, Verkehrsanbindung, Fahrradverleih.

Im Winter wird Olivone von Skilangläufern aufgesucht, die weiter westlich in **Campra,** oberhalb der Lukmanierstraße, Loipen verschiedener Schwierigkeitsgrade vorfinden. Für Pistenfahrer steht in **Campo Blenio** nördlich von Olivone ein kleines Skigebiet zur Verfügung. Im Sommer nutzen Wanderer Olivone als Basis für Exkursionen in der näheren Umgebung oder hoch zur einsamen, florareichen *Greina-Ebene* (siehe dort).

Praktische Infos

PLZ 6718

Information **Tourist Information,** an der Hauptstraße, im Ortszentrum. Mo–Fr 8.30–12/13–18, Sa 8–12 Uhr. Via Lavorceno, ✆ 091-8721487, www.bellinzonaevalli.ch.

Hin & weg **Postauto** talabwärts nach Biasca, talaufwärts bis zum Lukmanierpass.

Fahrrad Verleih bei **Sarci Sport** am unteren Ortsende – nur Mountainbikes und E-Bikes. ✆ 091-8721450 und ✆ 079-3313128.

mein Tipp **Übernachten/Essen & Trinken** **Pensione Centrale,** eine einfache Adresse, aber wunderbar. 7 freundlich eingerichtete Zimmer mit Waschbecken; Dusche und WC teils auf der Etage. Auch 3- und 4-Bett-Zimmer. Wer gern gut und preiswert isst, liegt hier goldrichtig. Das Restaurant (nur für Hotelgäste geöffnet) hat sich der Slowfood-Küche verschrieben: hausgemachte Pasta, das Gemüse stammt aus biologischem Anbau, das Fleisch liefern Bauern aus der Umgebung, die Eier legen freilaufende Hühner, der Käse kommt aus dem Bleniotal, das Bier wird in der Leventina gebraut. Aber auch ein Tessiner Merlot passt vorzüglich zum kulinarischen Fest. Obendrein organisieren Anna und Tiziano, die die Osteria seit mehr als zwei Jahrzehnten betreiben, im Haus auch Konzerte (Jazz) und Theatervorstellungen für Kinder. Geschlossen im März und Dez. Via Chiesa San Martino 8, ✆ 091-8721107, www.osteriacentraleolivone.ch. **FF**

Ospizio Camperio, im Weiler Camperio an der Lukmanierstraße, 6,5 km oberhalb von Olivone. Bescheidene, eher kleine Zimmer in einem ehemaligen Hospiz, Dusche/WC auf Etage. Nicht die schlechteste Wahl, im Erdgeschoss unterhält das freundliche Wirtspaar ein lebhaftes Lokal mit Sonnenterrasse (So abends geschlossen). Ganzjährig geöffnet. ✆ 091-8722255. **FF**

Valle di Blenio

Die Greina-Hochebene

Das Naturschutzgebiet mit einer artenreichen Flora liegt bereits im Kanton Graubünden, ist aber auch vom Tessin aus zu erreichen. Der Aufstieg beginnt in **Pian Geirett,** das im Sommer mit dem „Bus Alpin" erreichbar ist. Von hier aus erreicht man über den Greina-Pass in rund zweieinhalb Stunden die berühmte Hochebene. Unterwegs ist eine Übernachtung in der nachgenannten Hütte des Schweizerischen Alpenclubs (SAC) möglich. Abstieg zurück am nächsten Tag oder Fortsetzung der Wanderung ins *Val Lumnezia* oder ins *Val Sumvitg*, beide im Kanton Graubünden. Eine gute Wanderkarte ist bei der Touristinformation in Olivone erhältlich.

Hin & weg **Bus Alpin** von Olivone nach Pian Geirett; Fahrten im Juli/Aug. täglich, im Sept. nur Sa/So. Fahrplan bei der Touristinformation in Olivone.

Übernachten **Capanna Scaletta,** SAC-Hütte, von Pian Geirett zu Fuß in einer Stunde erreichbar. 40 Schlafplätze, HP möglich. Geöffnet Juni–Okt. ✆ 091-8722628, außerhalb der Öffnungsperiode ✆ 079-9436862, www.satlucomagno.ch. ₣

Acquacalda

Der kleine Weiler auf 1750 m Höhe am Fuß des Lukmaniers beherbergte einst eines von insgesamt vier Hospizen an der Passstraße. Ein Brand in den 1950er-Jahren hatte das Haus teilweise zerstört, mit dem Wiederaufbau wurde der Tessiner Architekt Rino Tami (1908–1994) beauftragt; Tami, der als Vater der modernen Tessiner Architektur – oder gar als ihr Übervater – gilt, errichtete auf den Ruinen einen Neubau.

Bekannt wurde Acquacalda 1985, als ein Luganeser Ingenieur im neuen Hospiz ein „Centro Ecologico Uomo-Natura" einrichtete. Sein Programm, das Mensch und Natur zusammenbringen sollte, war umfassend: Vogelbeobachtungen, Schneewanderungen, Tagungen zum Schutz der Alpen oder zur Erhaltung der alpinen Flora und Fauna. Der rührige Öko-Pionier förderte mit allen Mitteln einen alternativen Tourismus, bis er an die Grenze seiner finanziellen Mittel geriet. Schließlich übernahm Pro Natura, die mit über 100.000 Mitgliedern finanzkräftigste schweizerische Naturschutzorganisation, das Haus. Nach einer Totalrenovierung, bei der die Architektur Tamis respektiert wurde, wurde 2013 neu eröffnet. Pro Natura setzt das Konzept des Vorgängers fort: organisierte thematische Wanderungen, Vorträge und Kurse zu alpenspezifischen Themen, Aktivitäten für Familien und mehr (Programm unter www.pronatura-lucomagno.ch).

Wandern: Das Centro Pro Natura hat sieben wunderschöne Wanderwege ausgeschildert, deren Besonderheiten es in einem Büchlein beschreibt. Zu ihnen zählt ein abwechslungsreicher Rundgang, erst durch einen 300 Jahre alten Kiefernwald hoch, dann über Wiesen hinunter zum Fluss und zurück (ca. 1 Std. 45 Min.).

Hin & weg **Postauto** talabwärts nach Olivone, talaufwärts bis zum Lukmanierpass.

Übernachten/Essen ***** Centro Pro Natura Lucomagno,** an der Passstraße (Haltestelle des Postautos). 7 komfortable Doppelzimmer, geheizt wird mit Sonnenenergie. Wenn die nicht ausreicht, hilft die Holzheizung weiter. Schöner Frühstücksraum mit Cheminée, große Sonnenterrasse. Das Restaurant verwendet so weit wie möglich regionale Produkte. ₣₣₣

Camper finden am Bach vor dem Haus ein einfaches, aber schönes Gelände mit 20 Stellplätzen. Geöffnet Mai–Okt. Strada del Lucomagno, 6718 Blenio (Acquacalda), ✆ 091-8722610, www.pronatura-lucomagno.ch.

Riviera

Der Name lässt an freundliche Gestade denken, dem ist aber nicht so. Der Talabschnitt zwischen Biasca und Bellinzona ist zwar breiter als die Leventina, doch links und rechts erheben sich steile Bergwände mit einigen malerischen Wasserfällen.

Mit dem Zufluss des Brenno bei Biasca ist der Ticino breiter geworden. Noch bis ins 19. Jahrhundert trat er nicht selten über die Ufer und richtete enorme Schäden an, dann schob die Kanalisierung weiteren Katastrophen einen Riegel vor. Geblieben ist ein fruchtbarer Schwemmlandstreifen, der heute noch landwirtschaftlich genutzt wird. Wichtiger für die regionale Wirtschaft ist der Granitabbau. Die Dörfer der südlichen Riviera verzeichnen einen leichten Bevölkerungsanstieg, sie gehören bereits zum Einzugsgebiet von Bellinzona.

Mit der Leventina teilt die Riviera das Schicksal des durchbrausenden Nord-Süd-Verkehrs. Die Autobahn drängt die Dörfer ins Abseits, eine touristische Entwicklung ist nicht in Sicht.

Der Norden → Karte S. 25

Blick auf Biasca

Biasca

Der Hauptort der Riviera hat mit rund 6000 Einwohnern kleinstädtischen Charakter. Um den historischen Kern breiten sich vor allem im Norden und im Westen größere Wohngebiete aus, im Süden wächst die Industriezone.

Das Städtchen wird von Fremden eher selten aufgesucht. Mit der romanischen Kirche *Santi Pietro e Paolo* besitzt es jedoch ein kunsthistorisches Juwel ersten Ranges; überdies lässt sich der Kirchenbesuch mit einem wunderschönen Spaziergang zur ebenfalls aus romanischer Zeit stammenden Brücke über den *Wasserfällen der heiligen Petronilla* verbinden.

Auch ein Bummel durch den alten Ortskern mit der *Casa Cavalier Pellanda* als schmuckstem Gebäude bietet sich an. Kaum zehn Fußminuten nördlich stößt man auf die Via ai Grotti: An ihrem Ende liegen am Berghang Biascas *Grotti* – alle dicht beieinander mit einladenden Schattenplätzen und granitenen Tischen.

Sehenswertes

Casa Cavalier Pellanda: In dem prachtvollen Bürgerhaus aus dem 16. Jahrhundert hat sich das *Centro culturale* eingerichtet, das hier jährlich drei Wechselausstellungen mit zeitgenössischer Kunst zeigt. Die Auswahl wie auch die sorgfältig editierten Kataloge des Hauses verraten einen kompetenten Kurator, der weit über die Kantonsgrenzen hinausschaut. Die Ausstellungen haben eindeutig höhere Besucherzahlen verdient.

Zu den Ausstellungszeiten kann man auch einen Blick in die übrigen Räume werfen. In der oberen Etage wurde das Wohnzimmer des einstigen Hausherrn *Giovanni Battista Pellanda*

Romanische Kirche Santi Pietro e Paolo

(1541–1615) restauriert, der es dank Lebensmittelhandel und Zollpacht zu einem vermögenden Mann brachte und unter anderem in der Kirche Santi Pietro e Paolo eine Kapelle (s. u.) stiftete. Ganz unten im Kellergewölbe befindet sich eine eindrucksvolle Zisterne. Im Vorhof des Hauses werden im Sommer oft Konzerte veranstaltet.

▪ Mi und Sa/So 14–18, Fr 16–19 Uhr. Eintritt ca. 5 CHF. *Derzeit wird das Nachbarhaus (Casa Ex Benzoni) restauriert. Nach Abschluss der Arbeiten sollen die beiden Häuser als neues „Centro culturale" zusammengefasst werden, möglicherweise mit anderen Öffnungszeiten und Eintrittspreisen.*

Kirche Santi Pietro e Paolo: Erst versperrt einem die *Kirche San Carlo* den Blick – eine wuchtige Kreuzkuppelkirche, die um 1900 errichtet wurde und weiter nicht sehenswert ist. Rechts an ihr vorbei führt die *Salita alla Chiesa* hoch zur romanischen Kirche Santi Pietro e Paolo aus dem 11./12. Jahrhundert, dem kunsthistorischen Juwel Biascas. Der Bau passt sich dem ansteigenden, felsigen Gelände geschickt an. Über eine Freitreppe links und rechts eines Torbogens vor der Fassade erreicht der Besucher das Portal und stellt dann beim Betreten der Kirche fest, dass mit dieser Eingangskonstruktion die Hanglage noch nicht vollständig überwunden ist. Der Kirchenboden steigt zum Chor hin an, was beim zweiten und vierten Säulenpaar jeweils mit Treppenstufen ausgeglichen wird. Dadurch wird die räumliche Wirkung verstärkt, der Chor scheint weit entfernt. Die im 16. Jahrhundert an die Südwand angebaute *Pellanda-Kapelle* mit ihrem üppigen Stuck passt nicht so recht in die strenge romanische Architektur.

Die Fresken sind größtenteils sehr gut erhalten. An der rechten Kirchenwand wird aus dem Leben des Mailänder Bischofs Karl Borromäus (1538–1584) erzählt: Auf einem der Gemälde ist er beim Schlussakkord des Konzils von Trient zu sehen, das die Gegenreformation einleitete. Im Bild daneben geleiten zwei Engel seine Seele zum Himmel. Borromäus hielt sich mehrmals in Biasca auf, wo er jeweils bei Giovanni Battista Pellanda (s. o.) Unterkunft fand.

Große Kaskade – kleiner Bahnhof

▪ Sommer 8–20 Uhr, im Winter 9–17 Uhr.

Wasserfälle und Oratorium der heiligen Petronilla: Der Durchreisende sieht die sich kreuzenden Wasserfälle mit dem Brücklein darüber von der Autobahn aus. Wer unten in Biasca steht, entdeckt sie am Abhang hinter dem Bahnhof.

Der schönste Weg zu den Wasserfällen ist der *Kreuzweg der Kirche Santi Pietro e Paolo*, eine wunderbare Fortsetzung des Kirchenbesuchs. Die Passionsstationen mit ihren modernen Mosaiken sind dabei weniger interessant als die Natur. Der herrliche, knapp halbstündige Höhenweg führt durch Kastanienwälder und an Farnen vorbei zur Brücke über dem mehrstufigen Wasserfall. Mutige nehmen ein eiskaltes Bad im Becken, in das sich die fallenden Wasser im obersten Abschnitt

Der Norden → Karte S. 25

stürzen. Weniger Mutige begnügen sich mit einem Sonnenbad oberhalb der Wasserfälle und genießen den Ausblick auf Biasca und das Tal, das sich südlich zur Riviera hin öffnet.

Ein paar Schritte hinter der Brücke steht das *Oratorium Santa Petronilla* (17. Jh.), leider ist es meist verschlossen. Ein Blick durchs Gitterfenster gibt nur einen Teil der reichen Ausschmückung mit Fresken frei.

Von der Brücke führt die Via Santa Petronilla schräg den Hang hinunter, in 10 Minuten steht man wieder im Dorfzentrum.

Praktische Infos

PLZ 6710

Information **Tourist Office** beim Bahnhof, Mo–Fr 8.30–12/13–18, Sa/So 8–12 Uhr. Via Bellinzona 5, ✆ 091-8623327, www.bellinzonaevalli.ch.

Hin & weg **Bahn:** Gute Verbindung auf der Gotthardlinie nach Airolo und über Bellinzona nach Locarno.

Postauto: in die Valle di Blenio bis Olivone; nach Bellinzona je nachdem über Osogno und Claro (linkes Ticino-Ufer) oder über Iragna und Lodrino (rechtes Ticino-Ufer).

Übernachten ***** Al Giardinetto,** am Kreisel im Ortszentrum. Das zum Verband Minotel Suisse gehörende Haus bietet relativ kleine, aber praktisch eingerichtete, renovierte Zimmer. Restaurant angeschlossen. Hoteleigene Garage. Via A. Pini 21, ✆ 091-8621171, www.algiardinetto.ch. ₣₣₣

**** Posta,** rotes Stadthaus schräg gegenüber dem Bahnhof. Sachlich eingerichtete Zimmer, alle mit Dusche/WC. Restaurant angeschlossen. Via Bellinzona 8, ✆ 091-8621513, www.hoteldellaposta.ch. ₣₣

Essen & Trinken Zumindest bei warmem Wetter empfiehlt es sich, im Norden des Orts ein Grotto aufzusuchen. Insgesamt 4 Grotti liegen dort dicht beieinander, von denen wir die beiden folgenden ausprobiert haben:

MeinTipp **Grotto Pini,** das auch von Einheimischen gern aufgesuchte Grotto hat zwar keine Steinbänke und ist weniger lauschig als die anderen, hat aber ein größeres Angebot und achtet auf regionale Herkunft der Speisen. Schinken und Salami kommen aus dem Blenio-Tal, ebenso die *Luganighe*, die gelegentlich auf der Karte stehen. Der Alpkäse stammt aus der Leventina und ist ein Jahr gereift. Porchetta und knackige Salate sowie als Spezialität des Hauses eine marinierte Forelle. April–Okt. tägl. geöffnet. Via ai Grotti 34, ✆ 091-8621221.

Grotto del Mulo, einladender Garten. Rind, Pferd und Kaninchen kommen auf den granitenen Tisch sowie gute Tessiner Käse- und Fleischplatten. Am Freitagabend stehen gegrillte Rippchen und Livemusik auf dem Programm, dann wird Reservierung empfohlen. Ganzjährig tägl. geöffnet, im Winter zieht man sich ins kleine Speisezimmer zurück. Via ai Grotti 38, ✆ 091-8621423.

Grotto Petronilla, Risotto und Polenta, Schinken und Salami kommen auch hier auf den Tisch. Doch Spezialität des Hauses ist die *Busecca*, eine kräftige Tessiner Kuttelsuppe mit viel Gemüse. Gegessen wird am Granittisch vor dem Stammhaus oder im Garten unter dem Weintraubendach. Mai–Sept. tägl. geöffnet. Via ai Grotti, ✆ 091-8623929.

White, in Bahnhofsnähe, schicke Lounge-Bar mit Terrasse, in der sich die morgendlichen Zeitungsleser treffen. An der Umgebung – Lidl, Migros – darf man sich nicht stören. Pasta und Pizza, Snacks, Baguettes und mittags preiswerte Menus, darunter stets eine Alternative für Vegetarier. Tägl. geöffnet. Via Stefano Franscini 6, ✆ 091-8624494.

Osogna

Ein beschaulicher Ort: Am kleinen Dorfplatz, der sich stolz „Piazza Grande" nennt, steht zwischen den Häusern eingezwängt die Kapelle San Rocco (17. Jh.). Rochus ist der Schutzpatron der Pestkranken. Eines der Gemälde der Außenwand zeigt den Heiligen bei der Buße in der Wüste. Mit dem Finger deutet er auf seinen Oberschenkel. Die Pestbeule dort gehört zusammen mit

Bade-Idylle am Ortsrand von Osogna

dem Hund, der ein Stück Brot apportiert, zu den klassischen Attributen des Heiligen.

Vom Hauptplatz mit der kleinen Kapelle führt ein kurzer Weg über eine kleine Brücke zu einem Wäldchen mit einem Wasserfall, der ein wunderbares Badebecken bildet – bei der einheimischen Jugend die beliebteste Stelle im Dorf. Bei schönem Wetter ist man bestimmt nicht allein, findet aber noch genug Platz, sich nach dem erfrischenden Bad auf einem Felsen auszustrecken.

Claro

Ein ziemlich zersiedelter Ort: Weiter südlich macht sich im Tal etwas Industrie breit, man ahnt bereits die nahe Kantonshauptstadt. Claro selbst wird meist nur wegen des empfehlenswerten Campings im Ortsteil Scubiago (siehe

Ein missglückter Klosterbesuch

Unten in Claro brennt die Sonne erbarmungslos, weit oben in den Felsen schaut das Kloster Santa Maria Assunta auf mich herunter. Ein alter Säumerweg führt hoch, aber bei dieser Hitze habe ich keine große Lust auf den klassischen Pilgerweg. Die Karte zeigt mir als Alternative ein kurvenreiches Sträßchen, das zum heiligen Ort führt – also bequem hochfahren statt schwitzend pilgern. Frohen Mutes folge ich der Beschilderung, die zur Talstation eines Gondelbähnchens führt, das den oberen Ortsteil von Claro mit dem Kloster verbindet.

Kein Mensch weit und breit, nur der Hinweis, dass der Fahrpreis oben an der Klosterpforte zu entrichten sei und der Betrieb bei viel Wind eingestellt würde. Tatsächlich hat das Wetter mittlerweile gewechselt: Wolken sind aufgezogen und es weht ein ziemlich kräftiger Wind. Des ungeachtet steige ich in die Gondel und drücke auf den Knopf „Salita". Es funktioniert, die Seilbahn setzt sich in Gang. Zwischen Bäumen fährt sie langsam hoch, aber dann: Vor einem nackten Felsen schwankt das ungeschützte Gondelchen bedenklich im Wind. Oben steige ich erleichtert und etwas blass geworden aus, die Bergstation befindet sich innerhalb der Klostermauer. An der Pforte kein Mensch, der mein Fahrgeld will. Bis auf die Kirche sind sämtliche Gebäude verschlossen, und die Kirche ist eher enttäuschend, die alten Fresken sind kaum mehr zu erkennen. Bald stehe ich wieder im Klosterhof. Ich genieße einen Augenblick lang die Aussicht auf Claro hinunter und auf die gegenüberliegende Talseite, wo ein Lawinenabgang deutliche Spuren hinterlassen hat. Immer noch niemand an der Pforte. Ich suche den Säumerweg, der von der Rückseite der Anlage ins Dorf zurückführen soll. Doch alle Tore sind verschlossen. Ich wäre, hätte ich mich beim Aufstieg für den Säumerweg entschieden, vor den abweisenden Klostermauern gestanden. Als einziger Ausweg bleibt die Talfahrt mit der Gondel, obwohl die Windstärke erheblich zugenommen hat. Immerhin scheint die Fahrt gratis zu sein.

unten) aufgesucht – oder man riskiert einen Besuch des ältesten, noch bewohnten Klosters des Tessins, das hoch über Claro am Berghang thront: *Santa Maria Assunta*. In völliger Abgeschiedenheit leben hier neun Benediktinerinnen nach den Regeln ihres Ordensgründers.

Camping ****** Al Censo,** nördlich von Claro, oberhalb der Kantonsstraße, doch genügend Ruhe. Der strategisch gut zwischen Locarno, dem Bleniotal und Lugano gelegene Platz steht seit über 20 Jahren unter derselben Deutschschweizer Regie. Auf den ersten Eindruck etwas nüchtern, doch das Wiesengelände mit knapp 100 Stellplätzen ist sehr gepflegt. Mit etwas Glück findet man sogar ein Plätzchen unter einer Palme. Die sanitären Anlagen sind gut in Schuss, besonderes Lob verdient der von Liegen umgebene Swimmingpool. Kein Restaurant, aber Lebensmittelladen. Die dort gekauften tiefgekühlten Lasagne werden gegen geringen Aufpreis gekocht. Als Alternative bleibt 500 m weiter die Pizzeria „4 Ruote". Geöffnet April bis Mitte Okt. 6702 Claro, ✆ 091-8631753, www.alcenso.ch.

Ich betrete die Gondel, drücke auf den Knopf „Dicesa" – doch nichts tut sich. Offensichtlich hat man den Betrieb eingestellt, und ich bin in den Mauern gefangen. Beim erneuten Absuchen der Pförtnerloge entdecke ich schließlich eine unscheinbare Klingel. Ich drücke kräftig drauf, eine weibliche Stimme verlangt daraufhin durch die Gegensprechanlage 10 Franken. Das scheint mir berechtigt, aber wie und wem soll ich zahlen? Ich warte weiter, drücke nochmals die Klingel, und jetzt wird, wie von Zauberhand geführt, von der Decke ein fassähnlicher, vorne offener Holzbehälter an einem Seil heruntergelassen. Darin finde ich einen Zettel und darauf mit Bleistift geschrieben: „E salito con la teleferica? 10 Fr. tariffa" (Sind Sie mit der Gondel hochgefahren? Tarif 10 Fr.). Verwundert über diese Art der Kommunikation lege ich einen 10-Franken-Schein in den Behälter, der sofort hochgezogen wird. „Grazie, arrivederci", kommt die Antwort aus der Gegensprechanlage. Ich gehe zurück zur Gondel, die sich jetzt auf Knopfdruck hin brav in Bewegung setzt. Der Wind ist eindeutig stärker geworden, die Gondel schaukelt wild, fällt aber nicht vom Seil. Mein Gesicht ist ziemlich käsig, als ich an der Talstation die „Funivia" verlasse und erst einmal aufatme.

Ein paar Tage später lese ich in der Zeitung einen Artikel über das Kloster Santa Maria Assunta. Man könne am Empfang Postkarten, Bücher, Honig und Handarbeiten kaufen. Die Ware würde über „eine Art drehbares Holzfass" geliefert, man bekäme die Ordensfrauen nicht zu Gesicht. Von der „Ware" habe ich nichts gesehen. Das mit dem Holzfass hingegen stimmt – und auch, dass man die Ordensfrauen nicht zu sehen bekommt, außer bei der Messe, aber auch dann nur durch ein dickes Klausurgitter hindurch.

■ Gondelbahn: Talstation im oberen Ortsteil von Claro, schlecht ausgeschildert („Monastero"), am besten orientiert man sich am Seil der Bahn. Tägl. 7–18 Uhr. Pro Fahrt 7 CHF. Messe Mo–Sa 7.00, So 8.30 Uhr, Vesper Mo–Sa 17.45, So 17 Uhr. Während dieser Zeiten bitte nicht an der Seilbahn oder am Empfang klingeln.

Die elegante Murata von Bellinzona

Bellinzona und Umgebung

Die Skyline, die der Reisende von der Autobahn aus wahrnimmt, ist beeindruckend: drei Kastelle und eine lange, zinnengekrönte, doppelte Mauer, die sich in die Ebene hinunterzieht.

Kastelle und Mauer sind Teile einer spätmittelalterlichen Befestigungsanlage und stehen seit dem Jahr 2000 auf der Liste des UNESCO-Weltkulturerbes. An einer Engstelle des Ticino-Tals errichtet, dienten sie in den Kriegswirren des 15. Jahrhunderts als Talsperre, dank der die Mailänder Herrschaft Bellinzona halten konnte (→ Stadtgeschichte).

Im Vergleich zu den Seestädten Lugano und Locarno verzeichnet die Kantonshauptstadt nur wenig Tourismus. In den Cafés sind die Einheimischen eindeutig in der Mehrzahl. Man wähnt sich hier beinahe in einer italienischen Kleinstadt, die teilweise lombardische Architektur unterstützt diesen Eindruck. Bellinzona hat etwas angenehm Unaufdringliches – tagsüber geschäftig, abends ziemlich ruhig.

Die Altstadt liegt zwischen dem *Castelgrande* und dem *Castello di Montebello*, den beiden Hauptburgen der Stadt, und ist von einem wachsenden Gürtel aus Wohnvierteln umgeben. Wer aber einmal bis zu ihr vorgedrungen ist, wird nicht enttäuscht sein: schöne Häuser, zahlreiche Boutiquen, einladende Cafés auf der Piazza vor der Stiftskirche ... Hinterher bietet sich dann ein Burgenbesuch an.

Bellinzona ist nicht nur Kantonshauptstadt, sondern auch Sitz zweier nationaler Einrichtungen. Hinter dem

Bahnhof schließt sich das riesige Gelände des *SBB-Industriewerks* an, wo die Schweizerischen Bundesbahnen ihre Lokomotiven warten und Güterwaggons reparieren; schon 1884 war hier die Reparaturwerkstätte der Gotthardbahn zugange. Am Rand der Altstadt hat 2013 das *Bundesstrafgericht* seinen neuen Sitz bezogen. Dass dieses Gericht heute in Bellinzona beheimatet ist, entspricht dem föderalistischen Prinzip, das in der Schweiz hochgehalten wird: Regierung und Parlament tagen im deutschsprachigen Bern, das Bundesgericht hat seinen Sitz im französischsprachigen Lausanne, die italienischsprachige Schweiz war lange leer ausgegangen. Nach einer Justizreform wurde das Bundesgericht in Lausanne entlastet, St. Gallen bekam das Bundesverwaltungsgericht und Bellinzona eben das Bundesstrafgericht. So hat alles seine eidgenössisch ausgewogene Ordnung.

Stadtgeschichte

Die Besiedlung der Gegend beginnt im Neolithikum und setzt sich über die Bronze- und die Eisenzeit fort. Dass den Römern die strategische Lage zwischen Alpen und Poebene nicht entging, beweisen Ausgrabungen auf dem Castelgrande. Später kontrollieren die Langobarden von der Burg aus den Warenverkehr nach Norden. Eine geschichtliche Rolle spielt Bellinzona jedoch erst im Mittelalter, als die Stadt in verschiedene kriegerische Auseinandersetzungen verwickelt wird.

Bellinzona war drei Jahrhunderte lang ein Zankapfel zwischen dem Bischof von Como und den Herren von Mailand, bald wurde die Stadt von diesen, bald von jenen regiert. Erst 1340 können die Mailänder unter den Visconti ihre Herrschaft über die Stadt konsolidieren. Sie passen das Castelgrande und das Castello di Montebello durch etliche Umbauten den militärischen Erfordernissen der Zeit an und fügen die „Murata" hinzu, die 600 Meter lange zinnenbewehrte Mauer, die noch heute ein Blickfang ist. Nach dem Tod von Gian Galeazzo Visconti – der wohl mächtigste der Visconti-Fürsten starb 1402 an der Pest – brechen erneut unruhige Zeiten an. Erst erobern die Herren aus dem nahen Misox Bellinzona, dann melden auch die urnerischen und obwaldnerischen Eidgenossen, die sich bereits in der Leventina festgesetzt haben, ihre Ansprüche an. In der Folge kommt es zu mehreren kriegerischen Auseinandersetzungen, die wichtigsten Antipoden sind die Urner und die Mailänder, aber auch das Misox und Locarno mischen mit. 1450 übernimmt Francesco Sforza in Mailand die Macht – und in Bellinzona. Bis zu seinem Tod 1466 hat die Stadt Ruhe, dann flackern erneut Unruhen auf. Nach einer erfolglosen Belagerung durch die Eidgenossen 1478 verstärken die Mailänder die Befestigungen der Stadt und bauen als dritte Burg das *Castello di Sasso Corbaro* in ihr Verteidigungsdispositiv ein. 1494 marschieren die Franzosen mit Unterstützung eidgenössischer Söldner in Italien ein, um in Neapel ihre Thronansprüche durchzusetzen. Ludovico Sforza (Sohn von Francesco Sforza) unterstützt anfänglich das französische Abenteuer, wendet sich dann aber gegen die Franzosen und wird 1499 von diesen gefangengenommen. Das sozusagen herrenlos gewordene Bellinzona unterwirft sich ein Jahr später der Eidgenossenschaft.

Die neuen Herren bestätigen die alten Stadtrechte Bellinzonas, interessiert sind die eidgenössischen Landvögte aber vor allem an den Steuer- und Zolleinnahmen. Bellinzona bleibt Untertanengebiet bis 1798. Dann schließt sich das gesamte Tessin der kurzlebigen Helvetischen Republik (von Napoleons Gnaden) an. Nach deren Auflösung 1803 wird das Tessin als eigenständiger Kanton in die Eidgenossenschaft aufgenommen. Die Burgen

Der Norden → Karte S. 25

Bellinzonas gehen in kantonalen Besitz über, Bellinzona selbst wird erste Hauptstadt des neuen Kantons. Bis 1878 wechseln sich die konkurrierenden Städte Lugano, Locarno und Bellinzona alle sechs Jahre als Regierungssitz ab, dann wird die „Stadt der drei Kastelle“ zur ständigen Hauptstadt bestimmt.

Was die politische Zusammensetzung der heutigen Stadtregierung anbelangt, so unterscheidet sich Bellinzona stark von seinen einstigen Rivalen. Seit 2017 stellt hier die Linke zwei Vertreter in der siebenköpfigen Regierung, in Locarno und Lugano jeweils einen von sieben. Die rechtspopulistische Lega dei Ticinesi wiederum beschickt in Lugano die Regierung mit zwei Vertretern, in Locarno und Bellinzona nimmt sie jeweils nur einen Sitz ein.

In der Altstadt

Sehenswertes

Altstadt: Sie ist sehr klein. Ihr Herzstück ist die winzige *Piazza Nosetto*, auf der im Mittelalter ein stattlicher Nussbaum gestanden sein soll. Seit einigen Jahren knüpft ein noch junges Nussbäumchen an diese Tradition an. Auffälligster Bau an der Piazza ist der *Palazzo Civico* mit seinem markanten Turm. Sowohl der kleine Palast wie auch der Turm sind nicht so alt, wie sie aussehen, sie stammen aus den 1920er-Jahren. Im Innenhof machen sich unter den Arkaden Boutiquen breit, in den oberen Etagen arbeitet die Stadtregierung. Die *Via Nosetto*, die vom Platz wegführt, zeigt einige schöne Fassaden, bevor man auf der großen *Piazza Collegiata* steht. Sie wird dominiert von der *Stiftskirche Santi Pietro e Stefano* mit einer beeindruckenden Renaissance-Fassade aus dem 16. Jahrhundert. Eine breite Freitreppe führt ins Innere, das weitgehend barock ausgestaltet ist. Rechts der Kirche blicken aus sechs Nischen der *Casa Chicherio* (18. Jh.), des ehemaligen Pfarrhauses, die Büsten von Galileo, Tasso, Dante, Petrarca, Ariost und Volta hervor.

Von der Piazza Collegiata führen zwei kurze Spaziergänge zu den Burgen hoch, auf der einen Seite zum Castelgrande, auf der anderen zum Castello di Montebello.

Teatro Sociale: Ein einzigartiges Juwel und nebenbei der älteste Theaterbau der Schweiz! Einige aufgeklärte Bürger Bellinzonas gaben den Bau in Auftrag, im Jahr 1847 eröffnete das kleine Teatro. Der klassizistische Bau orientierte sich an der Mailänder Architektur, und so bekamen die Bellinzonesen eine Mini-Scala. Im 20. Jahrhundert war man dann offenbar weniger theaterbegeistert, das Haus verkam zusehend, in den 1950ern fand es noch als Kino Verwendung, bis es 1967 seine Pforten schloss.

In den 1990er-Jahren gründeten Theaterfreunde eine Stiftung, die das

Der Norden → Karte S. 25

Stiftskirche und Casa Chicherio

Teatro Sociale, das zu den nationalen Kulturgütern der Schweiz zählt, restaurierte und obendrein mit modernster Theatertechnik versah. Seither wird das Haus mit seinen 150 Plätzen im Parkett und weiteren auf den drei Logenreihen wieder bespielt. Zu besichtigen ist das Schmuckstück nur während der Aufführungen. Das Programm verdient übrigens durchaus Beachtung: www.teatrosociale.ch.

Gleich neben dem Theater speit ein Seelöwe eine hohe Wassersäule in die Bellinzoneser Luft – eine ganz und gar fröhliche Brunnenfigur.

Castelgrande: Mehrere Wege hinauf zur größten Bellinzoneser Burg stehen zur Wahl, der bequemste Zugang findet sich an der *Piazza del Sole*. Dort führt ein Stollen im Burgfelsen zu einem Lift, und schon ist man oben. An der Mauer entlang gelangt man in den *südlichen Hof* mit einem gepflegten Rasen, zur Hälfte begrenzt durch das alte *Arsenal*, in dem sich ein Restaurant eingerichtet hat, und den *Südtrakt*, Sitz des Museums (siehe unten) – beide Gebäude wurden im 19. und 20. Jahrhundert renoviert. In der nördlichen Ecke des Hofs gelangt man zur *Torre Nera* und über ein Stück Mauer weiter zur *Torre Bianca*, die als höchster Turm der Anlage den Gebäudekomplex des sog. *Ridotto* dominiert und einen großartigen Blick auf die Stadt und die Talebene freigibt. Beeindruckend ist die *Murata*, eine zinnenbewehrte Doppelmauer mit einem begehbaren Grünstreifen in ihrer Mitte, die sich vom westlichen Hof der Burg elegant in Richtung Ticino hinunterzieht. Sie diente im 15. Jahrhundert dazu, das Tal abzuriegeln und war damals fast 600 Meter lang. Die Hochwasserkatastrophe im Jahr 1515 (→ Malvaglia) riss das unterste Stück weg, es wurde nicht wieder aufgebaut.

▪ Murata: Geöffnet wie Castelgrande. Eintritt frei.

Das **Museum des Castelgrande** umfasst drei Abteilungen. Die erste zeigt in drei Sälen 144 wunderbar dekorative

Malereien einer Kassettendecke aus dem 15. Jahrhundert, die beim Abriss eines Palazzo an der Via Nosetto gerettet wurden. Der hinterste Teil präsentiert ein buntes Bestiarium: Kaninchen, Kamel, Drachen, Wildschwein, Elefant ... und ein Wolfsmensch. In der zweiten Abteilung ist neben wenig interessanten archäologischen Funden und einer numismatischen Sammlung ein 20-minütiger Film zur Stadtgeschichte und über die Bedeutung der drei Bellinzoneser Burgen zu sehen – je nach Publikum auf Italienisch, Deutsch, Französisch oder Englisch. Die dritte Abteilung schließlich ist für wechselnde Ausstellungen reserviert.

■ April–Okt. tägl. 10–18 Uhr. Nov. bis Mitte März tägl. 10.30–16 Uhr. Eintritt 10 CHF, inkl. Wechselausstellung 15 €.

Castello di Montebello: Der Aufstieg zur zweiten Burg Bellinzonas beginnt hinter der *Piazza Collegiata* und dauert 10 Minuten. Das Kastell ist kleiner, kompakter und charmanter als das Castelgrande. Zwei Zugbrücken, Gräben und im Zentrum der Anlage eine Burg mit Wohnturm sind von der wehrhaften Zinnenmauer umfasst, die sich auf einer Seite bis zum Castelgrande hinunterzieht. Das kleine *Museum* des Kastells ist seit Jahren geschlossen. Immerhin bleibt dem Besucher der Aufstieg auf die Mauer, von der er eine wunderbare Aussicht genießt: Weil das Montebello-Kastell höher liegt als das Castelgrande, überblickt man dieses von hier aus der Vogelperspektive in seinen ganzen Ausmaßen.

■ April–Okt. tägl. 10–18 Uhr. Eintritt 10 CHF, inkl. Wechselausstellung 15 €.

Castello di Sasso Corbaro: Die kleinste der drei Bellinzoneser Burgen verlangt von der Stadt aus einen rund 30-minütigen Fußmarsch (für Autofahrer ist die Zufahrt ausgeschildert), sie ist noch um einiges höher gelegen als das Castello di Montebello. Vom quadratischen Innenhof gelangt man in den Hauptturm, der für wechselnde Ausstellungen genutzt wird, die kleine Kapelle daneben ist stets verschlossen. Gegenüber

Castelgrande

bittet die Osteria „Sasso Corbaro" (Montag Ruhetag) zu Tisch. Die Burg selbst mit ihrer streng geometrischen Anlage ist weniger aufregend als die Aussicht. Der Blick reicht bis zum Lago Maggiore, die Stadt liegt weit unten, und das Castelgrande sieht schon nicht mehr so „grande" aus.

▪ April–Okt. tägl. 10–18 Uhr. Eintritt inkl. Wechselausstellung 15 €.

Villa dei Cedri: In der prachtvollen Villa, in einem Park im Süden der Stadt gelegen, ist die städtische Kunstsammlung untergebracht. Doch zeigt das „Museo" nicht seine Sammlung, sondern wechselnde Kunstausstellungen, bzw. es zeigt oft auch diese nicht, jedenfalls nicht zu den angeschlagenen Öffnungszeiten.

▪ Mi/Do 14–18, Fr–So 10–18 Uhr (die offiziellen, oft nicht eingehaltenen Öffnungszeiten). Eintritt 12 CHF.

Chiesa San Biagio: Die romanische Kirche aus dem 13. Jahrhundert gleich neben der Villa dei Cedri ist Bellinzonas ältestes Gotteshaus. Ein riesiges Christophorus-Fresko ziert die Fassade. Im Innern, vor allem im Chor, sind zahlreiche Wandmalereien zu sehen, die noch in gutem Zustand sind.

Chiesa Santa Maria delle Grazie: Sie steht ebenfalls in unmittelbarer Nähe der Villa dei Cedri und ist Teil eines früheren Franziskanerklosters. Die Fresken stammen aus der Renaissance und strahlen seit ihrer Restaurierung wieder farbenfroh. Weitere Fresken finden sich im noch erhaltenen Teil des einstigen Kreuzgangs, an den sich ein Altenheim anschließt.

Ponte Tibetano: 2015 wurde die spektakulärste Hängebrücke des Tessins eingeweiht. Der 270 Meter lange Ponte Tibetano überspannt 130 Meter über festem Boden das unwegsame Tal der Sementina. Man geht auf Lärchenholzplanken und ist froh um das Geländer,

Chiesa San Biagio

das Schritt und Tritt etwas sicherer macht. In der Mitte angelangt, schaut man besser nicht nach unten (man könnte das Knieschlottern bekommen), sondern begnügt sich mit dem Blick über die weite Magadino-Ebene und auf Bellinzona.

Die Überquerung des Tals auf dem nervenkitzelnden Ponte Tibetano ist Teil einer gut ausgeschilderten, knapp 4-stündigen Rundwanderung mit Start in Monte Carasso (auf der anderen Talseite von Bellinzona). Wem das zu anstrengend ist, lässt sich in Monte Carasso von einer Gondel ins restaurierte Bergnest Curzùtt tragen und erreicht von dort nach einer rund 40-minütigen Kurzwanderung die elegante Drahtseilbrücke.

Basis-Infos

PLZ 6500

Information **Tourist Information** an der Piazza Collegiata. Mo–Fr 9–19, Sa 9–16, So 10–16 Uhr. Gut bestückte Regale, professionelle Auskunft. Piazza Collegiata 12, ✆ 091-8252131, www.bellinzonaevalli.ch.

Hin & weg **Bahn:** Bellinzona liegt an der Gotthardlinie, schnelle Verbindung nach Lugano und Chiasso, langsamer sind die Bummelzüge sowohl nach Norden wie nach Süden, die an jedem Ort halten. Stichbahn nach Locarno; dort fährt auf Schmalspur die Centovalli-Bahn weiter.

Postauto: Tägl. mehrere Verbindungen in die Valle Leventina sowie nach Locarno.

Parken Die Altstadt ist weitgehend autofrei. Größte und zentrumsnahe Parkmöglichkeit ist das unterirdische Parkhaus an der **Piazza del Sole,** von dort mit dem Lift direkt auf das Castelgrande. Ebenso zentral liegt das **Parkhaus Cervia,** es ist jedoch kleiner und oft voll. Weitere Parkmöglichkeiten außerhalb der Altstadt; falls zentrumsnah, sind sie gebührenpflichtig.

Fahrrad Verleih bei **BikePort (Rent a Bike)** am Bahnhof; Vorteil ist, dass man das Rad auch an anderen Bahnhöfen abgeben kann (Liste verlangen).

Feste/Festival **Rabadan,** Bellinzonas Karneval konnte 2022 seinen 160. Geburtstag feiern, er gehört zu den größten der Schweiz. „König Rabadan" (= König Lärm) regiert dann fünf Tage lang die Stadt. Närrisches Treiben mit Höhepunkt am Karnevalssonntag: großer Umzug mit Guggenmusiken und Karnevalswagen. Gezecht wird bis in den frühen Morgen.

Markt Wochenmarkt am Samstagvormittag im Zentrum. Herzstück des Markts ist die Piazza Nosetto, doch zieht er sich bis zur Piazza Collegiata. Bunt und beliebt, halb Bellinzona ist auf den Beinen.

Übernachten

Hotels ***** Unione 4,** am Rand der Altstadt, an der Umfahrungsstraße. Bellinzonas erste Adresse wird vor allem von Geschäftsreisenden und Beamten aufgesucht. 41 komfortable Zimmer. Via Generale Guisan 1, ✆ 091-8255577, www.hotelunione.org. FFF

***** Internazionale 2,** gegenüber dem Bahnhof. 71 renovierte, freundlich eingerichtete Zimmer in einem großen Hotelbau aus den Anfängen des 19. Jh. Mit Wellness-Sektor. Viale Stazione 35, ✆ 091-8254333, www.hotel-internazionale.ch. FFF

meinTipp **** Gamper 5,** in Bahnhofsnähe. Beliebte Adresse und trotz der 28 Zimmer oft ausgebucht. Zum sympathischen Hotel gehört eine Pizzeria im Erdgeschoss. Hoteleigener Parkplatz hinter dem Haus (mit Auto etwas umständlich zu erreichen). Viale Stazione 29, ✆ 091-8253792, www.hotel-gamper.com. FF

*** Moderno 6,** in einer Nebenstraße zur Bahnhofsstraße. 10 eher kleine, praktisch-nüchtern möblierte Zimmer. Zum bescheidenen Betrieb gehört eine Snackbar. Viale Stazione 17b, ✆ 091-8251376, www.garnimoderno.ch. FF

Bamboohouse, 11 km entfernt in Riazzino (bei Cugnasco), an der Kantonsstraße nach Locarno, am rechten Ufer des Ticino. Pfiffiges Motel, zwischen dem Zimmer und dem Privatparkplatz hat gerade noch eine Miniterrasse mit Hängematte Platz. Riesiger Kinderspielplatz, Swimmingpool und mehr Palmen als Bambus. Ideal für Familien (auch Mehrbettzimmer). Restaurant mit italienischer Küche. Via Cantonale 139, 6595 Riazzino, ✆ 091-8591422, www.bamboohouse.ch. FFF

meinTipp **Campagna,** 10 km von Bellinzona entfernt, in Gerra Piano (bei Cugnasco), an einer Nebenstraße zur Kantonsstraße nach Locarno, am rechten Ufer des Ticino. In erster Linie ein schöner Restaurantgarten mit großem Grill, Tessiner Küche und einem guten Hauswein, auch Kinderteller. Auch Pizza. Die Zimmer sind unprätentiös eingerichtet, aber gepflegt und geräumig genug, alle mit Dusche/WC, einige Zimmer mit Balkon. Via alle Scuole 16, 6516 Gerra Piano, ✆ 091-8593078, ristorante.campagna93@gmail.com. FF

Jugendherberge **Montebello 13,** riesiger Bau am Fuß des Castello di Montebello. In den

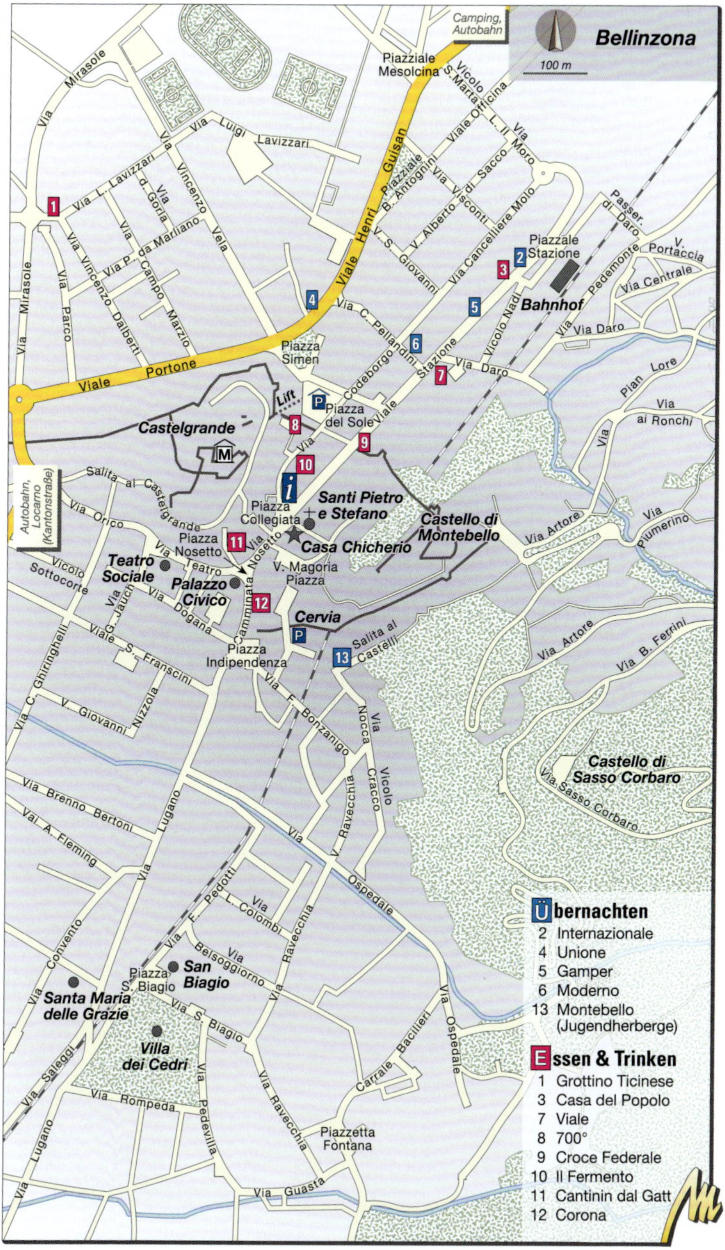

Der Norden → Karte S. 25

oberen Etagen des Ex-„Istituto Santa Maria" wird Schule abgehalten, das Erdgeschoss ist als vergleichsweise teure Jugendherberge eingerichtet. Einige Zimmer mit Dusche/WC, einige mit Dusche/WC auf Etage. Geöffnet März–Nov. Via Nocca 4, ☏ 091-8251522, www.youthhostel.ch/bellinzona.

Camping ***** Bellinzona,** Bellinzonas Stadtcamping, am nördlichen Stadtausgang, bereits auf dem Gemeindegebiet von Arbedo. Der gute Service mag manchen über die eingeklemmte Lage zwischen dem Sträßchen am Ticino und der Kantonsstraße hinwegtrösten, andere finden den Straßenlärm unerträglich. Flaches Wiesengelände ohne jeden Charme mit 80 Stellplätzen. Swimmingpool, Snackbar, Fahrradverleih. Geöffnet März–Okt. Via San Gottardo 131, 6517 Arbedo, ☏ 091-8291118, www.campingbellinzona.ch.

****** Isola,** 7 km außerhalb in Gudo, am rechtsseitigen Ticino-Ufer. Sehr schönes Gelände mit 250 Stellplätzen, die besten allerdings von Dauercampern belegt. Vier-Sterne-Komfort, großer Swimmingpool mit Vermietung von Liegen. Restaurant-Pizzeria. Geschlossen Mitte Dez. bis Mitte Jan. Via al Giaggoletto 3, 6515 Gudo, ☏ 091-8593244, www.campingisolaticino.ch.

****** Park Camping Riarena,** knapp 10 km außerhalb in Cugnasco, am rechtseitigen Ticino-Ufer, über 200 Stellplätze. Etwas weniger aufgemöbelt als der vorgenannte, hier sieht man neben Wohnwagen auch große und kleine Zelte. Ausreichend schattige Plätze, Swimmingpool und Restaurant. Geöffnet Mitte März bis Mitte Okt. 6516 Cugnasco, ☏ 091-8591688, www.camping-riarena.ch.

Wohnmobil Kompletter Service auf den Plätzen **Isola** und **Riarena** (siehe oben).

Essen & Trinken

→ Karte S. 59

MeinTipp **Grottino Ticinese 1,** sehr populäres Lokal außerhalb des Zentrums. An schönen Tagen ist mittags der große kastanienbestandene Garten brechend voll. Die Kellner eilen sportlich zwischen den Stein- und Plastiktischen hin und her, trotzdem muss man Wartezeiten in Kauf nehmen. Preiswerter Mittagstisch, ausgezeichnete Tessiner Platten, gute Stimmung. Kinderspielplatz gleich daneben. So Ruhetag. Via Lavizzari 1, ☏ 091-8263964.

Blick von der Valle Morobbia auf den Lago Maggiore

Cantinin dal Gatt 11, Tessiner, aber auch italienische Küche im historischen Gemäuer – gut zubereitet und relativ preiswert. Im Sommer wird auch im Innenhof gegenüber serviert. Sonntagabend geschlossen, Mo Ruhetag. Vicolo al Sasso 4, ✆ 091-8252771.

Croce Federale 9, direkt unter dem Turm des Castellio di Montebello. Das Restaurant des gleichnamigen Hotels trägt das Schweizerkreuz im Namen und serviert auf dazu passenden rot-weiß karierten Tischdecken gutbürgerliche Küche und Pasta. Die hausgemachten Gnocchi al burro sind tatsächlich butterweich. Große Speiseterrasse. Viale Stazione 12A, ✆ 091-8251667.

Casa del Popolo 3, keine Tessiner Küche, sondern eher klassische Gerichte wie Vitello tonnato oder Saltimbocca alla Romana und was das „Haus des Volkes" dem Volk schuldet: niedrige Preise. Sonntag geschlossen. Viale Stazione 31, ✆ 091-8252921.

Corona 12, beliebte Birreria, die sich längst nicht mehr aufs Bier beschränkt, sondern auch für ihre Küche, besonders die Polenta, bekannt ist. Auch Pizza. Mehrere, teils geräumige Speisesäle. Via Camminata 5, ✆ 091-8252844.

meinTipp **700° 8**, ideal für den abendlichen Absacker, ruhig und doch zentral gelegen. Gegründet 1991 zum 700. Geburtstag der Schweizerischen Eidgenossenschaft – daher der Name. Noch mehr als die gute Auswahl an Weinen überzeugt die einmalige Lage: Der Felsen und die Mauer des Castelgrande bilden einen offenen Innenhof, die Beleuchtung von Burg und Zinnen ist geradezu spektakulär. Geöffnet bis Mitternacht, Fr/Sa bis 2 Uhr; am So geschlossen. Via Codeborgo 17, ✆ 091-8257561.

Il Fermento 10, Ableger der gleichnamigen Luganeser Bierbrauerei. Zum guten Hausbier werden Flammkuchen, Salate und Salami serviert. Recht lebendiger Betrieb. So Ruhetag. Via Codeborgo 12, ✆ 091-8355757.

Viale 7, moderne Snackbar, in der sich Bellinzonas mehr oder weniger gestylte Jugend beim Drink oder Bier zuprostet. So Ruhetag. Viale Stazione 18, ✆ 091-8257303.

Giubiasco

Der Ort schließt sich nahtlos an Bellinzona an und geht im Süden in die industriereiche Magadino-Ebene über. Das Leben spielt sich hauptsächlich an der Piazza Grande ab, wo der Verkehr um eine große Grünfläche kreist. Kaum einer geht hin, aber genau dort haben die kommunalen Behörden *arte per arte* eingerichtet, eine Open-Air-Skulpturenausstellung mit Werken von Tessiner, Deutschschweizer und italienischen Künstlern, die jährlich fortgesetzt wird. Das Beste, was man in Giubiasco tun kann: kreuz und quer über den Rasen spazieren und sich überraschen lassen.

Valle Morobbia

Von Giubiasco führt eine 10 km lange, an Serpentinen reiche, aber gut ausgebaute Straße hoch in die nahezu unbekannte Valle Morobbia. Nach **Pianezzo** mit seinen mittelständischen Villen im Grünen hat man das Wohngebiet der Agglomeration Bellinzona hinter sich und eine einsame Landschaft vor sich. Über mehrere kleine Dörfer erreicht man schließlich **Carena,** die oberste Ortschaft des Tals. Das idyllische Bergdorf war einst Zollstation. Heute wird das alte Zollhaus als Wohnhaus genutzt, und statt Schmuggler sieht man in Carena Wanderer, die sich auf eine Tour ins schweizerisch-italienische Grenzgebiet aufmachen.

Übernachten/Essen **Ritrovo dei Passegeri,** in Vellano, knapp 7 km von Giubiasco. 8 Zimmer, alle mit Bad. Osteria mit Panoramaterrasse (Mo Ruhetag). Geschlossen Jan. und Febr. 6583 Vellano-Valle Morobbia, ✆ 091-8577 662, info@osteriapasseggerio.ch. FF

Der Norden → Karte S. 25

Lago Maggiore

Der Lago Maggiore mit den Städtchen Locarno und Ascona wird seit über hundert Jahren von Feriengästen aufgesucht. Das Klima ist mild, und wenn nördlich der Alpen noch geheizt wird, schlürft man auf der Piazza Grande von Locarno den morgendlichen Cappuccino bereits an der Sonne.

Etwas ruhiger geht es im Gambarogno zu, am Ostufer des Sees. Neben der Eisenbahnlinie und der Straße bleibt oft wenig Platz, die paar Dörfer sind eng an den See gebaut.

Seit der Gotthardstraßentunnel eröffnet wurde (1980), dauert die Autofahrt von Zürich nach Locarno zweieinhalb Stunden. Für Zürcher ein Wochenendausflug, und nicht wenige haben ein Ferienhäuschen in einem der Täler des Locarnese. Neben Deutschschweizern stellen Deutsche das Gros der Touristen – Locarno und Ascona sind praktisch zweisprachig geworden.

Was anschauen?

Der **Monte Verità** (→ S. 85) oberhalb von Ascona war Anfang des 20. Jahrhunderts ein Lebensmittelpunkt von Pazifisten, Utopisten, Weltverbesserern, Esoterikern und Vertretern einer radikal gesunden Ernährung. Tänzer, Maler, Musiker und Schriftsteller zog es zum berühmten Hügel: Hermann Hesse, der Anarchist Erich Mühsam, Friedrich Glauser und andere schrieben über ihre Erfahrungen. Adelige aus halb Europa tauchten auf, und sogar Politiker wie Konrad Adenauer wurden gesichtet. Die Ausstellung „Die Brüste der Wahrheit" in der Casa Anatta beleuchtet das Phänomen Monte Verità unter immer neuen Gesichtspunkten. Kurator der Ausstellung war der 2005 verstorbene Harald Szeemann, einer der Größten seines Fachs.

Was unternehmen?

In nur vier Minuten gelangt man von Porto Ronco mit dem Schiff auf die **Brissago-Inseln** (→ S. 93). Der dortige botanische Garten ist einzigartig – und er hat auch eine einzigartige Geschichte, die in einer Zeit spielt, in der man auch in Europa noch Inseln kaufen konnte.

Für einen Ausflug weg vom See in die Berge bietet sich das einstige Schmugglerdorf **Indemini** (→ S. 104) an, Wanderer starten auf der Passhöhe der Alpe die Neggia (→ S. 253).

Für Erwachsene wie auch für Kinder zeigt die Falconeria von **Locarno** (→ S. 71) eine spektakuläre Show. Falken und andere Raubvögel fliegen auf Befehl quer über die fußballfeldgroße Bühne und landen – haarscharf über die Zuschauer hinweg, die vor Schreck die Köpfe einziehen – sicher auf dem Arm des Empfängers. Die perfekte Choreographie wird zusätzlich von dramatischer Musik unterstützt.

Wo baden?

Fast jeder Ort am See lädt zum Baden ein. Der **Lido von Locarno** (→ S. 73) wartet zudem mit einer riesigen Wellnessanlage auf. Billiger ist sein Pendant, der **Grande Lido von Ascona** (→ S. 81). In **Brissago** (→ S. 97). wiederum freuen sich die Kinder: Eine 75 Meter lange Rutsche führt von der Straße bis fast ins Wasser.

An der Ostseite, im Gambarogno wird vor allem in **San Nazzaro** (→ S. 103) gebadet, das mit Umkleidekabinen, Duschen und Toiletten eine hervorragende Infrastruktur bietet. Der Nachbarort **Gerra** (→ S. 104) punktet mit einer wunderbaren Strandkneipe.

Wo essen?

In **Ascona** (→ S. 84) serviert das „Ristorante Antico Borromeo" eine hervorragende italienische und Tessiner Küche zu gehobenen Preisen. Im todschicke „Seven" steht innovative Küche auf dem Programm. Anders geht es im beliebten, oft brechend vollen „Grotto Baldoria" zu: Dort wird gegessen, was auf den Tisch kommt, zu bescheidenen Preisen.

In **Locarno** (→ S. 76) zeigt das „Negromante" mit seinem Innenhof nicht nur ein einzigartiges Interieur, auch die Küche kann sich sehen lassen: Filet vom Angus-Rind oder ein Pferdesteak auf

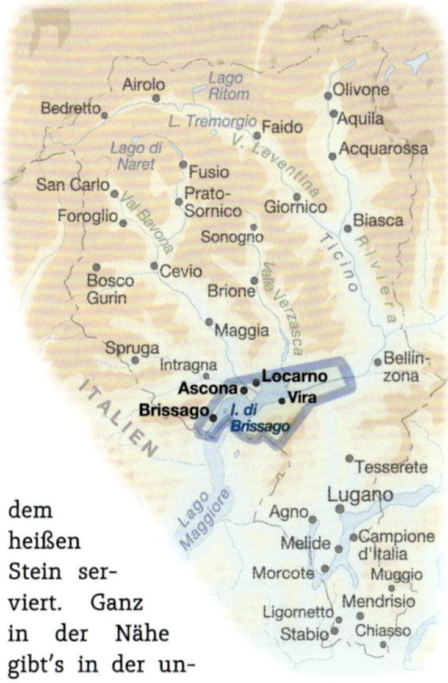

dem heißen Stein serviert. Ganz in der Nähe gibt's in der unprätenziösen Osteria „Borghese" solide Hausmannskost.

Gute Fischlokale sind selten geworden, der Import von Fischen hat zugenommen. Fische aus dem nahen Lago findet man in **Locarno** im „Reginetta" (→ S. 76) und im **Gambarogno** im „La Riva" (→ S. 102) Letzteres hat nicht nur eine wunderbare Speiseterrasse mit Seeblick, sondern auch gleich einen kleinen Strand.

Wo shoppen?

Die Piazza Grande in **Locarno** (→ S. 64) ist nicht nur Flanier- sondern auch Shoppingmeile. Wer in den Boutiquen nicht fündig wird, verzieht sich in die Warenhäuser Manor oder Globus. Eine gute Adresse für Produkte der regionalen Landwirtschaft ist in **Ascona** (→ S. 81) der Verkaufsshop der Vinothek „Terreni alla Maggia". Der Betrieb selbst arbeitet im Maggiadelta und ist der einzige Schweizer Produzent von Reis.

Regionale, biologische Produkte erobern derzeit die Lebensmittelmärkte. Eine kleine, feine Auswahl bietet „La Fabbrica" in Losone (→ S. 90) an, ein kulturelles Unternehmen, das auch eine Bäckerei betreibt.

Locarnos Seepromenade

Locarno

Wenn das Tessin die Sonnenstube der Schweiz ist, so ist die Piazza Grande von Locarno ihre beliebteste Sonnenterrasse: sehen und gesehen werden. Der riesige Platz ist das Herz des Städtchens, das nur 16.000 Einwohner zählt, im Sommer aber aus allen Nähten platzt.

Oberhalb der Piazza gerät man in die Gassen der Altstadt, wo sich Boutiquen und Restaurants reihen, noch weiter oben beginnen die teureren Wohnlagen mit Seeblick, und noch ein Stück oberhalb wacht die *Madonna del Sasso*, Locarnos berühmteste Kirche und Wahrzeichen der Stadt, über die Menschen am Nordzipfel des Sees.

Unterhalb der Piazza führt hinter dem Casino die palmenbestandene Seepromenade an einigen Luxushotels vorbei zum Jachthafen. Unweit dahinter lädt der Lido mit Freibad und Spielwiese zum Entspannen ein. Mit einem eleganten Flachbau wurde er 2013 um eine hypermoderne Wellness-Landschaft erweitert: Solebäder, Saunen und eine Kneippanlage.

Das relative große Einzugsfeld an Pendlern sowie seine Lage zwischen Berg und See stellen Locarno vor ein schier unlösbares Verkehrsproblem, zumal wenn noch die sommerlichen Touristen dazukommen. Zwar ist die Stadt untertunnelt, trotzdem kommt es zu Verkehrsverstopfungen, insbesondere auf der von Bellinzona zuführenden Straße und im Tunnel selbst, oft auch auf der Ausfallstraße in Richtung Maggiatal und Centovalli.

Sehenswertes

Piazza Grande: Richtig angekommen in Locarno ist man erst, wenn man über die Piazza Grande geschlendert ist und sich in eines der zahlreichen Straßencafés gesetzt hat. Der zentrale Platz im

Große Leinwand in Locarno

In der ersten Augusthälfte wird man in Locarno und Umgebung kein freies Zimmer mehr finden. Dann nämlich dreht sich alles um das „Locarno Film Festival", das mit Cannes, Venedig und Berlin zu den großen europäischen Filmfestivals zählt. Fernsehwagen bringen sich frühzeitig an der Piazza Grande in Stellung, nicht nur der eintreffenden Kinogrößen, sondern auch anderer Prominenz wegen. Die halbe Schweizer Regierung findet sich ein, Wirtschaftsmogule und ein gutes Tausend Journalisten, von denen viele mehr am Event interessiert sind als am einzelnen Kunstwerk. Das 1946 gegründete Festival – 2023 steht die 76. Ausgabe an – ist mittlerweile mehr als nur ein hochkarätiges Kunstereignis. Es ist auch ein Feld des Lobbying, nicht zuletzt für die Festivalorganisatoren selbst, die um höhere Subventionen kämpfen.

Für den Festivalbesucher aber steht der Film im Zentrum. In den wenigen Kinos der Stadt und anderen Sälen werden Spezialreihen, Filme außerhalb des Wettbewerbs und Retrospektiven gezeigt. Das Hauptprogramm aber findet auf der Piazza Grande statt, wo vor einer riesigen Leinwand (26 x 14 m) rund 8000 Stühle aufgestellt sind, nicht einfach so, sondern in einer strengen Choreografie von Gelb und Schwarz, sodass der Besucher beim Blick auf die leeren Stuhlreihen ein Leopardenmuster entdeckt. Die Raubkatze ist schließlich das Emblem des Festivals, und der Traum jedes Regisseurs ist es, den „Pardo d'Oro", den Goldenen Leoparden mit nach Hause zu nehmen. Programm unter www.locarnofestival.ch.

▪ **PalaCinema Locarno:** Etwas oberhalb der Piazza Grande wurde 2018 in einem umgebauten Schulhaus das „PalaCinema" eröffnet, das Locarnos Ruf als schweizerische Filmhauptstadt festigen soll: Festivalbüro, ein Kinosaal für 500, zwei weitere Säle für je 150 Zuschauer, Fachbibliothek und Filmarchiv – alles unter dem Dach des Leoparden.

lombardischen Stil gehört zu den schönsten Plätzen Europas. Die Locarner sind stolz auf ihn und dies auch mit Recht, seit 2008 im Tessiner Parlament der längst fällige Beschluss fiel, die Piazza Grande in eine Fußgängerzone umzuwandeln. Die Politiker hatten wohl eingesehen, dass das Parkproblem auch mit Parkplätzen auf dem berühmten Platz nicht zu lösen ist.

In der ersten Augusthälfte zeigt die Piazza zehn Tage lang ein ganz anderes Gesicht. Tausende von schwarzen und gelbe Plastikstühlen stehen auf dem Pflaster, die Cafés sind noch voller, die Parkprobleme noch größer – das international berühmte „Locarno Film Festival" geht über die Bühne (→ Kastentext).

Palazzo del Pretorio: An der Via della Pace, die beim Casino südlich wegführt, steht eine stattliche Gründerzeitvilla mit ein paar Palmen davor. Heute sind im Palast, der 1925 im Brennpunkt der Europapolitik stand (→ Kastentext „Als ganz Europa nach Locarno blickte"), die Polizei, das Gesundheits- und das Finanzamt der Stadt untergebracht. Einzig eine Tafel mit Foto erinnert an die hier ausgehandelten Verträge, die als *Locarnopakt* in die Geschichte eingingen – und der Name der Straße: Via della Pace. Wer mehr über den Locarnopakt erfahren will, muss sich ins Castello Visconteo begeben. Dort ist eine ebenso ausführliche wie interessante Dokumentation über die Konferenz zu sehen.

Castello Visconteo: Das einstige Schloss der Visconti, Herzöge von Mailand, beherbergt heute in erster Linie das wenig aufregende archäologische Museum der Stadt. Interessanter sind der „Saal des Pakts von Locarno", eine ausführliche Dokumentation (auf Italienisch) zum Locarnopakt, und der Spaziergang durch die historischen Gemäuer mit den mittelalterlichen Torbögen, aristokratischen Wappen, Freskenresten und Graffiti von Gefangenen.

Schon die Aufgangstreppe mit ihrem Anbetungsfresko versetzt den Besucher in andere Zeiten. Der darauf folgenden kleinen Loggia haben die Deutschschweizer Herrscher ihren Stempel aufgedrückt, von der Veranda der Landvögte („lanvocti") blickt man dann un-

Museo Casorella: „Arps Galaxis"

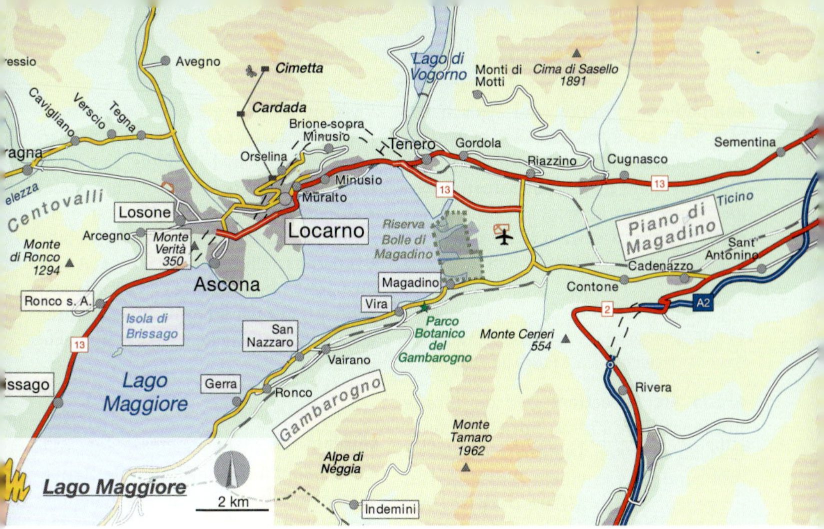

versehens auf das Parkhaus des modernen Locarno. Ganz oben, im mittelalterlichen Turm, der noch bis ins 19. Jahrhundert als Gefängnis genutzt wurde. schwört grimmig ein ehemaliger Häftling in deutscher Sprache: „Rache".

Andere, viel ältere Graffiti sind im sogenannten „Alphabet von Lugano" geschrieben, das sich an der etruskischen Schrift orientiert, die entsprechende gesprochene Sprache „Leponzia" ist keltischen Ursprungs.

Im „Saal des Pakts von Locarno" sind nicht nur Tintenfass und Stempel für die historischen Unterschriften zu sehen, sondern auch die täglichen Bulletins der Konferenz, die vom 5. bis 16. Oktober 1925 dauerte: Am 11. Oktober begaben sich die Politiker auf eine Vergnügungsfahrt auf dem Lago, am 15. Oktober hatte der deutsche Außenminister Stresemann das letzte Wort, der Protokollant hält auf Französisch, der Sprache der Diplomaten, fest: „Les Allemands sont des gens terriblement difficultueux; ils veulent toujours avoir le dernier mot" (Die Deutschen sind fürchterlich kompliziert, sie wollen immer das letzte Wort haben).

■ Di–Fr 10–12/14–17, Sa/So 10–17 Uhr. Eintritt 15 CHF oder Sammelticket Castello Vincenteo + Museo Casorella + Casa Rusca für 20 CHF.

Museo Casorella: In einem renovierten Herrschaftshaus aus dem 16. Jahrhundert zeigt Locarno Perlen aus dem städtischen Kunstbesitz. Die Dauerausstellung „Arps Galaxis" ist dem vielseitigen Elsässer Künstler *Jean Arp* (1886–1966), Mitbegründer des Dadaismus, gewidmet. Die Gemälde und Skulpturen, die er der Stadt vermachte, sind im Erdgeschoss zu sehen. Doch ein Stern macht noch keine Galaxie aus, also steigt man in die 1. Etage hoch und steht dort vor Werken von Künstlern und Künstlerinnen, die Arp nahestanden, natürlich seine Frau Sophie Taeuber-Arp, aber auch Paul Klee, Max Ernst, Meret Oppenheim und andere mehr – eine überzeugende Auswahl von Werken meist der abstrakten Kunst des 20. Jahrhunderts. Leider sind diese Werke nur zu sehen, wenn keine temporäre Ausstellung die Etage belegt.

Die 2. Etage gehört nicht mehr zur Galaxie. Hier sind Gemälde von *Filippo Franzoni* (1857–1911) ausgestellt – eine Reverenz an den in Locarno geborenen, heute nahezu vergessenen Maler.

Zur Galaxie wiederum darf man die Skulpturen des Architekten und Bildhauers *Max Bill* (1908–1924) zählen, die im Garten des Museums zu sehen sind. Seine abstrakten, streng geometrisch komponierten Werke sind typisch für sein Spiel mit Form und Gleichgewicht. Bill verband mit dem Ehepaar Arp übrigens mehr als nur die Kunst: Er beherbergte 1943 in seinem Zürcher Domizil Sophie Taeuber-Arp, als diese aus dem besetzten Frankreich fliehen musste.

▪ Di–Fr 10–12/14–17, Sa/So 10–17 Uhr. Eintritt 15 CHF oder Sammelticket Museo Casorella + Castello Vincenteo + Casa Rusca für 20 CHF.

Ghisla Art Collection: Der zur Straße hin fensterlose Kubus, mit einem feinmaschigen, roten Drahtnetz verkleidet und rundum von einem Wassergraben umgeben, ist ein Meisterwerk des Architekturbüros Moro & Moro. Dass es sich um ein umgebautes Dreifamilienhaus handelt, mag der Betrachter kaum glauben. In diesem auffälligen Würfel machen seit 2014 Martine und Pierino Ghisla ihre private Kunstsammlung der Öffentlichkeit zugänglich. Das Museum besitzt rund 200 Kunstwerke der Moderne: Unter anderem sind Miró, Magritte Picasso, Dubuffet, Appel und Vasarely vertreten. Ein Teil der permanenten Ausstellung ist gänzlich den Amerikanern, insbesondere der Pop- und Graffiti-Art (Roy Lichtenstein, Keith Haring, James Rosenquist u. a.) vorbehalten. Eine jährlich wechselnde Sonderausstellung ergänzt das Angebot. Das kunstsinnige Gründerpaar schließt mit seiner privaten Initiative eindeutig eine Lücke im Kulturangebot der Stadt.

▪ Mitte März–Okt. Mi–So 13.30–18 Uhr; Nov. bis 1. Januarwoche Mi–So 13.30–17.30 Uhr. Eintritt 18 CHF.

Chiesa Sant'Antonio Abate: Die Hauptkirche der Stadt zeigt eine wuchtige Architektur und eine klassizistische Fassade, so recht überzeugen mag das nicht. Im Innern ist einzig die barocke Kreuzabnahme in der rechten Seitenkapelle vor dem Chor sehenswert, ein Werk des einheimischen Künstlers *Giuseppe Antonio Felice Orelli*, Mitglied einer lokalen Künstlerfamilie, die im Tessin hier und dort ihre Spuren hinterlassen hat.

Als ganz Europa nach Locarno blickte

Großer Bahnhof in Locarno! Im Oktober 1925 kommen in der Stadt am See die Außenminister Deutschlands, Frankreichs, Belgiens, Großbritanniens, Italiens, Polens und der Tschechoslowakei zum Gipfeltreffen zusammen. Zwölf Tage lang brüten die Spitzenpolitiker über einem Vertragswerk, das Europa sicherer machen sollte. Wichtigstes Resultat: Deutschland, als Verlierer des Ersten Weltkriegs international isoliert, anerkennt die im Versailler Vertrag festgelegte Westgrenze und stimmt der Entmilitarisierung des Rheinlands zu. Im folgenden Jahr wird Deutschland in den Völkerbund aufgenommen, und die beiden Hauptarchitekten des „Locarnopakts", die Außenminister Gustav Stresemann (Deutschland) und Aristide Briand (Frankreich), erhalten den Friedensnobelpreis.

Gerade noch rechtzeitig zur Verabschiedung des Pakts tauchte Mussolini, damals gerade frischgebackener Diktator, in Locarno auf. Ein Schnellboot führte ihn bis Brissago, wo er in einen Alfa Romeo umstieg. Die Schweizer Regierung, die ihn vier Jahre zuvor mit einem Einreiseverbot belegt hatte, hieß ihn ausdrücklich willkommen.

Leonardo in Locarno

Wer vom Parkplatz her zur Burg der Mailänder Herzöge spaziert, kommt an einem Stück alten Bollwerks vorbei, auf dem ein kleines Schild prangt: „Leonardo da Vinci 1452–1519“. Keine weitere Erklärung, der Spaziergänger stutzt, schüttelt verständnislos den Kopf und geht weiter. Wir sind der Sache nachgegangen.

Vor ein paar Jahren kam ein Geschichtsprofessor der Universität Mailand zu dem Schluss, dass es sich hier um den Rest eines Bollwerks handelt, das vom berühmten Leonardo für die Locarner Burg der Visconti entworfen wurde. Zahlreiche Leonardo-Experten gaben dem Professore recht, die Tatsache scheint heute wissenschaftlich gesichert. Schließlich wurden auch die Behörden von Locarno hellhörig: Man könnte das Stück Mauerwerk zur touristischen Attraktion aufwerten. Einziges Problem: Das Leonardo zugeschriebene Mauerstück, eingezwängt zwischen Häusern, ist in Privatbesitz. Kaufverhandlungen führten zu nichts, die Stadt zeigte sich knauserig, die Besitzer hatten wohl den Wert erkannt und trieben den Preis in die Höhe, schon war von Zwangsenteignung die Rede. Eine unheilige Allianz zwischen der rechtspopulistischen Lega dei Ticinesi und den Grünen sprach sich gegen den Kauf durch die Stadt aus. Schließlich kam es gut schweizerisch zu einer Volksabstimmung, die sich gegen die städtische Übernahme aussprach. Geblieben ist das kleine Schild.

Bis vor wenigen Jahren noch nisteten Fahlsegler im alten Gemäuer von Sant'Antonio Abate, rare Vögel, mit den Mauerseglern verwandt und Flugakrobaten wie diese. Doch heute sind die Nistlöcher vergittert, mit den Tauben hat man auch die Fahlsegler vertrieben.

Casa Rusca: Das alte Patrizierhaus an der Piazza vor der Kirche ist heute Sitz der städtischen Kunstsammlung. Allein mit dem Nachlass des Dadaisten Jean Arp – heute teilweise im Museo Casorella (s. o.) zu sehen – zu dem auch Werke von Chagall, Picasso, Braque und Calder gehören – könnte sich die Pinakothek sehen lassen. Doch dies will sie nicht und beschränkt sich auf wechselnde Sonderausstellungen.

▪ Di–Fr 10–12/14–17, Sa/So 10–17 Uhr. Eintritt 15 CHF oder Sammelticket Casa Rusca + Castello Vincenteo + Museo Casorella für 20 CHF.

Chiesa San Francesco: Die dreischiffige Franziskanerkirche, Zentrum der deutschsprachigen Katholiken des Locarnese, wurde im Wesentlichen von

Roy Lichtenstein in der Ghisla Art Collection

Mitgliedern der lokalen Künstlerfamilie Orelli ausgestattet.

Chiesa Nuova (Santa Maria Assunta): Das schöne Kirchlein steht versteckt an der Via Citadella und wird leicht übersehen. Die schmucke Fassade wird von einer großen Christophorus-Skulptur bewacht, in den Nischen stehen die Heiligen Rochus und Sebastian (unten), Viktor und Michael (oben). Im Kircheninneren überrascht vor allem die prächtige Stuckdecke. Links führt eine Tür (oft verschlossen) zum Innenhof der *Casa dei Canonici* (Domherrenhaus) mit doppelter Loggia und einem verträumten Garten – ein idealer Ort, um die Fischgerichte des Restaurants „Citadella", das hier einige Tische hingestellt hat, auszuprobieren. Ganz hinten im Garten schaut Ihnen dabei eine unscheinbare, verwitterte Christophorus-Figur zu.

Madonna del Sasso: Die berühmte gelbe Wallfahrtskirche (tägl. 6.30–18.30 Uhr) ist das Wahrzeichen Locarnos und befindet sich auf dem Gemeindegebiet von Orselina. Auf einem Felsen über der Stadt gelegen, bietet sie sich als Postkartenmotiv geradezu an, und ist man oben, freut man sich über das wunderbare Panorama.

Einer Legende und der Giebelinschrift an der Kirche zufolge hatte im Jahr 1480 ein Franziskanermönch aus Ivrea hier oben eine Muttergottes-Erscheinung und veranlasste darauf den Bau der ersten Kapellen. Bald setzten Wallfahrten ein, und bereits im 16. Jahrhundert war ein ganzer Klosterkomplex entstanden, der im 17. Jahrhundert noch einmal erweitert wurde.

Der Besucher betritt den „heiligen Berg" durch einen Innenhof mit mehreren Kapellen, in denen lebensgroße Skulpturengruppen zu sehen sind, eine dramatische „Beweinung Christi" (16. Jh.), das letzte Abendmahl, Christus erscheint den Jüngern, eine Pietà ... Sie sind alle sehr ausdrucksvoll, man wünschte sich jedoch etwas mehr Informationen.

An der Klosterkirche ist die einmalige Lage aufregender als das barocke Innere und die unzähligen Votivtafeln.

Zugang Zu Fuß: Was ein rechter Pilger ist, der geht natürlich auf Schusters Rappen. Der Aufstieg führt von der Via Cappuccini aus die Via al Sasso hoch, dann rechts über die Ramognabrücke und ab hier auf der steilen, von Kreuzwegkapellen gesäumten Via Crucis hoch zur Madonna. Das letzte Stück ist schweißtreibend. Von der Via Cappuccini aus dauert der Pilgerweg ungefähr 45 Min.

Auto: Im oberen Teil der Stadt der Beschilderung „Orselina" folgen, die Straße führt im Zickzack hoch. Sobald man den Ramognabach überquert hat: Parkplatz suchen. Die Madonna del Sasso befindet sich knapp unterhalb der Straße.

Standseilbahn: Die Talstation befindet sich auf halbem Weg zwischen Largo Zorzi und Bahnhof, die Bergstation knapp oberhalb der Madonna del Sasso. Das Bähnchen fährt im 15-Min.-Takt hoch. Einfache Fahrt 4,80 CHF, 6–16 J. 2,20 CHF, hin/zurück 7,20 CHF, 6–16 J. 3,60 CHF.

Chiesa San Vittore: Wer gleich oberhalb des Bahnhofs rechts abzweigt, steht bald vor einer der schönsten romanischen Kirchen nicht nur des Tessins, sondern der ganzen Schweiz. Datiert wird die Chiesa San Vittore ins 11. Jahrhundert, später kam der Barockstuck über dem Chor und den Seitenkapellen hinzu. Ein kleines Juwel ist die Krypta, bei deren Restaurierung die alten Fresken freigelegt wurden. Auch die schmucken Kapitelle sind noch gut erhalten.

Die Vorhalle rechts des Eingangs wurde erst im 18. Jahrhundert angebaut, sie diente als Beinhaus.

Giardini Jean Arp: Eine unscheinbare, kleine Grünanlage an der Uferpromenade mit Skulpturen des Dada-Künstlers Jean Arp, der seine letzten Lebensjahre in Paris und Locarno verbrachte, viele Sitzbänke – ideal fürs Picknick.

Parco delle Camelie: Knapp südlich des Lido und ebenfalls leicht zu übersehen ist der 2005 im Maggiadelta eröffnete Kamelienpark, ein Muss für Liebhaber botanischer Gärten. Das milde Klima am Lago bekommt der Kamelie besonders gut. Zur Blütezeit Ende März tref-

Haltestelle Locarno

Lago Maggiore → Karte S. 67

fen Spezialisten aus aller Welt zu „Camelie Locarno" ein, einem fünftägigen Fest rund um Locarnos berühmteste Blume. Über 900 verschiedene Kamelienarten finden sich im rund 10.000 m^2 großen, baumbestandenen Park, der zu einem wunderschönen Spaziergang einlädt.

▪ März–Sept. tägl. 9–18 Uhr, Okt.–Febr. tägl. 9–16.45 Uhr (darauf verlassen sollte man sich aber nicht). Eintritt frei.

Falconeria: Der Steinadler hat eine Flügelspannweite von 2,20 m, der Wanderfalke fliegt eine Geschwindigkeit von bis zu 300 km/h. Zu besichtigen sind Adler, Falken, Eulen und Geier in den Volièren der Falconeria von Locarno. Doch hat die Falknerei weitaus mehr zu bieten als nur die gefiederte Abteilung eines zoologischen Gartens.

Täglich zweimal zeigt das Team von vier professionellen Falknern und Falknerinnen eine spektakuläre Show, die man nicht so schnell vergisst; dann ist die Tribune vor dem ausgedehnten Park mit ihren 650 Plätzen meist brechend voll. Zuerst tritt ein Paar mit Hund auf und erläutert kurz auf Italienisch und Deutsch die Geschichte der Falknerei, die aus der asiatischen Steppenlandschaft über Persien nach Europa kam, wo sie im Mittelalter in Kaiser Friedrich II. einen begeisterten Verfechter fand. Der gebildete Herrscher über das deutsch-römische Reich und Jerusalem verfasste sogar eine Schrift, die zum Standardwerk avancierte: „De arte venandi cum avibus" (Von der Kunst, mit Vögeln zu jagen).

Noch während die Besucher den Worten des Falkners lauschen, startet von dessen Arm ein Raubvogel, schwingt sich in die Lüfte und entschwindet den Blicken der Zuschauer. Er macht wohl einen Besichtigungsflug über den nahen Lago. Noch ist er nicht zurück, da fliegt schon eine Eule über die Köpfe des Publikums. Die Show ist bis ins Detail durchorchestriert. Untermalt von einer oft zum Crescendo sich steigernden Musik, startet ein Adler von der Hand der Falknerin am einen Ende des Parks, braust haarscharf über die Zuschauer, die vor Schreck den Kopf einziehen, und landet sicher auf dem Arm des Falkners am anderen Ende des Parks. Die 60-minütige Vorführung beruht auf einer äußerst präzisen Choreographie, die Raubvögel selbst scheinen daran Gefallen zu finden, ist es doch schöner, über den Park zu fliegen als in den Volièren zu sitzen. Auf die Frage, ob es nicht auch vorkomme, dass ein Vogel die Gelegenheit beim Schopf packe und das Weite suche, lacht der Falkner: Ja, das sei schon vorgekommen. Doch kämen die Ausreißer stets bald wieder zurück, Hotel Mama sei eben doch das beste. Auch das Pferd, das bei der Jagd mit Falken eine große Rolle spielt, hat zum Schluss seinen Auftritt, und die ganz Kleinen freuen sich auf eine Gratisrunde auf dem Pony nach der Aufführung.

▪ Mitte März bis Okt. Di–So 10–17 Uhr, Flugvorführungen jeweils um 11 und 15 Uhr. Nov. bis Mitte März Mi–So 13–16 Uhr, Flugvorführungen um 14 Uhr. Eintritt 28 CHF, 3–15 J. 21 CHF.

Ausflug nach Cardada/Cimetta

Bei schönem Wetter bietet sich ein Ausflug nach Cardada (1332 m) an, der sich übrigens hervorragend mit einem Besuch der Madonna del Sasso (siehe oben) verbinden lässt. Ebenso beeindruckend wie das Ziel ist der Weg dorthin: An der hypermodernen Luftseilbahn, die von der Madonna del Sasso zum Hausberg Locarnos hochfährt, war federführend der Tessiner Stararchitekt *Mario Botta* beteiligt. Er entwarf nicht nur die beiden Gebäude der Berg- und der Talstation, sondern auch die elegante Gondel, in der die Besucher in 5 Minuten hochschweben – viel Glas, sodass das wunderbare Panorama schon unterwegs genossen werden kann. Oben hat Landschaftsarchitekt *Paolo Bürgi* die „Passerelle" entworfen, eine äußerst luftige Aussichtsplattform mit überwältigendem Panorama!

Wer noch höher hinaus will, steigt unweit der Bergstation in den Sessellift und lässt sich auf die Cimetta (1671 m) hochtragen.

Luftseilbahn Orselina–Cardada Tägl. im 30-Minuten-Takt, Juli–Aug. 7.45–19.45 Uhr, Sept.–Juni 9.15–18.15 Uhr. Einfache Fahrt 24 CHF (6–15 J. 12 CHF), hin/zurück 28 CHF (6–15 J. 14 CHF).

Wandern Zahlreiche Wanderwege im Gebiet von Cardada und Cimetta. Auskunft gibt das Informationsbüro in Locarno.

Paragliding Deutschsprachige Begleitflieger von „Fly & Smile" mit eidgenössischer Lizenz sorgen dafür, dass Sie heil in der Ebene landen. ✆ 079-2390666, www.parapendio.ch.

Basis-Infos

PLZ 6600

Information **Lago Maggiore Tourist Office,** im Bahnhof, mit dem Nachbarort Ascona zusammengeschlossen, kompetent in allen Belangen und deutschsprachig. Mo–Sa 9–18, So 10–14 Uhr. Stazione FFS, ✆ 0848-091091, www.ascona-locarno.com.

Hin & weg **Bahn:** Über 20 x tägl. nach Bellinzona, dort ohne Umsteigen nach Zürich, mit Umsteigen nach Milano. Mit der „Centovalli-Bahn" (Panoramafahrt auf Schmalspur) etwa stündlich durchs Centovalli hinauf bis ins italienische Domodossola, dort Anschluss nach Bern.

Postauto: Am östlichen und westlichen Seeufer entlang jeweils bis an die Grenze sowie in alle Seitentäler (Maggia, Verzasca, Centovalli, Onsernone etc.). Abfahrt am Bahnhof. Mit **FART-Bus** Nr. 1 nach Ascona, mit Nr. 316 nach Ascona und weiter nach Brissago.

Schiff: Im Sommer pendeln mehrmals tägl. Linienschiffe zwischen den Orten des westlichen und östlichen Seeufers, auch die Brissago-Inseln werden angesteuert. Im Winter wird nur die Linie nach Magadino aufrechterhalten. Die Anlegestelle befindet sich im Zentrum (am Ende des Largo Zorzi).

Bergbahnen: Ganz in der Nähe des Bahnhofs liegt die Talstation der *Standseilbahn nach Orselina* mit der berühmten Kirche Madonna del Sasso. Dort muss man nur die Straße überqueren, und man steht an der Talstation der *Luftseilbahn nach Cardada* (1332 m) (→ Umgebung von Locarno). Wer noch höher will, steigt hier um in den *Sessellift zur Cimetta* (1671 m).

Parken Das Parkproblem ist groß, die Parkzeiten sind beschränkt, und die Parkuhren wollen gefüttert werden. Besser gleich in eines der vier Parkhäuser fahren (beim Casino, gegenüber vom Bahnhof, gegenüber der Chiesa San Vittore oder beim Castello Visconteo).

Ausflüge Private Anbieter bieten Rundfahrten auf dem See an, sind aber recht teuer. Billiger kreuzt man mit dem Liniendampfer. Ein besonderes Angebot von April bis Mitte Okt. ist der **Lago Maggiore Express:** mit dem Schiff bis ins italienische Stresa, dort ungefähr eine Stunde Aufenthalt, dann mit dem italienischen Zug hoch nach Domodossola und schließlich Panoramafahrt mit der „Centovalli-Bahn" zurück nach Locarno – oder dieselbe Fahrt im Gegenuhrzeigersinn. Kosten für diese Ganztagestour ca. 40 CHF (Kind c. 20 CHF). Auskunft beim Informationsbüro und unter www.lagomaggioreexpress.com.

Baden Beide Badestrände von Locarno liegen im Delta der Maggia: der **Lido** mit großer Wellnessanlage, und etwas weiter südlich, beim Camping Delta, der **Lanca-Strand.**

Einkaufen Läden mit großer Auswahl an **kulinarischen Tessiner Spezialitäten** findet man an der Piazza Grande, **Boutiquen** ebenfalls dort und in den angrenzenden Altstadtgassen.

Fahrradverleih **Bahnhof:** wie in allen größeren Bahnhöfen der Schweiz gibt es auch in Locarno eine Rent-a-Bike-Station. Preiswert.

Belotti Sport: Mountain- und Citybikes. Via Citadella 22, ✆ 091-7516602.

Festivals **Locarno Film Festival,** alljährlich in der ersten Augusthälfte (mehr über das international berühmte Festival (s. o., Kastentext „Große Leinwand in Locarno").

Moon & Stars, noch junges, 10-tägiges Rock- und Popfestival, jährlich Mitte Juli. Bei der 139. Ausgabe 2022 waren „Die Toten Hosen" zu Gast. Wenn Sie wissen wollen, wer sonst alles auftrat, begeben Sie sich auf den Walk of Fame neben dem Casino, dort haben die Stars ihre Handabdrücke in Bronze hinterlassen. Programm unter www.moonandstarslocarno.ch.

Camelie Locarno, alljährlich Ende März Anfang April. Fünftägige Hommage an die Kamelie im Parco delle Camelie (→ Sehenswertes).

Golf Ein Golfplatz fehlt an einem so mondänen Ort natürlich nicht. Sie finden einen 18-Loch-Platz, wenn Sie die Strandstraße einfach weiterfahren, direkt vor der Mündung der Maggia. ✆ 091-7523353, www.golflocarno.ch.

Märkte **Wochenmarkt** jeweils Do 9–17 Uhr (außer Jan.) auf der Piazza Grande und dem Largo Zorzi. Gemüse aus dem Umland und frischer Fisch aus dem See.

Paragliding Gestartet wird auf der Cimetta, zu der man erst mit der Standseilbahn, dann mit der Gondel, dann mit dem Sessellift hochfährt. Deutschsprachige Begleitflieger von „Fly & Smile" mit eidgenössischer Lizenz sorgen dafür, dass Sie heil in der Ebene landen. ✆ 091-6066266, www.parapendio.ch.

Wellness **Termali Salini & Spa,** am Lido, Thermal-Solebad (35 Grad) mit Schwimmkanal und Außenbecken (See- und Bergpanorama), Dampfbad, Saunen und Massageangebot. Tägl. 9–21.30 Uhr. Badelandschaft 32 CHF, Bade- und Saunalandschaft 38 CHF. In der Saunalandschaft ist der Dienstag den Frauen vorbehalten.

Lago Maggiore → Karte S. 67

Übernachten

→ Karte S. 74/75

***** La Rinascente 4,** nur ein Katzensprung von der Piazza Grande, trotzdem ruhig. Das 2012 eröffnete Boutique-Hotel residiert in einem mit architektonischem Fingerspitzengefühl umgebauten Gebäude aus dem 16. Jh. Die alte Bausubstanz sowie die Deckenmalereien wurden erhalten. Modern eingerichtete, sehr helle Zimmer mit wunderschönen Bädern. Mehrere Terrassen und Gourmet-Restaurant (So Ruhetag) – das Konzept überzeugt. Weihnachten bis Febr. geschlossen. Via al Tazzino 3, ✆ 091-751331, www.hotel-rinascente.ch. ₣₣₣₣

***** Du Lac 8,** Klassiker mit Hoteliertradition seit 1860, in bester Lage zwischen Altstadt und See. Komfortable, freundlich eingerichtete Zimmer. Via Ramogno 3, ✆ 091-7512921, www.du-lac-locarno.ch. ₣₣₣

***** Dell'Angelo 16,** Stadthotel in zentraler Lage mit langjähriger Tradition. Renovierte, freundliche, teils etwas altbackene Zimmer. Eine begrenzte Anzahl von Gratisparkplätzen steht zur Verfügung. Auch 3- und 4-Bett-Zimmer. Piazza Grande, ✆ 091-7596868, www.dellangelo.ch. ₣₣₣

**** Rondinella 9,** nüchterner Betonbau, aber komfortable Zimmer mit Seeblick, auch 3- und 4-Bett-Zimmer. Rezeption in der dritten Etage. Im Parterre serviert die „Birreria Rondalli" nicht nur Bier, sondern auch preiswerte Gerichte. Geschlossen Jan./Febr. Via Dogana Nuova 4, ✆ 091-7516221, www.rondinella.ch. ₣₣₣

Luftseilbahn nach Cardada
Via Patocchi
Via Al Parco
Via Caselle
Via Consiglio
Mezzano
Vicolo d. Lu
V. Santuario
V. Zoppi
Basilica
Madonna del Sasso
Via
Ramogna
Via d. Tiglio
P.zzale Trinità
Via al Sasso
1
Via ai Monti della Trinità
Via Sempione
Via d. Stazione
i
P
Bahnho
Viale Verb
V. ai Monti d. Trinità
Kirche San Antonio Abate
V. Cappuccini
Stand-seilbahn
Via Vallemaggia
Via Borghese
V.le Balli
Via Dom. Galli
Casa Rusca
Via Cittadella
Piazza Grande
Largo Zorzi
Giardini Pubblici
Via A. Franzoni
3
Via V. d'Alberti
Via R. Simen
Kirche S. Francesco
Castello Visconteo
V. Antonio Ciseri
Via Bernardino Luini
Lungolago Giuseppe Motta
Via Rovedo
Via P. Romerio
P.za Castello
Via Giovanni
Palazzo del Pretorio
A. Orelli
Via G. Cattori
V. S. Jorio
Via S. Jorio
Via Bramantino
Via Stefano Franscini
Via della Pace
Via Ballerini
Via Francesco
Via Dottor Giovanni Varesi
Via ai Saleggi
Nessi
Via Serafino Balestra
Via della Posta
Via L. Lavizzari
Giardin Jean Ar
V.le dell' Isolino
Via Franc. Chiesa
Via Angelo
Via E. Pestalozzi
Falconeria
Viale al Lido
Lido
Via delle Scuole
Fiume Maggia
Via G. Canevascini
Via G. Respini
Parc delle Came
Camping Delta

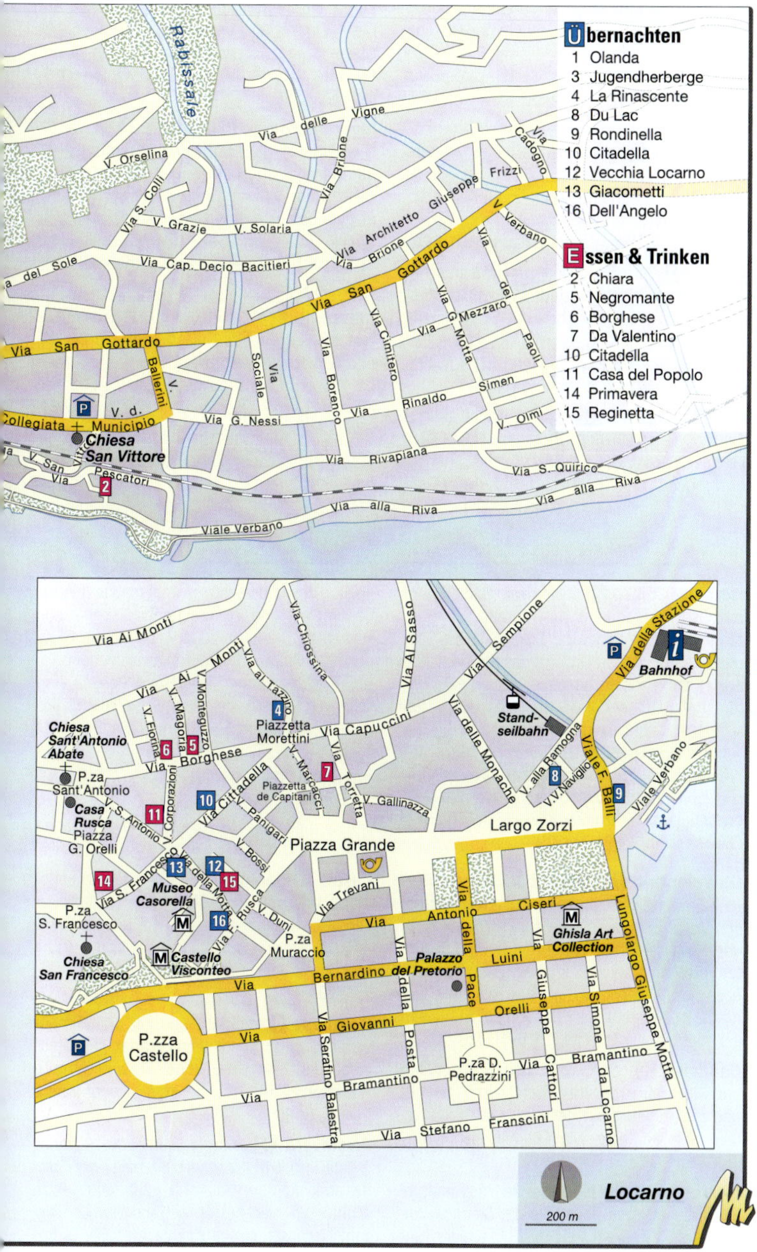

Lago Maggiore → Karte S. 67

**** Citadella 10,** in erster Linie ein schönes und auch gutes Fischrestaurant in der Altstadt, vermietet aber auch zehn teils mit viel Plüsch eingerichtete Zimmer, teilweise Mansarden. Via Cittadella 18, ✆ 091-7515885, www.cittadella.ch. ₣₣₣

Giacometti 13, familiäre Herberge mit sehr unterschiedlichen Zimmern. Rezeption Mo–Sa 15–18 Uhr. Außerhalb dieser Zeiten nach telefonischer Vereinbarung. Via San Francesco 1, ✆ 091-7518782, www.hotel-giacometti.ch. ₣₣₣

Olanda 1, bescheidenes Haus, aber in schöner Hanglage über der Stadt. Wunderschönes, grün überdachtes Gärtchen mit Seeblick. Die billigeren Zimmer mit Du/WC auf Etage. Geschlossen Nov.–Febr. Via ai Monti 139 A, ✆ 091-7514727, www.pensione-olanda.ch. ₣₣₣

Vecchia Locarno 12, sehr unterschiedliche Zimmer, teils renoviert, meist mit Holzböden, einige mit Aussicht auf die Straße, das schönste und teuerste mit Loggia und Aussicht auf die Berge, die meisten mit kollektiver Du/WC auf Etage. Zimmer also besser erst anschauen. Mit vegetarischem Restaurant. Geschlossen im Jan. Via Motta 10, ✆ 091-7516502, www.vecchia-locarno.ch. ₣₣

Jugendherberge Palagiovani 3, im westlichen Ortsteil, aber noch immer zentrumsnah. Mit Innenhof und Garten. Platz für 200 Gäste. Geschlafen wird in Doppelzimmern (oft mit Etagendusche), 4-Bett- und 6-Bettzimmern mit Du/WC. Rezeption 15–22 Uhr. Via B. Varenna 18, ✆ 091-7561500, www.youthhotel.ch/de/hostels/locarno.

Camping ******* Delta,** im Maggiadelta, direkt am See. Großes Gelände mit 300 Plätzen und hervorragender Infrastruktur, zu der auch ein Kajak- und Fahrradverleih gehört. Geöffnet März–Okt. Via Respini 27, ✆ 091-7516081, www.campingdelta.com.

Wohnmobil Kompletter Service beim Camping Delta (s. o.).

Essen & Trinken

→ Karte S. 74/75

MeinTipp **Chiara 2,** unweit vom Bahnhof, im historischen Stadtkern von Muralto versteckt. Am einfachsten findet das Lokal, wer am Seeufer entlang spaziert und auf das Hinweisschild achtet. Lorenzos Küche genießt einen exzellenten Ruf. Ob andalusischer Gazpacho, geschmorte Kalbshaxe mit Safranrisotto oder Ossobuco, ein exquisiter Tropfen gehört dazu, der Weinkeller ist gut sortiert. Überdurchschnittliche Qualität zu leicht überdurchschnittlichen Preisen. Di/Mi geschlossen. Vicolo dei Chiara 1, 6600 Muralto, ✆ 091-7433296.

Da Valentino 7, Mitglied der Gilde etablierter Schweizer Gastronomen; entsprechend liegen die Preise über dem Durchschnitt. Fisch und Fleisch raffiniert zubereitet und im dezenten Interieur oder auf der begrünten Terrasse nach hinten serviert. Dass die Pasta hausgemacht ist, versteht sich hier von selbst. So/Mo geschlossen. Via Torretta 7, ✆ 091-7520110.

Citadella 10, Spezialität sind Fischgerichte und Meeresfrüchte, aber auch Fleisch (gegrillt) und Pizza stehen auf der Karte. Auch Kinderteller. Mo Ruhetag. Via Citadella 18, ✆ 091-7515885.

Negromante 5, die Casa del Negromante, eines der ältesten Bauwerke der Stadt, wurde 2014 als Restaurant eingerichtet, schloss fünf Jahre später und eröffnete 2021 unter neuer Regie. Im wunderschönen Innenhof mit Arkadenumgang und Weinrebendach speist man vorzüglich. Die Karte zeigt Vielfalt: Ente, Oktopus, Stierfilet mit Steinpilzen, verschiedene Tatar, Tessiner Platte, Risotto und Polenta sind selbstverständlich, der Ziegenkäse kommt aus dem Verzasca-Tal. So Ruhetag. Via Borghese 14, ✆ 091-7517575.

Reginetta 15, auf Meeresküche spezialisiert, Fleisch und Risotto werden nur „unter ferner liefen" angeboten. So Ruhetag. Via della Motta 8. ✆ 091-7523657.

Casa del Popolo 11, in der Altstadt, traditionelles und sehr populäres Lokal mit großer Terrasse. Bekannt vor allem für seinen Ossobuco, aber ebenso für hausgemachte Pasta und Pizza. Piazza delle Corporazioni, ✆ 091-7511208.

Borghese 6, ein ganz und gar unprätentiöses Lokal im sonst schicken Locarno. Kein breitgefächertes Angebot, sondern einfach gute Hausmannskost und ein netter, kleiner Innenhof. Via Borghese 20, ✆ 091-7510498.

Primavera 14, eine unprätentiöse Pizzeria/Gelateria mit Betischung beiderseits der Straße, aber die über Holzkohle gebackenen Pizze schmecken hier besser als anderswo – und zum Nachtisch ein hausgemachtes Eis. Di Ruhetag. Via all'Ospedale 4, ✆ 091-7517736.

An der Seepromenade von Ascona

Ascona

Die Piazza Motta, die Seepromenade, fasst das Leben in Ascona konzentriert zusammen: sehen und gesehen werden, flanieren, dolce far niente und stets die großartige Kulisse des oberen Lago Maggiore im Blick.

Durch die Maggia getrennt, teilen sich Ascona und Locarno das Delta. Im Unterschied zum größeren Locarno, das noch ein komplexes Wirtschaftsleben kennt, ist Ascona praktisch vollständig auf den Tourismus ausgerichtet, vom Fischerdörfchen reden nur noch weltfremde Nostalgiker. Zu den frühen Touristen gehörten die Künstler und Weltverbesserer auf dem Monte Verità (siehe dort), der ganz große Boom setzte dann in der Nachkriegszeit ein. Das Wirtschaftswunder schwappte über die Alpen an die Ufer des Sees, der deutsche Mittelstand entdeckte Ascona als Urlaubsdestination, Neureiche bauten sich gleich ihr eigenes Feriendomizil – Ascona punktete sich zur Marke, in Rüsselsheim wurde der „Opel Ascona" aus der Taufe gehoben.

Heute wird in Ascona nicht mehr so viel gebaut; zum einen ist das Pflaster sündhaft teuer geworden, zum anderen ist für Neubauten ohnehin fast kein Platz mehr. Die Zuzügler aus den Boomjahren sind geblieben und gealtert, oft sind es schon deren Söhne und Töchter, die mit dem Cabrio vor den Toren Asconas auf Parkplatzsuche sind. Doch das das soll Sie nicht davon abhalten, sich in ein Café an der Seepromenade zu setzen, dem bunten Treiben, den ein- und ausfahrenden Schiffen zuzuschauen und das süße Nichtstun zu genießen.

Sehenswertes

Piazza Motta: Was den Locarnesen die Piazza Grande, ist den Asconesen ihre Piazza Motta. Im Unterschied zu Locarno sitzt man in Ascona direkt am See. Sonst aber gilt auch hier: sehen, gesehen werden, flanieren. Gaukler, Akkordeonspieler und andere Straßenmusikanten empfangen die Ausflügler der ankommenden Schiffe.

Der Name des Platzes ehrt *Giuseppe Motta*, einen stramm konservativen Politiker, der von 1912 bis 1940 in der Schweizer Regierung saß. Historiker streiten darüber, ob seine zweifellos vorhandenen Sympathien für Mussolini und Franco mit der eidgenössischen Neutralitätspolitik vereinbar waren. Die Asconesen kümmert dies nicht: Motta hat in ihrem „Collegio Papio" (siehe unten) die Schulbank gedrückt.

Casa Serodine: Das zweifellos schönste Bürgerhaus der Stadt steht gegenüber der Kirche und war einst Familiensitz der Asconeser Stukkateure Serodine, die ihr Vermögen in Rom machten und sich als reiche Rückwanderer ein bauliches Denkmal setzten. Die vielfotografierte barocke Fassade mit ihren allegorischen Stuckarbeiten über den Fenstern wird *Giovanni Battista Serodine* zugeschrieben. Möglicherweise hatte auch sein Vater und Lehrmeister, Hauseigentümer *Cristoforo Serodine*, seine künstlerische Hand mit ihm Spiel.

Casa Serodine: Familiensitz der Asconeser Stukkateure

Seit 1951 ist im Erdgeschoss die legendäre *Libreria della Rondine* zuhause (→ Einkaufen/Buchhandlung)

Chiesa Santi Pietro e Paolo: Die barocke, dreischiffige Pfarreikirche mit dem nicht zu übersehenden Campanile, gleich neben der Casa Serodine, zeigt einen vollständig mit Fresken ausgeschmückten Chor. Auch hier ist die Künstlerfamilie Serodine vertreten, diesmal mit Giovanni, der in Rom als Maler von Caravaggio die Chiaroscuro-Technik (Hell-Dunkel-Malerei) abschaute und es damit zu einiger Berühmtheit brachte. Die Altartafel, im oberen Teil die Krönung Mariä, im unteren die Präsentation des Schweißtuchs Veronikas, gehört zu seinen Spätwerken, die Fresken links und rechts des Eingangs („Die Söhne des Zebedäus", „Die Jünger in Emmaus") stammen aus seiner frühesten Zeit als Maler.

Collegio Papio: Die Anlage wurde der Chiesa Maria della Misericordia (15. Jh.) um 1600 beigegeben und besticht vor allem durch die doppelte Loggia im lombardischen Stil. Früher war das Kollegium von Ascona bekannt als Priesterschmiede, heute wird es als private katholische Mittelschule geführt. Schüler und Schülerinnen aus der Umgebung kämpfen sich hier durch bis zur Matura (Abitur); wer von weither kommt, hat die Möglichkeit, im Internat zu wohnen. Wundern Sie sich also nicht, wenn Sie den malerischen Innenhof nicht in aller Ruhe bewundern können.

Die *Chiesa Santa Maria della Misericordia* mit ihrer Kassettendecke wartet im Chor mit zahlreichen spätgotischen Fresken auf, deren Motive dem Alten und Neuen Testament entstammen.

Santuario della Madonna della Fontana: Eine Wallfahrtskirche, die fast keine mehr ist – außer für Picknicker. Am Fuß des Monte Verità findet man eine turmlose, etwas heruntergekommene Kirche, meist ist sie geschlossen. „Eine Renovierung der Kirche ist mittel- bis langfristig vorgesehen", lässt der Pfarrer von Ascona verlauten und will sich weiter nicht festlegen. Vor dem Gotteshaus steht eine Votivkapelle, ebenfalls turmlos, und in ihr der Brunnen, dessen Quellwasser der Legende zufolge einer stummen Schäferin wieder zur Sprache verhalf und damit am Ursprung des Wallfahrtsorts steht. Allein, der Brunnen spendet kein Wasser mehr, und die drei angeketteten Schöpflöffel wirken wie sinnentleerte Requisiten einer fernen Zeit.

Lebendiger geht es im Anbau der Kirche zu, der als Gruppenunterkunft dient, und noch lebendiger im „Grotto Madonna della Fontana" (Mo geschlossen), das vor allem an Wochenenden gern aufgesucht wird.

Museo Comunale d'Arte Moderna: Der Bestand des Museums verdankt sich zu einem großen Teil seiner Mitbegründerin, der russischen und später staatenlosen Malerin *Marianne von Werefkin* (1860–1938). Mit 20 Jahren war sie Privatschülerin von Ilja Repin, der damals mit seinen expressionistischen Werken der bekannteste Maler Russlands war. Bald machte sich Marianne von Werefkin als Malerin einen eigenen Namen. Später, mit einer stattlichen Rente des Zaren ausgerüstet, zog sie nach Deutschland, wo sie mit den wegweisenden Malern der Zeit zusammenkam: Klee und Kandinsky, Franz Marc, Matisse und vielen anderen mehr. Bei Ausbruch des Ersten Weltkriegs siedelte sie in die Schweiz um, ab 1918 wohnte sie – nach der Russischen Revolution 1917 ohne zaristische Rente und schließlich ziemlich mittellos – bis zu ihrem Tod in Ascona.

Nebst einigen wenigen Werken der städtischen Asconeser Sammlung (u. a. Paul Klee und Cuno Amiet), sind es vor

Mitten im mondänen Ort: ▲
Campanile der Kirche
von Ascona

Collegio Papio – streng ▼
lombardischer Stil

allem die 29 farbenkräftigen Bilder Marianne von Werefkins in der zweiten Etage, die den Ruf des Museums begründen. Nebst einem Selbstporträt sind u. a. „Arbeiter auf dem Heimweg von der Fabrik", „Der Lumpensammler" und Polizeiposten von „Wilna" zusehen. Die geistige Verwandtschaft mit anderen Künstlern der von ihr mitbegründeten Neuen Künstlervereinigung München (N.K.V.M), die dann in den „Blauen Reiter" mündete, ist unverkennbar.

▪ Di–Sa 10-12 und 14–17, So 10.30–12.30 Uhr. Eintritt 10 CHF.

Museo Epper: Das Museum, das die Werke des heute in Vergessenheit geratenen Schweizer Expressionisten *Ignaz Epper* (1892–1969) und seiner holländischen, Frau *Mischa* hütet, ist allenfalls für Spezialisten interessant. Die Eppers wohnten seit 1932 in Ascona, etwas außerhalb des Ortskerns nah am See. Ihr Atelier wurde 1980 als Museum eingerichtet, vierzig Jahre später musste es dem 5-Sterne-Hotel „Eden Roc" Platz machen. 2022 schließlich fand es ein neues Domizil – in bester Lage im Stadtkern. Die „Fondazione Ignaz e Mischa Epper" organisiert hier sommerliche Wechselausstellungen, die im künstlerischen Zusammenhang mit Epper stehen.

▪ April–Okt. Mi–So 14–17 Uhr. Eintritt frei.

Museo Castello San Materno: Das „Castello", einst Wohnsitz der legendären Charlotte Bara (→ Teatro San Materno) wurde 1987 von der Gemeinde gekauft und dient seit 2014 als Zweigstelle des Museo d'Arte Comunale Moderna. Der Museumsbestand verdankt sich dem Industriellen Kurt Alten (1925–1989), der nicht nur fahrbare Überladebrücken für Rampen entwickelte, sondern sich zusammen mit seiner Frau Barbara auch als Kunstsammler betätigte. Insgesamt 60 Werke meist deutscher Provenienz von Ende des 19. Jahrhunderts bis zum Ersten Weltkrieg sind ausgestellt: Impressionismus (Max Liebermann, Fritz Overbeck, Otto Modersohn), die Worpsweder Schule, die Maler der „Brücke" (Max Pechstein, Ernst Kirchner, Emil Nolde u. a.) – klein und fein!

▪ Do–Sa 10–12/14–17, So 14–16 Uhr. Eintritt 7 CHF.

Schön sitzt man in vorderster Reihe am See

Teatro San Materno: Das Haus fällt als Theater nicht auf – ganz einfach, weil man sich ein Theatergebäude anders vorstellt, obendrein steht es verkehrsumtost außerhalb des Zentrums. Der kubische Bau im Bauhaus-Stil verkörpert ein Stück Architekturgeschichte. Er stammt vom Architekten *Carl Weidemeyer* (1882–1976) und wurde 1928 eigens für die Tänzerin *Charlotte Bara* (1901–1986) errichtet. Deren Vater, ein deutscher Textilfabrikant, hatte zuvor das nahe *Castello San Materno* (heute Museum, siehe oben) gekauft und dort für sie einen Tanzsaal eingerichtet, der sich jedoch bald als zu klein erwies; darauf gab er den Bau eines neuen Theaters in Auftrag. Charlotte Bara, dem Ausdruckstanz in der Nachfolge von Isadora Duncan verpflichtet, feierte bis zu Beginn des Zweiten Weltkriegs Erfolge in ihrem Theater – und tanzte dann, vom Publikum zunehmend weniger beachtet, noch bis in die späten 1950er-Jahre. 1978 verkaufte die „heilige Tänzerin" das Gebäude der Gemeinde Ascona, die wenig damit anzufangen wusste und es dem Verfall überließ. Dem endgültigen Stillstand folgte nach langen kommunalpolitischen Diskussionen eine sachkundige Renovierung des Gebäudes und 2009 seine Wiedereröffnung als Tanztheater (Programm unter www.teatrosanmaterno.ch).

Lago Maggiore → Karte S. 67

Basis-Infos

PLZ 6612

Information **Tourist Office,** mit Locarno zusammengeschlossen und kompetent wie dieses. Deutschsprachigkeit ist selbstverständlich. Mo–Fr 9–18, Sa 10–18, So 10–14 Uhr. Viale B. Papio 5, ✆ 0848-091091, www.ascona-locarno.com.

Hin & weg **Bahn,** der nächste Bahnhof befindet sich in Locarno.

Bus, mit FART Nr. 1 nach Locarno (Bahnhof), mit FART Nr. 316 ebenfalls nach Locarno und in die andere Richtung bis Brissago. Abfahrt bei der Post.

Schiff, im Sommer pendeln mehrmals täglich Linienschiffe zwischen den Orten des westlichen und des östlichen Seeufers, auch die Brissago-Inseln werden angesteuert, Die Ablegestelle befindet an der Piazza G. Motta (Seepromenade).

Parken Ein zentrumsnaher Parkplatz liegt an der Via Albarelle (südöstlich der Piazza Motta), ein Parkhaus an der Via Circonvallazione, ein weiteres an der Via della Buonamano (dort mit Parkscheibe 4 Stunden gratis), alles andere ist Zeitverschwendung.

Ausflüge Private Anbieter bieten Rundfahrten auf dem See an, sind aber recht teuer. Billiger kreuzt man mit dem Liniendampfer. Ein besonderes Angebot ist der **Lago Maggiore Express** (→ Locarno, Ausflüge), der auch in Ascona hält.

Baden Der **Grande Lido,** ganz im Süden des Deltas, ist wirklich groß. Eintrittspflichtig.

Buchhandlung Die **Libreria della Rondine** in der *Casa Serodine* (hinter dem Rathaus) ist in Ascona eine Institution. 1951 vom holländischen Pianisten, Komponisten und Widerstandskämpfer Leo Kok als Antiquariat gegründet, war sie ein Treffpunkt der deutschen Schriftsteller: Hermann Hesse, Erich Maria Remarque, Walter Mehring und andere mehr. Heute führt die kleine, gut sortierte Buchhandlung neben antiquarischen Perlen auch neue Titel, fast ausschließlich deutschsprachige Titel. Die Geschichte des Monte Verità hat hier einen besonderen Platz, und schließlich findet man auch ein Buch über die Geschichte der Buchhandlung selbst.

Einkaufen **Boutiquen** findet man im ganzen Altstadtbereich, die teuersten **Juwelen** und **Schweizer Luxusuhren** bei Doris Herschmann im blauen Haus (neben dem Rathaus) an der Piazza Motta.

Lokale Spezialitäten bietet die Vinothek Terreni alla Maggia an der Via Muraccio 105 an: Weine aus Ascona, Reis, weißer und roter Polenta-Mais. Der Betrieb arbeitet im Maggia-Delta und ist der einzige Schweizer Reisproduzent.

Festivals **JazzAscona,** alljährlich Ende Juni/Anfang Juli. Der ganze Ort vibriert: Konzerte in Hotels, auf Plätzen und natürlich an der Seepromenade. Informationen unter www.jazzascona.ch.

Settimane musicali, von Sept. bis Mitte Okt. Seit 1946 treffen sich jährlich Koryphäen der klassischen Musik zu den „musikalischen Wochen“ in Ascona. Hauptspielstätten sind das Collegio Papo und das Teatro San Materno, aber auch die Kirche San Francesco in Locarno. Programm unter www.settimane-musicali.ch.

3 Ore di Ascona, eine der größten Segelregatten auf dem Lago Maggiore, meist an einem Samstag im Juni. Jeder kann teilnehmen, das Startgeld ist bescheiden. Gemessen wird nicht die Zeit, sondern die Distanz. Exakt drei Stunden lang wird auf dem See in einem Dreieck gesegelt, sodass der Zuschauer rasch den Überblick verliert, wer vorne ist oder evtl. eine Runde zurückliegt. Profis nehmen das fröhliche Event als Trainingsmöglichkeit wahr.

Galerie Die **Casa d'Arte d'Ascona (CAA)** kümmert sich um die lokale Kunstszene. Das reicht aber für das Ausstellungsprogramm nicht aus, und so werden auch Künstler ausgestellt, die keinen Bezug zu Ascona haben – eine begrüßenswerte Initiative. Via Borgo 47a.

AcquestArte zeigt ein anspruchsvolles Programm: internationale Maler, Bildhauer und Fotografen. Via Collegio 7 (in der Nähe des Antico Ristorante Borromeo).

Golf Ganz im Süden des Deltas unterhält der **Golf Club Patriziale Ascona** eine 18-Loch-Anlage. Via Lido 81, ✆ 091-7851177, www.golfascona.ch.

Markt **Wochenmarkt,** April bis Okt. Di 9–17 Uhr auf der Piazza Motta.

Segeln **Asconautica,** unweit hinter dem Parkplatz an der Via Albarelle. Sowohl Kurse als auch Bootsverleih. ✆ 091-7915185, www.asconautica.ch.

Übernachten

Mit über 50 Herbergen hat Ascona wohl die höchste Hoteldichte pro Einwohner am Lago Maggiore. Eine Spitzenposition nimmt der Ort auch mit seinen hohen Zimmerpreisen ein. Camper haben das Nachsehen, die nächsten Plätze finden sich in Losone und Locarno.

****** Castello Seeschloss 15,** am östlichen Ende der Seepromenade. Das Schlösschen ist ein Klassiker der unter dem Label „Romantik“ vereinigten Nobelherbergen. Geräumige, stilvolle, sehr komfortable Zimmer, die teuersten und schönsten im Schlossturm mit Seeblick, das oberste ist nur über eine Wendeltreppe (40 Stufen!) zu erreichen. Nach hinten großer Garten mit Swimmingpool. Hoteleigener Parkplatz. Geöffnet März–Okt. Via Circonvallazione 26, ✆ 091-7910161, www.castello-seeschloss.ch. ₣₣₣₣₣

***** Art Hotel Riposo 4,** fast an der Seepromenade. Zeitgenössische Kunst als Dekor, Rot und Orange herrschen vor, im Innenhof plätschert ein Brunnen. Der Clou des Hotels ist eindeutig die Dachterrasse mit beheiztem Schwimmbad und Aussicht über die Dächer Asconas, bequeme Liegen erhöhen das Wohlbefinden. Das Restaurant zeigt eine bemalte Decke und geht in einen Innenhof über, separat davon eine Bar mit intimer Atmosphäre. Am Samstagabend kommt im Art Hotel oft die Kunst zu ihrem Recht: Live-Konzerte, meist Jazz. Ein weiteres Plus des zwar teuren, aber elegant eingerichteten Hauses ist der Fahrradverleih für Gäste (gratis). Geöffnet Mitte März bis Okt. Scalinata della Ruga 4, ✆ 091-7913164, www.hotelriposo.ch. ₣₣₣₣

Seven 12, die vom Spitzenkoch Ivo Adam (heute nicht mehr in Ascona) lancierte Seven Group hat sich 2017 am besten Platz von Ascona gleich zwei Hotels (die früheren „Al Porto“ und „Schiff Batello“) einverleibt. Entstanden sind daraus das „Seven Boutique Hotel“, das „Ristorante Asia“ und die „Bar Batello“. Mehrere Gebäude, nach hinten ein Garten und Innenhof. Alles picobello. Fahrradvermietung an Gäste. Piazza G. Motta 21 und 25, ✆ 091-7807 777, www.seven.ch. ₣₣₣₣

***** New Elvezia 10,** an der Seepromenade. Ein Klassiker aus den Frühzeiten des Tourismus und seit über 100 Jahren von derselben Familie geführt. Freundlichkeit wird hier großgeschrieben. Die 2016 sanierten Zimmer sind mit dem nötigen Komfort ausgestattet (z. B. Minibar), die teureren mit Balkon und Seeblick. Ganzjährig geöffnet. Piazza G. Motta 15, ✆ 091-7911 514, www.hotel-newelvezia.ch. ₣₣₣

***** Monte Verità 1,** renoviertes Hotel im Bauhaus-Stil auf dem Monte Verità, in dem gelegentlich auch Kongresse stattfinden. Die Zimmer sind geräumig und sehr komfortabel eingerichtet, die Bäder genügend groß und elegant. Mit Restaurant und großer Terrasse. Der Betrieb macht natürlich Reklame mit der Geschichte der Utopien, die im frühen 20. Jh. auf dem Monte Verità ausgebrütet wurden, hat

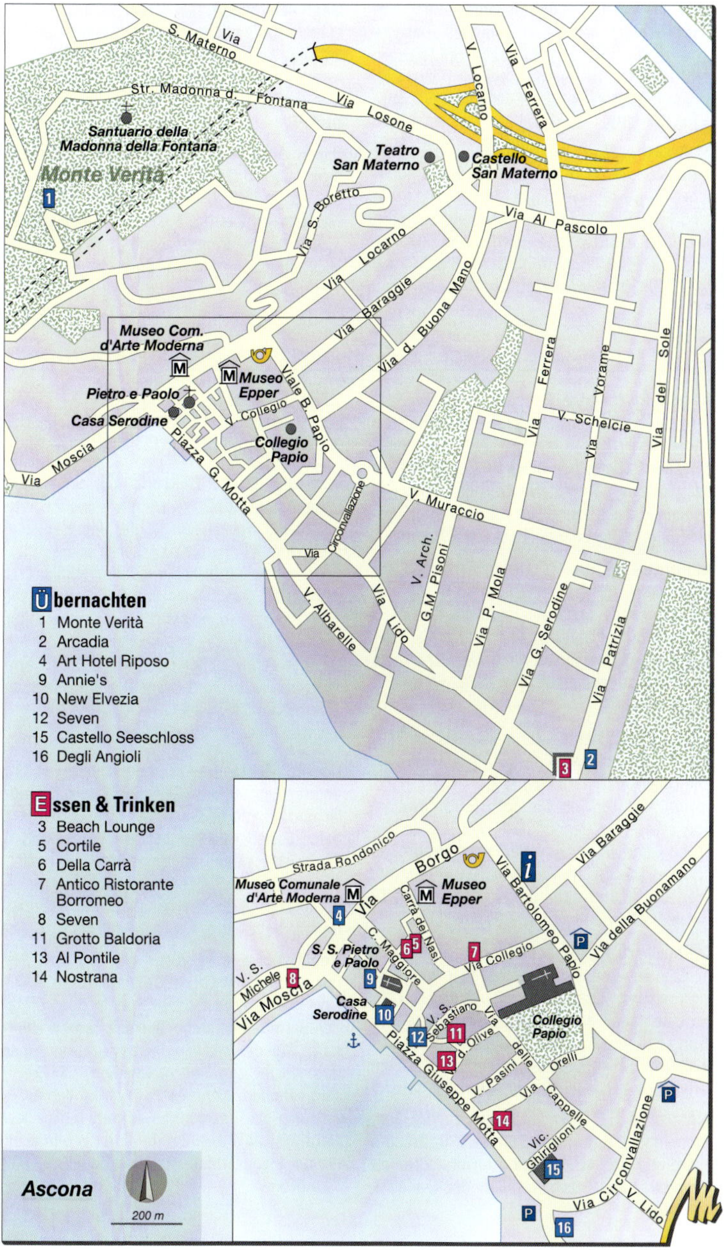

Lago Maggiore → Karte S. 67

sonst aber wenig mit diesen gemein. Ruhe hingegen ist auch heute noch garantiert. Das Hotel vermietet auch Zimmer in anderen Häusern auf dem Monte Verità. Geöffnet März–Okt. Strada Collina 84, ✆ 091-7854040, www.monteverita.org. FFF

**** Arcadia 2,** in ruhiger Lage, eine knappe Viertelstunde zu Fuß ins Zentrum. Sehr freundlicher Empfang. Gepflegte Zimmer und ein schönes Restaurant im arkadengesäumten Innenhof. Hoteleigene Parkplätze (gratis). Geöffnet April bis Mitte Okt. Via Patrizia 47, ✆ 091-7911015, www.arcadia.li. FFF

Degli Angioli 16, fast an der Seepromenade. In erster Linie ein Restaurant, der Wirt vermietet aber auch sieben gepflegte Zimmer, eher rustikal, teils mit Balkon. März geschlossen. Via Albarelle 3, ✆ 091-7912518, www.degliangioli.ch. FFF

B & B Annie's 9, die günstige Variante in ruhiger Lage im Ortskern. Drei schön renovierte Zimmer in der 2. Etage, Du/WC auf Etage. Piazzetta San Pietro 3, ✆ 091-7914282 und 079-7596743, www.annies-ascona.ch. FFF

Essen & Trinken/Nachtleben

→ Karte S. 83

Antico Ristorante Borromeo 7, hausgemachte Pasta und hervorragende italienische und Tessiner Küche im stilgerechten Interieur eines herrschaftlichen Altstadthauses oder auf der gepflegten Gartenterrasse nach hinten. Gehobene Preise, dezente Atmosphäre. Im Winter Mo Ruhetag. Via Collegio 16, ✆ 091-7919281.

Al Pontile 13, professionell gemanagtes Feinschmeckerrestaurant in bester Lage an der Seepromenade, im selben Besitz wie die Hotels „Al Faro" und „Piazza au Lac". Von der Gänseleber bis zum Châteaubriand werden keine Wünsche offengelassen. Piazza G. Motta 31, ✆ 091-7914604.

Seven 8, der heute nicht mehr in Ascona tätige Ivo Adam war wohl der rührigste Gastronomie-Unternehmer des Orts, der Name bürgt sowohl für Tradition wie auch für Innovation. Von seinen Lokalen ist das 2007 gegründete Seven immer noch die Vorzeigeadresse: schickes Design, hervorragende Küche, stolze Preise. Außerhalb der Saison Mo/Di geschlossen. Via Moscia 2, ✆ 091-7807788.

Della Carrà 6, drinnen sitzt man angenehm, noch angenehmer im schönen Innenhof. Serviert werden hausgemachte Pasta und Fleischgerichte, aber auch marktfrische Fische aus dem Lago. Die Scampi hingegen kommen aus Südafrika. So geschlossen, ebenso den ganzen Januar. Via Carrà dei Nasi 10, ✆ 091-7914452.

Nostrana 14, Tessiner Küche an der Seepromenade. Pasta und Polenta, Risotto und Holzofen-Pizze. Letztere sind etwas teurer als anderswo, aber nach Auskunft der Einheimischen die besten weit und breit. Das stimmt wahrscheinlich, das Lokal ist stets gut besucht. Piazza G. Motta, ✆ 091-7915158.

meinTipp **Grotto Baldoria 11,** der Garten mitten im alten Dorfkern mit seinen Holztischen und Holzbänken ist die unprätentiöse, preiswerte Alternative zu Asconas schicken Lokalen. Keine Karte, keine Qual der Wahl. Erst kommt die Salami mit Holzbrett und Messer auf den Tisch, dann wird gegessen, was der Koch an diesem Tag gezaubert hat, mit der Käseplatte geht's weiter oder mit Kuchen, zum Abschluss Kaffee und Grappa, wahlweise auch Amaro oder Limoncello. Das Lokal ist stets gut besucht. Via S. Ombone, ✆ 091-7913298.

Cortile 5, Pizzeria mit überdachtem Hof, am unteren Eingang des „Della Carrà" (s. o.). Populär und unprätentiös, notfalls sorgen Heizpilze dafür, dass der Gast nicht friert. Die rotweißen Tischtücher wirken eher schweizerisch-bieder. Beliebt für seine über der Holzkohle gebackenen Pizze, großes Salatangebot. Mi Ruhetag. Galleria della Carrà, ✆ 079-2452433.

Beach Lounge 3, direkt am Lido, vom See nur durch einen Grünzaun getrennt. In erster Linie die Adresse für den Aperitif oder Drink, der Barmixer kommt mit seiner Arbeit kaum nach. Auf der riesigen Terrasse werden aber auch vorzügliche Gerichte serviert, die Preise sind gehoben. Wenn es im Zentrum von Ascona ruhig wird, geht's hier oft erst richtig los. Harte Disco-Klänge. Tägl. 11–1 Uhr geöffnet, im Winter Mo geschlossen. Via Lido 82, ✆ 091-7914060.

Viel Licht, viel Luft – das Russenhaus

Lago Maggiore → Karte S. 67

Monte Verità

Der berühmte Berg von Ascona ist eher ein Hügel, der zu einem Spaziergang einlädt. Eine gehörige Portion Fantasie nimmt man am besten gleich mit, denn von der Goldenen Zeit des Monte Verità ist heute nur noch wenig auszumachen. Doch sei der Spaziergang empfohlen, der am besten mit dem Besuch der wirklich spektakulären Ausstellung in der Casa Anatta beginnt.

Der Monte Verità, 1900–1920 ein Zentrum für neue Lebensentwürfe (→ Kastentext „Auf der Suche nach einer besseren Welt") wurde 1926 vom Privatbankier Eduard von Heydt aufgekauft, der hier nicht nur seine umfangreiche Kunstsammlung unterbrachte, sondern mit einem großen Hotel im Bauhaus-Stil auch die touristische Moderne auf dem Monte Verità einläutete. Als der Bankier 1964 starb, fiel das Gelände testamentarisch an den Kanton Tessin. Heute unterhält die Eidgenössische Technische Hochschule (ETH) Zürich das Seminar- und Kongresszentrum „Stefano Franscini" auf dem Berg.

Bei der Orientierung auf dem Gelände hilft eine Tafel unterhalb des Kongresshotels, auf der die diversen Bauten verzeichnet sind, im weiteren Verlauf unterstützen immerhin ein paar Wegweiser den Spaziergänger.

Casa Anatta: Das Holzhaus mit dem Flachdach, nach dem Kongresshotel das größte Gebäude auf dem Gelände, gehört zu den ältesten auf dem Monte, seine Bewohner waren Henri Oedenkoven und Ida Hofmann, die Gründer der Kolonie. Seit 2017 ist hier die vielgelobte, von *Harald Szeemann* 1978 erarbeitete Ausstellung „Die Brüste der Wahrheit" wieder zu sehen, nachdem sie zwischenzeitlich auf Europareise (Berlin, Zürich, Wien, München) war. Der berühmte Kurator starb 2005, der Wiederaufbau richtete sich streng nach seinen Intentionen. Neu sind einzig die vier Räume, in denen mit Videodokumentationen Szeemanns Arbeitsweise erläutert wird. Sie bilden eine ideale Einführung in die Ausstellung, die heute im Zentrum des Monte Verità steht.

Szeemann nähert sich den Utopisten der Freiluftkolonie aus verschiedenen Perspektiven: die Betonung der Gemeinschaft des Tanzes (Charlotte Bara, Rudolf von Laban), anarchistische Ideen (Erich Mühsam, Pjotr Kropotkin), literarische Inspirationen (Hermann Hesse), die Rolle von Natur und Nudismus, Aspekte der gesunden Ernährung, Meditation (im Foto einer grasgrünen Gottesanbeterin blitzt der Schalk im Kurator auf), Spiritualismus und Esoterik. Szeemann zieht Querverbindungen zur berühmten „Enzyklopädie im Wald" des Text-Künstlers Armand Schulthess aus dem nahen Onsernone sowie zur legendären Baronesse de Saint-Léger, der zeitweiligen Besitzerin der Brissago-Inseln, die mit dem „Paradiso su Terra" den Reigen abschließt.

Japanischer Teegarten

Man muss sich Zeit nehmen für diese materialsatte Dokumentation und Interpretation, umfassender und geistreicher wurde das Phänomen Monte Verità noch nie vorgestellt. „Die Brüste der Wahrheit" ist oder sind Ausstellungskunst vom Besten.

■ April–Okt. Mi–Sa 14–18, So 10–13 und 14–18 Uhr. Eintritt 12 €.

Casa dei Russi (Russenhaus): Ein kleiner, luftiger Holz-Glas-Bau im dichten Wäldchen, der seinen Namen wohl den zahlreichen russischen Besuchern verdankt. Es ist das am besten erhaltene Exemplar der so genannten Licht-Luft-Bauten, architektonischer Ausdruck des Lebensgefühls in der einstigen Bohème-Kolonie auf dem „Berg der Wahrheit".

Teehaus: Die einstige „Casa Loreley" mutierte zu einem japanischen Teehaus mit Labor und Dokumentation über die Teeblätterverarbeitung. Man kann das als Hommage an die Gründer des Monte Verità und deren Gesundheitsphilosophie interpretieren. Die Teilnahme an der wöchentlichen, eineinhalbstündigen „Teezeremonie" mit fachlicher Einführung in die japanische Teekultur ernüchtert dann mit happigen Eintrittspreisen. Gratis hingegen ist der Besuch des *Teegartens* mit seinem japanischen Pavillon, gleich neben dem Teehaus.

Casa Selma: Das „Haus der Vegetarier" ist eine kleine Holzhütte mit zweieinhalb Räumen und Waschbecken demonstriert, wie bescheiden die ersten Siedler auf dem „Berg der Wahrheit" lebten. Eine Mini-Diashow dokumentiert die vergangenen Zeiten.

■ April–Okt. tägl. 9–19 Uhr. Eintritt frei.

Auf der Suche nach einer besseren Welt

So wurde ich zu den Rohköstlern gesteckt und mir eine „Lufthütte" als Behausung zugewiesen. Von früh bis spät kaute ich nun Äpfel, Pflaumen, Bananen, Feigen, Wal-, Erd- und Kokosnüsse – es war schauderhaft, und ich fühlte meine Kräfte schwinden. [...] Da ging ich ins Dorf hinunter, setzte mich in eine solide Osteria, ließ mir ein Beefsteak geben, trank einen halben Liter Wein dazu und rauchte danach eine große, dicke Zigarre. Nie hat mir eine Mahlzeit so geschmeckt, nie mich eine so gekräftigt und dem Leben gewonnen.

So bilanzierte der deutsche Publizist und Anarchist *Erich Mühsam* seinen Aufenthalt auf dem „Berg der Wahrheit", den er 1904 aufsuchte. Bei den Gründern der legendären Lebensgemeinschaft auf dem Asconeser Berg wurde gesunde Ernährung tatsächlich großgeschrieben. *Henri Oedenkoven,* Spross eines Großindustriellen aus Antwerpen, und *Ida Hofmann,* eine Münchener Pianistin, erwarben 1900 den Monte Monescia von Ascona, tauften ihn kurzentschlossen in „Monte Verità" um und gründeten mit einer Handvoll Gleich- oder Ähnlichgesinnter eine „vegetabile Cooperative". Das reformerische Projekt wurde schnell bekannt, und bald trafen Künstler und Intellektuelle oder einfach Individualisten, die ihre bürgerliche Existenz gegen eine libertäre Bohème eintauschen wollten, in Ascona ein, um mit Zurück-zur-Natur und anderen neuen Lebensformen zu experimentieren. Freikörperkultur und Ausdruckstanz standen hoch im Kurs, manche plädierten für sexuelle Freiheit, andere versanken in spirituellem Gedankengut, und gesundes Wohnen praktizierte man am besten in sogenannten Licht-Luft-Hütten. Weltverbesserer aller Schattierungen fanden sich auf dem Monte Verità ein. Die Idee von einem radikal anderen Leben war umso attraktiver, als Europa auf einen Krieg zusteuerte. Während man in Berlin die Kriegstrompete blies, lauschte die Bohème von Ascona den Klängen der Friedensschalmei.

Die Liste illustrer Zeitgenossen, die den Monte Verità für einen kürzeren oder längeren Aufenthalt aufsuchten, ist lang. Schriftsteller wie Gerhart Hauptmann, Klabund, Else Lasker-Schüler, Friedrich Glauser und allen voran Hermann Hesse, der das Leben auf dem Berg direkt in seine Erzählung „Demian" einfließen ließ, waren Gäste, auch Maler wie Jean Arp, Sophie Taeuber-Arp, Paul Klee und Marianne von Werefkin sowie Ausdruckstänzerinnen wie Isidora Duncan und Mary Wigman. Zu den Politikern zählten Lenin, Trotzki, Stresemann, Chamberlain und Konrad Adenauer, zu den Blaublütigen der belgische König Leopold. Der Psychoanalytiker C. G. Jung besuchte den Berg, der Soziologe Max Weber, der Philosoph Ernst Bloch ... alle im Zeitraum von 20 Jahren.

Das so viel Aufsehen erregende Projekt ging nach dem Ersten Weltkrieg zu Ende. Bereits 1917 – der oben zitierte Erich Mühsam hätte sich gefreut – wurde wieder Fleisch gegessen. Mit der wirtschaftlichen Rentabilität der Naturheilanstalt stand es nicht zum Besten, und schließlich verließ das Gründerpaar 1920 den Berg, um in Brasilien eine neue vegetarische Kolonie zu gründen.

Piscina: Im heute trockengelegten Schwimmbad, einst als „Luftlichtbad" Juwel des Heydt'schen Hotelkomplexes, finden heute kulturelle Veranstaltungen statt – eine wunderbare Open-air-Bühne.

6 von 84 Seligen

Elisarion „Chiaro nel Mondo dei Beati": Seinen Namen verdankt der Bau *Elisàr von Kupffer*, einem deutschstämmigen Esten, dessen Wirken in die Zeit der ersten Siedler auf dem Monte Verità fiel. Er begründete den Klarismus, eine spirituelle Bewegung, die sich mit der Weltanschauung seines Zeitgenossen Rudolf Steiner vergleichen lässt. Daneben betätigte sich „Elisarion", wie sich der umtriebige Mann nannte, auch als Dichter und Maler. In den 1920er-Jahren zog er ins nahe Minusio, wo er für sein Rundgemälde „Chiaro nel Mondo dei Beati" (Die Klarwelt der Seligen) ein eigenes Sanktuarium bauen ließ.

Der Holzpavillon auf dem Monte Verità stammt aus dem Jahr 1987 und wurde eigens für eine Ausstellung von Elisarions Rundgemälde konzipiert. Ausstellungsmacher *Harald Szeemann* wollte damit die ideologische Verwandtschaft der utopistischen Kolonie mit dem Ideengut der Klaristen unterstreichen. Die Eröffnung des Elisarions erlebte Szeemann nicht mehr: sie fand erst 2021 statt und schloss den von ihm konzipierten Museumskomplex ab.

Das Rundbild mit seinen 84 nackten, oft androgynen seligen Personen lässt den Besucher, der keinen Eingang ins Paradies findet, etwas ratlos zurück.

▪ April–Okt. Sa 14–18, So 10–13/14–18 Uhr. Eintritt 5 CHF.

Torre dell'Utopia: Wer der Beschilderung zum „Turm der Utopie" folgt, findet am Ende des Wegs einen kleinen, aus grobem Stein gemauerten Rundturm, gekrönt von einem trafoähnlichen Häuschen mit Antenne. Bei der granitenen Wendeltreppe fehlen die untersten Stufen – kein Zutritt zu den utopischen Gefilden.

Losone

Das Dorf im Schatten Asconas wirkt auf den ersten Blick etwas zersiedelt: Losone ist gewachsen, und mittlerweile zählt man hier mehr Einwohner als im berühmten Nachbarort. Ein Dorfzentrum ist nicht auszumachen, weil Losone gleich drei Ortskerne besitzt.

Die drei Ortsteile **San Lorenzo, San Rocco** und **San Giorgio** (dieser mit einem kompakten Ortskern), jede mit eigener Pfarrkirche, sind längst zusammengewachsen.

Nicht zuletzt auch dazu beigetragen hat die touristische Entwicklung. Losone selbst ist zwar keine Destination des Fremdenverkehrs, aber der Quadratmeter ist hier billiger als in Ascona, man ist schnell in Locarno, im Hinterland lockt das Centovalli, und am Ortsrand findet man ein paar einladende Grotti.

Sehenswertes

Chiesa San Giorgio: Die Kirche des Ortsteils San Giorgio liegt am talseitigen Rand von Losone und zeigt eine rotweiße Fassade. Im Inneren fällt erst der kühle Granitboden auf. Hinter dem Chor stößt man dann auf einen tiefer liegenden Chor mit noch gut erhaltenen Fresken. Es sind Relikte einer Vorgängerkirche, deren Fundamente man links des Altars unter den Glasplatten entdecken kann. Doch spiegelt das Glas dermaßen, dass man – wie der berühmte Narziss von Caravaggio – erst einmal sich selber sieht.

Chiesa San Rocco: Die kleine Kirche im Ortsteil San Rocco stammt aus dem 16. Jahrhundert, der dreibogige Portikus kam im 17. Jahrhundert dazu. Sie ist Rochus, dem Schutzheiligen gegen die Pest und andere Seuchen, gewidmet. Rochus soll in den Pestjahren 1576–1578 seine Hand über Losone gehalten haben. Heute gilt die Pest – wenigstens in Europa – als ausgestorben, und die Chiesa San Rocco wird für Gottesdienste nicht mehr genutzt.

Chiesa San Lorenzo: Die Kirche des Ortsteils San Lorenzo wurde mehrmals erweitert und im 18. Jahrhundert barock umgestaltet. Aus dieser Zeit datiert auch der auffällige Kreuzweg des Kirchenvorplatzes. Bei dessen Konzeption wurde das bereits bestehende Beinhaus kurzerhand als Station 3 in die Passionsgeschichte integriert.

Praktische Infos

PLZ 6616

Hin & weg **Bus,** problemlos mit FART-Bus Nr. 7 nach Locarno, stündlich mit FART Nr. 314 ebenfalls nach Locarno und in die andere Richtung nach Ronco sopra Ascona. Abfahrt bei der Post (gegenüber der Kirche San Lorenzo).

Übernachten **San Giorgio,** im Ortsteil San Giorgio. Bekannt ist das Haus vor allem für sein Restaurant (s. u.), verfügt aber auch über mehrere Zimmer. Ganzjährig geöffnet. Renovierte DZ, die meisten mit Du/WC. Vicolo Bruglio 3, ✆ 091-2080424, https://san-giorgio.ch. FF

Camping ****** Melezza,** auf halbem Weg nach Intragna, hinter der Industriezone „Zandone". Von Locarno aus mit FART-Bus Nr. 7 erreichbar (Endstation Zandone). Ruhige Lage an der Melezza, die hier einige Flussbecken bildet. Ausreichend Schattenplätze oder man mietet sich einen der leicht futuristisch anmutenden halbrunden Mini-Bungalows aus Holz. Über 200 Stellplätze, Swimmingpool, Snackbar und gepflegte sanitäre Anlagen. Geöffnet April–Okt. Via Arbigo 88, ✆ 091-7916563, www.camping-melezza.com.

Riposo, einfaches, kleines Wiesengelände mit wenigen Schattenplätzen am Ortsrand Richtung Intragna. Von Locarno aus mit FART-Bus Nr. 7 erreichbar (Haltestelle Caserma). 50 Stellplätze. Nur für Zelte, nicht für Wohnmobile. Sanitäre Anlagen okay, einladende Osteria mit Terrasse. Geöffnet April bis Mitte Okt. Via Arbigo 19, ✆ 079-5056616, www.riposo.swiss.

Essen & Trinken **Dell'Enoteca,** im Zentrum des Ortsteils San Giorgio. Das von Deutschschweizern bzw. Deutschen geführte Feinschmeckerlokal wird regelmäßig von Gault Millau ausgezeichnet. Hervorragend und teuer. So/Mo geschlossen. Contrada Maggiore 24, ✆ 091-7917817.

Grottino Ticinese, bei der Kirche San Lorenzo. Das 2009 von Sandra und Claudio Zanoli, einem ebenso sympathischen wie dynamischen Paar, übernommene Grotto hat sich schnell zum Renner entwickelt. Wurst und Käse stammen selbstverständlich aus der Region, das Brot dazu kommt aus dem Maggiatal, die Nachspeisen sind hausgemacht. Ob Steinpilzrisotto oder Polenta mit Linsen und Luganeghe – das Grotto ist eine großartige Aufwertung der Tessiner Küche. Die Speisekarte ist im Tessiner Dialekt (mit deutscher Übersetzung) geschrieben. Mi geschlossen. Via S. Materno 10, ✆ 091-7913230.

San Giorgio, im gleichnamigen Hotel (s. o.). Wunderschönes Tessiner Haus mit großer, überdachter Terrasse, die an eine kleine Markthalle denken lässt. Regionale Küche zu vernünftigen Preisen. Mo/Di geschlossen. Vicolo Bruglio 3, ✆ 091-2080424.

Grotto Raffael, am Rand des Ortsteils San Giorgio. Schattige Terrasse mit ein paar Steintischen sowie Holztische und -bänke, wo sich die Einheimischen treffen. Die in den Felsen

Lago Maggiore → Karte S. 67

gebaute Grotto-Küche präsentiert Grotto-Klassiker wie Risotto ai funghi und Polenta. Mit Kinderspielplatz. Mo Ruhetag. Vicolo Canaa, ✆ 091-7911529.

Pub Losone, in San Rocco. Die große Terrasse ist der ideale Platz, nicht nur für den ersten Kaffee (Mo–Fr ab 6 Uhr früh) oder untertags für die schnelle Verköstigung mit Panini und Salat, sondern vor allem für den abendlichen Apéro. Riesiges Cocktail-Angebot. Geöffnet bis 1 Uhr nachts (Fr/Sa bis 2 Uhr), stets gut besucht. Via Municipio 2A. ✆ 078-7996506.

La Fabbrica, in San Rocco, an der Durchgangsstraße Richtung Locarno. Die „Fabrik", eine ehemalige Möbelfabrik, beherbergt vieles: Musikschule, Theater, Bäckerei (die auch regionale Bio-Produkte verkauft), Architektenstudio, Schreinerei und eine Osteria. Letztere ist eher eine Birreria, wo man neben einer Palette englischer Biere auch Erdinger und Schneider Weisse bekommt. Im Sommer ist wenig los, auf Touristen ist man nicht eingestellt, da geht das Team lieber selber in die Ferien, mit Locarno und Ascone kann man ohnehin nicht konkurrieren. Anders sieht es von September bis Mai aus. Dann finden im großen Raum oft Konzerte statt, und Losones Jugend strömt herbei. Geöffnet Di–Sa, ab 17 Uhr. Via Locarno 43, ✆ 091-2256504 (Osteria).

Ronco sopra Ascona

Der Blick vom Garten hinter der Kirche auf den See hinunter ist einmalig, die Brissago-Inseln sind zum Greifen nah. Das Dörfchen, rund 150 m über dem Lago Maggiore gelegen, hat sich zu einer Topadresse gemausert.

Der Tourismus hat den Dorfcharakter etwas verändert. Im historischen Ortszentrum mit seinen engen Gassen haben sich manche Deutsche und Deutschschweizer eine Zweitwohnung eingerichtet. Und wer sich eine Ferienwohnung in Ronco leisten kann, leistet sich auch ein Auto, um dahin zu kommen. Folge: chronische Parkplatznot.

Sehenswertes

Chiesa San Martino: Die Dorfkirche zeigt ein Altarbild des Kirchenpatrons, gemalt von Antonio Ciseri, dessen Geburtshaus gleich gegenüber der Kirche steht (siehe unten). Die Fresken hinter dem Taufbecken wiederum stammen von *Richard Seewald* (1889–1976). Der deutsche Maler und Illustrator verließ angesichts der zunehmend repressiven deutschen Kulturpolitik seine Heimat, kam 1931 nach Ronco und kehrte erst in den 1950er-Jahren nach Deutschland zurück.

Casa Ciseri: Der im Haus geborene *Antonio Ciseri* (1821–1891) wanderte schon in jungen Jahren mit seinen Eltern nach Florenz aus und brachte es als Maler dort zu Erfolg – so sehr, dass er, konfrontiert mit den hohen eidgenössischen Steuerforderungen, die italienische Staatsbürgerschaft beantragte. Heute gehen Gutverdienende eher den umgekehrten Weg und flüchten sich unter die Schweizer Steuerhoheit.

Der kleine Palazzo mit Innenhof ist heute Sitz einer Kulturvereinigung, die gelegentlich Ausstellungen zeigt. Sollte er geöffnet sein, lohnt der Besuch auch wegen der beiden Räume direkt hinter dem Eingang, die Kassettendecken dort wurden von zwei Brüdern Ciseris bemalt.

Sehenswertes in der Umgebung

Fontana Martina: Der Weiler, 2 km südwestlich von Ronco (Abzweig von der Straße nach Porto Ronco, am unteren Dorfausgang) machte in den 1920er-Jahren kurzfristig Geschichte, als Fritz Jordi, ein Berner Buchdrucker, die damalige Ruinensiedlung für 18.000 Franken aufkaufte. Jordi machte sich mit Freunden daran, Fontana Martina wieder bewohnbar zu machen. Eine

Im Zentrum von Ronco: das Geburtshaus von Antonio Ciseri

Lago Maggiore → Karte S. 67

Zeitlang bestand hier im Ansatz eine Künstlerkolonie, der Maler und Grafiker *Heinrich Vogeler* engagierte sich ebenso wie der für seine Linolschnitte berühmte *Clément Moreau*, beide wie Jordi dem kommunistischen Gedankengut verpflichtet. 1932 wurde die Zeitschrift „Fontana Martina" herausgegeben, die im folgenden Jahr jedoch schon eingestellt wurde. Heute präsentiert sich der Weiler als schmuckes Borgo, bewohnt von eher betuchten Leuten – der Berner Buchdrucker würde darüber staunen, was aus seiner Initiative geworden ist.

Porto Ronco: Für die meisten Touristen ist Porto Ronco kaum mehr als ein kleiner Hafen für die kürzeste Schiffsverbindung zu den *Brissago-Inseln*.

Unterhalb der Kirche von Ronco sopra Ascona führt von der Umgehungsstraße eine schier endlose Treppe, vorbei an Villen und Gärten, hinunter zum See. Hier liegt in traumhafter Lage die *Casa Monte Tabor*, die der vor den Nazis geflohene *Erich Maria Remarque* bis zu seinem Tode 1970 bewohnte. Der mit seinem Roman „Im Westen nichts Neues" weltberühmt und reich gewordene Schriftsteller hat den Ruf Roncos als „Künstlerdorf" endgültig gefestigt. Seit dem Tod der Witwe Remarques 1990, der in erster Ehe mit Charlie Chaplin verheirateten Schauspielerin *Paulette Godard*, wechselte die Villa mehrmals den Besitzer. Derzeit ist sie für 6,25 Millionen Franken zum Verkauf ausgeschrieben. So viel konnte die Gemeinde, die das Vorkaufsrecht hatte, nicht aufbringen und schon gar nicht der Verein, der sich zum Ziel setzte, die Villa zu einem lebendigen Kulturhaus und Begegnungszentrum zu machen. Ein neuer Besitzer könnte die Villa einfach abreißen, wird befürchtet.

Monti di Ronco: Die Siedlungen in den Bergen über Ronco – erreichbar über die Straße nach Arcegno, dann im Ortsteil Gruppaldo scharf links abzweigen – werden ganz einfach als „Monti di Ronco" (Berge von Ronco) zusammengefasst. Bei sportlichen Mountainbikern ist die Gegend beliebt, Wanderer finden nach einem ziemlich mühsamen Aufstieg oben zahlreiche Möglichkeiten. Als Ganztagswanderung bietet sich eine Höhentour zum Bergdorf Rasa an, von dort führt eine Seilbahn auf die andere Talseite hinunter zum Bahnhof von Verdasio im Centovalli.

Praktische Infos

Hin & weg **Bus,** mehrmals tägl. mit FART-Bus Nr. 314 über Arcegno und Losone nach Locarno sowie mit dem Lokalbus Nr. 8 nach Porto Ronco und weiter nach Brissago.

Ziegenkäse **Lorini,** 1967 wurde in der Schweiz zum ersten Mal ein Ziegenkäsekurs angeboten. Giocondo Lorini war interessiert, lernte und übernahm 1971 den elterlichen Bergbetrieb, der heute rund 80 Ziegen zählt. Seit seinem Tod 2017 führt Alessandra Lorini den Betrieb, von einem Arbeiter unterstützt, weiter. Der Käse wird nicht mehr direkt in der Käserei verkauft, so können die Produzenten in Ruhe arbeiten. Liebhaber finden Lorinis Käse in verschiedenen Reifestadien an einem Automaten im Ortsteil Gruppaldo (von Ronco in Richtung Arcegno).

Übernachten ***** Ronco,** beim zentralen Parkplatz. Sehr schöne Bleibe in einem früheren Kloster aus dem 18. Jh. Das Haus wird mit den Geschwistern Guido und Nadia Casparais in der vierten Generation von derselben Familie geführt. Die schönsten Zimmer haben einen Balkon mit Seeblick. Sonst begnügt man sich mit dem Blick auf den Lago beim Abendessen im Panoramarestaurant. In der Vor- und Nachsaison ist die Küche allerdings nur Do–Sa geöffnet. Swimmingpool. Geöffnet April bis Mitte Okt. Piazza della Madonna 1, 6622 Ronco s/Ascona, ✆ 091-7915265, www.hotel-ronco.ch. ₣₣₣

Elisabetta, über dem Dorf an der Straße nach Arcegno gelegen, nach dem Friedhof an der rechten Straßenseite. Renovierte Zimmer, mit Balkon und Seeblick. Terrassenrestaurant „Al Braciere" (s. u.) und Garten mit Swimmingpool und Seeblick. Geöffnet März–Nov. Via Livurcio 50, 6622 Ronco s/Ascona, ✆ 091-7919396, www.ph-elisabetta.ch. ₣₣₣

Chillen in bester Lage

Essen & Trinken **Del Centro,** an der Durchfahrtsstraße, oberhalb des zentralen Parkplatzes. Sehr populär, angenehmer, schattiger Garten (ohne Seeblick). Durchschnittsqualität zu Durchschnittspreisen, auch Pasta und Pizza. Via Livurcio 4, ✆ 091-7857568.

Mein Tipp **Al Braciere,** das Restaurant von „Elisabetta" (s. o.) zeigt eine Karte, die den Gourmet erfreut: andalusischer Gazpacho mit Jakobsmuscheln, Entenleberterrine an Portwein, Oktopuscarpaccio mit Olivenmayonnaise und mehr. Der Service ist überaus freundlich, die Preise sind räsonabel, der phantastische Blick von der Terrasse auf den See und die Brissago-Inseln ist eine Gratiszugabe. Mo/Di geschlossen. Via Livurcio 50, 6622 Ronco s/Ascona, ✆ 091-7919396.

Grotto Mulin die Ciöss, außerhalb, im Nachbarort Arcegno, dort am unteren Ortsausgang, etwas abseits der Straße. Jahrelang stand die alte Mühle leer. Dann wurde kräftig renoviert, seit 2022 dreht sich das Mühlrad am Bach wieder. Risotto- und Fleischspezialitäten in wunderbarer Lage am leicht rauschenden Wasser. Mo Ruhetag, Di mittags geschlossen. Via Altisio 7, 6618 Arcegno, ✆ 076-3840911.

Grotto La Risata, ebenfalls im Nachbarort Arcegno, am Ortsausgang Richtung Losone. Klein, aber in traumhaft schattiger Lage am Zusammenfluss zweier Bäche. Polenta, Risotto oder frische Forellen. Außerhalb der Saison Mo geschlossen. 6618 Arcegno, ✆ 091-7921514.

Mein Tipp **Crodolo Palm & Beach,** am Seeufer zwischen Porto Ronco und Brissago mit Blick auf die Brissago-Inseln. Hübsch gelegene Lounge mit kleiner Badewiese, Chaiselongues und Kinderspielplatz. Das Baden ist zwar offiziell verboten – angeblich wegen des nahen Elektrizitätswerks –, doch wird das Verbot nicht weiter beachtet. Drinks und kleine Speisekarte, manchmal abends Live-Musik (Jazz, Rock). Ein wunderbares Plätzchen! Geöffnet Mai–Sept. Via Cantonale 61, 6613 Porto Ronco, ✆ 091-7910252.

Grotto da Peo, hoch oben in den Bergen, seit 2014 von Peos Tochter Elisabetta geführt. Gegessen wird an Holztischen im gemütlichen Gewölbe oder im Garten mit Blick auf den See, das Maggiadelta und die Brissago-Inseln. Die hausgemachten Ravioli und Gnocchi schmecken ebenso wie die deftigen Fleischgerichte, die mit Kräutern aus dem eigenen Garten gewürzt sind. Geöffnet März–Okt., Do Ruhetag. Anfahrt: in Richtung Arcegno, dann in Gruppaldo die Bergstraße 4,7 km hochfahren, beim Schild „Da Peo“ die Treppe hochgehen. Falls die paar Parkplätze an der Straße besetzt sind, 200 m weiterfahren: In der Kurve hinter dem „Grotto La Ginestra“ gibt es mehrere Parkplätze. Monti di Ronco, ✆ 091-7917000.

Isole di Brissago

Vom Standpunkt des Botanikers aus gesehen sind die Brissago-Inseln vermutlich ein botanischer Park wie andere auch. Das Besondere ist ihre Lage. Obendrein hat der Garten eine besondere Geschichte, deren steinernes Überbleibsel der neoklassizistische Palazzo mit seinem Bootshaus ist.

Die Brissago-Inseln setzen sich aus zwei Inseln zusammen: *San Pancrazio*, die Hauptinsel mit dem botanischen Garten, wo das Schiff anlegt, und *Sant' Apollinare*, eine kleine, unzugängliche Insel, auf der die Natur sich selbst überlassen bleibt.

Die rund 1700 vertretenen Pflanzenarten des botanischen Gartens sind geografisch gruppiert, der Spaziergang ist ein Streifzug durch Kontinente und Länder, Wegweiser helfen bei der Orientierung, und ein Begleitblatt verrät die Blütezeiten einiger Pflanzen: in Australien die Kängurublume (Juni), in Kalifornien der Flanellstrauch (August), in Südafrika der goldene Zuckerbusch (Oktober). Und irgendwann kommt man beim „römischen Bad“ vorbei, wo die Heilpflanzen versammelt sind und man einen Blick bis Ascona hat. Nicht zu übersehen ist der neoklassizistische Palazzo, zu Zeiten seines Erbauers eine eher frivole Örtlichkeit (→ Kastentext „Als man Inseln noch kaufen konnte“), heute Café und Kongresszentrum.

▪ Überfahrt: Mehrmals tägl. 9–18 Uhr von Ascona, Porto Ronco und Brissago aus. Am kürzesten (1 km, 4 Min.) ist die Fahrt von Porto Ronco, hin/zurück 10 CHF, 6–16 J. 5 CHF. Geöffnet von der ersten Schiffsankunft bis zur letzten Schiffsabfahrt. Eintritt in den botanischen Garten 10 CHF, bis 16 J. gratis.

Lago Maggiore → Karte S. 67

Botanischer Garten im See

Als man Inseln noch kaufen konnte

Die Geschichte des Botanischen Gartens Brissago führt in eine Zeit zurück, in der man noch Inseln kaufen konnte, ohne ans Ende der Welt fahren zu müssen. Im Jahr 1885 erwarb *Antoinette de Saint-Léger*, eine begnadete Pianistin und zeitweise Liszt-Schülerin, die beiden verwilderten Inseln San Pancrazio und Sant'Apollinare und benannte sie sich selbst zu Ehren in „Isole Saint Léger" um. Die Dame unsicherer väterlicherer Abkunft (Gerüchte sprechen von einer unehelichen Tochter des russischen Zaren Alexander II., der sich mit 13 beglaubigten Nachkommen zumindest als zeugungsfähig auswies) hatte sich zuvor in dritter Ehe den Adelstitel einer Baronin erheiratet. Der Gemahl, ein irischer Offizier namens Richard Fleming, durfte sich nicht nur Baron von Saint-Léger nennen, er war nebenbei auch steinreich und verstand einiges von der Pflanzenwelt. So konnte sich Antoinette ihre Träume vom Paradies auf Erden erfüllen. Viel guter Mist als Dünger und Samen aus aller Welt wurden auf die Insel geschafft: Der Grundstein für den heutigen botanischen Garten war gelegt.

Über zehn Jahre lang ging alles gut, man hielt ausgiebig Hof, illustre und weniger illustre Lebemänner aller Couleur stellten sich ein, die schöne Baronin zeigte sich von ihrer besten Seite, doch leider auch mit einem fatalen Hang zu finanziellen Spekulationen. Ob aufgrund ihrer Fehlinvestitionen in die transkaukasische Eisenbahn oder wegen ihrer erotischen Eskapaden, ist heute nicht mehr auszumachen: Jedenfalls verließ der reiche Fleming 1897 das Paradies und ließ Baronin Antoinette auf der Insel sitzen. Die machte erst einmal weiter mit dem fröhlichen Leben, empfing mit Vorliebe Künstler – der Maler Segantini schaute vorbei, James Joyce und auch Rilke – und spekulierte daneben munter weiter. Doch 1927 war ausgezockt, und Antoinette musste die Inseln verkaufen.

Brissago

Schon fast Italien. Die letzte Gemeinde vor der Grenze zeigt einen malerischen Ortskern um die mittelalterliche Pfarreikirche Santi Pietro e Paolo. In den Gärten blühen Zitronen und Orangen, am Berghang ziehen sich die Villen hoch.

Zur Grenze hin häufen sich die Tankstellen, das Benzin ist in Italien wesentlich teurer als in der Schweiz. An der Durchgangsstraße herrscht viel Verkehr, und nicht selten kommt es zum abendlichen Pendlerstau. Über 2000 „Frontalieri", wie die in der Schweiz arbeitenden und in Italien wohnenden Personen genannt werden, befinden sich dann auf dem Heimweg.

Davon merkt wenig, wer auf der Promenade südlich des Ortskerns spaziert. Irgendwann stößt man dort auf den ruhigen „Dialogo": Ein Mühlrad lässt eine metallene Kugel gemächlich hin- und herrollen. Die mobile Brunnenskulptur

Sie zog nach Ascona und schließlich nach Intragna, wo sie 1948 im begnadeten Alter von 92 Jahren als Sozialhilfeempfängerin in einem Altersheim starb.

Der Käufer und neue Besitzer der Isole di Brissago, *Max Emden,* hatte seine Millionen mit Warenhäusern gemacht, war am Berliner KaDeWe beteiligt, an Karstadt und anderen mehr. Emden war durchaus an der Parkanlage interessiert, er baute sie sogar wesentlich aus. Ansonsten sind von ihm zwei Vorlieben bekannt, eine für Kunst und eine für schöne Mädchen. Wenn man der Malerin *Marianne von Werefkin* Glauben schenken darf, so kaufte er zwar viel Kunst auf, aber ohne etwas davon zu verstehen. Und was die schönen Mädchen betrifft, so vergnügte der Millionär sich angeblich damit, ihnen zuzusehen, wenn sie nackt in seinen Swimmingpool sprangen, um nach Goldstücken zu suchen, die er zuvor hineingeworfen hatte. Schließlich aber geriet auch der frivole Lebemann, der auf der Insel den noch heute stehenden neoklassizistischen Palazzo errichten ließ, in Not. Er war jüdischer Herkunft, sein Vermögen in Deutschland wurde beschlagnahmt. Schon hatte er begonnen, seine noch rechtzeitig in die Schweiz geschafften oder vor Ort erworbenen Kunstwerke zu verkaufen, als er 1940 plötzlich starb.

Der Erbe, Emdens einziger Sohn, hatte sich vor den Nazis nach Chile abgesetzt und zeigte keinerlei Interesse an den Inseln. Schließlich verkaufte er sie 1949 an eine Interessengemeinschaft aus Kanton, Anliegergemeinden und Heimatschutzorganisationen, die 1950 den botanischen Garten der Öffentlichkeit zugänglich machte und heute mit einem geschickten Marketing dafür sorgt, dass die Besucher nicht ausbleiben.

ist ein Werk des Malers und Bildhauers *Benno Schulthess,* der in der Deutschschweiz und in Brissago wohnt. Weiter südlich endet der Spaziergang dann etwas abrupt vor den Toren der ehemaligen *Fabbrica Tabacchi Brissago*, heute das *Centro Dannemann* (→ Sehenswertes) und dem Tabakimperium *Burger Söhne* einverleibt. Hier wird die „Brissago", die berühmte krumme Virginia-Zigarre, hergestellt.

Sehenswertes

Museo Ruggero Leoncavallo: Im *Palazzo Branca-Baccalà*, mit seiner Barockfassade das schönste Gebäude des Orts, sind drei Säle für *Ruggero Leoncavallo* (1859–1919) reserviert. Der in Neapel geborene Opernkomponist und Librettist ließ sich 1903 oberhalb der Kirche Madonna di Ponte eine Villa bauen (heute abgerissen) und wurde schon im Folgejahr Ehrenbürger von Brissago. 1916 verließ er den Ort wieder und starb 1919 in Montecatini Terme (Toscana). Erst 1989 entsprach man seinem Wunsch und überführte seine sterblichen Reste nach Brissago (→ Chiesa Madonna di Ponte).

Das Museum ist eher etwas für Spezialisten, ein Saal ist der Rekonstruktion seines Arbeitsraums, restaurierter Flügel inklusive, gewidmet.

■ April–Okt. Mi–Sa 10–12/16–18 Uhr. Eintritt frei.

Brissago und seine Inseln

Chiesa Santi Pietro e Paolo: Die Pfarrkirche von Brissago stammt aus dem 16. Jahrhundert und zeigt im Inneren außer einem schmucken holzgeschnitzten Orgelprospekt wenig Aufregendes. Besser als die Kirche selbst hat uns der schmale Vorplatz mit seinen vier eindrucksvollen Zypressen gefallen: Blick auf den See und einen kleinen Fischerhafen. Die Stele auf dem Platz wurde 1903 zum 100-jährigen Jubiläum des Tessins als vollwertiger Kanton der Eidgenossenschaft errichtet, eine zusätzliche Tafel aus dem Jahr 2003 verdoppelt das Jubiläum.

Gleich neben der Kirche steht das *Cinema Arlecchino*, ein Bau aus den 1950er-Jahren und damit modern in der unmittelbaren Umgebung. Ein „Verein der Harlekin-Freunde" setzt sich dafür ein, dass das früher von der Kirche betriebene Kino mit seinen 130 Sitzplätzen renoviert und als Kulturzentrum eröffnet wird.

Chiesa Madonna di Ponte: Die Kirche mit ihrem freistehenden Campanile, zwischen dem Schwimmbad und einer Garage eingeklemmt, stammt wie die Hauptkirche aus dem 16. Jahrhundert und wurde vom selben einheimischen Architekten geplant. Die Einflüsse der Renaissance schlagen hier eindeutig stärker durch, insbesondere im auffälligen achteckigen Kuppelbau über dem Chor mit seinen Säulen und dem aufgesetzten sechseckigen Türmchen; das Innere der Kirche birgt nichts Interessantes.

Unter dem kleinen Portikus gegenüber dem Eingang hat – gegen den See hin mit Ketten geschützt – der Opernkomponist *Ruggero Leoncavallo* mitsamt Gattin Berthe seine letzte Ruhe gefunden (→ Museo Ruggero Leoncavallo). Die prunkvolle Villa Myriam, die er etwas oberhalb der Kirche bauen ließ, wurde 1978 abgerissen.

Centro Dannemann: Die *Fabbrica Tabacchi Brissago*, Geburtsort der berühmten krummen Zigarre (→ Kastentext „Schlank und krumm"), wurde 1999 von der Dannemann-Gruppe übernommen, die ihrerseits dem Schweizer Tabakkonzern Burger Söhne gehört. Heute präsentiert sich die Fabrik, vor dem Ersten Weltkrieg mit 700

Angestellten größte Arbeitgeberin im Kanton, als „Dannemann Center" in Anlehnung an ein ebensolches in Bahia/Brasilien. Zwar werden die berühmten Zigarren weiterhin hergestellt, allerdings geht dies maschinell zu, der Personalbestand ist seit langem reduziert, rund 60 Angestellte – größtenteils italienische Grenzgänger – arbeiten hier noch.

Auswärtige begnügen sich mit einem Besuch im Dannemann-Shop (Mo–Fr 10–17 Uhr). Führungen sind nur gruppenweise möglich, dann wird Ihnen eine Arbeiterin demonstrieren, wie die Krumme einst von Hand gerollt wurde. In der Hauptsache aber ist das Centro Dannemann heute eine Örtlichkeit mit Sälen, die für Gala-Abende, Hochzeiten und andere private Anlässe vermietet werden. Gelegentlich finden im „Dannemann-Grotto", das mit seinen 210 m² Fläche mit einem Tessiner Grotto recht wenig gemein hat, Veranstaltungen statt, die man hier „Events" nennt. Auskunft bei der Touristinformation.

Praktische Infos

PLZ 6614

Information **Tourist Office** an der Durchgangsstraße. Viel Material über die Umgebung und freundliche Auskünfte. Mitte März–Mai und Okt. Mo–Fr 9–12/14–18 Uhr; Juni und Sept. Mo–Fr 9–12/14–18, Sa 9–12 Uhr; Juli/Aug. Mo–Fr 9–12/14–18, Sa 9–12/14–17 Uhr. Via Leoncavallo 25, ✆ 0848-091091, www.ascona-locarno.com.

Hin & weg **Bus,** mehrmals tägl. mit FART Nr. 316 nach Ascona und Locarno sowie mit dem Lokalbus Nr. 8 über Porto Ronco nach Ronco s/Ascona. Ebenfalls mehrmals täglich fährt eine italienische Buslinie über die Grenze und an der Küste entlang bis Pallanza bei Verbania.

Schiff, ein Dutzend Schiffe fahren nach Ascona und weiter nach Locarno, einige mit Zwischenhalt auf den Brissago-Inseln und wenige mit Abstechern ans andere Seeufer.

Baden Der **Lido di Brissago** liegt hinter dem Centro Dannemann am südlichen Ortsausgang. Gleich beim Eingang führt eine 75 m lange Rutsche für Kinder fast bis in den See. Strandbar und Liegewiese. Eintritt 7 CHF, Liegestuhl und Sonnenschirm kosten extra.

Lago Maggiore → Karte S. 67

Schlank und krumm – die Brissago

Kenner loben ihren würzigen Geschmack, Snobs rümpfen die Nase, sie finden die schlanke Krumme zu wenig aristokratisch, und Passivraucher schimpfen über ihren besonders beißenden Rauch. Seit 1847 wird in der Fabbrica Tabacchi Brissago der krumme Stängel hergestellt, dessen besonderer Geschmack sich der „Concia" verdankt, der Beize, die das Deckblatt mit der Tabakeinlage verbindet. Das Rezept der Concia wird in Brissago so streng gehütet wie im amerikanischen Atlanta die berühmte Formel der originalen Coca Cola. Eine weitere Besonderheit der Brissago ist der Strohhalm, der in ihr steckt. Zieht man ihn heraus, so hat die dunkle Zigarre einen idealen Rauchkanal. Schließlich aber dient der Strohhalm auch dazu, die Zigarre in Brand zu setzen – eine Zeremonie, die jeder Brissago-Raucher kennt und deren Beschreibung der Schweizer Autor Friedrich Glauser schon 1936 in seinem Kriminalroman „Wachtmeister Studer" beschrieb: „Umständlich setzte Studer den Strohhalm in Brand, den er aus der Brissago gezogen hatte, hielt die Flamme unter das Ende derselben, wartete bis der Rauch oben herausquoll und steckte sie dann in den Mund."

Lido von Brissago

Galerie **Galleria Amici dell'Arte,** an der Durchgangsstraße, die Vitrine der lokalen Künstlerszene. Di–Fr 15–17.30, Sa 10–11.30 Uhr. Via Leoncavallo 15.

Übernachten ***** Rivabella au Lac,** an der Hauptstraße, aber davon sollte man sich nicht abschrecken lassen. Hinter dem Hotel gelangt man zwischen Palmen hindurch zu einem wunderschönen Garten und dahinter zum hoteleigenen Kiesstrand, der allerdings sehr schmal ist. Geöffnet März–Okt. Via Leoncavallo 43, ✆ 091-7931137, www.rivabellaaulac.ch. ₣₣₣

Essen & Trinken **Kalea,** an der Schiffsanlegestelle. Das große Lokal hat an der Seepromenade Monopolstellung. Die Karte reicht querbeet von Burger bis Fisch. Letzterer kommt in der Regel aus Italien, Holland oder Norwegen. Einzig der Coregone (Felchen) kommt aus dem Lago. Wir haben uns an die Pasta gehalten. Viale Lungolago 2, ✆ 091-7931328.

Canvetto Ticinese, im südlichen Ortsteil, auf der Höhe des Centro Dannemann, etwas oberhalb der Durchgangsstraße, ausgeschildert. Gute Tessiner Küche zu gehobenen Preisen auf einer sehr schönen Terrasse mit kleinem Garten darunter, wo Pingpong gespielt werden kann. Mi Ruhetag. Via Ovega 23, ✆ 091-7932996.

Was haben Sie entdeckt?

Haben Sie ein besonderes Restaurant, ein neues Museum oder ein nettes Hotel entdeckt? Wenn Sie Ergänzungen, Verbesserungen oder Tipps zum Buch haben, lassen Sie es uns bitte wissen!

Schreiben Sie an: Marcus X. Schmid, Stichwort „Tessin"

c/o Michael Müller Verlag GmbH | Gerberei 19, D – 91054 Erlangen

mxs@michael-mueller-verlag.de

Gambarogno

Die Riviera del Gambarogno, wie der rund 10 km lange Schweizer Teil des Ostufers des Lago Maggiore genannt wird, ist weit weniger bekannt als das westliche Ufer mit den Tourismusmagneten Locarno und Ascona, und auch das Hinterland wird weniger besucht als die Täler des Locarnese.

Wie vielerorts im Tessin fusionierten auch im Gambarogno die Gemeinden, um sich mehr politisches Gewicht zu verschaffen. Seit 2010 sind sämtliche Orte am See sowie das Bergdorf Indemini Teil der Gemeinde Gambarogno.

Viel Platz bleibt den Dörfern am See nicht. Die Berge fallen oft schroff ab, parallel zur Uferstraße führt eine Eisenbahnlinie über Luino (Italien) bis zum südlichen Ende des Sees und weiter ins östliche Piemont hinein. Derzeit rollen täglich 60 Güterzüge, meistens nachts, durchs Gambarogno, über ein Dutzend Personenzüge kommen hinzu. Die Regierung in Bern möchte die Kapazitäten erweitern und die Rangiergleise am Bahnhof von Magadino-Vira ausbauen, damit auch 700 Meter lange Züge durchfahren können. „Es ist doch absurd, die alte einspurige Strecke mit nur wenigen Modifikationen zu einer Hauptachse des Korridors Rotterdam–Genua machen zu wollen", protestiert der Bürgermeister von Gambarogno und favorisiert einen Tunnel von Cadenazzo in der Magadino-Ebene bis Luino. Ein solches Projekt wurde bereits in den 1990er-Jahren verworfen und scheint auch heute chancenlos. Die Bewohner des Gambarogno haben das Nachsehen.

Im Gegensatz zum Westufer hält das Gambarogno jede Menge öffentlicher Zugänge zum See frei. Man findet also ausreichend Badegelegenheiten, meist kleine Kiesstrände. Zudem bieten sich Ausflüge ins Hinterland an – ein Abendessen auf einer der sonnigen

Lago Maggiore → Karte S. 67

Blick von den Bolle di Magadino auf den See

Terrassen über den Dörfern Vira und San Nazzaro oder eine Wanderung zum Bergdorf Indemini.

Information **Tourist Office,** an der Seestraße in Vira. April/Mai Mo–Fr 9–12/14–18 Uhr; Juni und Sept. Mo–Fr 9–12/14–18, Sa 9–12 Uhr; Juli/Aug. Mo–Fr 9–12/14–18, Sa 9–12/14–17 Uhr. Via Cantonale 29, ✆ 0848-091 091, www.ascona-locarno.com.

Hin & weg **Bahn,** die Riviera del Gambarogno liegt an der Linie Bellinzona – Luino, Züge im Zweistundentakt mit Halt in allen Dörfern am Seeufer.

Schiff, von März bis Okt. regelmäßig Fahrten von einem Hafen zum nächsten an der Riviera del Gambarogno entlang sowie von Magadino und San Nazzaro nach Locarno, von Gerra und San Nazzaro nach Ascona.

Piano di Magadino

Die Magadino-Ebene, die sich von Bellinzona bis zur Ticino-Mündung entlangzieht, ist für den Reisenden wenig interessant. Gemüseanbau, Supermärkte, Warendepots und Industrie machen sich das Gelände streitig, und auch der von Privatflugzeugen angesteuerte Flughafen von Locarno findet noch Platz. Einzig das Naturschutzgebiet der Ticino-Mündung, die **Bolle di Magadino,** rechtfertigen einen Halt. „Bolle" ist der italienische Ausdruck für Blasen, und solche produziert das Sumpfgas (Methan) im Delta. Das Ökosystem ist ein Refugium für Flora und Fauna. Viele Vögel rasten hier noch einmal, um sich zu stärken, bevor sie den Flug über die Alpen nach Norden in Angriff nehmen.

Spaziergänge, auch Fahrradtouren (Motorräder sind verboten) sind nur auf den markierten Wegen gestattet. Insgesamt gibt es fünf Zugänge, einen zu den nördlichen Bolle (von Tenero aus), vier zu den südlichen Bolle. Wir empfehlen den Weg, der südlich des Ticino verläuft: Das Auto an der Brücke der Kantonsstraße stehen lassen und sich zu einem rund 40-minütigen Spaziergang bis zur Mündung aufmachen. Der Weg teilt sich später, ein Stück weit hat man die Wahl, im Wald zu spazieren oder in der Sonne am begradigten Ticino entlang. Er endet bei einem kleinen Aussichtsturm im Sumpfland.

Unterwegs informieren Schautafeln über die Naturgeschichte des Deltas und über alles, was hier kreucht, fleucht und wächst. Festes Schuhwerk ist empfohlen, auch bei Sonnenschein kann der Boden, vor allem im hinteren Teil, nass sein – und auch ein Insektenschutzmittel ist angebracht.

Wanderung 4:
Von der Alpe di Neggia nach Indemini → S. 253
Durch den Wald ins abgelegenste Dorf des Gambarogno

Magadino

Das erste Dorf am Ufer, am Rand des Piano di Magadino gelegen, ist eher ein Durchgangs- als ein Aufenthaltsort. Die Berge fallen hier steil ab. Bis ins 19. Jahrhundert war Magadino für den Warenverkehr eine wichtige Hafenstation. Mit der Eröffnung der Eisenbahnlinie aber war es damit zu Ende, und

Trompe-l'œil in Magadino

der heutige Besucher gewinnt den Eindruck, Magadino hätte diesen Niedergang bis heute nicht verdaut. Als Ferienorte haben ihm Vira, San Nazzaro und Gerra längst den Rang abgelaufen. Immerhin: Mit dem *Lido* verfügt der Ort über eines der schönsten Freibäder an der Riviera.

Die nicht zu übersehende *Chiesa San Carlo* (19. Jh.) zeigt einen Chor, der vom deutschen Maler und Illustrator *Richard Seewald* (1889–1976) mit Fresken geschmückt wurde. Mitte Juli steht sie im Zentrum der viel beachteten *Internationalen Orgelfestspiele*. Zwei Wochen lang geben jeweils dienstags und freitags international bekannte Organisten ein Konzert.

Übernachten **Favini,** 20 unterschiedlich große Zimmer und ein Restaurant mit Terrasse, das Fisch wie auch Pizza serviert. Ganzjährig geöffnet. Via Cantonale, 6573 Magadino, ✆ 091-7804200, www.hotelfavini.ch. **FF**

Essen **Al Lago,** das blaue Haus mit der Terrasse über dem See ist Magadinos erste Speiseadresse (zumindest die schönste). Fisch aus dem Lago oder eine von Lesern gelobte Pizza. Di Ruhetag. Via Cantonale 142, 6573 Magadino, ✆ 091-7951798.

Vira

Der erste richtige Ferienort an der Riviera del Gambarogno schließt sich praktisch nahtlos an Magadino an und ist das schönste Dorf am Tessiner Ostufer des Lago Maggiore. Das Leben spielt sich an der Durchgangsstraße ab. Oberhalb stehen stattliche Ferienhäuser, unterhalb liegt der kleine Ortskern mit Kirche und Bootsanlegestelle. Beim Gang durch die verwinkelten Gassen fallen zahlreiche Malereien an den Hausfassaden auf. Es sind Resultate einer Kunstaktion aus dem Jahr 1970. Über die künstlerische Qualität mag man streiten, das Unternehmen fand offensichtlich Anklang, und so wurde die Aktion 2010 wiederholt.

Lago Maggiore → Karte S. 67

▲ Vira grün
▼ Vira steinern

Von Vira führt ein kurvenreiches Sträßchen hoch zur *Alpe di Neggia*, die ein idealer Ausgangspunkt für mehrere Wanderungen ist (→ Wanderung 4).

Übernachten ***** Bellavista,** an der Straße nach Indemini, 700 m vom Abzweig. Die Nummer eins an der Gambarogno-Riviera wird vom schweizerischen Automobilclub (TCS) geführt Wunderbarer Garten mit Blick auf den See hinunter, für Freizeitbetätigung sorgen ein großer Swimmingpool und ein Pingpongtisch, die verlorenen Bälle kullern den Abhang hinunter. Die Zimmer sind geräumig und komfortabel ausgestattet, alle mit Balkon oder Terrasse, die teureren mit Seeblick. Geöffnet Mitte März bis Nov. Strada d'Indeman 18, 6574 Vira Gambarogno, ✆ 091-7951115, www.hotelbellavista.ch. ₣₣₣

La Riva, am Ufer, in Richtung südwestliches Ortsende, direkt vor dem Camping Bellavista. Wird vor allem als Restaurant (s. u.) geschätzt. Speiseterrasse nach hinten und gleich darunter ein wunderschönes Gärtchen zum See mit Tischen, Stühlen und Liegestühlen. Fünf preiswerte DZ, die billigeren mit Du/WC auf Etage. Im Januar geschlossen. Via Cantonale 86, 6574 Vira Gambarogno, ✆ 091-7951141, www.ristorantepensionelariva.ch. ₣₣

Sargenti, im Ortszentrum, gleich nach dem Abzweig nach Indemini. Unten ist die Straßenbar mit Billard und Kicker, oben stehen fünf renovierte Zimmer zur Verfügung. Ganzjährig geöffnet. Via Cantonale 39, 6574 Vira Gambarogno, ✆ 091-7952062, www.hotelsargenti.ch. ₣₣

Camping Bellavista, in Richtung südwestlicher Ortsrand. Der einzige Campingplatz an der Riviera del Gambarogno und mit 24 Stellplätzen der kleinste im ganzen Tessin. Wenig Schatten, dafür direkt am See. Sehr bescheiden, aber sehr freundliche Pächter. Geöffnet Mitte April bis Mitte Okt. Via Cantonale, 6574 Vira Gambarogno, ✆ 091-7951477, www.campingbellavista.ch.

Essen & Trinken **La Riva,** am südwestlichen Ortsende vor dem Camping Bellavista. Eine preiswerte Adresse. Spezialität sind Fische aus dem Lago, aber auch hausgemachte Pasta und ein kleines Fleischangebot stehen auf der Karte. Schöne Speiseterrasse nach hinten, der sich ein kleiner Strand anschließt. Via Cantonale, 6574 Vira Gambarogno, ✆ 091-7951141.

La Fosanella, außerhalb, im Ortsteil Fosano (Straße nach Indemini, ca. 3 km vom Abzweig in Vira). Sehr schöne Terrasse mit Blick auf das

See-Ende mit dem Maggiadelta am anderen Ufer. Die Küche genießt einen guten Ruf, auf der Karte stehen u. a. Fische aus dem See, Lammfilet, Kutteln auf Tessiner Art sowie die Spezialität des Hauses: Piccata mit Steinpilzrisotto. Gutes Angebot an Tessiner Weinen. Die Preise liegen insgesamt leicht über dem Durchschnitt. Mi und So geschlossen. 6574 Vira Gambarogno Strada d'Indeman 85, ✆ 091-7951616.

Parco Botanico del Gambarogno

Einen botanischen Garten zu gründen hatte der Baumschulfachmann *Otto Eisenhut* nicht im Sinn, als er 1955 ein an einer Schlucht gelegenes Gelände zwischen Vairano und Piazzogna erwarb. Er wollte ganz einfach einen Gärtnereibetrieb führen. Seine erste Geschäftsidee bestand darin, amerikanische Kiefern zu pflanzen und sie als Weihnachtsbäume auf den Markt zu bringen. Er versuchte neue Kreuzungen und erst später – nach Kontakten mit ausländischen Fachleuten der Kamelien- und Magnolienzucht – begann er sein Feld auszuweiten. Zahlreiche Pflanzenarten fanden mit den Jahren im Gambarogno einen neuen Boden, und 1989 wurde das Gelände für das Publikum geöffnet. Heute besitzt der „Parco Botanico del Gambarogno" die weltweit größte Magnoliensammlung, daneben nehmen auch die rund 600 Arten und Varietäten der Kamelie einen bevorzugten Platz ein. Azaleen, Zitrusfrüchte, Larix-Kiefern und viele weitere Arten begegnen dem Besucher beim Spaziergang durch das grüne Labyrinth. Unter Kennern ist der Garten ein Begriff und für Botaniker ein Muss. Parallel zum botanischen Garten wird im Gartenbauunternehmen „Vivaio Eisenhut" weiterhin produktiv gearbeitet, gepropft und verkauft, rund 70 % der Produktion gehen in den Export, vor allem nach Deutschland, aber auch nach England. Seit dem Tod Otto Eisenhuts leitet sein Sohn Reto den Park.

Ideale Besuchszeit ist März und April, wenn die Kamelien und Magnolien blühen, aber auch in den anderen Monaten sei der Besuch empfohlen.

■ Anfahrt: Von San Nazzaro über Vairano nach Piazzogna, dort beim Ortsschild links der Beschilderung folgen. Tägl. 8 Uhr bis Sonnenuntergang. Eintritt 8 CHF.

Lago Maggiore → Karte S. 67

San Nazzaro

Der Ferienort, der sich den Berghang hochzieht, ist bei Badeurlaubern geschätzt: öffentliches Strandbad mit Sprungbrett, Liegewiese, Umkleidekabinen und Toilette – alles gratis. Man findet die freundliche Einrichtung auf Höhe des Ortszentrums, in der Nähe der Anlegestelle der Lago-Maggiore-Kreuzer.

Essen & Trinken **Vairano,** bei der Kirche von Vairano, in den Hügeln über San Nazzaro. Ob Kaninchen mit Polento, Frotto misto di

Kurz vor der Grenze: der kleine Uferort Gerra

pesce oder eine Minestrone ticinese (Gemüsesuppe) – die Osteria hat sich in kürzester Zeit einen ausgezeichneten Ruf erobert. Das Panorama auf der Terrasse ist einzigartig und ein weiterer Grund, hierher zu kommen: Blick über den See nach Locarno, Ascona und das Maggiadelta, aber auch auf die Verzasca-Staumauer. Mo/Di geschlossen. Via Bellavista 1, 6575 Vairano, ✆ 091-7941604.

Gerra

Der letzte nennenswerte Uferort vor der Grenze liegt an einem kleinen Bachdelta. Im Ortsteil *Riva*, rechts der Mündung, so sagt der Volksmund, genießt man die Sonnenstrahlen am Morgen, in *Scimiana*, links der Mündung, die Sonnenstrahlen am Abend. In Letzterem lässt sich noch ein kleiner Ortskern ausmachen. Klein ist auch der öffentliche Kiesstrand (mit einem beliebten Strandlokal) links und rechts der Mündung des Dorfbachs. Groß in Gerra ist einzig der Anteil an Zweitwohnungsbauten.

Essen In der Saison 2022 war in Gerra gastronomisch gesehen tote Hose. Das beliebte Fischrestaurant „Al Pescatore" hatte endgültig geschlossen, das „Al Portico" war ebenfalls zu. Es soll unter der Direktion des „La Riva" in Vira 2023 neu eröffnen, wir sind gespannt. Immerhin ist das La Riva eine gute Adresse.

Al Portico, im Zentrum. Via Cantonale 34, 6576 Gerra Gabarogno, ✆ 091-7943312.

Bella Vita, ein Sprung nach Italien. Gleich hinter der Grenze lädt Bella Vita mit einer großen Speiseterrasse zum See ein, direkt davor ein Badestrand. Italienische Küche und Pizze. Das hervorragende Restaurant ist auch bei den Bewohnern des Gambarogno beliebt, zumal die Preise wesentlich niedriger liegen. Man ist schließlich nicht mehr in der teuren Schweiz, sondern in der EU. Mo geschlossen. Corso Europa 17, I-21010 Zenna, ✆ 0039-0332-566190.

Indemini

Von Vira aus führt eine kurvenreiche Straße hoch zur Passhöhe *Alpe di Neggia* und von da wieder hinunter nach Indemini. Das Bergdorf des Gambarogno liegt auf 979 m Höhe und ist die oberste Gemeinde der sonst italienischen Valle Veddasca. Die Straße wurde erst im Ersten Weltkrieg gebaut (auf der italienischen Seite sogar erst 1964), bis dahin war Indemini nur über Fußwege erreichbar, entweder vom italienischen oder vom schweizerischen Ufer des Lago Maggiore aus. Die abgeschiedene Lage an der Grenze machte das Dorf jahrzehntelang zum idealen Schmugglernest.

Heute ist das wohl eher harte als romantische Schmugglerleben passé, viele Menschen sind ausgewandert. Die Einwohnerzahl ist auf ein halbes Hundert geschrumpft und sie läge noch niedriger, wenn nicht einige Deutschschweizer, vor allem Kunsthandwerker, sich hier niedergelassen hätten. Zur Hälfte ist Indemini heute deutschsprachig.

Das terrassenförmig an den Hang gebaute Dorf mit seinen engen Gassen und Treppen zeigt ein äußerst einheitliches Ortsbild. Das respektieren auch die neuen Bewohner, die sich mit Umsicht an die Restaurierung alter Steinhäuser machen und so dazu beitragen, dass das Ortsbild erhalten bleibt. Dass das Dorf, das im Winter nur 22 Einwohner zählt, auf neues Blut und Besucher angewiesen ist, weiß man auch in Indemini. Mehr als anderswo setzt man auf die Entwicklung eines sanften Tourismus.

Hin & weg **Postauto:** 4 x tägl. nach Vira und weiter bis Magadino.

Essen **Indeminese,** am oberen Ortsausgang. Das Haus war einmal ein Kuhstall mit Heuschober, aber das sieht man dem Ristorante nicht mehr an. Fausto Domenighetti, der Wirt, stammt aus dem Dorf und ist sozusagen ein kommunales Faktotum. Bis zur großen Gemeindefusion war er gleichzeitig Bürgermeister, Posthalter, Postautochauffeur – und eben Wirt. Dass er sich nebenbei auch noch um die kommunale Gruppenunterkunft, das „Ostello La Genziane“, kümmert, wundert da nicht mehr. 2023 soll der umtriebige Mann in Rente gehen – oder er wird einfach etwas kürzer treten. Im „Indeminese“ steht er seiner Frau Orietta zur Seite, und zusammen sorgen die beiden für eine preiswerte Tessiner Küche – und da Italien gleich um die Ecke liegt, ist man auch für italienische Rezepte offen. Obendrein helfen die Wirtsleute auch bei der Zimmersuche. Nov.–März geschlossen. 6571 Indemini, ✆ 091-7951222.

Gerra – ein Liegeplatz ist Gold wert ▲

Blick über die Dächer von Indemini ▼

Die Täler des Locarnese

Das Hinterland von Locarno wurde relativ spät entdeckt. Bis in die 1960er-Jahre beschränkte sich der Tourismus weitgehend auf das meist freundlich warme Seeufer. Die Täler der Maggia, des Centovalli und der Verzasca wurden eher selten aufgesucht.

Das hat sich geändert. Auf den schmalen Bergstraßen sieht man im Sommer Cabrio-Piloten und Motorradfahrer bis in die höchstgelegenen Dörfer fahren.

Abseits der Straßen tut sich für Wanderer eine andere Welt auf: duftende Wälder, Bäche mit klarem Wasser und ein Panorama mit oft majestätischen Berggipfeln.

Was anschauen?

In **Bosco Gurin** (→ S. 122), dem höchstgelegenen Ort des Tessins, wird Deutsch gesprochen, und dies in einem Dialekt, den auch Deutschschweizer kaum verstehen. Die Menschen dort sind Nachkommen der im 13. Jahrhundert eingewanderten Walser. Im „Walserhaus“, dem ältesten ethnographischen Museum der Schweiz, erfahren Sie alles über diese deutschsprachige Minderheit, ihre Geschichte und ihre Sprache, das „Ggurijnartitsch“.

Das Dorf **Brontallo** (→ S. 126) über dem Val Lavizzara wurde dank eines engagierten Vereins vor dem Verfall gerettet: Trockenmauern wurden repariert, Weinberge neu bepflanzt, alte Steinhäuser renoviert – ein Vorzeigedorf, das obendrein mit einer netten Osteria lockt.

Was unternehmen?

Für Wanderer ist das Locarnese vorbildlich erschlossen. Eine beliebte, wenig anstrengende Wanderung (ca. 3 Std.) führt von Spruga, dem letzten Ort im Onsernone, auf die **Alpe Saléi** (→ S. 260); von dort gondelt man in die Valle Vergeletto hinunter. Wer sich abkühlen will, macht unterwegs einen Abstecher zum Laghetto die Saléi und schwimmt dort im eiskalten Wasser.

In einem viertelstündigen Spaziergang gelangt man von **Bignasco** (→ S. 121) zu Felsenkellern, in denen einst Lebensmittelvorräte gelagert wurden oder die als Ställe dienten. Beeindruckend ist die „Lüera“ (Wolfsfalle), ein fast 100 m² großes Gefängnis, aus dem neugierige Wölfe, sobald sie durch die Luke gegangen waren, nicht mehr entweichen konnten – Klappe zu.

Wo baden?

Erfrischender als jedes Seebad ist das Baden im Fluss. Besonders beliebt ist die Maggia bei **Ponte Brolla** (→ S. 116), Mutige springen dort von hohen Felsen ins Nass, aber auch weiter oben finden sich noch ausreichend Badebecken.

Auch die Verzasca hat eine erstklassige Badestelle: Bei **Lavertezzo** (→ S. 112) bildet sie grün schillernde, glasklare Becken; zudem hat die Natur wunderbare Felsbänke geschliffen, die zum Sonnenbad einladen.

Eine Alternative ist das öffentliche Schwimmbad von **Bignasco** (→ S. 121). Schwimmend blickt man auf einen spektakulären Wasserfall.

Auch ein heißes Bad kann man nehmen. Auf der italienischen Seite des Grenzbaches Isorno, in den Ruinen des einstigen **Thermalbads von Craveggio** (→ S. 142) versteckt, findet man ein Becken, das von einer Quelle mit 28 Grad warmem Wasser gespeist wird. Ziemlich dunkel, mehr als vier Personen haben nicht Platz.

Wo essen?

Im Winter ist das Val Bavona unbewohnt. Im Sommer speist man vorzüglich im Weiler **Foroglio** (→ S. 124) im „La Froda". Froda heißt Wasserfall, und auf der Terrasse hat man ihn direkt vor Augen. Wir empfehlen Luganighe (Tessiner Würste), die hier nach alter Familientradition zubereitet werden.

Ebenfalls den Namen „Froda" trägt das beste Lokal im ganzen Verzascatal, man findet es in **Gerra Verzasca** (→ S. 113). Es bietet eine hervorragende Slowfood-Küche, der Koch ist ein Meister im kreativen Umgang mit frischem Ziegenkäse. Slowfood braucht Zeit, das

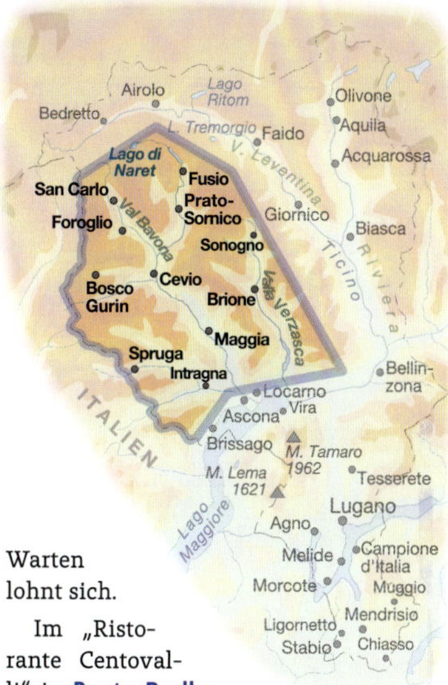

Warten lohnt sich.

Im „Ristorante Centovalli" in **Ponte Brolla** (→ S. 116) steht der Risotto-König des Tessins am Kochtopf. Alles andere kann man auch anderswo essen.

Wo shoppen?

Shoppen in den Bergen? Das geht, vorausgesetzt, man versteht unter Shoppen nicht den Besuch einer Mode-Boutique. Und warum nicht Tessiner Spezialitäten als Souvenir mit nach Hause bringen, z. B. einen guten Bergkäse, einen Wein oder eine Flasche Grappa aus der Valle Maggia? Das „Val Magía" in **Cevio** (→ S. 120) ist dafür eine gute Adresse.

In **Berzona** (→ S. 140) im Onsernone-Tal hat „Pagliarte" das alte Rathaus in Beschlag genommen. Vier Frauen lassen dort das alte Handwerk der Strohverarbeitung wieder aufleben. Die Produkte – Hüte, Untersetzer, Taschen und mehr – werden vor Ort verkauft.

Biertrinker, die genug von Heineken, Feldschlösschen und Konsorten haben, finden in **Vergeletto** (→ S. 145) eine Alternative. Die Produktpalette der Mikro-Brauerei „Bironsa" umfasst sechs verschiedene Sorten. Ob „Bionda" oder „Ambra", ob „Al Miele" oder ein Weizenbier – das Tessiner Bier schmeckt ausgezeichnet. Prost!

Valle Verzasca

Das Verzascatal, das sich vom nördlichen Ende des Lago Maggiore rund 25 km nach Norden hinaufzieht, ist eine weitgehend unzugängliche Gegend. Die Verzasca hat sich tief ins Gebirge gegraben, das beiderseits steil abfällt.

Die wenigen Dörfer in dieser wilden Landschaft liegen mit Ausnahme von *Mergoscia* und *Corippo* alle am Fluss. Die Landwirtschaft befindet sich auf dem Rückzug, seit Jahren wird eine Fusion diskutiert, die das ganze Tal administrativ zu einer einzigen Gemeinde zusammenfassen soll. Zumindest in der Tourismuswerbung macht man gemeinsame Sache, der Fremdenverkehr ist schließlich eine wichtige Einnahmequelle. Zweitwohnungsbesitzer kurbeln die Wirtschaft nicht unbedingt an, aber ein renoviertes Rustico trägt zur Erhaltung des Dorfbilds mehr bei als ein verfallenes.

Die meisten Besucher der Valle Verzasca – und es werden jährlich mehr – beschränken sich auf einen Tagesausflug. Sie fahren vom Seeort *Tenero* hoch bis ins Bergdorf **Sonogno,** wo die Talstraße endet. Einmal hinauf und wieder hinunter – Folge: Verkehrskollaps auf der Talstraße. Zumindest an Wochenenden empfiehlt es sich, mit dem gelben Postauto das Tal hochzufahren.

Wanderer finden im Verzascatal viele Möglichkeiten. Beliebt ist der **Sentierone Valle Verzasca,** eine leichte, aber lange Talwanderung, die von Tenero bis Sonogno führt. Die unterste Strecke kann man sich sparen und mit dem Postauto bis zum Staudamm des Lago di Vogorno fahren und dort starten. In der Regel wird der „Sentierone" auf zwei Tagesetappen mit Übernachtung in Lavertezzo aufgeteilt. Man kann die Wanderung aber auch an zahlreichen Orten abbrechen, eine Postautohaltestelle ist stets in der Nähe. Erfahrene Berggänger schwärmen von der **Via Alta della Verzasca,** einer mehrtägigen Hochgebirgstour.

Verzasca Parkingcard

Das Parkproblem in der Valle Verzasca ist groß, und bis in jüngste Zeit sah man nicht selten parkende Autos am Rand der ohnehin engen Straße. Strafzettel nutzten wenig, und so schufen die Behörden nicht nur neue Parkplätze von Vogorno bis hinauf nach Sonogno, sondern auch die „Verzasca Parkingcard". Sie kostet pro Tag 10 CHF (Woche 30 CHF) und berechtigt auf 33 speziellen Plätzen (markiert mit grünem „P") zu beliebig langem Parken. „Blaue" Parkschilder weisen oft darauf hin, dass Parkingcard-Inhaber gratis parken (leider nicht an den schönen Badestellen von Lavertezzo). Einige der grünen Parkplätze sind mit Automaten ausgerüstet, an denen die Parkingcard gekauft werden kann. Oder man besorgt sie sich schon vor der Fahrt ins Tal in der Tourist Information von Tenero oder beim Info-Shop am Damm (s. u.).

Wohnmobilisten zahlen für die Parkingcard 24 CHF und dürfen zudem eine Nacht auf dem Parkplatz in Sonogno oder in Brione verbringen.

Kaltes Wasser und heiße Felsbänke bei Lavertezzo

Information **Tourist Information,** in Tenero (vor dem Camping Campofelice). Kompetentes Büro, das auch Wanderkarten bereithält. April Mo–Fr 9–12/13.30–18 Uhr; Mai und Okt. Mo–Fr 9–12 und 13.30–18, Sa 9–13 Uhr; Juni–Sept zudem Sa 14–17, So 9.30–13/14–17 Uhr. Via Brere 3a, ✆ 0848-091091, www.ascona-locarno.com.

Zweigstelle in Sonogno, dort am Ortseingang. April–Okt. 10.30–17 Uhr. ✆ 091-7597744.

Info Shop Diga Verzasca, saisonal geöffnete Zweigstelle bei der Staumauer im Verzascatal. April–Okt. tägl. 9.30–18 Uhr. Nicht so gut bestückt wie die Hauptstelle, aber ausreichend. Für vergessliche Wanderer ist auch ein kleiner Lebensmittelladen eingerichtet. ✆ 091-7597744.

Hin & weg **Postauto:** 6 x tägl. von Locarno über Tenero und Gordola das Tal hoch bis Sonogno, mit unzähligen Haltestellen im Tal.

Bungee Jumping Seit Pierce Brosnan bzw. sein Stuntman als James Bond in „GoldenEye" 1995 von der Staumauer des Lago di Vogorno gesprungen ist, hat er zahllose Nachahmer gefunden. Falls Sie der 220-m-Fall reizt: **Trekking Team** mit Sitz in Tegna (Centovalli) ist der zertifizierte Profi. ✆ 091-7807800 und ✆ 079-6007007, www.trekking.ch.

Die Täler des Locarnese → Karte S. 108

Canyoning Für Schluchtenwanderer ist das Verzascatal ein Paradies. **Indepth Outthere Adventures** mit Sitz in Gordola bei Tenero bietet professionelle Führungen an, die Ausrüstung wird zur Verfügung gestellt. ✆ 078-6149 877, www.indepthoutthere.com.

Fahrradverleih Rent a bike, in Tenero, neben der ExpressBar am Bahnhof. Mountainbikes, Tourenräder und E-Bikes. ✆ 091-7309662.

Camping Mit fünf 5-Sterne-Plätzen und einem 3-Sterne-Platz am See ist Tenero ein Paradies für Camper. Alle Plätze sind hervorragend ausgerüstet und in der Regel von Seetouristen, oft auch von Gruppen und Schulklassen besucht. **Gratis-Shuttle** von den Campingplätzen nach Locarno: von Juni bis Aug. Mo–Sa mehrmals tägl. eine Gratisverbindung erst per Bus vom Lido Mappo zum Lido von Tenero und von dort weiter per Schiff nach Locarno!

******* Campofelice,** direkt an der Verzascamündung. Top-Platz, der keine Wünsche offen lässt. Als einziger Camping in der Schweiz schaffte Campofelice den Sprung in die ADAC-Liste der 115 besten Plätze Europa. Großes Sportangebot, Wellnessbereich mit Poollandschaft. Seit 2019 komplett neue Sanitäranlagen. Über 700 Stellplätze. Geöffnet März–Okt. Via Brere 7, 6598 Tenero, ✆ 091-7451417, www.campofelice.ch.

******* Lido Mappo,** Luxusplatz am See. 450 Stellplätze. Geöffnet April bis Mitte Okt. Via Mappo, 6598 Tenero, ✆ 091-7451437, www.lidomappo.ch.

******* Lago Maggiore,** großer Platz am See, in unmittelbarer Nähe des öffentlichen Strands. Der bescheidenste der Luxusplätze von Tenero, aber immer noch top ausgestattet. 380 exakt eingeteilte Stellplätze. Geöffnet April bis Mitte Okt. Via Lido 2, 6598 Tenero, ✆ 091-7451848, www.clm.ch.

***** Rivabella,** am See, beim Centro Sportivo. Nicht ganz so luxuriös wie der nahe Camping Miralago und kleiner. 70 Stellplätze. Ganzjährig geöffnet. Via Naviglio 11, 6598 Tenero, ✆ 091-7452213, www.camping-rivabella.ch.

Vogorno

Auf der Fahrt ins Verzascatal hoch gelangt man erst an die riesige **Staumauer** des Lago di Vogorno, ein Werk des Tessiner Bauingenieurs *Giovanni Lombardi* (1924–2017), der später am Gotthard den Straßentunnel wie auch den Basistunnel für die Eisenbahn plante. Am oberen Ende des Sees liegt Vogorno, das bei der Verzasca-Stauung 1965 im unteren Ortsteil überflutet wurde. Einige Häuser mussten weiter oben neu errichtet werden. Doch davon sieht man dem Ort, der zahlreiche dezent renovierte Häuser zeigt, heute nichts mehr an.

Im Weiler San Bartolomeo, knapp 1 km weiter oben an der Talstraße, lohnt die **Chiesa San Bartolomeo** einen Besuch. Das Kircheninnere zeigt barocken Stuck mit Palmen- und Blumenmotiven und als besondere Sehenswürdigkeit ein Fresko aus dem 14. Jahrhundert mit zehn Heiligen, die so starr dastehen, wie man es sonst nur aus der byzantinischen Malerei kennt.

Übernachten **** Pizzo Vogorno,** unterhalb des Ortszugangs. Sehr komfortable, schön eingerichtete Zimmer. Die Wirtin ist eine im Tessin aufgewachsene Deutsche, die mit ihrem Tessiner Mann den Familienbetrieb in dritter Generation führt. Restaurant angeschlossen. DZ 100–150 CHF, auch Mehrbettzimmer. Geöffnet Mitte März–Okt. 6632 Vogorno, ✆ 091-7451 256, www.pizzovogorno.ch. FFF

Bergdorf Corippo

Corippo

Ein Sträßchen zweigt unten im Tal ab zu diesem idyllisch mitten im Grünen gelegenen Dörfchen über der Verzasca. Es ist ratsam, das Automobil beim Parkplatz am Fluss abzustellen und 20 Min. zu Fuß hochzugehen, oben sind die Plätze äußerst rar, und das Sträßchen ist zu schmal, um am Rand zu parken.

Kein einziges neues Gebäude, nur meist über 300 Jahre alte Steinhäuser, das ganze Dorf steht unter Denkmalschutz. Terrassenförmig zieht es sich nach unten, im Zentrum die meist geschlossene Dorfkirche. Der kurze Dorfspaziergang auf den Treppengassen endet in der Regel im einzigen Lokal von Corippo, in der „Osteria Corippo". Dort sitzt man ausgezeichnet.

Die Einwohner von Corippo haben locker auf einem Gruppenfoto Platz: Mit elf gemeldeten Personen war das Dorf vor der Fusion sämtlicher Talgemeinden zur Gemeinde Verzasca 2020 die einwohnerärmste politisch selbstständige Gemeinde der Schweiz und mit einem Durchschnittsalter von 75 Jahren auch die greiseste.

Mehr Häuser als Einwohner – da war das Projekt der „Fondazione Corippo 1975" einleuchtend. Zehn über das Dorf verstreute Zimmer wurden sanft renoviert und in einem „Albergo diffuso" zusammengefasst, zwei weitere Zimmer sollen hinzukommen. Als Rezeption dient die Osteria. Das Projekt wurde 2017 von GastroSuisse mit dem „Hotel Innovation Award" ausgezeichnet.

Mein Tipp **Essen & Trinken** **Corippo,** am Ende der Straße. Die kleine Osteria ist ein wunderschöner Ort: Man sitzt drinnen oder auf der geschützten Terrasse hinter dem Haus oder oben auf der kleinen Dachterrasse. Warme Küche oder kalte Platten und guter Hauswein – stets mit großer Freundlichkeit serviert. In der Nebensaison Di Ruhetag, im Winter ganz geschlossen, ✆ 091-7451871.

Die Täler des Locarnese → Karte S. 108

Badelandschaft bei Lavertezzo und seiner malerischen Brücke

Lavertezzo

In Lavertezzo ist mehr los als anderswo im Verzascatal. Wanderer unterbrechen hier abends ihre zweitägige Wanderung auf dem „Sentierone Valle Verzasca", um am Morgen die zweite Etappe in Angriff zu nehmen, andere starten von hier aus in die noch wenig begangenen Nebentäler *Val Carecchio* und *Val Pincascia*. Das Gros der Besucher kommt aber aus einem ganz anderen Grund: Knapp oberhalb des Orts, wo der „Ponte dei Salti", eine elegante zweibogige Brücke aus dem 17. Jahrhundert die Verzasca überspannt, bieten sich fantastische Badegelegenheiten. Das Gestein verleiht dem Wasser ein schillerndes Grün, und lange, teils abgeschliffene Felsbänke laden zum Sonnenbad ein. Einige Becken befinden sich unterhalb der Brücke, die beliebtesten oberhalb, beim Weiler *Aquino*. Auf dem Weg nach Brione lädt die Verzasca noch an weiteren Stellen zum Bad ein. Doch Vorsicht: Die Strömung kann tückisch sein, immer wieder kommt es bei Lavertezzo zu tödlichen Unfällen.

Unterhalb von Lavertezzo kommen auch Taucher auf ihre Kosten: Das Flussbecken ist rund sieben Meter tief!

Übernachten/Essen **Vittoria,** roter Bau am unteren Ende der Brücke in Dorfmitte. 10 Zimmer, alle mit Du/WC. Restaurant angeschlossen. Geöffnet März–Okt. Via Cantonale, 6633 Lavertezzo, ✆ 091-7461111, www.osteria vittoria.ch. ₣₣

Della Posta, am oberen Ende der Brücke in Dorfmitte. Bei Einheimischen und Touristen beliebtes Lokal mit preiswertem Mittagstisch. Spezialität ist Fisch auf Speckstein. 6633 Lavertezzo, ✆ 091-7461667.

Brione Verzasca

Das auf einem Talboden gelegene Dorf ist weniger eng gebaut als andere Verzascadörfer, in jüngster Zeit sind am Ortsrand einige Ferienhäuser dazugekommen. Einen Besuch lohnt die *Chiesa della Beata Vergine Assunta* mit ei-

nem großen Vorplatz und einem Christophorus-Fresko neben dem Eingang. Im Inneren sind teils noch gut erhaltene Fresken aus dem 14. Jahrhundert zu sehen, in denen Kunsthistoriker den Einfluss von Giotto ausmachen.

Eine Überraschung im Verzascatal, wo man in den Dörfern sonst nur kleine Steinhäuser zu sehen bekommt, ist das Castello mit seinen vier Ecktürmen unweit der Kirche. Das Herrschaftshaus stammt aus dem 17. Jahrhundert und war die Residenz der mit Holz- und Weinhandel reich gewordenen Locarner Familie Marcacci. Seit 2017 ist das Castello in Gemeindebesitz – ab und zu kulturelle Veranstaltungen.

Übernachten/Essen **Ai Piee,** etwa 300 m unterhalb von Brione (Haltestelle des Postautos). Großes Lokal mit noch größerer Terrasse. Serviert werden Tessiner Gerichte, Pizza und hervorragende Eisspezialitäten. Die Verzasca, gleich neben dem Parkplatz, führt gerade noch genug Wasser für ein Erfrischungsbad. Das Haus verfügt über sieben DZ mit Bad, teils mit Balkon. Restaurant im Winter nur Do–So geöffnet. Im Nov. geschlossen. Via Cantonale, 6634 Brione Verzasca, ✆ 091-7461544, www.piee.ch. **₣₣**

Froda, im Nachbarort Gerra Verzasca, mit ruhigem Garten nach hinten. Das Lokal ist vor allem wegen seiner hervorragenden Slowfood-Küche bekannt. Biofleisch ist selbstverständlich, aber was der Koch alles aus frischem Ziegenkäse zaubert, ist erstaunlich. Die Wartezeiten hat man post festum gerne in Kauf genommen. Mi Ruhetag. Das Haus verfügt über 10 Gästezimmer, die billigeren mit Du/WC auf Etage. Jan./Febr. geschlossen. 6635 Gerra Verzasca. ✆ 091-7461452. **₣₣**

Sonogno

Der oberste Ort des Verzascatals ist ein vielbesuchtes Dorf. Die Straße endet an einem großen Parkplatz (rund um die Uhr gebührenpflichtig), die Weiterfahrt ist nur den Einheimischen gestattet. Von hier aus führt ein kurzer Fußweg ins Dorf, das in einem zur Verzasca hin offenen Talkessel liegt, der Blick auf die umliegenden Berge ist beeindruckend.

Im Ortskern mit seinen Rustici wurde umfassend, aber dezent renoviert – alte Steinhäuser sind teilweise verglast, damit etwas mehr Licht einfällt. Der Dorfplatz ist im kreisrunden Design neu gepflastert, auch die Hauptgasse mit ihren zwei, drei Boutiquen hat einen Kopfsteinbelag bekommen. Einzig der neue Mini-Betonbau des Museums (Mai–Okt. Di–So 11–16 Uhr, 7 €) will nicht recht hierher passen. Das Schönste hier oben, wenn man kein Häuschen sein eigen nennt, ist ganz einfach die frische Bergluft.

Wandern: Der „Sentierone Val Verzasca“ führt talabwärts bis an den Lago Maggiore, eine leichte Wanderung, die man der Länge wegen aber am besten in zwei Tagesetappen einteilt. Kürzer, aber anstrengender ist die Wanderung ins Redortatal und über den Redortapass hinunter ins Maggiatal, das man bei Prato-Sornico erreicht (ca. 4 Stunden).

Die Täler des Locarnese → Karte S. 108

Sonogno und sein Museum

Einkaufen **Pro Verzasca (Casa della Lana),** im Ortszentrum. Verkauf von Produkten aus Schafwolle, nicht in China hergestellt, sondern von Tessiner Frauen und entsprechend teuer. Aber die Wolle ist handgesponnen, die Farben sind aus natürlichen Produkten gewonnen, und die Qualität stimmt.

Übernachten **Alpino,** in erster Linie ein Restaurant (s. u.), es stehen aber auch 6 Gästezimmer zur Verfügung, Dusche und WC jeweils auf Etage. Ganzjährig geöffnet. Er Piazza 8, 6637 Sonogno, ✆ 091-7461163, www.ristorantealpino.ch. ₣

Campagna, am unteren Ortsrand von Frasco, ca. 2,5 km unterhalb von Sonogno. Der nach ökologischen Kriterien errichtete, langgestreckte, Flachbau aus Holz und Glas entsprach dem Wunsch der Gemeinde, bei einer möglichen Lawinenkatastrophe, wie sie sich in Frasco 1951 ereignete, gewappnet zu sein und den geschädigten Familien eine Unterkunft bieten zu können. Die Bezeichnung „Familienhotel" taugt aber auch für ruhigere Zeiten. Auf der Terrasse können die Eltern bei einem Drink sitzen, während die Kinder eine große Spielwiese zur Verfügung haben, die bis zu einem Teich reicht. Von den 12 Zimmern sind 10 als Familienzimmer mit vier Betten konzipiert, die anderen beiden als Doppelzimmer. Alle Räume sind in freundlich-hellem Kiefernholz gehalten. Die Küche arbeitet weitgehend mit regionalen Produkten. Auch die Forellen, die an der Rückseite des Hauses im Aquarium schwimmen, kommen auf den Tisch. Ganzjährig geöffnet. Via Campagne, 6636 Frasco, ✆ 091-7461146, www.albergocampagna.ch. ₣₣₣

Essen & Trinken **Redorta,** im Dorfzentrum. Offiziell nennt sich das Lokal „Grotto Redorta", aber mit einem Tessiner Grotto hat es nichts gemein, es sei denn die Speisekarte. Diese sieht sich ganz gut an, die Preise sind durchschnittlich, obwohl sich das Lokal ziemlich schick präsentiert. Etwas versetzt auf der anderen Straßenseite unterhält das Haus eine eigene Enoteca. 6637 Sonogno, ✆ 091-7461334.

Alpino, im gleichnamigen Hotel (s. o.), seit 1890 im selben Familienbesitz. Regionale Küche. Große Terrasse, die gerne von Ausflüglern aufgesucht wird. Er Piazza 8, 6637 Sonogno, ✆ 091-7461163.

Die Maggia ist schiffbar, zumindest mit dem Schlauchboot

Valle Maggia

Im engeren Sinn gilt als Valle Maggia nur der Talverlauf zwischen Ponte Brolla und Bignasco, der obere Teil des Maggiatals wird als Val Lavizzara bezeichnet.

Im breiteren, unteren Talverlauf spielt die Landwirtschaft noch eine gewisse Rolle, auch Wein wird angebaut. In den untersten Dörfern macht sich die Nähe zu Locarno bemerkbar, man verzeichnet hier eine wachsende Bevölkerungsdichte und steht abends oft im Stau des Berufsverkehrs.

Information **Tourist Information,** großer Neubau an der Talstraße, noch vor Avegno bei einer eni-Tankstelle. Material über das Tal und die Nebentäler, kompetentes und freundliches Personal. Mai/Juni und Sept./Okt. Mo–Fr 9–12 und 14–17, Sa 9–12 Uhr, Juli/Aug. zudem Sa 14–17 Uhr. Via Vallemaggia 10, 6670 Avegno, ✆ 0848-091091, www.ascona-locarno.com.

Hin & weg **Postauto:** Der gelbe Bus fährt stündlich von Locarno das Tal hoch bis Bignasco, jeder zweite weiter das Val Lavizzara hoch.

Festival **Vallemaggia Magic Blues,** das kleinste Bluesfestival der Schweiz zieht sich von Mitte Juli bis in den August hinein. Spielorte sind meist öffentliche Plätze in Avegno, Moghegno, Maggia, Bignasco und Brontallo. Programm unter www.magicblues.ch.

Camping Die beiden einzigen Campingplätze des Maggiatals liegen nur 2 km voneinander entfernt:

****** Piccolo Paradiso,** knapp unterhalb von Avegno, direkt an der Maggia. Gut ausgestatteter Platz mit Laden, Restaurant, das auch hervorragende Pizza backt, und Swimmingpool für Kinder. Schöner natürlich ist das Bad in der Maggia daneben. 270 Stellplätze, in der Hochsaison brechend voll (reservieren!). Die besten Plätze direkt am Fluss sind an Dauercamper vergeben. Geöffnet April–Okt. 6670 Avegno, ✆ 091-7961581, www.piccoloparadiso.ch.

****** TCS-Camping Gordevio-Vallemaggia,** bei Gordevio, direkt an der Maggia. Mit Einkaufsladen, solarbeheiztem Swimmingpool und Restaurant (abends und Sonntagmittag auch Pizza) verfügt der Platz, der vom Schweizerischen Automobilclub geführt wird, über eine hervorragende Infrastruktur. 230 Stellplätze, ausreichend Schatten. Über die Böschung gelangt man zur Maggia, die hier nicht ganz so einladend ist wie im „Piccolo Paradiso" von Avegno, aber ebenfalls gute Bademöglichkeiten bietet. In der Hochsaison proppenvoll, Reservierung ist dann angesagt. Geöffnet Mitte April bis Mitte Okt. 6672 Gordevio, ✆ 091-7351444, www.tcs-camping.ch/gordevio.

Wohnmobil Kompletter Service im TCS-Camping (s. o.).

Ponte Brolla

Politisch gehören die paar Häuser am Eingang des Tals zu Tegna (→ Centovalli), geografisch aber zum Maggiatal. Beliebt ist der Ort vor allem wegen seiner Badebecken in der Maggia, die sich zwischen riesigen, glatt geschliffenen Felsen befinden und zum Tauchen und Springen einladen. Ungefährlich ist das allerdings nicht. Im Frühjahr, wenn nach der Schneeschmelze das Wasser wilder rauscht, ist die Strömung gefährlich stark. Trotz warnender Schilder kommt es immer wieder zu Todesfällen. Bei Gourmets ist Ponte Brolla vor allem für das beste Risotto-Restaurant weit und breit bekannt.

Hin & weg **Bahn:** Mit der Centovalli-Bahn tägl. rund 20 x nach Locarno.

Postauto: Stündlich nach Locarno sowie das Maggiatal aufwärts.

Mit dem Fahrrad: Seit 2016 haben Radler zu ihrem Schutz einen eigenen Weg oder zumindest eine abgetrennte Spur von Locarno über Losone und mit wenigen Lücken von Ponte Brolla bis Avegno. Von hier bis Bignasco verläuft nur noch selten eine Fahrradspur, teils muss man sich die Straße mit (manchmal verwegenen) Autofahrern teilen.

Cliff Diving Ponte Brolla ist ein Mekka der Klippenspringer. Alljährlich in der zweiten Julihälfte findet die „European Championship in Cliff Diving" statt, bei der max. 25 Teilnehmer vier Sprünge aus 13, 15 und 20 m Höhe zeigen. Bei 20 Metern dauert der Sprung rund 3½ Sekunden, bis der Körper mit 75 km/h in die Maggia schießt.

Übernachten ***** 3 Terre,** roter Bau direkt an der Bahnhofsgarage. Komfortable, modern eingerichtete Zimmer mit Haartrockner und Safe. Restaurant. Ganzjährig geöffnet. Via Vecchia Stazione 2, 6652 Ponte Brolla, ✆ 091-7432222, www.3terre.ch. **FFF**

Centovalli, in erster Linie für sein Risotto bekannt. Aber der Palazzo vermietet auch 10 renovierte Zimmer mit Du/WC. 6652 Ponte Brolla, ✆ 091-7961444, www.ristorante-centovalli.ch. **FFF**

Essen & Trinken **Da Enzo,** Feinschmeckerrestaurant im oberen Teil der Siedlung. Riesiger, palmenbestandener Garten und Grotto darüber. Die Preise sind beachtlich hoch. Mi ganztags, Do mittags geschlossen. 6652 Ponte Brolla, ✆ 091-7961392.

Centovalli, unumstrittener Risotto-König des Tessins. Etwas anderes als Risotto wird hier kaum gegessen. Spezialität ist der Risotto Centovalli (mit Gorgonzola), dessen Rezept die Geschwister, die heute das Restaurant leiten, von ihrem Vater geerbt haben. Gegessen wird im kleinen Palazzo oder unter dem Rebendach der Terrasse. Mo/Di sowie Jan./Febr. geschlossen. Adresse s. o.

America, am Parkplatz von „Da Enzo" vorbei bis zur Maggia weitergehen, und man findet dieses bescheidene Grotto, das zu den ältesten des Kantons gehört. Der Name erinnert daran, dass die Tessiner Auswanderer vor ihrer Abreise ins Land der unbegrenzten Möglichkeiten sich hier noch einmal zu einem gemeinsamen Essen trafen. So erzählt man jedenfalls. Passenderweise nennt sich der Brissago rauchende Besitzer Michel gern „Mitch". An den Steintischen über der Maggia werden Polenta, frische Forellen und kleine Gerichte serviert. Über dem Grotto sieht man noch die uralten Lagerräume im Felsen. Die Lage ist romantisch, vom Straßenlärm hört man nichts – die Maggia rauscht lauter. Geöffnet April–Okt., Mo Ruhetag, außerhalb der Saison auch Di. 6652 Ponte Brolla, ✆ 091-7962370.

Wanderung 5: Von Ponte Brolla nach Gordevio → S. 256
An den Abhängen über der Maggia – zum Schluss ein schöner Auenwald

Moghegno

Das Dörfchen, abseits der Straße am anderen Maggia-Ufer, zeigt ein intaktes Ortsbild. Viele der alten Steinhäuser im Ortskern wurden sorgfältig renoviert, oft von Deutschschweizern, die wohl die Hälfte der rund 400 Einwohner stellen. Der Spaziergänger findet im Dorf noch zwei *Torbe* aus dem 15. Jahrhundert, Getreidespeicher, wie man sie sonst eher in höheren Regionen findet. Es handelt sich dabei um Holzkonstruktionen, die entweder auf Holzlatten *(con mensola)* oder – wie hier – auf steinernen „Pilzen" *(con funghi)* ruhen. Eines der beiden Exemplare wurde restauriert und steht seither besonders fotogen da.

Ein weiteres Relikt aus vergangenen Zeiten findet sich im östlichen Ortsteil: eine *Grà*. So werden die Kastaniendörrhäuser genannt, die im Maggiatal noch bis vor 50 Jahren genutzt wurden. Heute sorgt eine lokale Vereinigung dafür, dass die Tradition fortlebt. Jährlich gegen Ende Oktober wird die obere Etage der Grà mit Kastanien gefüllt, in der unteren wird gefeuert. Nach drei bis vier Wochen werden dann die gedörrten Kastanien, die nur noch ein Viertel ihres ursprünglichen Gewichts haben, herausgeholt – ein lokales Volksfest.

Vom nördlichen Ortsteil führt seit 2018 eine neue Fußgängerbrücke – kein Schwanken mehr – direkt in den Hauptort Maggia.

Herausgeputztes Moghegno

Übernachten Baracca Backpacker, im Nachbarort Aurigeno, gleich oberhalb der Kirche. Der barackenähnliche Bau ersetzt quasi die mangelnde Jugendherberge. Sympathisch und sauber, aber sehr klein. Ein DZ, ein Zimmer mit vier Betten und ein Zimmer mit sieben Betten. Du/WC auf dem Flur. Eingerichtete Küche (die Kräuter dürfen gratis im Garten geschnitten werden). Nach hinten hübsche Veranda und kleiner Garten. Kleiner Fahrradverleih. Decken und Handtücher kosten extra. Geöffnet April bis Mitte Okt. Via Al Runch Cavalign 1, 6677 Aurigeno, ✆ 079-2071554, www.baracca-backpacker.ch. ₣

Essen & Trinken Al Botegon, im Ortszentrum, mit säulengestütztem Vorbau, auf dem auch noch ein paar Tische Platz haben. Moghegnos einziges Lokal wird von einem Luganesen geführt, der abends mündlich vorträgt, was er zubereitet hat. Mi Ruhetag. ✆ 091-7533035.

Die Täler des Locarnese → Karte S. 108

Maggia

Nach einer größeren Gemeindefusion, talaufwärts bis Someo, talabwärts bis Aurigeno, ist Maggia der zentrale Ort des unteren Tals geworden. Das hat für den Touristen den Vorteil, dass er eine Bank und drei Supermärkte findet. Zwar ist das Ortszentrum mit seinem kleinen kopfsteingepflasterten Platz und einem hübschen Brunnen eine sehr idyllische Örtlichkeit, aber ein paar Schritte weiter ist es schon aus damit. Wohnhäuser neueren Datums machen sich breit, das Dorf fasert in die nahen Weinberge aus.

Knapp südlich des Orts liegt an der Durchgangsstraße die **Kirche Santa Maria delle Grazie** mit Fresken aus dem 16. Jahrhundert, die ältesten in der linken Seitenkapelle. Auch der Chor ist mit Fresken ausgeschmückt, u. a. mit einer Schutzmantel-Madonna für die Stifterfamilie. Beachtenswert ist auch die Kassettendecke aus Holz und mehr noch die Sammlung von 24 Votivbildern, alle vom selben Künstler im 19. Jahrhundert gefertigt: Ein Mädchen wird per Seil an einer Felswand entlang hochgezogen, die Gämse daneben hat kein Problem, sie ist trittsicher. Die Madonna steht bei Schiffbruch und Schlangenbiss helfend zur Stelle, bei einem Sturz vom Baum, bei Steinschlag und anderen bösen Überraschungen.

▪ März bis Mitte Okt. Mi–Fr und am 1. Sa im Monat 15–17 Uhr.

Chorfresko in der Kirche Santa Maria delle Grazie

Kunsthandwerk Artis, an der Talstraße neben dem Migro-Supermarkt. Erzeugnisse aus zahlreichen Ateliers der Valle Maggia und den anderen Tälern des Locarnese. Materialien sind vor allem Stein, Holz und Textilien.

Übernachten Poncini, im Ortszentrum. Die Locanda bietet 5 Zimmer mit Du/WC. Al Stradòn 60, 6673 Maggia, ✆ 091-7531541, www.locandaponcini.com. **FF**

Casa Martinelli, am oberen Ortsausgang, an der alten Kantonsstraße, direkt unterhalb der Kirche. Das Bürgerhaus aus dem 17. Jh. hat eine bewegte Geschichte; u. a. diente es schon als kommunales Schulhaus und als Altersheim. Beim Umbau wurde der vorhandenen Bausubstanz Respekt gezollt. Das Granitdach wurde nicht angetastet, die alte Laube hält noch, im Frühstücksraum wurde ein Fresko restauriert, die Wand war vermutlich die Außenmauer der ehemaligen Hauskapelle. Zum Alten kommt das Neue: Der bekannte Tessiner Architekt Luigi Snozzi hat der Casa einen zu einer Seite hin offenen modernen Betonanbau hinzugefügt, eine ebenso gewagte wie überzeugende Kombination. Im alten Bau werden 2 EZ vermietet, sämtliche DZ sind im Neubau untergebracht, alle mit Bodenheizung und funktional eingerichtet. Schickes, modernes Bad, die ebenerdigen Zimmer mit Schiebetür zur privaten Terrasse, die im 1. Stock mit Stehbalkon. Im Keller des Stammhauses ist eine Cantina eingerichtet, in der sich die Gäste selbst bedienen können: Salami vom Schwein, Wildschwein oder Hirsch, Käse, Marmelade, Wein und mehr – alles mit Preisschildern versehen, man gibt später einfach das Körbchen ab. Zu erwähnen sind noch der hauseigene Parkplatz, das traumhafte Vorgärtchen – und dass Monika Gmür, Besitzerin und Seele der Casa, die schönste Badestelle von Maggia kennt: ganz in der Nähe. Al Stradòn 96, 6673 Maggia, ✆ 091-7609051, www.casa-martinelli.ch. **FFFF**

Essen & Trinken Poncini, mehr als für ihre Zimmer ist die Locanda als Restaurant bekannt, sowohl bei Einheimischen wie bei Touristen. Regionale und italienische Küche und ein beachtliches Weinangebot. Mi Ruhetag. Al Stradòn 60, ✆ 091-7531541.

Quadrifoglio, an der Talstraße im Centro commerciale. Nicht besonders schön, aber sehr beliebt. Am besten sitzt man auf der Terrasse hinter dem Haus, dort kriegt man vom Straßenlärm nichts mit. Günstiger Mittagstisch, abends Pizza, Salate, Crêpes. Via Cantonale, ✆ 091-7532187.

Coglio

Das Dörfchen, von Maggia aus 3 km talaufwärts gelegen, beherbergt als Schmuckstück im Ortszentrum ein unter Denkmalschutz gestelltes barockes Beinhaus mit Kapelle aus dem 18. Jahrhundert, direkt gegenüber der Kirche. Den Eingang bewachen zwei Sensenmänner, Grabplatten am Boden zeigen Reliefs von Knochen, Schädeln und Skeletten. Das Innere der Kapelle ist mit Fresken ausgeschmückt.

Übernachten **Cristallina,** zum „Eco Hotel" umgebautes Haus. Solarmodule auf dem Dach spenden die nötige Energie, das Wasser kommt aus eigener Quelle. Wer mit dem Elektroauto anreist, findet eine Steckdose. Dass die Küche (Fleisch, Pizza, vegetarisch und vegan) biologisch ausgerichtet ist und auf regionaler Produktion basiert, versteht sich von selbst (im Winter geschlossen, Mi Ruhetag). Die Zimmer sind freundlich, hell und modern eingerichtet, die schönsten mit Balkon, die billigsten mit Etagendusche. Auch Familienzimmer. Hinter dem Haus kontrastiert ein lauschiges Gärtchen mit dem streng-geometrischen Bau. Ein E-Bike-Verleih ergänzt das Angebot. Ganzjährig geöffnet. 6678 Coglio, ✆ 091-7531141, www.hotel-cristallina.ch. **FFF**

Cevio

Auch wenn Maggia eine zentrale Funktion im unteren Tal einnimmt, der historische Hauptort der gesamten Valle Maggia bleibt Cevio. Die langgestreckte Piazza im Ortszentrum mit dem *Landvogtsgebäude* legt Zeugnis davon ab. Zahlreiche eidgenössische Herrscher, die von hier aus die Untertanengebiete Mainthal (so der deutsche Name für die Valle Maggia) und Lavizzara regierten, haben auf der Fassade ihre Wappen hinterlassen; heute teilen sich die Polizei und das Konkursamt die Räume des Palazzo. Gleich daneben steht die *Casa Franzoni* mit ihrem beeindruckenden Portal, Wohnsitz der mächtigsten Familie im ganzen Tal, die über zwei Jahrhunderte hinweg (eidgenossentreue) Statthalter, hohe Militärs, Schatzmeister und Gemeindevorsteher stellten. In einem weiteren Palazzo der Franzoni am oberen Ortsausgang ist heute das *regionale Museum* (siehe unten) untergebracht. Unweit davon steht die barocke *Chiesa San Giovanni Battista*, eine der ältesten Kirchen im Tal, mit einem großen Kirchplatz davor und einem Beinhaus aus dem 18. Jahrhundert mit einem Fresko des Sensenmanns.

Sehenswertes

Sentiero ai Grotti: Im oberen Ortsteil beginnt beim Museum ein kurzer Weg zu gewaltigen Felsblöcken, in denen mehrere Felsenkeller versteckt liegen, die teilweise restauriert wurden. Nicht spektakulär, aber ein netter Spaziergang.

Museo di Valmaggia: Das regionale Museum deckt alle ethnografischen Aspekte des Tals ab, denn im Erdgeschoss werden Wasserkraftnutzung, Flößerei und Gneisabbau im Val Lavizzara thematisiert. An der Kerkertür des Sitzes der Landvögte und an einem gewaltigen Stein mit einer Kette für Gefangene vorbei gelangt man in ein wahrhaft museales Grotto, eine alte Vorratskammer unter einem riesigen Felsblock. Die erste Etage erzählt von der Emigration; in der zweiten Hälfte des 19. Jahrhunderts suchte rund ein Viertel der männlichen Talbevölkerung sein Glück in Übersee, vornehmlich in den Goldgruben Kaliforniens und Australiens, die Landwirtschaft wurde den zurückgebliebenen Frauen überlassen. Diese betätigten sich nebenbei auch als Heilerinnen, wie eine kleine

Die Täler des Locarnese → Karte S. 108

Abteilung über Volksmedizin dokumentiert. Das oberste Geschoss ist der Kastanienverarbeitung, der Transhumanz (Weidewirtschaft mit wechselnden Weideplätzen), der Jagd und der Specksteinverarbeitung (Öfen, Waschbecken) gewidmet. Der letzte professionelle Specksteindreher der Valle Maggia starb 1933.

Zum mit großer Sorgfalt geführten Museum gehört auch die ein paar Schritte entfernt liegende *Casa Respini-Moretti*. Hier wird ausführlich die Ausgrabung einer römischen Nekropole in Moghegno dokumentiert, die 1994 beim Bau eines Privathauses entdeckt wurde. Die restlichen Räume sind für Sonderausstellungen reserviert.

▪ April–Okt. Di–So 13.30–17 Uhr. Eintritt 6 CHF.

Rovana: Der Ortsteil im Südwesten von Cevio (Straße nach Bosco Gurin), kaum 1 km vom Zentrum entfernt, besitzt eine großartige Barockkirche (17. Jh.). Die Decke ist komplett mit Malereien und viel Stuck ausgestattet: Heiligenbilder, Zierrat und Putten zuhauf – genau so, wie man sich eine Barockkirche vorstellt.

Wer von der Kirche über die uralte Steinbrücke geht, trifft rechts auf eine äußerst schmucke Häuserreihe. Am Ausgang der Rovana-Schlucht reihen sich in anmutiger Regelmäßigkeit schiefergedeckte Häuschen, ehemalige Grotti, jedes mit der Rückwand am Felsen und jedes mit seinem eigenen Gärtchen zur Straße – hübsche Feriendomizile.

Boschetto: Rund 2 km südlich von Cevio, über Rovana erreichbar, findet man diesen verträumten Weiler aus Tessiner Steinhäusern. In seinem oberen Teil ist Boschetto weitgehend verfallen, im unteren Teil wurde kräftig restauriert. Unterhalb der Kirche sind romantische Feriendomizile mit Pergola entstanden. Die neuen Dorfbewohner kümmerten sich auch um eine Auffrischung des Wegstocks am Ortseingang. Spätestens dort sollte man das Auto stehen lassen und durchs abgasfreie Dorf spazieren!

Praktische Infos

Einkaufen **Val Magìa,** an der zentralen Piazza. Im freundlichen Interieur werden diverse Alpenkäse (auch bio) verkauft, Weine, Grappa, Limoncello – alles aus regionaler Produktion.

Herrschaftliches Cevio

Übernachten/Essen **Basodino,** an der Piazza im Zentrum, die größte Herberge am Ort. 10 Zimmer, Du/WC jeweils auf der Etage. Das Restaurant (Mi Ruhetag) serviert preiswerte, einfache Mittagsmenüs. Große Terrasse. Geöffnet März–Dez. Via Pretorio 1, 6675 Cevio, ✆ 091-7541101. ₣₣

Castello, ein paar Meter von der Piazza entfernt (Ausfahrtstraße nach Maggia), sympathische, beliebte Osteria mit preiswerten Mittagsmenüs, guten Käse- und Wurstplatten sowie Risotto (Di Ruhetag). Einladende Terrasse zur Straße. Im Haus 3 Zimmer, alle mit Du/WC auf der Etage. Geöffnet April–Dez. Via Strada Vecchia 10, 6675 Cevio, ✆ 091-7541165, castellocevio@bluewin.ch. ₣₣

meinTipp **Grotto Franci,** im nördlichen Ortsteil, hinter dem Museum, in absolut ruhiger Lage. Ein Bilderbuch-Grotto: eine Felsenhöhle, davor ein gewaltiger Kastanienbaum, der Schatten spendet, granitene Tische. Gegrillt wird über dem offenen Holzfeuer, so dass man je nach Windrichtung etwas Rauch abbekommen kann. Täglich schlägt eine Schiefertafel ein preiswertes Mittagsmenü vor. Manchmal gibt's kalte Melonensuppe mit Ziegenkäse, stets eine Polenta mit Gorgonzola und knackige Salate. Wer unschlüssig ist, schaut, was auf dem Grill liegt. Mo und bei schlechtem Wetter geschlossen. Via ai Grotti 17, ✆ 079-8905625.

Bignasco

Der Ort an der Mündung der Bavona in die Maggia wird von den Touristen meist wenig beachtet. Zu Unrecht, denn der kurze Spaziergang im alten Dorfteil unterhalb des Zusammenflusses am östlichen Maggia-Ufer zeigt einen schmucken Dorfkern aus dem 16. Jahrhundert mit drei fast identischen Brunnen. Und schließlich trifft man hier auch auf eine *Torba,* einen auf „Pilzen" stehenden Getreidespeicher, der wie seine Pendants in Moghegno (siehe dort) restauriert wurde.

Eine Besonderheit ist die *Lüèra* (Wolfsfalle) über den unterkellerten Felsen am gegenüberliegenden Ufer der Maggia: ein fast 100 m² großes Gefängnis, dessen Wände zur Bergseite hin Felsen sind, zur Talseite hin wurde eine sieben Meter hohe Mauer errichtet. Einzig eine Luke bleibt frei, durch die früher die geköderten Wölfe eindrangen und einen Mechanismus auslösten, der ihnen die Rückkehr versperrte. Die „Lüèra" ist auf dem hier angelegten viertelstündigen Spaziergang aber nur eine von mehreren Stationen. Im Felsen waren Ställe, Vorratskeller und ein Dörrhaus für Kastanien untergebracht, davor sieht man gemauerte Terrassen, wo einst auf kleinster Fläche – vor gefräßigen Ziegen geschützt – etwas Ackerbau betrieben wurde. Der Spaziergang beginnt gegenüber der Maggiabrücke.

Baden **Schwimmbad,** im Ortsteil östlich der Maggia, südlich des alten Dorfkerns. Das einzige öffentliche Schwimmbad im Maggiatal ist aufregend schön und obendrein beheizt. Große Liegewiese mit Blick auf einen spektakulären Wasserfall.

Einkaufen **Punto Verde,** außerhalb des Orts, an der Straße nach Cevio, bunt und auffallend. Wein, Käse, Honig, handwerkliche Produkte aus Holz und Stein. Alles garantiert im Tal hergestellt und teils zu stolzen Preisen verkauft.

meinTipp Übernachten **Ca' Stella,** wunderschönes Gästehaus im alten Ortskern. 7 unterschiedlich große Zimmer, aber alle sehr nett eingerichtet, einige mit Cheminée (Kamin), einige mit eigenem Bad, das teuerste mit Balkon. Geräumiger, gemütlicher Aufenthaltsraum mit Matratzen, Diwan und Bibliothek. Gegen ein kleines Entgelt kann die Küche mitbenutzt werden. In der Mansarde ist ein Schlafsaal eingerichtet bzw. liegen einfach mehrere Matratzen im gemütlichen Raum. Zum ökologischen Konzept gehört eine mit Holz gefeuerte Zentralheizung: Dass auch gleich biologisches Holzofenbrot gebacken wird, verwundert da nicht. Kinderfreundlichkeit wird großgeschrieben. Geöffnet März–Nov. Via alla Motta 2, 6676 Bignasco, ✆ 091-7543434, www.ca-stella.ch. ₣₣

Die Täler des Locarnese → Karte S. 108

Valle Rovana

Die Rovana, die sich südlich von Cevio in die Maggia ergießt, bildet in ihrem unteren Teil eine unzugängliche Schlucht, über der sich in zehn verwegenen Haarnadelkurven die Straße nach oben schlängelt.

Beim Ort **Collinasca** spaltet sich das Tal ins obere Rovanatal und in die Valle di Bosco Gurin. Um in Letztere zu kommen, muss man allerdings erst noch gut 3 km weiterfahren. Dann gabelt sich die Straße: Links erreicht man über das weitgehend entvölkerte *Campo* den Weiler **Cimalmotto,** wo sich mehrere Wanderwege treffen, rechts geht es steil hoch durch Lärchenwälder nach **Bosco Gurin,** dem touristischen Hauptziel dieser abgeschiedenen Gegend. Dem Besucherandrang wird das Dorf mit einem riesigen Parkplatz gerecht. Dort muss man das Auto abstellen, denn Bosco Gurin kennt nur Fußgänger.

Bosco Gurin

Mit 1503 m ist das mitten in Alpweiden gelegene Bosco Gurin der höchstgelegene Ort im ganzen Tessin. Landesweit bekannt ist Bosco Gurin aber dafür, dass es das einzige deutschsprachige Dorf im Tessin ist. Das kann man allerdings nur noch bedingt gelten lassen, heute verdrängt das Italienische zusehends das Deutsche. Die Schule ist mittlerweile geschlossen, die wenigen Kinder gehen unten in Cevio zur Schule, wo auf Italienisch unterrichtet wird. Aber es gibt ihn noch, den alten deutschen Dialekt: Rund 30 Personen im Dorf, also rund die Hälfte der ständigen Bevölkerung, so schätzt die Dame im Walserhaus, würden das *Gurinerdeutsch* noch sprechen, sie selber nennen es „Ggurijnartitsch", und wenn sie es sprechen, so versteht selbst der Deutschschweizer nicht alles.

Die Dorfgeschichte von Bosco Gurin beginnt irgendwann im 13. Jahrhundert, als Walser aus dem nordwestlich des Orts hinter den Bergen liegenden Val Formazza (Piemont) auf Einladung der Locarneser Herrschaft – man benötigte Söldner – hier die Alpweiden pachteten und sich niederließen. Die Walsersiedlung blieb bis Anfang des 20. Jahrhunderts weitgehend isoliert, Kontakte pflegte man über Jahrhunderte lieber mit den Walserkolonien im Formazzatal, mit denen man die Sprache teilte, als mit den Ticinesi. Im Dorf trifft man noch auf die typischen Walserhäuser: Vierkant- und Rundhölzer nach dem „Strickmuster" übereinandergelegt, der Boden ist auf Hölzern mit Steinplatten („Pilze") darauf abgestützt.

Der Spaziergang durch das Dorf führt hoch zur barockisierten Kirche und zum Friedhof, der – ganz im Gegensatz zu Tessiner Friedhöfen – nur schlichte, uniforme Holzkreuze zeigt, quer durchs Dorf hinunter zu einem länglichen Gebäude am anderen Ufer des Bachs. Es handelt sich um eine von einem Erdwall geschützte Reihe aneinandergebauter Ställe, jeder mit separatem Eingang, aus dem Jahr 1925. Ihre Vorgänger standen einzeln im Freien und wurden bei einem Lawinenniedergang zerstört.

Museum: Das 1938 gegründete Museum („Walserhaus") ist das älteste ethnographische Museum des Tessins. Das zweistöckige kleine Wohnhaus wurde von den Erben eines nach Australien ausgewanderten Guriners dem Muse-

Ggurijnartitsch

Seit einiger Zeit kümmert sich auch die Dialektforschung um den vom Aussterben bedrohten Guriner Dialekt. Das Phonogrammarchiv der Universität Zürich ist dabei, frühere Aufnahmen zu digitalisieren, das Museum seinerseits hat ein Wörterbuch der Substantive herausgegeben. Nachstehendes Beispiel stammt aus einem Text, der im Museum gleichsam als „Hörbuch" vorgespielt wird. Wir überlassen die Übersetzungsarbeit dem interessierten Leser:

„Wänn mar nüw grad d'Chriedschiiböimdschi im Se choman, dä send's net di heeju Böimdschi, waa mu müass drubarüffstraba fer an Ramma z'choman. An descha waggsan aba chlyni Lottar-Chriedschi – däna hewwar net facht gga."

um geschenkt. In den meist niedrigen Räumen haben die Exponate kaum Platz, auf den ersten Blick fühlt sich der Besucher etwas überfordert, aber dann entdeckt er bald, mit welcher Sorgfalt hier die Erinnerung gepflegt wird. Das lange Zeit isolierte Dorf hat seine eigene Geschichte, seine eigenen Bräuche, seinen eigenen Aberglauben. In der Küche wird der „Måtzufåmm" (Hungertöter) erklärt, eine kräftige Suppe mit Kartoffeln, Gemüse und Zichorie. In der Stube daneben stehen wie in vielen regionalen und lokalen Museen eine harmlose Garnhaspel und ein Spinnrad, aber gleich daneben ist eine schmale Luke zu sehen, ein „Seelnbålgga" (Seelenfenster). Die Sterbenden wurden hierher gelegt, damit die Seele unproblematisch himmelwärts fliegen konnte. Nach dem Begräbnis wurde die Luke geschlossen, um sie daran zu hindern, als Hausgeist zurückzukehren. Im Schlafzimmer finden wir nicht nur ein Bett, sondern auch die „Beschreibung der geistlichen Hausmagd, welche das Leiden Christi in all ihrer häuslichen Verrichtung betrachtete". In die Abteilung Aberglauben gehören der Lawinenteufel, der „Bunintscha" (Kinderfresser) und die „Weltu" (harmloses, kleinwüchsiges Volk mit verkehrt angewachsenen Füßen). Einen eigenen Raum hat der Guriner Grafiker *Hans Thomamichel* (1899–1984) bekommen. Er schuf den jedem Schweizer bekannten Knorrli, Symbolfigur des deutschen Würzen- und Fertigsuppenkonzerns Knorr (heute zum Unilever-Imperium gehörend).

Die meisten Beschriftungen sind dreisprachig, nicht nur auf Deutsch und Italienisch, sondern selbstbewusst auch auf Gurinerdeutsch. Die Guriner

Die Täler des Locarnese → Karte S. 108

sind zu Recht stolz auf ihr Museum, und die Damen an der Kasse vermitteln den Eindruck, dass es auch „ihr“ Museum ist; sie sind freundlich und antworten gerne auf Fragen.

▪ Ostern bis Okt. Di–Sa 10–11.30/13.30–17, So 13.30–17 Uhr. Eintritt 5 CHF.

Hin & weg **Postauto:** Mo–Fr tägl. 6 x, Sa 5 x, So 4 x nach Cevio.

Übernachten ***** Walser,** großer Bau am Ortseingang. Komfortable Zimmer mit Du/WC und Minibar. HP obligatorisch. Ganzjährig geöffnet. 6685 Bosco Gurin, ✆ 091-7590202, www.hotel-boscogurin.ch. **₣₣₣**

Val Bavona

Das Seitental der Bavona, das bei Bignasco abzweigt, zählt rund ein Dutzend Weiler, ehemalige Maiensäße der Bauern von Bignasco und Cavergno. Auch heute ist das Tal nur im Sommer bewohnt – von Urlaubern, die hier ein Rustico besitzen.

Die Talstraße wurde erst 1957 eröffnet, sie war mit dem Bau der Maggia-Kraftwerke nötig geworden, ebenso eine erste Seilbahn ins Robiei-Gebiet, wo die Bavona ihre Quelle hat. Trotz der beträchtlichen Stromproduktion oben in den Bergen ist im Bavonatal einzig *San Carlo*, der oberste Weiler, ans öffentliche Stromnetz angeschlossen, und das soll so bleiben.

Zahlreiche Häuser wurden mit Sorgfalt restauriert, wobei hier anders als sonst im Tessin strenge Regeln zu beachten sind. Das gesamte Tal wurde 1983 ins Schweizerische Bundesinventar der Landschaften und Naturdenkmäler von nationaler Bedeutung aufgenommen. Eine Stiftung wacht über Landschaftspflege und Einhaltung der Baukriterien. Mit Erfolg, für viele ist das Bavonatal mit seinen Wildwassern und Wäldern, mit seinen Wasserfällen und gigantischen Felsbrocken, die überall umherliegen, das schönste Tal der Schweiz überhaupt. Badegelegenheiten findet man vor allem im unteren Teil des Tals. Alpinwanderer schwärmen vom noch wilderen *Val Calnègia*, einem Seitental der Bavona, das beim Weiler *Foroglio* abzweigt – keine Straße im Tal, nur der uralte Weg der Transhumanz. Bekannter ist das Wandergebiet um die Stauseen, die man von San Carlo mit der Seilbahn erreicht. Hier oben sind kleinere Rundwanderungen möglich, mehr Kondition verlangt der „Sentiero Cristallina“, der in zwei Tagen über die Cristallina-Hütte hinunter ins Bedrettotal nach Airolo führt.

Essen mit Blick auf den Wasserfall: La Froda in Foroglio

Hin & weg **Postauto:** tägl. 4 x von Bignasco nach San Carlo zur Talstation der Luftseilbahn.

Luftseilbahn San Carlo – Robiei: Mitte Juni–Sept. tägl. 10 x. In den großen Kabinen haben 96 Menschen Platz. Einfache Fahrt 19 CHF (6–16 J. 9 CHF), hin/zurück 24 CHF (6–16 J. 12 CHF).

MeinTipp **Essen & Trinken** **La Froda,** im Weiler Foroglio. Ein hervorragendes Restaurant in spektakulärer Lage. „Froda“ heißt „Wasserfall“, und auf der Terrasse hat man das Natur-

Wildes Val Bavona

spektakel unmittelbar vor Augen. Zu den Spezialitäten der Küche gehören neben einer ausgezeichneten Polenta vor allem Luganighe (Tessiner Würste), deren Zubereitung nach einer alten Familientradition erfolgt. April–Okt. tägl. geöffnet. ✆ 091-7541181.

Val Lavizzara

Das Val Lavizzara, wie das Tal der oberen Maggia genannt wird, unterscheidet sich stark vom Maggiatal zwischen Ponte Brolla und Cevio. Die Straße steigt relativ schnell an. In Fusio, dem höchsten Ort, befindet man sich auf 1281 m.

Insgesamt ist das Val Lavizzara touristisch weit weniger entwickelt als das untere Maggiatal. Der Fluss bildet noch keine großen Badebecken, doch zu einem Erfrischungsbad reicht es allemal – z. B. unterhalb des Orts Broglio.

Seinen Namen hat das Tal von den „Laveggi", Kochtöpfen aus Speckstein. Der Beruf des Specksteindrehers ist längst ausgestorben, die Produkte kann man noch im Museum von Cevio sehen. Heute sind die Maggia-Kraftwerke in den Bergen oben die größten Arbeitgeber, aber sie vermögen die Abwanderung nicht aufzuhalten. Die sechs Gemeinden des Tals haben sich 2004 zur Gemeinde *Lavizzara* zusammengeschlossen, die sich in jüngster Zeit als Destination für Wanderer zu profilieren versucht. Die Chancen dafür stehen nicht schlecht: kristallklare Bäche, bewaldete Abhänge und über der Waldgrenze Bergseen und traumhafte Panoramen.

Hin & weg **Postauto:** Tägl. rund ein halbes Dutzend Fahrten (So nur 4 x) von Bignasco nach Peccia und meist weiter bis nach Fusio hoch.

Die Täler des Locarnese → Karte S. 108

Brontallo – Restauration eines Dorfes

Brontallo

Der kleine Ort, ein paar Haarnadelkurven über der Durchgangsstraße gelegen, hat eine erstaunliche Verwandlung erfahren. Das ist dem 1997 gegründeten Verein „Pro Brontallo" zu verdanken, der sich mit Erfolg dem Verfall des Dorfes entgegenstellte. Die alten terrassierten Weinberge wurden gerodet, Weinstöcke erneuert, Trockenmauern ausgebessert, Ställe und baufällige Häuser renoviert (letztere dann nicht selten als Zweitwohnsitze verkauft), auch der alte Waschbrunnen am Dorfeingang wurde nicht vergessen.

Im Dorfladen werden lokaler Ziegenkäse, Weine und Grappa verkauft, eine kleine Osteria gehört auch zur neuen Infrastruktur. Es kommt eindeutig wieder Leben ins Dorf. Und „Pro Brontallo" hat noch weitere Ideen ...

Die „Europäische ARGE Landentwicklung und Dorferneuerung" hat Brontallo mit dem *Europäischen Dorferneuerungspreis 2008* ausgezeichnet.

Information **Pro Brontallo** unterhält im Dorf ein Info-Büro (März–Okt. Mo–Fr 9–12/13.30–16.30 Uhr), in dem es über seine Aktivitäten und Projekte informiert und regionale Produkte verkauft. ✆ 091-7542417, www.brontallo.com.

Essen **Nuova Osteria Brontallo,** nette Osteria mit zwei Terrassen, auf denen Tessiner Küche – Minestrone, Risotto, Luganighetta, Pizzoccheri – serviert wird. ✆ 091-7541025.

Prato-Sornico

Seit sich im 15. Jahrhundert das Val Lavizzara vom unteren Maggiatal trennte, ist Prato-Sornico der Hauptort des Tals; früher herrschten hier die Vögte, heute, in demokratischeren Zeiten, ist der Doppelort Sitz der Verwaltung der fusionierten Talgemeinde Lavizzara.

Im oberen Ortsteil, in Sornico, sticht an der Straße das *Justizgebäude* ins Auge, Wohnsitz der Vögte von Cevio, die regelmäßig hierherkamen, um Recht zu sprechen; im Erdgeschoss waren zwei Gefängniszellen untergebracht. An der Fassade prangen die Wappen der 13 eidgenössischen Orte, denen das Maggiatal als gemeinsames Herrschaftsgebiet unterstellt war. Die *Chiesa San Martino* dahinter zeigt viel Stuck im Chor und den beiden Seitenkapellen, der stark mit der nüchternen Holzdecke kontrastiert. Die Fresken sind arg lädiert. Das gilt auch für jene an der Fassade, von denen der Kirchenpatron noch am besten erhalten ist: Mit einem Schwerthieb teilt er seinen Mantel, der Arme daneben wird die eine Hälfte bekommen.

Im unteren Ortsteil, in Prato, ist der kleine Dorfplatz vor der Kirche mit seinen Herrschaftshäusern schöner als die Kirche selbst. Die *Casa Berna* mit ihrem hübschen schmiedeeisernen Balkon beherbergt heute die Bibliothek. Die Familie der Berna ist heute ausgestorben, dagegen ist ein anderes altes Geschlecht des Dorfes noch recht aktiv: Die Familie Mignami hat ihr Haus frisch verputzt und mit ihrem Wappen verziert, einem Handshaking. Ansonsten ist die schönste Stelle von Prato die kleine Terrasse des Ristorante al Ponte, direkt über der Maggia.

Tipp: Kontrollieren Sie Ihren Benzinstand, die Tankstelle bei der Brücke in Prato ist die letzte talaufwärts.

Peccia

Am Ortseingang eröffnete 2021 das *Centro Internazionale di Scultura*. Neben der zentralen Halle für Ausstellungen ragen fünf futuristisch-schräge Kuben aus der Wiese – Ateliers für Stipendiaten, die in der ebenfalls neuen *Casa degli Artisti* im Dorf logieren dürfen. Bewerbungen für die Ateliers treffen jährlich aus aller Welt ein. Eine externe Jury durfte 2021 aus 140 Kandidaten

Centro Internazionale di Scultura – die Ausstellungshalle

Die Täler des Locarnese → Karte S. 108

fünf auswählen, die im nächsten Jahr sechs Monate lang in Peccia arbeiteten.

Bekannt für die Bildhauerei ist Peccia bereits seit 1984, als oberhalb des Dorfs am Eingang zum Peccia-Tal die *Scuola di Scultura di Peccia* gegründet wurde. Heute ist die Schule aktiver denn je: Jährlich von April bis Oktober nehmen rund 400 Professionelle und Amateure an den diversen Kursen teil. Interessenten können sich vorab informieren: www.marmo.ch.

Das Rohmaterial für die Kunst kommt aus den Marmorbrüchen von Ghiéiba, einem Weiler ganz hinten in der *Valle di Peccia*, einem Seitental zur Maggia, das sonst nur bei einigen Wanderern bekannt ist.

Wer nicht wegen der Bildhauerei hier ist, hält vielleicht kurz, um die Dorfkirche zu besichtigen. Ein wunderschöner, vergoldeter Barockaltar schmückt sie, im Chor und in der Seitenkapelle zeigt sie viel Stuck – allerdings verdiente alles eine bessere Ausleuchtung.

Übernachten/Essen **Monaci,** im Weiler San Carlo im Peccia-Tal, von der Bildhauerschule knapp 3 km entfernt. Preiswerte Tessiner Küche, einladende Sonnterrasse, eine freundliche Wirtin und eine ruhige Lage. Im Haus werden drei DZ vermietet, Du/WC auf Etage. 6695 San Carlo di Peccia, ✆ 091-7551145 und ✆ 078-6648323, olli.hirling@bluewin.ch.

MeinTipp **Grotto Pozasc,** von der Bildhauerschule führt ein Sträßchen hinunter zum Bach. Die Lage am Wasser ist fantastisch, das Wirtspaar hat sich der regionalen Küche verschrieben – gut und preiswert. Mo Ruhetag. ✆ 091-7551604.

Mogno

Die Straße steigt stark an, bis man nach einigen Nadelkurven im obersten Teil des Tals Mogno erreicht. Der kleine Ort war praktisch ausgestorben, als in der zweiten Hälfte des 20. Jahrhunderts die ersten Rustici renoviert und einige Ferienhäuschen gebaut wurden. Die sonnige Lage auf einem grünen Plateau über der Maggia bot sich geradezu an. Das ging so lange gut, bis 1986 eine Lawine niederging und nebst der Dorfkirche ein Dutzend Häuser zerstörte. Die Spuren der Katastrophe sind längst verschwunden und mit ihnen die Kirche.

Botta-Architektur in Mogno

An Stelle der früheren Kirche steht seit 1997 ein neues Gotteshaus, das die Hauptakttraktion des gesamten Val Lavizzara ist, die *Chiesa di San Giovanni Battista*, ein Werk des Tessiner Stararchitekten *Mario Botta*. Der gestreifte Bau mit Gneis aus dem Maggia- und Marmor aus dem Pecciatal, ein elliptischer Zylinder mit schräg geschnittenem Dach, ist eine verwegene Architektur. An die ehemalige Kirche erinnern einzig zwei Glocken. Botta hat sie geschickt in die Komposition integriert: kein Campanile, sondern nur eine kurze Außentreppe am Hauptbau, die zu ihnen hochführt. Der architektonische Wurf Bottas findet im Inneren der Kirche seinen Höhepunkt. Der schwarz-weiß gestreifte Kirchenraum wird hinter dem Altar von einem schwarz-weiß karierten Chor durchbrochen, und über dem Chorbogen hängt einsam der Gekreuzigte, der wegen der Eisenverstrebungen im Glasdach, die ihre eigene Struktur an die Wand werfen, in stets wechselndem Licht erscheint.

Fusio

Das kompakte Bergnest auf 1281 m Höhe zählt kaum mehr als 50 Seelen und wird gern als Basis für Gebirgswanderungen gewählt. Im oberen Teil des Orts begegnet man noch einigen auf Granitsockeln ruhenden Holzhäusern, sonst aber ist Stein das vorherrschende Baumaterial. Einige renovierte Rustici zeigen Glasflächen, die geschickt in die alte Substanz integriert wurden – das Werk des Architekten *Giovan Luigi Dazio*, der sich 15 Jahre lang als Bürgermeister um die Lebensqualität in seinem Geburtsort Fusio kümmerte und heute in Minusio bei Locarno ein Architekturbüro unterhält.

Von Fusio führt die Straße hoch zum *Lago del Sambuco* und zum *Lago de Narèt*, dem die Maggia entspringt – beide sind Stauseen der Maggia-Kraftwerke. Letzterer ist Ausgangspunkt für mehrere Wanderungen im Cristallina-Gebiet. Seit die Straße asphaltiert ist, fahren viele Sonntagsausflügler zum Picknick hierher. In der Regel finden Sie auch einen Stand, der Ziegenkäse anbietet.

mein Tipp **Übernachten/Essen** **Unique Hotel Fusio,** roter Bau am Dorfeingang an der Brücke. Das historische Hotel aus dem Jahr 1880 stand schon über 40 Jahre leer, als Architekt Giovan Luigi Dazio (siehe oben) eine sanfte Renovierung in Angriff nahm. Das Resultat ist überzeugend, das 2017 neu eröffnete Hotel verfügt über 12 DZ mit Du/WC, die Hälfte im Nebenbau, alle sehr geschmackvoll eingerichtet. Gepflegte Liegewiese mit direktem Zugang zur hier noch schmalen Maggia. Geöffnet Mitte April–Okt. 6696 Fusio, ✆ 091-6000900, hotelfusio.ch. ₣₣₣₣

Ganz oben in der Valle Maggia: Fusio

Pineta, auf einem Felssporn gegenüber dem Ort. Das herrschaftliche Anwesen mit Jugendstileinflüssen war einst die Sommerresidenz eines in Mexiko reich gewordenen Auswanderers, dann Sanatorium, später Unterkunft für Ingenieure des Sambuco-Staudamms und wurde schließlich in den 1960ern zum Hotel umgebaut. Das Haus war schon arg heruntergekommen, als es die jetzigen Besitzer 2020 erwarben, viel restaurierten und die Zimmer renovierten. Die direkte Umgebung wurde aufgehübscht, die Wiese mit dem kleinen Springbrunnen ist einladend, der Blick von der großen Terrazza auf Fusio fantastisch. 2022 wurde die Villa in den illustren Verband der „Swiss Historic Hotels" aufgenommen. Mit Restaurant. Geöffnet Mai–Okt. Via Schladüü 1, 6696 Fusio, ✆ 091-7551755, www.villapineta.ch. ₣₣₣

Antica Osteria Dazio, im Dorfzentrum. Ein äußerst elegantes Interieur führt über in eine Panoramaterrasse. Italienische und Tessiner Küche mit Wurst- und Käsespezialitäten aus dem Maggiatal. Preislich etwas über dem Durchschnitt. Im Haus werden auch einige Zimmer vermietet. ✆ 091-7551162.

Die Täler des Locarnese → Karte S. 108

Centovalli

Die Melezza hat sich tief in den Berg gefressen und mit ihren Zuflüssen die „Hundert Täler" geschaffen. Zählt man auch noch das schmalste Bächlein mit, das sich in die Melezza ergießt, sind es sogar mehr als hundert. Doch der Reisende nimmt in erster Linie das beeindruckende Haupttal wahr.

Im engeren Sinn versteht man unter dem *Centovalli* nur die Gegend des oberen Melezza-Verlaufs von der italienischen Grenze bis zum Hauptort Intragna. Dort schlossen sich aufgrund einer Volksabstimmung in den betroffenen Gemeinden 2009 die 1120 Einwohner von Borgnone, Palagnedra und Intragna zur Gemeinde „Centovalli" zusammen. Infrastrukturelle Probleme verlangten nach einer gemeinsamen Lösung, und nicht zuletzt unterstützte der Kanton Tessin die Fusion mit einer Anschubfinanzierung von 6 Millionen Franken.

Die Kirche von Tegna

Im weiteren Sinn zählt man zum Centovalli auch das *Pedemonte*, den unteren Melezza-Verlauf in der Talebene zwischen Intragna und Ponte Brolla, in dessen Nähe sich die Melezza in die Maggia ergießt.

Ein Vergnügen besonderer Art ist eine Fahrt durch das Haupttal mit der *Centovallina*. Das Schmalspurbähnchen – Schienenabstand 1 m – fährt seit 1923 von Locarno das Centovalli hoch und über die Grenze weiter ins italienische Domodossola. Der aufregendste Streckenabschnitt liegt zwischen Intragna und dem Grenzort Camedo, hier fährt das Bähnchen hoch über der Melezza durch Tunnels und über Viadukte und lässt die Herzen der Reisenden höher schlagen.

Schmalspurbahn Die „Centovallina" fährt rund 20 x pro Tag das Centovalli hoch von Locarno bis Camedo und weiter nach Domodossola (Italien).

Camping Die einzigen Campingplätze der ganzen Gegend liegen im untersten Gebiet der Melezza, bei Losone (siehe dort).

Tegna

Der erste Ort des *Pedemonte*, wie der untere Teil des Centovalli genannt wird, fällt vor allem durch den freistehenden Campanile direkt an der Bahnlinie auf. Der schönste Fleck von Tegna ist die kleine Piazza in der Ortsmitte, allerdings rauscht viel Verkehr vorbei.

Auf dem Friedhof erinnert ein schlichtes Urnengrab an die berühmte amerikanische Schriftstellerin *Patricia Highsmith* (1921–1995), die von 1988 bis zu ihrem Tod zurückgezogen mit ihren Katzen in einem nach ihren Wünschen gebauten Haus in Tegna wohnte. Das regionale Museum in Intragna hat ihr in seiner Dauerausstellung einen Platz eingeräumt.

Wildkräuterwanderung Erica Bänziger, diplomierte Ernährungsberaterin und Autorin zahlreicher Bücher rund um die Küche und ihre Zutaten, führt rund um ihren Wohnort Verscio Streifzüge zu essbaren Wildpflanzen und -kräutern durch. Ein Wildpflanzensnack mit Käse und Wein schließt die ca. 4 Std. dauernde Exkursion kulinarisch ab. Mitte März bis Mitte Juli jeweils Di 10–14 Uhr, im Hochsommer auch ab 9 Uhr oder 16.30–20.30 Uhr, mindestens 3 Pers. Kosten inkl. Snack und Wein 60 CHF. Anmeldung unter ✆ 079-3541230 (auch SMS) oder erica@biogans.ch.

Übernachten ***** Al Fiume,** am unteren Ortsrand, jenseits der Bahnlinie. Sehr freundlicher Empfang in einem angenehmen Haus mit ansprechendem Garten, Kinderspielplatz und Tischtennis. Alle Zimmer verfügen über Kühlschrank und Kaffeemaschine, die im Erdgeschoss über eine kleine, private Terrasse, auf der man das aus dem reichen Buffet zusammengetragene Frühstück genießen kann. Vom Hotel aus führt ein kurzer Pfad hinunter zur Maggia mit einer wunderbaren Badestelle, Sandufer und schattigem Wald. Ganzjährig geöffnet. Rii di Nüs 27, 6652 Tegna, ✆ 091-7962284, www.alfiume.ch. **₣₣₣₣**

Das Urnengrab der weltberühmten Krimi-Autorin

***** Barbaté,** beim Bahnhof. Schickes „Charme-Hotel" mit geräumigen Zimmern. Im Erdgeschoss jedes Zimmer mit Terrasse, an die sich ein gepflegter Garten anschließt, der die nahe Bahnlinie vergessen lässt. Geöffnet Mitte März–Okt. Via Campagna 6, 6652 Tegna, ✆ 091-7961430, www.garnibarbate.ch. **₣₣₣**

B & B Boato, im unteren Ortsteil, 2019 eröffnet. 8 freundlich eingerichtete Zimmer über einem Bistrot, das mit Fischspezialitäten aufwartet. Schöne Frühstücksterrasse. Jan. und Febr. geschlossen. ✆ 091-2356467, www.boato-bistrot-bed.ch. **₣₣₣**

Verscio

Das Dorf verdankt seinen Ruf einem Clown. Seit über einem halben Jahrhundert hatte der international berühmte Dimitri auf der Bühne gestanden, als er 2016 mit 81 Jahren starb – am Abend zuvor noch gab er zusammen mit Tochter und Enkel in der Show „DimiTRIgenerations" seinen letzten Auftritt. Der Clown mit den knallroten Socken und dem unverwechselbar breiten Lachen verdankte seinen Erfolg einer einzigartigen Mischung aus Mimik, Akrobatik, hintersinnigem Beobachten des Alltags, Musik und Poesie. Welche Arbeit dahinter steckte, konnten die begeisterten Zuschauer allenfalls ahnen.

Mit der Eröffnung 1971 des Teatro Dimitri, eines eigenen Kleintheaters in Verscio, der 1975 die Gründung der Scuola Teatro Dimitri folgte, brachte der Clown Leben ins Dorf. Im Jahr 2000 wurde das Museo Comico eröffnet, das Konzept stammt vom Schweizer Ausstellungsmacher *Harald Szeemann* (1933–2005). 2005 verlieh die Gemeinde

Die Täler des Locarnese → Karte S. 108

Verscio ihrem berühmten Clown die Ehrenbürgerschaft, und 2006 mündete die Dimitri-Schule in die *Accademia Teatro Dimitri*, eine staatlich anerkannte Fachhochschule mit Ausbildung zum Bachelor und Master of Arts in Theatre. Dimitri selbst nannte sie lieber „Komödiantenschule".

2010 eröffnete Dimitri zu seinem 75. Geburtstag den *Parco del Clown*, einen Narrenpark als Skulpturenpark. Dank einer großzügigen Mäzenin konnte auch gleich das Herrschaftshaus zum Park erworben werden, Dimitri träumte von einem Forschungszentrum rund um den Humor und das Lachen, das er hier einrichten wollte. Derzeit wird noch an einem Nutzungskonzept der *Casa del Clown*, wie das Gebäude nun heißt, gearbeitet.

Selbstverständlich gibt es noch anderes zu sehen in Verscio, z. B. die *Chiesa San Fedele*, ein wuchtiger Bau mit unregelmäßigem Grundriss. Im Inneren ist sie barock ausgestattet, es sind aber noch zahlreiche frühere Fresken erhalten, die teilweise bis ins 15. Jahrhundert datiert werden.

Hier und dort im Dorf trifft man noch auf ansehnliche Herrschaftshäuser, und problemlos findet man ein Lokal zum Essen – schließlich müssen sich auch Dimitris Schüler und Besucher verköstigen.

Übernachten In Verscio selbst gibt es keine Übernachtungsmöglichkeit. Entweder man begibt sich nach Tegna (s. o.) oder Cavigliano, in Letzterem folgende Möglichkeiten:

Da Peppino, in Cavigliano, unterhalb der Durchgangsstraße in ruhiger Lage. 9 gut ausgestattete Zimmer, alle mit Du/WC, zwei davon mit Balkon. Ein *Restaurant* ist angeschlossen (So Ruhetag). Jan./Febr. geschlossen. Via Stazione 12. 6654 Cavigliano, ✆ 091-7961173, www.dapeppino.ch. **FF**

Bellavista, in Cavigliano, am Abzweig in die Valle Onsernone. 7 bescheidene Zimmer, mehr zählt hier das *Restaurant* (So/Mo geschlossen) mit seiner Terrasse zur Straße. Eigener Parkplatz. Ganzjährig geöffnet. Via Cantonale 51, 6654 Cavigliano, ✆ 091-7961134, info@hotel-bellavista.ch. **FF**

Essen & Trinken **Grotto Pedemonte,** am oberen Ortsende von Verscio, knapp über der Talstraße. Größeres Grotto mit Pergola und auch sonst angenehmer Atmosphäre. Gegessen wird klassische Tessiner Küche: Polenta mit Pilzen, Kaninchen, saisonales Gemüse. Geöffnet März–Nov., außerhalb der Saison Mi Ruhetag. Stradón, 6653 Verscio, ✆ 091-7962083.

mein Tipp **Croce Federale,** alteingesessene Osteria im Ortskern von Verscio, unterhalb der Durchgangsstraße. Paolo serviert Tessiner Hausmannskost zu zivilen Preisen. Sehr einladendes Gärtchen nach hinten. Mo Ruhetag. Caraa du Pròu 1, 6653 Verscio, ✆ 091-7961271.

Die Signatur des Clowns

Das Reich des Clowns

Wer durch Verscio schlendert, trifft allenthalben auf Schilder mit dem Namen Dimitri, die Institutionen der „Stiftung Dimitri" sind alle im Ortszentrum zu finden. Die Bestandteile des Clown-Unternehmens im Einzelnen:

Teatro Dimitri: Das Kleintheater mit 200 Plätzen und einer Kellerbühne mit 80 Plätzen wird von Mitte März bis Oktober bespielt – Kleinkunst und Clownerien vom Feinsten. Daneben haben Studenten der *Accademia Teatro Dimitri* hier die Möglichkeit, das Lampenfieber zu überwinden und erste Erfahrungen mit einem Publikum zu machen (Programm unter www.teatrodimitri.ch, auch auf Deutsch).

Accademia Teatro Dimitri: Fachhochschule für Bewegungstheater, die über mehrere Häusern in Verscio verteilt ist. Unterrichtet wird in den Hauptfächern Akrobatik, Jonglage, Bewegungstheater, Tanz, Rhythmus und Stimme. Die Ausbildung zum Bachelor dauert drei Jahre, für weiterführende Masterkurse ist nur eine begrenzte Anzahl von Schülern zugelassen (weitere Informationen unter www.accademiadimitri.ch).

Museo Comico: erreichbar vom Innenhof des Theaters aus. Gezeigt werden u. a. Fotodokumente (aus der Tournee mit dem Schweizer Nationalzirkus Knie, Dimitri legt sich unter einen Elefanten), Aufführungsplakate, Musikinstrumente, mit denen Dimitri auftrat, sowie Kurzfilme über große Clowns. Geöffnet ist das Museum an Tagen, an denen das Theater bespielt wird (März–Oktober), dann 17–24 Uhr. Der Eintritt ist in der Theaterkarte inbegriffen, ohne Theaterkarte 5 CHF.

Parco del Clown: größerer Park einer Villa in unmittelbarer Nähe des Theaters mit Skulpturen mehrerer Künstler, teils auch von Dimitri selbst. Wird noch weiter ausgebaut. Eintritt frei.

Casa del Clown: das Herrschaftshaus zum Park. Das Nutzungskonzept der Casa ist noch in Diskussion: vermutlich Ausstellungsräume im Erdgeschoss, Schulungs- und Trainingsräume in der 1. Etage.

- Geöffnet ist die Casa bei Ausstellungen an Tagen, an denen das Theater bespielt wird (März bis Oktober), dann von 17–20.30 Uhr. Eintritt frei.

Intragna

Wer von Cavigliano kommend hoch oben Intragna erblickt, der ahnt es: Hier ist es zu Ende mit der lieblichen Talsohle, jetzt wird die Landschaft wilder. Tatsächlich lassen Eisenbahn- wie Autofahrer die Melezza weit unten in ihrer Schlucht zurück und fahren auf einer Bergstraße am Hang in Richtung Italien.

Bei der Anfahrt von unten hat man gleich zwei Superlative vor Augen: In 70 Metern Höhe überspannt der Eisenbahnviadukt den Isorno, der aus dem Onsernone kommt und sich unterhalb von Intragna in die Melezza ergießt, und oben thront über dem Dorf ein auffällig großer Campanile. Er gehört zur Chiesa San Gottardo und ist mit 65 m der höchste im ganzen Tessin. Das Bergdorf selbst ist so kompakt gebaut, dass es schon fast städtisch wirkt. Einige Herrschaftshäuser am unteren Dorfeingang verstärken diesen Eindruck.

Die Bergwelt im oberen Centovalli lädt zu Wanderungen ein. Der Aufstieg von der Straße ist allerdings stets steil, sodass mancher die vorhandenen Seilbahnen zu schätzen weiß.

Die „Lentovallina" fährt auf schmaler Spur

Sehenswertes

Museo Regionale Centovalli e Pedemonte: Die Räume der Casa Maggetti (17. Jh.) und ihrer Nebengebäude sind so labyrinthisch verschachtelt, dass der Besuch des darin untergebrachten Museums verwirrend sein könnte. Hatte das Museum früher einen roten Faden gespannt, den man anfassen und dem man nachgehen konnte, so muss sich der Besucher heute an den Nummern der Ausstellungsräume orientieren: 19 Säle sind es insgesamt.

Nusspresse, Weinkeller und Backofen stehen fast in jedem ländlichen ethnografischen Museum, so auch hier. Interessanter sind die regionalen Besonderheiten. Zu ihnen zählt die Kaminfegerei. Die „Spazzacamitt", wie sie der lokale Dialekt nennt, waren oft Kinder, die mit acht Jahren schlank genug waren, um in die engen Kamine zu steigen. Der Besucher schaut von oben durch das Glas in den Kamin hinein und schaudert. Ein weiteres Metier im Centovalli war die Herstellung von Stoffschuhen *(peduli)* aus recycelten Kleidern, die Sohlen wurden aus alten Autoreifen gestanzt und die Produkte bis in die Deutschschweiz exportiert. Die im Museum ausgestellte Singer-Nähmaschine wurde von Freiwilligen wieder funktionstüchtig gemacht.

Ebenfalls regionalen Bezug haben die ausgestellten Fotografen: *Angelo Monotti* (1835–1915) eröffnete 1874 im Nachbarort Cavigliano sein Fotostudio, und der berühmte *Frank Horvat* (geb. 1928), Modefotograf und Mitglied der legendären Agentur Magnum, wohnte zeitweise just in der Casa Maggetti, in der Sie sich befinden. Monotti dokumentierte fotografisch sowohl den Bau der Centovalli-Straße (1885) wie auch den des Eisenbahnviadukts zwischen Corcapolo und Verdasio über das Tal der Ingiustria.

Schließlich bekommt auch die amerikanische Schriftstellerin *Patricia Highsmith* (1921–1995), die im nahen Tegna ihre letzten Lebensjahre verbrachte, ihren Platz im Museum, u. a. ist die elektrische Olympia-Schreibmaschine zu sehen, mit der sie ihre letzten Bestseller schrieb.

Hinterher sei der Aufstieg im *Campanile* empfohlen – nur 166 Stufen – mit einer wunderbaren Aussicht!

■ Ostern bis Okt. Di–Do und So 14–18, Fr/Sa 9.30–12.30/14–18 Uhr. Eintritt 5 CHF, Campanile 3 CHF.

Praktische Infos

Hin & weg Die **Gondelbahn Intragna – Costa** wurde 2021 aus technischen Gründen stillgelegt. Über eine Wiederaufnahme des Betriebs war 2022 noch nicht entschieden; Optimisten hoffen auf 2024.

Bungee Jumping Für den halsbrecherischen Sprung vom 70 m hohen Eisenbahnviadukt ist das **Trekking Outdoor Team** mit Sitz in Tegna zuständig. ✆ 091-7807800, www.trekking.ch.

Markt Im Juli/August lebt jeden Mittwoch am späten Nachmittag der Dorfplatz auf: Verkauf von Kunsthandwerk und regionalen Spezialitäten. Abends wird bei Livemusik eine Polenta gegessen – ausgelassene Stimmung.

meinTipp **Übernachten Intra-Studio,** das Haus im Ortskern, direkt an das Museum gebaut und früher Teil des „Albergo Antico", hat seit 2016 neue Besitzer, die erst einmal tatkräftig renovierten und nun drei preiswerte Studios (für 2 Pers., mit kleiner Küche und Balkon) vermieten. Zum Anwesen gehören eine kleine Terrasse nach hinten und ein weitläufiger Garten mit Swimmingpool. Ein Mini-Amphitheater, das vom rührigen Paar gelegentlich für kulturelle Angebote genutzt wird, ergänzt den paradiesischen Ort. Eine hervorragende Adresse, auch für den längeren Aufenthalt. Geöffnet März–Okt. Nucleo, 6665 Intragna, ✆ 091-7961 077, www.intra-studio.ch.

Essen & Trinken Stazione (Agnese & Adriana), direkt gegenüber dem Bahnhof. Die Familie Broggini führt das Restaurant mit seinem eleganten Speisesaal nach hinten und ein paar Tischen zur Bahnlinie seit über 40 Jahren. Den Chefkochlöffel hat Agnese ihrer Schwiegertochter Adriana übergeben und beschränkt sich auf den Service und gute Ratschläge. Cicci, Agneses Mann, ist eher für die sorgfältige Auswahl Tessiner Weine zuständig. Zu den Spezialitäten der Küche gehört die „Guancia di Vitello" (Kalbsbacke). Berühmt ist auch die Polenta des Hauses, jahrelang Ciccis Spezialität. Er bereitete sie im großen Kupferkessel zu, seine Zutaten: Wasser, Polenta, Salz – mehr nicht. Mitte März–Okt. tägl. geöffnet. Piazza Fart, ✆ 091-7961212.

meinTipp **Grotto Maggini,** im unteren Ortsteil versteckt, hinter der Talstation der Gondelbahn. Seit 2016 von einem überaus freundlichen Paar geführt, das dem früher vernachlässigten Grotto neuen Schwung verleiht. Preiswerte Tessiner Küche und als Extra hausgerösteten Kaffee (Holzröstung!). Gelegentlich arbeitet der Meister tagsüber an der alten Maschine und lässt sich dabei zusehen. Die Produkte werden verkauft: „Gourmet" (100 % Arabica, Brasilien) und „Podulino" (Mischung aus Arabica und Robusta, Äthiopien). Mo/Di geschlossen. ✆ 091-7963685.

Grotto Brunoni, außerhalb, im Nachbarort Golino, am Ortsausgang Richtung Losone. Klassisches Grotto mit Steintischen. Polentaspezialitäten und Kaninchen aus dem Ofen, stets mit großer Freundlichkeit serviert. Trotz gelegentlichen Straßenlärms sitzt man hier gut. Do Ruhetag. Via Cantonale, Golino. ✆ 091-7961120.

Die Täler des Locarnese → Karte S. 108

Verdasio

Das an einem sonnigen, leicht abschüssigen Plateau gelegene Bergdorf zeigt noch ein paar Patrizierhäuser, auch die Ruine eines Torbogens zum „Palazzo" zeugt noch von besseren Zeiten. Heute zählt die Siedlung kaum mehr als zwei Dutzend Einwohner. Wenn Fremde nach Verdasio kommen, sind es meist Wanderer, die auf dem Weg zum *Monte di Comino* sind, von dem aus sich weitere Wandermöglichkeiten ergeben. Wer sich den Aufstieg über Verdasio (ca. 2 Std.) sparen will, nimmt vom Bahnhof aus direkt die Gondelbahn zum Monte di Comino.

Hin & weg Bahn: Bahnhof von Verdasio unten im Tal, zu Fuß eine gute halbe Stunde ins Dorf hoch.

Gondelbahnen: Verdasio Stazione – Monte di Comino, Talstation direkt an der Centovalli-Straße, gegenüber dem Bahnhof. April/Mai und Nov. 9–12.30/14–17.30 Uhr, Juni–Okt. 9–18 Uhr im 30-Min.-Takt. Einfache Fahrt 12 CHF, hin/zurück 18 CHF. Die Gondel überwindet rund 600 Höhenmeter.

Wanderung 6:
Vom Monte di Comino nach Costa → S. 258
Familientaugliche Höhenwanderung durch Wälder zu Alpen

Rasa

Das Auto muss man unten in Verdasio Stazione stehen lassen, oder man nimmt gleich das „Centovallina"-Bähnchen dorthin. Von der Bahnstation führt eine Gondelbahn in schwindelerregender Höhe über die Schlucht der Melezza hoch nach Rasa. Der Ort ohne Autos erfreut sich vor allem bei Wanderern zunehmender Beliebtheit. Er kann Ausgangspunkt einer Höhenwanderung (Tageswanderung) bis Ronco sopra Ascona sein, aber auch in der näheren Umgebung gibt es zahlreiche Möglichkeiten.

Wer nur einen Dorfbesuch vorhat, wird nicht enttäuscht sein. Rasa zeigt ein schmuckes, intaktes Ortsbild, überragt vom Campanile der barocken Pfarrkirche. Bei Durst oder Hunger schafft das „Grotto Ghiridone" (geöffnet März–Okt., Mo geschlossen) Abhilfe – drinnen oder draußen auf der Terrasse.

Gondelbahn: Verdasio Stazione – Rasa, Talstation direkt beim Bahnhof. Mitte März–Okt. 9–13/14.20–18 Uhr im 20-Min.-Takt, am 1. Dienstag im Monat geschlossen. Einfache Fahrt 8 CHF, hin/zurück 12 CHF. Rasa ist ebenfalls Ausgangspunkt für Wanderungen und obendrein absolut autofrei.

Palagnedra

Steile Serpentinen führen vom Stausee Lago di Palagnedra hoch nach Palagnedra, das auf einem größeren Plateau liegt und wie Rasa bei Wanderern beliebt ist. Die alten Säumerwege wurden noch bis Mitte des 20. Jahrhunderts von Schmugglern benutzt. Das Dorf selbst zeigt ein paar stattliche Häuser aus dem 18. Jahrhundert, teils mit Dekor. Sie wurden von Einheimischen gebaut, die arm auswanderten und reich zurückkehrten. Einige machten im 17. und 18. Jahrhundert in Florenz am Hof der Medici ihr Glück; später waren die Emigranten von Palagnedra in der Toscana als Köche geschätzt.

Auch die etwas abseits des Ortskerns stehende *Chiesa di San Michele* scheint vom Reichtum etwas mitbekommen zu haben, sie wurde im 18. Jahrhundert kräftig umgebaut. Der frühere Chor wurde zur Sakristei, sodass die Fresken aus dem 15. Jahrhundert heute rechts des Chors zu sehen sind. Sie stammen von Antonio da Tradate, einem Künstler aus der Lombardei, und zählen zu seinen Meisterwerken.

Von Palagnedra erreicht man über eine sehr schmale Straße **Bordei,** erst in die Schlucht hinunter, dann auf der anderen Seite wieder hinauf (knapp 3 km). Die steinernen Häuser und die Kirche (mit einer hübschen Mini-Orgel an der rechten Wand!) wurden in jüngster Zeit restauriert, sodass man einen schmucken Weiler zu Gesicht bekommt. Wanderer erreichen von hier aus in einer Stunde das Dörfchen *Rasa* (siehe oben), von dort führt eine Gondelbahn ins Tal hinunter, zum Bahnhof von Verdasio.

Am Dorfplatz von Palagnedra

Hin & weg **Bahn:** ca. 20 x pro Tag fährt die „Centovallina" von Locarno oder talaufwärts nach Domodossola (Italien) und hält am Bahnhof von Palagnedra. Der befindet sich allerdings weit unten im Tal, der Weg zu Fuß ins Dorf hoch ist mühsam.

Übernachten/Essen **Palagnedra Ostello,** im Ortszentrum, in kommunaler Regie. Gruppenunterkunft mit voll ausgestatteter Küche für Wanderer. Insgesamt 36 Betten, die sich auf zwei DZ, zwei 4-Bettzimmer, ein Zimmer mit 8 und eines mit 16 Betten aufteilen. Ganzjährig geöffnet. 6657 Palagnedra, ✆ 079-9649570. ₣

meinTipp **Antica Osteria del Ghiridone,** „antica" ist der Saal der Osteria mit seinem großen Kamin. Im Sommer aber sitzt man lieber unter dem gewaltigen Schirm der großen Terrasse zum Platz – eine einmalig schöne Lage. Das italienische Wirtspaar, das die traditionelle Osteria 2018 übernahm, versteht sich auf Tessiner Küche, der italienische Einfluss beschränkt sich auf das Pasta- und Weinangebot. Im Haus werden zwei sehr schöne Zimmer, beide mit modernem Bad und Balkon zum Platz vermietet. Ganzjährig geöffnet, Di Ruhetag. Piazza 1, 6657 Palagnedra, ✆ 091-7981221, www.osteriadelghiridone.ch. ₣₣

Bordei, im gleichnamigen Weiler (das Auto am Parkplatz knapp unterhalb abstellen). Die Osteria mit ihrer von Weinreben umrankten Gartenterrasse war jahrelang ein kulinarischer Geheimtipp. Dann ging die kochende Signora in Ruhestand, und seither wechselt das wunderschöne Lokal praktisch jährlich den Pächter, so dass wir über die Küche nichts mehr aussagen wollen. Vermietet werden 8 renovierte und modern möblierte Zimmer (Du/WC auf Etage). 6657 Bordei, Palagnedra, ✆ 091-7808005, www.bordei.ch. ₣₣

Die Täler des Locarnese → Karte S. 108

Camedo

Der Grenzort zu Italien ist steil an den Hang gebaut. Bis 2009 war Camedo Teil der höhergelegenen Gemeinde Borgnone, doch die Lage an der Straße hat den Ort größer gemacht als die Muttergemeinde. Seit der Gemeindefusion 2009 gehören sie ohnehin beide zur neuen Gemeinde Centovalli. Camedo kann Ausgangspunkt für eine Wanderung auf dem alten Saumpfad nach Intragna sein (ca. 4½ Std.), oder man beschränkt sich auf den Aufstieg das Dorf hoch zur Kirche und genießt die Aussicht ins Tal.

Die weiter oben am Hang klebenden Dörfer *Borgnone*, *Costa* und *Lionza* lohnen den Besuch kaum. Die Sonnenlage favorisiert den Zweitwohnungsbau, und wer hier kein Häuschen sein Eigen nennt, kommt bald wieder herunter.

Übernachten/Essen **Grütli,** die alte Osteria wurde 2021 von einem jungen Paar übernommen, das einen guten Start hingelegt hat. Bei schönem Wetter wird auf der vorne vegetativ überdachten, nach hinten offenen Terrasse auf der anderen Straßenseite gespeist. Die neuen Wirtsleute legen Wert auf regionale Produkte. Täglich wechselnde Karte. 4 DZ, alle mit eigenem Bad. Via Dogana 22, 6659 Camedo, ✆ 078-2182917, www.osteriagrutli.ch. **₣₣**

Valle Onsernone

Die vom Isorno gefurchte Valle Onsernone, oft auch Val Onsernone oder einfach Onsernone genannt, ist das größte Seitental der Melezza und befand sich lange Zeit in einem Dornröschenschlaf.

Das hat sich mittlerweile geändert. Zum einen haben Wanderer die waldreiche Region entdeckt, zum anderen fahren immer mehr Tagesausflügler die enge Straße hoch bis nach **Spruga;** der dortige Parkplatz ist an Wochenenden stets voll.

Valle Onsernone: Wasserspiele am Wegrand

Noch mehr als im Centovalli kämpft man im Onsernone mit der Abwanderung, und wie dort haben sich auch hier die Gemeinden zusammengeschlossen, um die gemeinsamen Probleme besser zu bewältigen. Seit 2016 sind sämtliche Ortschaften des Onsernone- und des Vergeletto-Tals zur Gemeinde „Onsernone" fusioniert. In den letzten Jahren verzeichnet man in den unteren Dörfern einen leichten Bevölkerungszuwachs, von dort aus ist Locarno noch relativ schnell zu erreichen.

Schriftsteller wie Max Frisch, Alfred Andersch und Golo Mann fanden in Berzona ein ruhiges, freiwilliges Refugium. Weniger bekannt ist, dass im Zweiten Weltkrieg weiter oben im Onsernone, in der „Barca" von Comologno, die couragierte Aline Valangin Künstlern und Partisanen zu einem Refugium verhalf.

Randregionen wie das Onsernone haben einen schweren Stand in der Schweiz. Einige kurzsichtige Politiker in Bern sehen darin einfach Bergbewohner, die am Subventionstropf hängen und sich dabei ein schönes Leben machen. Weitsichtigere Politiker überlegten, diese Regionen zu einem *Nationalpark* zu machen, in dem die Natur geschützt ist und die Menschen womöglich Arbeit finden. Ein entsprechendes Projekt scheiterte jedoch bei einer Volksabstimmung 2018, wofür insbesondere die Jagdlobby verantwortlich gemacht wurde.

Hin & weg **Postauto:** Der gelbe Bus fährt tägl. ein halbes Dutzend Mal von Locarno die Valle Onsernone hoch bis Comologno-Spruga.

Tanken **Tipp:** Tanken Sie, bevor es zu spät ist, im Onsernone finden Sie keine Tankstelle.

Auressio

Der unterste Ort der Valle Onsernone klebt hoch am Hang über der Isorno-Schlucht. Viel gibt es im Dorf nicht zu sehen, das schönste Haus ist die *Villa Edera* unten an der Straße, gebaut im 19. Jahrhundert von einem Einheimischen, der sein Vermögen in der Emigration erwirtschaftete. Heute ist das Gebäude im Besitz der Gemeinde. Solange diese noch nicht über die Zukunft der Villa Edera entschieden hat, findet man hier eine Unterkunft.

Übernachten **Villa Edera,** direkt über der Straße. Die schöne Villa mit gut eingerichteter Küche für Selbstversorger wird in erster Linie von Gruppen aufgesucht, oft haben aber auch Einzelreisende eine Chance. Neben einem Schlafsaal stehen EZ und DZ zur Verfügung. Ganzjährig geöffnet. Via Cantonale 14, 6661 Auressio, ✆ 091-7971000. ₣

Wild Valley, unter diesem Namen vermittelt Mike Keller, der auch die „Villa Edera" verwaltet, Wohnungen und Zimmer in Auressio und im weiteren Onsernone. Via Cantonale 14, 6661 Auressio, ✆ 091-7971000, www.wildvalley.ch.

Loco

Der einwohnerreichste Ort der Valle Onsernone zieht sich größtenteils an der engen Straße entlang und zeigt noch einige herrschaftliche Häuser im Zentrum, teils mit Loggien.

Direkt an der Durchgangsstraße befindet sich das **Museo Onsernonese,** das sich zum Ziel setzt, das frühere Leben im Tal nicht in Vergessenheit geraten zu lassen. Der bäuerliche Arbeitsalltag, die im Onsernone einst verbreitete Strohflechterei und die Emigration werden dokumentiert. Mit dem Maler *Agostino Meletta* (1800–1875) und dem Bildhauer *Ermenegildo Peverada* (1866–1900) sind auch die lokalen Künstler vertreten; von Letzterem stammt die Wilhelm-Tell-Statue über dem Dorfbrunnen.

▪ April–Juni Mi/Do und Sa/So 14–17 Uhr; Juli–Okt. Mi–So 14–17 Uhr. Eintritt 5 CHF.

Canyoning Die Isorno-Schlucht bei Loco ist bei Schluchtenwanderern beliebt, aber nicht ungefährlich. **Indepth Outthere Adventures** mit Sitz in Gordola bei Locarno bietet professionelle Führungen an, die Ausrüstung wird zur Verfügung gestellt. ✆ 078-6149877, www.indepthoutthere.com.

Essen **Posta,** in Dorfmitte. Eine kräftige Minestrone oder einfach eine kalte Platte. Thomas Lucas, der Wirt, ist Belgier und lebt hier seit 1998. Früher bot er noch selbstgebrautes Bier an, heute stehen andere Biere im Regal, auch belgische. ✆ 091-7971895.

Berzona

„Die landschaftliche Lage ist völlig einzigartig, Süden und Gebirge in einem. Das Bergnest heißt Berzona, es besteht aus 20 Häusern, die Holländern, Deutschen, Schweizern, Engländern und einer baltischen Baronin gehören, auch

Die Täler des Locarnese → Karte S. 108

ein paar Einheimische gibt es noch, ...", schrieb der deutsche Schriftsteller Alfred Andersch (1914–1980) im Sommer 1957 an seine Mutter, nachdem er sich in Berzona ein Rustico gekauft hatte. Sein Schweizer Kollege Max Frisch (1911–1991) kam ein paar Jahre später, notierte „82 Einwohner, die Italienisch sprechen" und meinte damit die ganze Bevölkerung des Dörfchens. In einem zumindest hat Frisch richtig hingeschaut: „kein Ristorante, nicht einmal eine Bar". Das stimmt noch heute. Nicht direkt an der Talstraße gelegen, hat Berzona sein schönes Ortsbild ohne Restaurant und Bar bewahren können, dazu gehört auch das alte, granitgedeckte Waschhaus knapp vor der Kirche.

Zum Dank dafür, dass Frisch das Bergdorf zu seinem Refugium gewählt hatte, verlieh ihm Berzona die Ehrenbürgerschaft und brachte nach seinem Tod an der Friedhofsmauer eine Erinnerungstafel an. Begraben allerdings liegt er hier nicht. Er zog es vor, seine Asche vom Talwind des Onsernone zerstreuen zu lassen. Dagegen ruhen im kleinen Friedhof Alfred Andersch und seine Frau im Schatten eines Thujabaums. Golo Mann, der ebenfalls zeitweise in Berzona wohnte, starb 1994 in Leverkusen. Geblieben ist der Ruf eines „Dichterdorfs".

Hin & weg **Postauto:** Die Haltestelle befindet sich ein paar hundert Meter unterhalb des Orts an der Talstraße.

Einkaufen Im ehemaligen Rathaus hat sich **Pagliarte** eingerichtet, ein Verein von derzeit vier aktiven Frauen, die das alte Handwerk der Strohverarbeitung wieder aufleben lassen. Die Produktion findet, ganz der Tradition folgend, zu Hause statt. Natürlich kommen die Produkte – Hüte, Gürtel, Untersetzer, Taschen und mehr – im zeitgenössischen Design daher, schließlich will man sie auch verkaufen – an Ständen der Wochenmärkte oder während der raren Öffnungszeiten im Verkaufsladen von Berzona: April/Mai und Sept./Okt. Di 9.30–12 Uhr; Juni–Aug. Di 9.30–12 und Fr 14.30–17.30 Uhr.

Wandern In Max Frischs düsterem Spätwerk „Der Mensch erscheint im Holozän" unternimmt der zunehmend demente Protagonist Geiser eine Wanderung, von der er allerdings wieder umkehrt. Berzona ehrt seinen Ehrenbürger mit dem „Sentiero del Signor Geiser". Er führt über den Colmo-Berg zum Garina-Pass und – wenn Sie nicht wie Herr Geiser umkehren – hinunter nach Aurigeno im Maggiatal.

Mosogno

Viel gibt es nicht zu sehen im ruhigen Dorf mit seinen rund 50 Einwohnern. Wer aber den halbstündigen Fußweg hinunter zum Isorno auf sich nimmt, findet dort ein wunderbares Naturbecken vor und nimmt ein ausgiebiges Bad.

meinTipp **Übernachten** **B & B Beate Planta,** im ehemaligen Pfarrhaus, direkt über der Kirche, eine wunderbare Adresse. Die seit über 30 Jahren hier ansässige deutsche Gastgeberin hat drei Zimmer liebevoll und farbenfroh eingerichtet, das alte Parkett wurde belassen, aber jeweils getönt, grün oder bordeauxrot. Du/WC im Flur muss man allerdings in Kauf nehmen. Von den Zimmern Zugang zum gemeinsamen langen Balkon, der zwar schmal ist, aber Tische haben Platz. Der Clou sind die auf drei Terrassen angelegten Gärten, wo man frühstückt oder abends auch das selbst zubereitete Essen zu sich nehmen kann. Eine große, gut eingerichtete Küche steht zur Verfügung. Ganzjährig geöffnet. Casa Parocchiale, 6611 Mosogno, ✆ 079-6778240, www.bnb-mosogno.ch.

Russo

Die Dorfkirche zeigt an der Fassade ein Christophorus-Fresko aus dem 15. Jahrhundert, allerdings ziemlich verwittert, und auch an den stattlichen Herrschaftshäusern an der Straße nagt der Zahn der Zeit. Damit kontrastiert der moderne Bau des „Centro Sociale Onsernonese" mit Café und überdachter Boccia-Bahn; das Altersheim ist der größte Arbeitgeber des Tals.

Essen & Trinken **Della Posta,** unter den Arkaden im Ortszentrum. Hier trifft sich das halbe Dorf. Sehr preiswerte Tessiner Hausmannskost, u. a. hausgemachte Pasta. ✆ 091-7971197.

meinTipp **Amici,** am oberen Ortsausgang, direkt neben dem Centro Sociale Onsernonese. Erst sieht man nur die wenig einladenden Plastikstühle der Osteria, doch hinter dem Haus sitzt man auf Bänken an Granittischen und genießt die ruhige Lage. Exzellente Tessiner Küche, also auf jeden Fall auch Pasta, Polenta und Risotto, mittags stets ein preiswertes Menu. Die freundliche Wirtin schmeißt den Betrieb ganz alleine – chapeau! ✆ 091-7972020.

Dorfkirche von Russo

Comologno

Mit seinen instandgehaltenen Herrschaftshäusern aus dem 18. Jahrhundert ist Comologno eindeutig der schönste Ort der Valle Onsernone. Das berühmteste Gebäude ist der stolze Palazzo della Barca im obersten Teil des Dorfs mit seinem aufgesetzten Türmchen (Privatbesitz). Wie andere Gebäude im Dorf geht er auf die Familie Remonda zurück, die mit Handel in Frankreich ein Vermögen erwirtschaftete. In den 1930er-Jahren erwarb Wladimir Rosenbaum, ein politisch engagierter Schweizer Rechtsanwalt jüdisch-russischer Herkunft, den Palazzo della Barca und überließ ihn seiner Frau, der Schriftstellerin und Psychoanalytikerin Aline Valangin, die hier

Tessiner Patrizier

Das „Patriziato" ist eine Tessiner Besonderheit. Mit den feudalistischen Patrizierhäusern, die einst die Politik der Städte bestimmten und über das untertänige Umland herrschten, hat es nur eines gemein: Entweder man gehört dazu oder man gehört nicht dazu, beitreten kann man nicht. Im Patriziato eines Tessiner Dorfs sind die eingesessenen Familien vertreten, das Patriziato kümmert sich in erster Linie um das Gemeindeland, gelegentlich auch um Immobilien im Gemeindebesitz. Sein autonomer Status innerhalb der gesetzlichen Grenzen ist in der Verfassung des Kantons Tessin im Artikel 22 verankert.

im Zweiten Weltkrieg zahlreichen Emigranten Unterschlupf bot, unter vielen anderen auch Ignazio Silone, Elias Canetti und Kurt Tucholsky.

Palazzo della Barca

Die Erhaltung des schönen Ortsbilds von Comologno verdankt die Gemeinde ihrem äußerst engagierten Patriziat, das u. a. 1996 den Palazzo Gamboni aufkaufte, restaurierte und als Hotel eröffnete. Auch die freundliche Osteria „Al Palazign" in der Nähe ist Eigentum des lokalen Patriziats.

Die Malereien und Fresken, die man hier und dort an den Häusern sieht, gehen auf eine Initiative des „Vereins der Freunde Comolognos" zurück, der in den 1970ern Künstler einlud, so das Dorf zu verschönern. Über das Resultat der Kunstaktion mag man streiten, schön genug ist das Dorf auch ohne diese Zutaten.

Übernachten **Palazzo Gamboni,** das Herrschaftshaus aus dem 18. Jh., in ruhiger Lage etwas oberhalb der Straße, wurde vom Patriziat von Comologno umsichtig renoviert und 2001 als Hotel eröffnet. Die originale Küche wurde belassen, ebenso die Malereien. Zwei Zimmer gibt es im historischen Teil des Gebäudes mit dem noch erhaltenen, restaurierten Mobiliar, drei Zimmer im neuen Teil, diese modern eingerichtet. Benutzung von Sauna und Whirlpool für Gäste der historischen Zimmer im Preis inbegriffen. Voranmeldung dringend empfohlen. Wenn niemand da ist, erkundigt man sich am besten in der nahen Osteria Al Palazign. Geöffnet Ostern bis Okt. 6663 Comologno, ✆ 091-7806009, www.palazzogamboni.ch. FFF

mein Tipp **Essen & Trinken** **Al Palazign,** oberhalb der Straße, neben dem Palazzo della Barca. Preiswerte, schöne und beliebte Osteria mit ein paar Granittischen im Freien, die wie der Palazzo Gamboni dem rührigen Patriziat von Comologno gehört. Serviert werden regionale Spezialitäten, auf frische Zutaten wird Wert gelegt, das Gemüse kommt aus biologischem Anbau. In der Hochsaison ist abends Anmeldung zu empfehlen. ✆ 091-7972068.

Spruga

Der kleine Weiler an der Grenze zu Italien ist ein beliebter Ausgangspunkt für Wanderungen oder auch nur für einen Spaziergang zur Ruine des ehemaligen Thermalbads von Craveggia (siehe unten). Der Dorfparkplatz ist groß, aber nicht groß genug. An sommerlichen Wochenenden wird entlang der engen Straße bis weit hinunter geparkt; besser ist es dann, mit dem Postauto anzureisen.

Bagni di Craveggia: Am Ortsende von Spruga führt ein Asphaltsträßchen gemütlich talabwärts zur Landesgrenze. Eine Schranke verhindert, dass Unbefugte mit dem Auto hinunterfahren. Der Spaziergang hinunter zum Isorno dauert rund eine halbe Stunde.

Am anderen Ufer des Isorno, der hier die Grenze bildet, steht auf italienischem Boden die Ruine eines einstigen Thermalbads. Sie gehört zum Gemeindegebiet von Craveggia, obwohl der italienische Ort fünf Fußstunden entfernt hinter einer Bergkette liegt. In der ersten Hälfte des 19. Jahrhunderts stand hier am Isorno ein stolzes, vierstöckiges Kurhotel. 1881 fiel es einem Brand zum Opfer und wurde wieder aufgebaut.

Krieg an der Grenze

Herbst 1944: Der bereits abgesetzte Mussolini herrscht noch von Hitlers Gnaden über seine Operettenrepublik von Salò. Nahe an der Schweizer Grenze, im Val d'Ossola, haben inzwischen Partisanen bereits eine „freie Republik" ausgerufen. Die ist *Albert Kesselring*, dem Kommandanten der deutschen Truppen in Italien, ein Dorn im Auge. Deutsche Nazis und italienische Faschisten machen der *Repubblica d'Ossola* den Garaus. Die in die Enge getriebenen Partisanen suchen den Weg über die Berge in die Schweiz, deren Grenze sie bei den Bagni von Craveggia erreichen. Aber so einfach kommt man in die Schweiz nicht hinein. In Bern verhält man sich mehr als zögerlich in Sachen Asylgewährung, als an der Grenze zur Valle Onsernone von den Deutschen gejagte, entkräftete Partisanen Einlass begehren. Einer von ihnen hat sich bereits auf Schweizer Boden gerettet, als er von italienischen Faschisten erschossen wird. Immerhin weiß man auch von einem Schweizer Offizier, der couragiert genug war, den Anordnungen aus Bern zu trotzen, und der so Dutzende von Menschenleben rettete.

Gedenktafel in Spruga

Aline Valangin, die im Palazzo della Barca von Comologno zahlreichen deutschen Antifaschisten Unterschlupf bot, verfasste vor diesem politischen Hintergrund ihren Roman „Dorf an der Grenze", in dem sie Schmuggler, Partisanen, Zöllner, Schweizer Soldaten, verängstigte Dorfbewohner und eine couragierte Frau auftreten lässt. Geschrieben bereits 1946, erschienen erst 1982.

Gekurt wurde noch bis 1951, dann ging eine Lawine nieder und zerstörte die Anlage. Dem heutigen Besucher zeigen sich, hat er einmal den höchstens knietiefen Fluss durchwatet, zwei neuzeitliche Steinwannen, sogar Handbürsten sind da – allein das Wasser fehlt, und die Hähne sind demontiert. Im Fastdunkel findet man hinter einem meist offenen Türgitter ein Thermalbecken von 4 x 2 Metern, das die Quelle mit zehn Litern 28 Grad warmem Wasser pro Minute speist. Mehr als vier Personen haben in dem Becken kaum Platz, und man muss sich arg bücken, um hineinzukriechen. Die Alternative ist ein erfrischendes Bad im Isorno – im Sommer ist man bestimmt nicht alleine.

Im Jahr 2007 geriet die Gegend in die Schlagzeilen. Eine Piemonteser Firma

Die Täler des Locarnese → Karte S. 108

Bagni di Craveggia: baden im Grenzfluss vor der Ruine des Kurbads

wollte auf italienischem Boden den Isorno anzapfen und ein Kleinkraftwerk errichten, was die Landschaft der Valle Onsernone entscheidend verändert hätte. Die Schweizer Regierung intervenierte, und selbst dem Bürgermeister von Craveggia war der Erhalt der Natur wichtiger als der versprochene Geldsegen aus dem Stromprojekt. Das italienische Umweltministerium stoppte 2013 das Projekt eines Kleinkraftwerks, und schließlich erhielt die Gemeinde Craveggia EU-Gelder. Damit wurde die Bäderruine abgesichert und die beiden Wannen finanziert. Die Mittel reichten noch für einen Picknickplatz – leider aber nicht mehr, um das Grenzwächterhäuschen zur Herberge für Wanderer umzurüsten, die sich über ein warmes Bad freuen dürften.

Essen & Trinken **Onsernonese,** am Dorfplatz. Der Treffpunkt der Wanderer ist eine einladende Bar mit blumengeschmückter Terrasse. Kalte Tessiner Spezialitäten, manchmal auch ein warmes Gericht – leider ziemlich teuer. Zumindest bei unserem Besuch 2022 hatte die Wirtin die Preise auf einer Schiefertafel angeschlagen. Sollte das nicht der Fall sein, tun Sie gut daran, sich vorher zu erkundigen. Sie ersparen sich möglicherweise einen Schock. ✆ 091-7971783.

Wanderung 7: Von Spruga auf die Alpe Saléi → S. 260
Mit einem Abstecher zu einem idyllischen Bergsee

Valle di Vergeletto

Das vom Ribo, einem Zufluss des Isorno geschaffene Nebental, das bei Russo abzweigt, ist weit weniger bekannt als die Valle Onsernone und noch abgeschiedener als diese.

Am Berghang oben liegt das nicht weiter interessante 30-Seelen-Dorf *Gresso*, die einzige Gemeinde unten im Tal ist *Vergeletto*, das gerade mal doppelt so viele Einwohner zählt. Irgendwann im 19. Jahrhundert hat sich Gresso selbstständig gemacht; heute sind beide – zusammen überlebt es sich besser – Teile der Großgemeinde „Onsernone“.

Die Valle di Vergeletto ist in erster Linie ein Paradies für Wanderer. Die Zukunft einer nachhaltigen Entwicklung hätte im *Parco Nazionale del Locarnese* liegen können, dessen Realisierung in einer Abstimmung von der Mehrheit der betroffenen Gemeinden (auch vom Onsernone) 2018 abgelehnt wurde.

Hin & weg **Postauto:** Tägl. ein halbes Dutzend Fahrten von Russo (an der Postautolinie Locarno – Valle Onsernone) die Valle di Vergeletto hoch bis Zott (Talstation der Gondelbahn).

Gondelbahn: Zott – Alpe Saléi, Mitte Mai bis Okt. Mo–Fr 8.30–12/14–18, Sa/So 8.30–18.30 Uhr. Einfache Fahrt 15 CHF (6–16 J. 12 CHF), hin/zurück 20 CHF (6–16 J. 16 CHF). Kind unter 6 J. gratis.

Wandern In Zott fährt eine Gondelbahn (siehe oben) hoch auf die Alpe Saléi, von dort führt ein schöner Höhenwanderweg zur Alpe Arena, unterwegs bietet sich ein Abstecher zum Laghetto dei Saléi an, einem wunderschönen Bergsee. Im Norden locken gleich mehrere Gipfel; eine besonders beliebte Tour, die man mit Vorteil in zwei Etappen unternimmt, führt zum Lago d'Alzasca und weiter zur Capanne d'Alzasca (Berghütte, Übernachtung reservieren) und hinunter ins Maggiatal, das man bei Someo erreicht.

Ganz oben in der Valle di Vergeletto

Vergeletto

Das über dem Ribo gelegene Bergdorf zeigt ein intaktes Ortsbild, aber viel Platz ist hier nicht, der gepflegte Friedhof ragt wie ein Balkon über die Schlucht. Erst oberhalb des Orts öffnet sich das Tal. Wiesen zeigen sich, und der Ripo bildet zahlreiche kleine Becken, in denen sich ein Erfrischungsbad nehmen lässt. Die Straße endet auf fast 1200 m Höhe beim Gasthof „Fondovalle", ein wunderbares Plätzchen am Ende der Welt – und direkt am Fluss ein größeres Badebecken.

Essen & Trinken **Fondo Valle,** ganz am Ende der Talstraße. Nach Jahren der Schließung hat 2019 ein neuer Pächter einen Neuanfang gewagt, auch in seinem eigenen Leben: Patrice hat den Beruf des Lehrers gegen den eines Kochs eingetauscht. Er wird nicht nur für seine exzellente Küche gelobt (Fleischgerichte aus regionaler Produktion), sondern auch für seine ausgesprochene Gastfreundlichkeit. Die riesigen Kangal-Hunde, die den Besucher bei der Anfahrt anbellten, waren zum Glück gut eingesperrt. Mo/Di geschlossen. Piano delle Cascine 2, 6664 Vergeletto, ✆ 078-7200356.

Bierbrauerei Im unteren Ortsteil betreibt Urs Planta in der „Casa Stefano Vergeletto" eine Mikro-Brauerei. Die Produkte der Marke **Bironsa,** abgefüllt in 0,33 l-Flaschen mit Bügelverschluss, finden den Weg in einige Gaststätten des Tals, aber auch Durchreisende decken sich ein. Der Ausstoß ist gering, die Produktpalette vielfältig. Von den sechs verschiedenen Bieren haben wir „Bionda" (hell) und „Weizen" probiert und zweifeln nicht daran, dass die anderen vier Bironsa-Sorten ebenso gut schmecken.

Das Luganese

Südlich des Monte Ceneri, den man als Berg kaum wahrnimmt, schon gar nicht, wenn man durch den Tunnel fährt, beginnt das Sottoceneri, das südliche Tessin. Die Landschaft wird sanfthügeliger, das Klima um ein paar Grad freundlicher.

Lugano lädt zum Seebad, zu Museumsbesuchen und zum Shopping ein, die Hügel der Collina d'Oro sind ein beliebtes Wandergebiet. Weniger bekannt ist das Malcantone, wo noch im letzten Jahrhundert Gold geschürft wurde.

Was anschauen?

Lugano (→ S. 151) hat mit dem 2015 eröffneten LAC (Lugano Arte e Cultura) einen erstklassigen Kulturtempel bekommen, der schon durch seine kühne Architektur überzeugt: ein Ort für Theater und Konzerte. Im Untergeschoss ist das Kunstmuseum zuhause und zeigt ein ambitioniertes Ausstellungsprogramm. Gleich neben dem LAC steht die Kirche Santa Maria degli Angioli mit dem berühmtesten Renaissancegemälde der Schweiz.

Unweit vom LAC, ebenfalls am Seeufer, hat das „Museo delle Culture" eine ehemals private ethnographische Sammlung von Masken, Totempfählen und anderen Artefakten vor allem ostasiatischer Herkunft, eine neue Heimstatt gefunden. Das Ausstellungskonzept konfrontiert in kluger Weise Bestandteile der Sammlung mit der kulturellen Moderne.

In **Montagnola** (→ S. 174) lebte von 1919 bis zu seinem Tod 1962 Nobelpreisträger Hermann Hesse. Dem in Künstlerkreisen gut vernetzten Autor von „Siddharta" und „Steppenwolf" ist ein vielbeachtetes Museum gewidmet.

Was unternehmen?

Bei Wanderern ist der Abstieg **vom Gipfel des Monte San Salvatore nach Carona** (→ S. 262) beliebt. Schöne Ausblicke auf den Luganersee. Die Tour lässt sich – zum Schluss ein steiler Abstieg – bis Morcote am Seeufer fortsetzen.

Anspruchsvoller ist die **Traversata Monte Tamaro – Monte Lema** (→ S. 264). Die „Königsroute" der Tessiner Wanderwege beginnt auf der Alpe Foppa, zu der eine Seilbahn hochfährt und für die der Tessiner Stararchitekt Mario Botta eine sehenswerte Kapelle entworfen hat.

Familien mit Kindern besuchen in **Melide** (→ S. 168) die Freiluftanlage SwissMiniatur, die über 120 der berühmtesten Bauwerke der Schweiz im Maßstab 1:25 zeigt – zunehmend beliebt auch bei Touristen aus Fernost: schnell mal durch die ganze Schweiz reisen.

Ein ebenfalls familientauglicher Ausflug führt nach **Magliaso** (→ S. 177) in den einzigen Zoo des Kantons: Hängebauchschweine, turnende Affen, ein brüllender Löwe und mehr. Die Anlage ist etwas ältlich, aber daran stören sich die Besucher nicht, schon gar nicht Kinder.

Wo baden?

Strandbäder gibt es mehrere am Luganersee. In **Lugano** (→ S. 155) bietet der Lido im Osten der Stadt eine gepflegte Infrastruktur, zu der neben dem Strandbad auch ein geheiztes Schwimmbecken und ein Sprungbecken gehören.

Im südlichen Stadtteil Paradiso findet man ein weiteres Freibad, etwas bescheidener.

In **Agno** (→ S. 176), südlich des kaum angesteuerten Flugplatzes, findet man ein Strandbad mit großer Liegewiese.

In **Caslano** (→ S. 178) schwimmt man in unmittelbarer Nähe des alten Dorfplatzes mit seinen Bars.

Die Alternative im hügeligen Hinterland ist das große Freibad des „Künstlerdorfs" **Carona** (→ S. 173).

Am kleinen **Laghetto d'Astano** (→ S. 181), knapp außerhalb von Astano und hoch oben im Malcantone, herrscht eine schon fast familiäre Atmosphäre. Klein ist nicht nur See, klein ist auch der Campingplatz daneben und die Snackbar. Gebadet wird von 11 bis 18 Uhr, gefischt von 9 bis 11 Uhr und wieder von 18 bis 20 Uhr. So will es das kommunale Reglement.

Wo essen?

Das „Carletti" in **Bedano** (→ S. 163) ist im ganzen Sottoceneri für seine exzellente Küche bekannt: Tessiner Spezialitäten, aber auch mediterrane Gerichte, serviert unter der weinverhangenen Pergola. Einen anderen Grund nach Bedano zu fahren gibt es nicht.

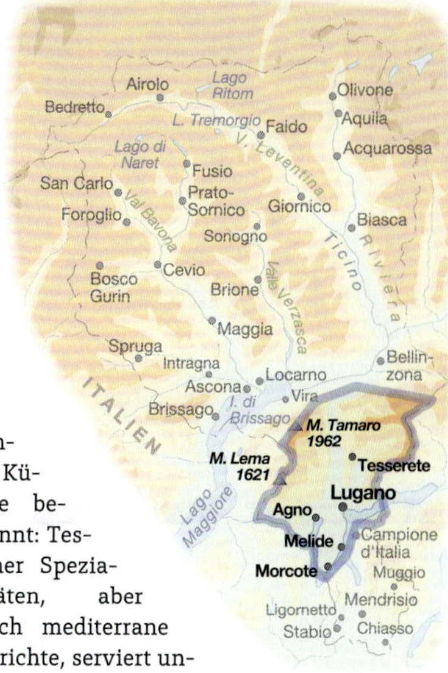

In den Hügeln der Collina d'Oro ist man in „La Sosta" im schmucken Künstlerdorf **Carona** (→ S. 173) gut aufgehoben. Mediterrane, italienische Küche – keine ausufernde Speisekarte, aber hervorragende Zubereitung.

Populärer geht es im „Battello" am Dorfplatz von **Caslano** zu (→ S. 179). Hier isst man unter riesigen Kastanienbäumen direkt am See: Pasta, Pizza, Polenta – oder fangfrischen Fisch.

Wo shoppen?

Lugano (→ S. 154), mit über 60.000 Einwohnern die größte Stadt des Tessins, ist eine Adresse für alle großen Marken der Welt, von Christian Dior bis Philippe Pattek. Die vornehmsten Boutiquen findet man in der Via Nessa im historischen Zentrum. In ihrer Fortsetzung, der Via Pessina, eröffnete 1937 Domenico Gabbani einen Salamiladen. „Gabbani" ist längst zu einer Adresse für Gourmets geworden, die hier nicht nur Wurstwaren kaufen, sondern auch an der Käsetheke stehen bleiben oder sich mit ein paar Flaschen guten Tessiner Weines eindecken.

Lugano und Umgebung

Man muss schon an der Seepromenade stehen, um die einmalige Lage der Stadt zu erfassen: zur einen Seite der Monte Brè, zur anderen der Monte San Salvatore und direkt am Seeufer die Altstadt.

Von der Autobahn aus bekommt man nur den Hausberg Monte Brè im Osten zu sehen (nachts bis auf die halbe Höhe von der Zivilisation beleuchtet) und später die Industriequartiere im Süden. Wer den Abzweig in die Stadt wählt, sieht sich bald mit einem enormen Parkproblem konfrontiert – in Lugano scheint jeder mit dem Auto unterwegs zu sein, und die Altstadt ist weitgehend autofrei. Am besten stellt man sein Gefährt in einem Parkhaus ab, z. B. in der

Luganersee – wem gehört was?

Der Luganersee, auf Italienisch Lago di Lugano, gelegentlich auch Lago Ceresio genannt, ist mit 48,7 km² wesentlich kleiner als sein Konkurrent, der Lago Maggiore (212,5 km²). Wie dieser ist er ein binationaler See, 63 % seiner Fläche gehören zum Tessin, 37 % zu Italien. Anders als beim Lago Maggiore, wo der Grenzverlauf relativ einfach ist, weiß man beim Luganersee wegen seiner unregelmäßigen dreiarmigen Gestalt oft nicht, wo die Schweiz und wo Italien ist. Zur groben Orientierung: Der zentrale Teil gehört zum Tessin, der Arm im Osten reicht weit nach Italien hinein, der Arm im Süden gehört wieder dem Tessin, der Arm im Westen ist der Länge nach halbiert, ein Ufer den Italienern, das andere den Tessinern. Als wäre das nicht schon kompliziert genug, gibt es noch den Ort Campione, der zu Italien gehört, aber rundum von schweizerischem Staatsgebiet umgeben ist und steuer- und zollrechtlich einen besonderen Status genießt – mehr darüber siehe Campione.

Via Cantonale östlich des Bahnhofs. Von dort aus lässt sich das Zentrum problemlos erkunden.

Verglichen mit dem eher beschaulichen Bellinzona, das keinen nennenswerten Tourismus kennt, und dem mondänen Locarno ist Lugano in erster Linie eine geschäftige Stadt, das Handels- und Finanzzentrum des Tessins. Über 50 Bankinstitute haben sich hier niedergelassen, von denen einigen bis vor kurzem der Ruf anhaftete, unsauberen Geldgeschäften und der Steuerflucht Vorschub zu leisten. Mittlerweile hat auf ausländischen Druck hin die Regierung reagiert, gesetzliche Auflagen sollen dem Finanzplatz Schweiz wieder eine weiße Weste verpassen.

Das rege Wirtschaftsleben Luganos hat seine Kehrseite. All die Firmen brauchen Platz, und Platz ist in der Stadt rar. Das treibt einerseits die Immobilienpreise in die Höhe und führt andererseits zu einer wildwuchernden Bautätigkeit. Denkmalschutz wird im Tessin ohnehin kleingeschrieben, und so werden stattliche Villen, die am „falschen" Ort stehen, schneller abgerissen als anderswo. Einheimische sprechen schon von der „città brutta", der hässlichen Stadt.

Im Vergleich zur ausufernden Agglomeration ist der Altstadtkern, der sich wie ein Halbkreis um die Bucht legt, ein kleines Juwel. Mit seinen engen, autofreien Gassen lädt er zum ausgiebigen Shopping ein. Neben Luxusmarken findet man noch zahlreiche kleine Geschäfte. Auch kulturell hat die Stadt einiges zu bieten, Flaggschiff ist das 2015 eröffnete *LAC* (Lugano Arte e Cultura). Die müden Beine kann man hinterher im „Parco Civico" ausstrecken, der weitläufige Park – ganz hinten ein Kinderspielplatz – liegt gleich neben der Altstadt, direkt am See.

Stadtgeschichte

Von der römischen Besiedlung (1. Jh. v. Chr.) bis zur langobardischen Herrschaft (6. Jh.), als Untertan der Franken (7. Jh.) und Karolinger (9. Jh.) bis in die Auseinandersetzungen zwischen Mailand und Como (12.–15. Jh.) teilt Lugano mehr oder weniger das politische Schicksal der gesamten Gegend (→ Kapitel „Geschichte im Zeitraffer"). 1512 wird Lugano von den Eidgenossen

Das Luganese → Karte S. 148

besetzt und gehört fortan zu deren Untertanengebiet, bis Napoleon 1798 mit der Helvetischen Republik die Karten neu mischt, was 1803 schließlich zur Anerkennung des Tessins als eigenständigem Schweizer Kanton führt. Erste Hauptstadt des neuen Kantons war nicht Lugano, auch nicht Bellinzona, sondern Locarno. Bis 1878 wechselten sich die drei Städte nach dem Rotationsprinzip als Kantonshauptstadt ab, dann machte Bellinzona endgültig das Rennen – und Lugano konnte sich auf die Wirtschaft konzentrieren.

Günstig für den Wirtschaftsstandort Lugano erwiesen sich im 19. Jahrhundert der Bau des Staudamms von Melide (1844–1847) sowie die Eröffnung der Gotthardbahn (1882). Damit war die Nord-Süd-Achse festgelegt, die Strecke am Lago Maggiore entlang zur Nebenlinie degradiert. Lugano nahm seinen Aufschwung im Dienstleistungssektor, der mit dem einsetzenden Tourismus zusätzlich boomte. Bereits 1873 war in Lugano die Banca della Svizzera Italiana, die älteste Tessiner Bank, gegründet worden. Als Finanzplatz entwickelte sich die Stadt jedoch erst nach dem Zweiten Weltkrieg, als massive Geldströme aus Italien in die Schweiz zu fließen begannen. Das berühmte Schweizer Bankgeheimnis, heute wie ein Emmentaler Käse durchlöchert, war damals noch intakt, und kein Bankier kümmerte sich um eine mögliche dubiose Herkunft des Geldes.

Nach zahlreichen Eingemeindungen zählt Lugano heute über 60.000 Einwohner, vor allem aber ist auch das Gemeindegebiet gewachsen. Große Teile des Ceresio (auch der „Künstlerort" Carona) und der Valli di Lugano gehören heute zu Lugano.

Sehenswertes

Altstadt: Sie ist nicht sehr groß. An der Seepromenade reihen sich die Cafés, in den Gassen dahinter die Boutiquen. Architektonischer Mittelpunkt ist die *Piazza della Riforma* mit dem *Palazzo Civico*, Sitz der Stadtregierung, als auffälligstem Gebäude. Der klassizistische Bau mit Innenhof stammt aus dem 19. Jahrhundert, als Lugano zeitweilig

„Großstadt" Lugano

Kantonshauptstadt war. In weiteren repräsentativen Palazzi am Platz haben sich – richesse oblige – die Schweizer Großbanken UBS und Credit Suisse niedergelassen.

LAC (Lugano Arte e Cultura): Der 2015 eröffnete moderne Bau mit seinem riesigen Platz zur Seeseite ist das spartenübergreifende Flaggschiff der Tessiner Kultur: Museum der Tessiner Kunst, Wechselausstellungen, Theater- und Konzertraum, Studiotheater, Mehrzweckräume und nach hinten am Hang eine Agora für Freilichtaufführungen. Der Besucher staunt erst über die kühne Architektur – viel Glas und grüner Marmor – und geht dann im lichtdurchfluteten Inneren die Treppe hoch, bevor er das Untergeschoss aufsucht. Dort ist das **Museo d'arte della Svizzera italiana (MASILugano),** eine Fusion des städtischen und des kantonalen Kunstmuseums, zuhause. Darüber hinaus sind jährlich mehrere hochkarätige Ausstellungen moderner und zeitgenössischer Kunst zu sehen.

■ Di/Mi und Fr 11–18, Do 11–20, Sa/So 10–18 Uhr. Eintritt 20 CHF oder Sammelticket MASI + Palazzo Reali 24 CHF. Der Spaziergang durch den Kulturpalast ist gratis.

Santa Maria degli Angioli: Die von außen eher unscheinbare Kirche war einst Teil eines größeren Klosterkomplexes der Minoriten. Das erklärt, weshalb sie direkt mit dem Palazzo daneben verwachsen ist, in dessen Schatten sie steht. Dieser mutierte vom Klosterbau zum Grand Hôtel Palace, das 1969 seine Tore schloss und dann zusehends verfiel. Hinter der Fassade des Ex-Hotels mit ihren Boutiquen liegt der Kreuzgang des Ex-Klosters und an diesen angebaut das 2015 eröffnete hypermoderne LAC (siehe oben).

Im *Kircheninneren* trennt ein wuchtiger, dreibogiger Lettner den Chor vom Gemeinderaum, und auf ihm prangt das berühmteste Renaissancegemälde der Schweiz: Eine streng symmetrische Komposition zeigt auf zwei Ebenen mit zahlreichen Figuren die Passion und Kreuzigung Christi. Hoch oben hängt der gekreuzigte Christus (am Fuß des Kreuzes ein Totenschädel, daneben ein sitzender, nachdenklicher Johannes), auf fast derselben Höhe kümmert sich links ein Engel um den guten Sünder, rechts wartet ein Teufelchen auf die Seele des schlechten Sünders. Das Auge des Betrachters verliert sich schnell in den zahlreichen Details des Gemäldes. Das großartige Werk stammt von Bernardino Luini (1480–1532), dessen Kunst stark unter dem Einfluss Leonardo da Vincis stand. Ihm wird auch das Abendmahlfresko an der linken Wand zugeschrieben.

Museo delle Culture (MUSEC): Die Geschichte des Museums geht auf Serge Brignoni (1903–2002) zurück, der als Maler und Bildhauer in den surrealistischen Kreisen der französischen Hauptstadt verkehrte, vor allem aber ein geradezu obsessiver Sammler außereuropäischer Kunst war: Statuen, Figurinen, Masken, Dekor von Hausfassaden, Waffen und anderes mehr

Das Luganese → Karte S. 148

aus Indien, Indonesien, Melanesien oder der Inselwelt Polynesiens). Als er seine Sammlung 1985 der Stadt Lugano schenkte, verfügte diese mit der *Villa Heleneum* in Castagnola bereits über einen geeigneten Ort für die Schätze. Dann wurde 2015 mit der Eröffnung des LAC (Lugano Arte e Cultura) die Luganeser Museumslandschaft neu geordnet, und das Museo delle Culture zog ins Stadtzentrum, wo es in der *Villa Malpensata*, ehemals Sitz des städtischen Museums für moderne Kunst, eine neue Heimat fand.

Ein Saal ist ausschließlich Brignonis Sammlung gewidmet. Die meist kultische Bedeutung der Objekte – Masken, Totempfähle und mehr – wird ausführlich erklärt. Die weiteren Räume der

LAC – moderner Kulturtempel in bester Lage

Villa sind wechselnden Ausstellungen vorbehalten, die Teile der Brignoni-Sammlung in einen Kontrast mit moderner europäischer Kunst oder Fotografie stellen. Das ambitionierte Programm – meist gleichzeitig drei Ausstellungen – findet zu Recht große Beachtung.

Das Kuratorium verkauft einen sorgfältig editierten Katalog (42 CHF) sowie weitere im Haus produzierte Bücher zu den Kulturen Ostasiens und des pazifischen Raums. Spezialisten konsultieren das hauseigene Dokumentationszentrum mit seiner hervorragenden Bibliothek.

▪ 11–18 Uhr, Di geschlossen. Eintritt 15 €.

San Lorenzo: Die Kathedrale Luganos ist in Sachen Kirchenkunst eher eine Enttäuschung. Sehenswert ist allenfalls die restaurierte Renaissancefassade mit ihren zahlreichen Reliefs von Heiligen und einer großen Rosette mit je einem Engelchen in der quadratischen Einfassung. Von der kleinen Balustrade überblickt man die Dächer der Altstadt, zwischen denen die Fassade des Palazzo Civico hervorlugt.

Madonna di Loreto: Der Kirchenbau in ruhiger Lage südlich der Altstadt ist eine schmucke, wenn auch recht uneinheitliche Anlage. Erst durchquert man eine Portalhalle mit mehreren Arkaden und Fresken (17. Jh.), u. a. eine Darstellung der Prozession zur Madonna di Loreto. Im Inneren dann, von Altar und Chorumgang umschlossen, wartet das Herzstück der Kirche: eine Kopie des berühmten Heiligtums von Loreto, der „Santa Casa", in der laut Legende Maria geboren wurde. Im beleuchteten Reliquienbehälter funkelt ein Stück Felsengestein, angeblich aus der Grotte von Nazareth.

Palazzo Reali: Mit der Eröffnung des LAC (siehe oben) fusionierten das städtische und das kantonale Museum zum *Museo d'Arte della Sivizzera Italiana (MASILugano)*, das sowohl im LAC als auch an seinem angestammten Ort,

Die Kathedrale

im Palazzo Reali, präsent ist. Hier liegt der Schwerpunkt auf Werken vom 15. bis zum 19. Jahrhundert.

▪ Di/Mi und Fr 11–18, Do 11–20, Sa/So 10–18 Uhr. Eintritt 8 CHF oder Sammelticket Palazzo Reali + MASI 24 CHF.

Museo Cantonale di Storia Naturale: Das kantonale naturhistorische Museum, in einem Palazzo im Osten der Altstadt untergebracht, präsentiert in gläsernen Schaukästen und Dioramen Mineralien, versteinerte Reptilien, Flora und Fauna des Kantons. Legenden und Erklärungen nur in italienischer Sprache.

▪ Di–Sa 9–12 und 14–17 Uhr. Eintritt frei.

Zentralsitz der BSI: Als Mario Botta, der bekannteste Tessiner Architekt, den Bau in den 1980er-Jahren entwarf, war der Auftraggeber die *Banca del Gottardo*. 2008 wurde diese von der *Banca della Svizzera Italiana (BSI)* geschluckt, der ältesten Tessiner Bank, die auch gleich Bottas Finanzpalast übernahm und seither hier ihren Hauptsitz hat. Über die Ästhetik des riesigen, in mehrere - Blöcke unterteilten, grau-rötlich gestreiften Komplexes mag man sich streiten, Botta hat zweifellos Aufregenderes gebaut. Zu einem potenten Finanzinstitut passt der zweckmäßige Koloss aber durchaus.

Zum Ausgleich: Gleich gegenüber steht die verspielte *Villa Saroli* mitten in einem hübschen Park mit subtropischer Vegetation – heute in städtischem Besitz.

Giardino Belvedere: Der schmale Grünstreifen am See, der sich vom LAC nach Süden zieht, wird von der Stadt für eine Open-air-Ausstellung genutzt: Skulpturen vorwiegend von Tessiner Künstlern schmücken den Grünstreifen, aber auch Max Bill ist vertreten. Mit der Eröffnung des LAC (s. o.) wurde 2015 der Giardino etwas kürzer, die kleine Ausstellung musste neu komponiert werden.

Das auf Säulen abgestützte offene Tempelchen am südlichen Ende beschützt eine Büste George Washingtons. Was hat der erste amerikanische Präsident mit Lugano zu tun? Nichts. Das Denkmal, das etwas verloren dasteht, wurde Mitte des 19. Jahrhunderts von einem reich gewordenen Rückkehrer gestiftet, und keiner hat es abgeräumt.

Das Luganese → Karte S. 148

Basis-Infos

PLZ 6900

Information **Lugano Turismo,** im Rathaus. Mo–Fr 9–12/13–18, Sa 9–12/13–17, So 10–12/13––16 Uhr. Gut bestückt mit Material über die Umgebung. Palazzo Civico, Piazza della Riforma 1, ☏ 058-2206506, www.luganoregion.com.

Zweigstelle am Bahnhof: Mo–Fr 9–13/14–18, Sa 9–13 Uhr. Piazzale della Stazione, ☏ 058-2206504.

Hin & weg **Bahn:** Lugano liegt an der Gotthardlinie, schnelle Verbindung nach Bellinzona und Chiasso, langsamer sind die Bummelzüge, die an jedem Ort halten.

Die „Ferrovia Lugano-Ponte Tresa", eine Schmalspurbahn, fährt mehrmals stündlich über Agno bis zum Grenzort Ponte Tresa.

Postauto: Verbindung u. a. nach Tesserete, Lamone, Melide, Morcote, Carona, Montagnola.

Schiff: Linienschiffe nach Gandria, Morcote, Campione d'Italia (für Spieler), Melide, Capolago. Abfahrt im Zentrum wie auch im südlichen Stadtteil Paradiso.

Stadtbus: 9 Linien decken das Stadtgebiet (inkl. Monte Brè) ab.

Standseilbahn: Mit viel Gepäck zum Bahnhof hochzugehen, ist mühsam. Man ist dankbar für „Sassellina", eine Standseilbahn, die von früh bis spät zwischen der Piazza Cioccaro und der Stazione pendelt. Einfache Fahrt 1,30 CHF.

Parken Es gibt einige Straßenzüge, in denen geparkt werden darf, aber erstens findet man nicht so schnell eine Lücke, und zweitens wollen die Parkuhren gefüttert werden. Besser gleich in eines der Parkhäuser fahren (→ Karte S. 156/157), auch wenn diese sündhaft teuer sind.

Einkaufen Wer Juwelen sucht oder sich neu einkleiden will, findet zahlreiche Boutiquen in der Altstadt, besonders schicke in der **Via Nassa.** Souvenirs für Gaumen und Magen findet man bei **Gabbani** an der Via Pessina 12. Der Gründer dieses Geschäfts für Gourmets, Domenico Gabbani, eröffnete 1937 hier einen Salamiladen; heute ist daraus ein kleines Imperium geworden, das sein Sohn Lino mit rund 50 Angestellten betreibt: Käse, Obst, Wein, Gebäck, ja sogar ein Hotel mit Restaurant ... und man findet immer noch eine hervorragende Salami und eine Sandwich-Theke zur Straße.

Fahrrad **Publibike** ist ein in der Schweiz wachsendes Verleihnetz, das digital arbeitet: App runterladen und registrieren. Lugano verfügt über mehrere Stationen in der Stadt und der Umgebung, an denen man Räder findet oder abstellen kann. Genaue Infos und Preise unter www.publibike.ch.

Rent a Bike, das schweizweit bekannte Netz unterhält eine Verleihstation am Bahnhof. ☏ 0848-446688.

Festivals **Estival Jazz,** hochkarätiges Jazzfestival in der 1. Julihälfte, open-air auf der

Piazza della Riforma und gratis. Die Gästeliste seit der Gründung 1979 verzeichnet Dizzy Gillespie, Keith Jarrett, Ray Charles, Carla Bley ... Programm unter www.estivaljazz.ch.

Fundbüro Das „Ufficio oggetti smarriti" befindet sich bei der Polizeistelle an der Via Beltramina 20b. Mo–Fr 8.30–11.30/14–16 Uhr. ✆ 058-8668111. Für im Zug liegengelassene Sachen am Bahnhof nachfragen.

Markt **Wochenmarkt** Di und Fr vormittags auf der Piazza del Mercato.

Trödelmarkt ebenfalls auf der Piazza del Mercato: Sa 8–17 Uhr. Auch viele Stände von Kunsthandwerkern und Schmuckherstellern.

Schiffsausflüge Die **Società Navigazione del Lago di Lugano** veranstaltet regelmäßig Rundfahrten, Kreuzfahrten und Schifffahrten mit Lunch oder Abendessen. ✆ 091-2221111, www.lakelugano.ch.

Schwimmen Hallenbäder gibt's natürlich auch. Wer ein Seebad genießen will, begibt sich entweder an den **Lido di Lugano** östlich der Cassarete-Mündung oder besser noch in den südlichen Stadtteil Paradiso ins **Bagno Pubblico.**

Der Palazzo Civico in Lugano

Übernachten

→ Karte S. 156/157

Hotels ***** Zurigo Downtown 4**, nach einem halben Jahrhundert Familienbetrieb 2019 von einem Hotel-Unternehmen übernommen, das dem alten Namen ein „Downtown" angehängt, sonst aber nichts geändert hat. Rosafarbener Palast bei der zentralen Bushaltestelle (Stadtbusse). Gebührenpflichtige Parkgarage. Corso Pestalozzi 13, ✆ 091-9234343, www.hotelzurigo.ch. ₣₣₣

***** Ceresio 2**, nüchterner Bau in nüchterner Umgebung, das helle Entrée überzeugt hingegen. Oft Gruppenreisende, da auf dem großen Parkplatz problemlos auch Busse Platz haben. Via S. Balestra 19, ✆ 091-9231044, www.hotelceresio.ch. ₣₣₣

***** Delfino 12**, im Ortsteil Paradiso versteckt. Große Terrasse mit solarbeheiztem Schwimmbad. Selbst die bescheideneren Zimmer sind noch komfortabel. Via Casserinetta 6, ✆ 091-9859999, www.delfinolugano.ch. ₣₣₣

**** San Carlo 11**, superfreundlicher Empfang in bester Altstadtlage. Die Zimmer sind nicht besonders groß, aber praktisch eingerichtet (Ventilator). Via Nassa 28, ✆ 091-9227107. ₣₣₣

Pestalozzi 5, Stadtvilla in der Nähe des Seeparks (Parco Civico). Renovierte Zimmer, alle mit Du/WC. Preiswertes Restaurant, das in seiner Geschichte jahrzehntelang alkoholfrei war, heute aber eine gute Weinkarte zeigt. Piazza Indipendenza 9, ✆ 091-234646, www.pestalozzi-lugano.ch. ₣₣₣

Montarina 3, hinter dem Bahnhof. Villa aus dem 19. Jh. mit palmenbestandenem Park und Swimmingpool, die sowohl als Hotel (DZ mit Du/WC) wie auch als Hostel (Mehrbettzimmer, Du/WC auf Etage) betrieben wird. Via Montarina 1, ✆ 091-9667272, www.montarina.ch. ₣₣

Jugendherberge **Ostello della Gioventù Savosa 1**, im nördlichen Stadtteil Savosa, erreichbar mit Bus Nr. 5 (Richtung Lamone, Haltestelle Crocifisso). In einem Park gelegene Villa mit Swimmingpool. Mehrere Möglichkeiten vom privaten Zimmer bis zum Schlafsaal oder Frauenschlafsaal. Geöffnet Mitte Febr. bis Mitte Dez. Check-in 15–19 Uhr. Via Cantonale 13, 6942 Savosa, ✆ 091-9662728, www.luganoyouthhostel.ch.

Camping Die nächsten Plätze liegen in Agno und Cureglia, siehe jeweils dort.

Übernachten
1 Jugendherberge Ostello della Giurentù Savosa
2 Ceresio
3 Montarina
4 Zurigo Downtown
5 Pestalozzi
11 San Carlo
12 Delfino
Essen & Trinken
6 Commercianti
7 Mauri
8 Bottegone del Vino
9 La Tinèra
10 Grand Café al Porto
V. S. Gottardo
V. Selva
Via Tesserete
V. Sassa
Via Agostino Soldati
Via Zurigo
Viale S. Franscini
Zentralsitz BSI
V. Ginevra
Via Pretorio
V. Pioda
V. M. Ceneri
V. Cantonale
Corso Pestalozzi
Palazzo Reale
V. d. Posta
Via Dottor Polar
Via Besso
V. Madonna d. Salute
Via B. Foletti
V. Lema
Via Nosedo
Valle
Via San Gottardo
Via Gerso
Via S. Gottardo
Via Lucino
Via Gemmo
Via al Ponte
Via Coremmo
Via dei Bonoli
V. Breganzona
V. Cortivallo
V. Soldino
V. Moncucco
Via Lugano
Via Sorengo
V. Regazzoni
Via Galli
Bahnhof
V. Peri
Kathedrale San Lorenzo
Salita Bossoli
Via G. Luvini
Piazza della Riforma
Riva Alberto
Via Borromini
Via Rodari
Via Montarina
Via Cortivallo
Via al Laghetto
Via delle Scuole
V. Ponte Tresa
Via G. Motta
Via Nassa
V. Vela
Via Maraini
Santa Maria degli Angioli
LAC
Riva
Giardino Belvedere
Via Clemente
Via Adamini
Madonna di Loreto
Via G. Mazzini
Caccia
Via Paradiso
V. Riva
Museo delle Culture
Riva A.
V. Fontana
V. Montalbano
V. S. Calloni
Via Casserinetta
V.le Salvatore
V. Guisan
Via Giuseppe Cattori
V. Geretta
Via d. Scuole
V. Bosia
Riva Paradiso
Via F. Zorzi
V. Guidino
Via Carona
Standseilbahn zum Monte S. Salvatore

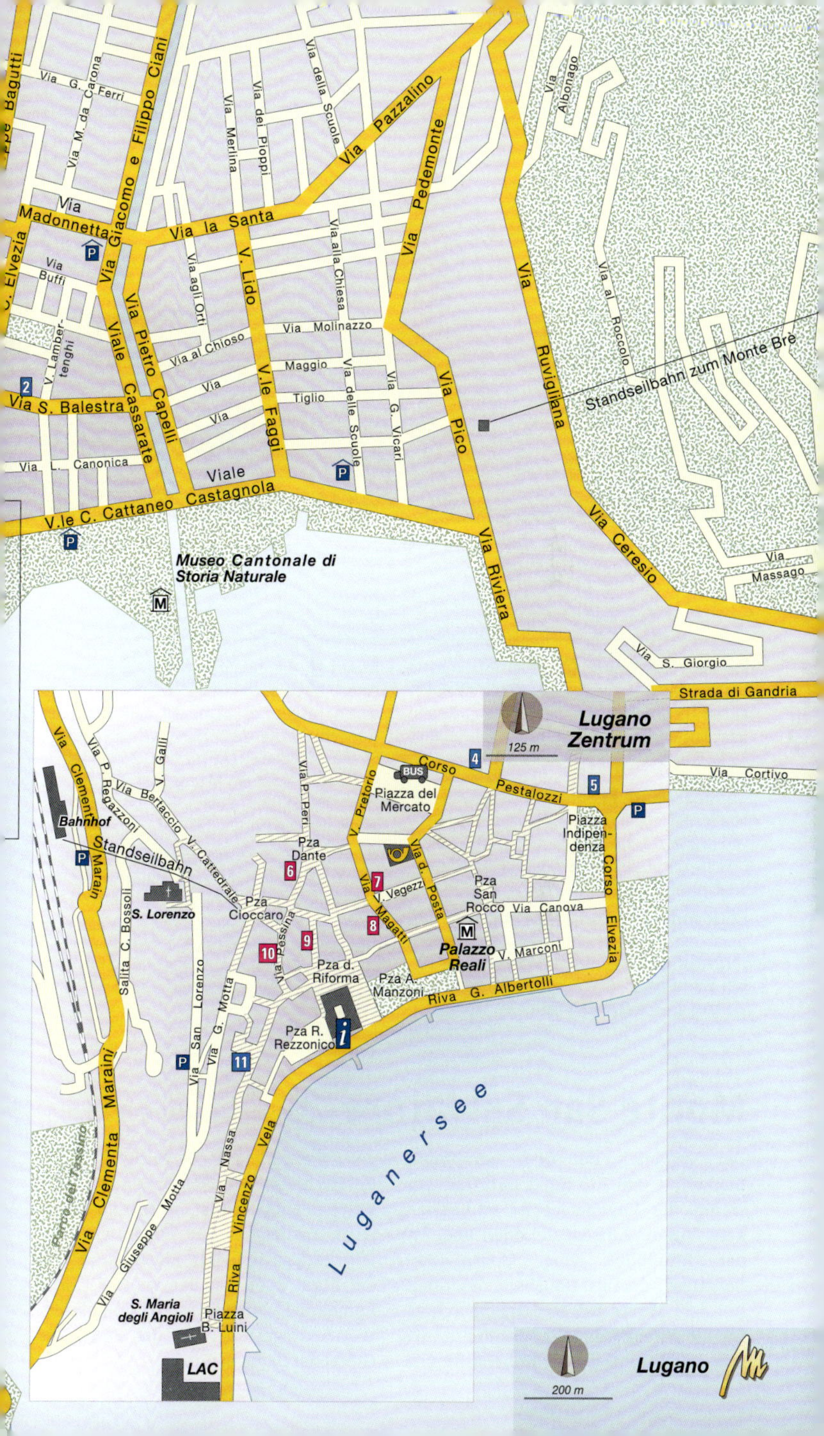

Lugano Zentrum
125 m
Lugano
200 m
Luganersee
Museo Cantonale di Storia Naturale
Standseilbahn zum Monte Brè
Standseilbahn
Bahnhof
S. Lorenzo
Palazzo Reali
S. Maria degli Angioli
LAC
Piazza del Mercato
Piazza Indipendenza
Pza Dante
Pza Cioccaro
Pza d. Riforma
Pza A. Manzoni
Pza R. Rezzonico
Pza San Rocco
Piazza B. Luini
BUS
Via G. Ca Ferri
Via M. da Carona
Via Madonnetta
Via Giacomo e Filippo Ciani
Via Merlina
Via dei Pioppi
Via della Scuole
Via Pazzalino
Via Pedemonte
Via Albonago
Via la Santa
Via Buffi
Via agli Orti
V. Lido
Via alla Chiesa
Via Molinazzo
Via al Chioso
Via Maggio
Via Tiglio
Via delle Scuole
Via G. Vicari
Via Pico
Via Ruvigliana
Via al Roccolo
V. Lambertenghi
Via S. Balestra
Viale Cassarate
Via Pietro Capelli
V.le Faggi
Via L. Canonica
Viale
V.le C. Cattaneo Castagnola
Via Riviera
Via Ceresio
Via Massago
Via S. Giorgio
Strada di Gandria
Via Cortivo
Corso Pestalozzi
Corso Elvezia
Via Clemente Maraini
Via P. Regazzoni
Via Berlaccio
V. Galli
V. Cattedrale
Via P. Peri
V. Pretorio
Via d. Posta
V. Vegezzi
Via Magatti
Via Canova
V. Marconi
Via Pessina
Salita C. Bossoli
Via San Lorenzo
Via G. Motta
Riva G. Albertolli
Via Nassa
Riva Vincenzo Vela
Via Clementa Maraini
Via Giuseppe Motta
Parco del Tassino

Blick von Lugano auf den Monte Brè

Essen & Trinken

→ Karte S. 156/157

meinTipp **La Tinèra 9**, Kellerrestaurant in bester Lage, das gute Tessiner Küche zu akzeptablen Preisen serviert: Kaninchen, Risotto oder Luganighe. So Ruhetag. Via dei Gorini 2, ✆ 091-9104120.

Commercianti 6, mit Betischung auf der Straße. Italienische und internationale Küche von der Pizza zur Piccata bis zum Chateaubriand. Leicht gehobene Preise. Piazza Dante, ✆ 091-9213306.

Bottegone del Vino 8, kleines, populäres Lokal mit langen Holztischen und wenigen „Privattischen", das zum Wein des Hauses täglich wechselnde Menus serviert. So Ruhetag. Via Magatti 3, ✆ 091-9227689.

Mauri 7, zum „Mauri-Konzept" gehört neben einem Modeladen, einem Beaury-Salon und einem Friseur vor allem ein Café mit einer wunderbaren Terrasse zur verkehrsberuhigten Straße. Ein idealer Ort für den Morgenkaffee, einen Drink oder ein Mittagessen (Angus-Rind, Huhn, Lachs, Tatar, Salate). Tägl. bis 17 Uhr geöffnet. Via Vegezzi 1, ✆ 091-9234570.

Grand Café al Porto 10, altes Kaffeehaus mit Tradition. Vormittags kann man es als gediegenes Café aufsuchen, mittags zu leicht erhöhten Preisen italienische Spezialitäten zu sich nehmen, abends ist das Lokal geschlossen. So Ruhetag. Via Pessina 3, ✆ 091-9105130.

Monte San Salvatore

Der Vergleich mit dem berühmten Zuckerhut von Rio hinkt natürlich ein wenig, der Luganersee ist schließlich kein Ozean. Aufregend schön aber ist der Rundblick vom Monte San Salvatore, der als Hausberg der Stadt mit dem Monte Brè konkurriert, schon. Da die Strecke der Standseilbahn, die in zwölf Minuten eine Höhendifferenz von 600 Metern bewältigt, wegen unterschiedlicher Neigungen in zwei Etappen aufgeteilt ist, muss man unterwegs umsteigen. Das Panorama oben ist phantastisch: Der Blick reicht von der Stadt über den See bis tief in die Lombardei hinein, und bei klarem Wetter zeigen sich in der Ferne die Gipfel der Savoyer Alpen.

Von der Bergstation der Seilbahn ist es nur ein kurzer Weg bis zum Gipfel, einem beliebten Ausgangspunkt für eine schöne Wanderung, die über Carona wieder hinunter ans Seeufer führt, das man bei Morcote erreicht (→ Wanderung 8).

▪ **Standseilbahn:** Die Talstation befindet sich im Stadtteil Paradiso (→ Karte S. 156/157). 2. Märzhälfte 9–17 Uhr, April–Okt. 9–18 Uhr (Mitte Juli bis Mitte Aug. bis 23 Uhr) im 30-Min.-Takt. Einfache Fahrt 23 CHF (6–16 J. 10 CHF), hin/zurück 30 CHF (6–16 J. 13 CHF).

Monte Brè

Zumindest nachts ist der Monte Brè auffälliger als der Monte San Salvatore. Bis auf halbe Höhe hinauf ziehen sich die Lichter der Villen in bester Lage. Tagsüber sieht der Berg dann weniger aufregend aus. Hat man nach einigen Serpentinen die Wohnviertel hinter bzw. unter sich, sind es noch knapp 3 km Straße durch den Wald, bis man den Bergort **Brè** erreicht.

Im Vergleich zu den Siedlungen am Fuß des Bergs ist Brè ein richtiges Dorf – mit einer Kirche und sogar einem alten Waschhaus. Für einen Spaziergang begibt man sich am besten auf den ausgewiesenen „Künstlerweg". Wenn die Skulpturen und Wandmalereien unterwegs auch nicht aufregend sind, so hat man hinterher auf diese Weise immerhin einen angenehmen Spaziergang durch alle Winkel des Dorfs gemacht.

Etwas versteckt und nur dürftig ausgeschildert liegt das **Museo Wilhelm Schmid** mit einigen Werken des gleichnamigen Schweizer Malers, der zeitweise in Berlin, zeitweise in Paris arbeitete. Schmid war 1918 Mitbegründer der sog. Novembergruppe, der später auch George Grosz und Wassily Kandinsky beitraten. Nachdem seine Kunst in den 1930er-Jahren von den Nationalsozialisten als „entartet" geschmäht

Das Luganese → Karte S. 148

Panoramarestaurant auf dem Monte Brè

wurde, zog er sich mit seiner Frau in die Schweiz zurück, wo er am Monte Brè Wohnsitz nahm. Nach seinem Tod 1971 vermachte die Witwe das Haus der Stadt Lugano, die zum 50. Todestag Schmids die Ausstellung neu konzipierte – für Kenner moderner Kunst ein kleines Juwel.

▪ Mitte April bis Okt. Fr und So 14–17 Uhr, Eintritt frei.

Vom Dorf erreicht man in einem 20-minütigen Spaziergang den Gipfel des Monte Brè. Dort bietet die Terrasse des Restaurants „Vetta" eine großartige Aussicht auf Lugano und den See, bei klarem Wetter taucht im Hintergrund das Massiv der Walliser Alpen auf.

▪ **Standseilbahn:** Die Talstation liegt in Cassarate (→ Karte S. 156/157). Tägl. im 30-Min.-Takt von 9–18 Uhr (März und Okt.–Dez. 9–17 Uhr, April–Okt. bis 18 Uhr), Juli/Aug. an Wochenenden auch spätere Fahrten. Haltestelle im Dorf Brè sowie auf dem Gipfel. Einfache Fahrt 16 CHF, hin/zurück 25 CHF.

Restaurant **Piccolo Vigneto,** direkt bei der Haltestelle Albonago. Hervorragende Küche zu etwas gehobenen Preisen in einmaliger Lage oberhalb eines kleinen Weinbergs. Blick von der Speiseterrasse auf Lugano und die Berge dahinter. Mo Ruhetag, Di mittags geschlossen. Via al Roccolo 19, ✆ 091-9723985.

Gandria

Der Weg ist so schön wie das Ziel. Der Besuch des kleinen Grenzorts Gandria östlich von Lugano lässt sich mit einem wunderschönen Spaziergang verbinden, der in Lugano-Castagnola beginnt. Bis dorthin gelangt man wegen der stets stark befahrenen Straße auch bequem mit Bus Nr. 2. Von der Haltestelle „San Domenico" führt die *Via Cortivo* parallel zum See und endet dann in einem Parkplatz. Hier beginnt der *Sentiero di Gandria* (gelegentlich auch

Am Sentiero di Gandria

Sentiero dell'Olivo genannt) – ein überaus romantischer Weg, stets nah am See, teils an Oliven-, teils an Kastanienhainen vorbei. Nach einer halben Stunde hat man Gandria erreicht.

Für Gehfaule: Gandria ist von Lugano aus mit dem Bus erreichbar, natürlich auch mit dem eigenen Fahrzeug. Doch ist das Risiko groß, dass die wenigen Parkplätze besetzt sind. Dann bleibt nur die Rückfahrt nach Lugano übrig.

Das einstige Fischer- und Schmugglerdörfchen klebt steil am Hang, ist gezwungenermaßen komplett autofrei, was dem Tourismus förderlich ist. Die paar Restaurants vermieten meistens auch Zimmer und sind an schönen Wochenenden proppenvoll. Wer nach einem guten Essen nicht mehr auf dem Sentiero zurückgehen will, wartet auf das nächste Schiff.

Übernachten **Locanda Gandriese,** im Ortszentrum. In erster Linie ein beliebtes Restaurant. Nur 3 Zimmer, alle mit Seeblick. Lavabo im Zimmer, Du/WC jeweils auf Etage. DZ Ganzjährig geöffnet. Piazza Nisciör 3, ✆ 091-9714181, www.locanda.com. **FF**

Mein Tipp ***** Elvezia al Lago,** außerhalb; traumhafte, einsame Lage am Sentiero di Gandria, zu Fuß eine knappe Viertelstunde von Gandria, aber auch per Schiff erreichbar (einige Kursschiffe halten direkt vor dem Hotel). 10 komfortable Zimmer mit Balkon und Seeblick. Geöffnet Mitte Mai bis Mitte Okt. Sentiero di Gandria 21, 6976 Lugano-Castagnola, ✆ 091-9714451, www.elvezialago.ch. **FFF**

Das Luganese → Karte S. 148

Cantine di Gandria

Mit dem Schiff ins Museum! Gegenüber von Gandria liegt der Weiler Cantine di Gandria, bis 1921 Grenzwacht- und Zollposten der Eidgenossenschaft. Im früheren Zollhaus ist heute das das **Schweizerische Zollmuseum** untergebracht, und dieses erreicht man am einfachsten per Schiff, von Lugano oder Gandria aus.

Das Museum veranschaulicht das einsame Leben des Grenzwächters, klärt aber auch über Schmuggelpraktiken von damals und heute auf. Ein Exponat demonstriert den „Schuhsohlentrick", bei dem Juwelen im halbhohen Absatz versteckt werden. Allerdings ist der ausgestellte Schuh kein Original; dieses wie mehrere Kopien mussten ersetzt werden, weil Museumsbesucher den Trick offenbar selbst ausprobieren wollten und den Schuh in ihrer Tasche verschwinden ließen. Eine Abteilung ist modernen Fahndungsmethoden gewidmet, bei denen Hilfsmittel wie Lkw-Scanner und Drogentestgeräte eine Rolle spielen. Ein anderer Raum zeigt an der Grenze konfiszierte Ware: Pelze, ein Nashornschädel und gefälschte Markenuhren gehören zum Kuriositätenkabinett. Und schließlich darf man auch Einblick nehmen ins Schlafzimmer des einsamen Grenzwächters. Als Bettvorleger dient das Fell eines Deutschen Schäferhunds, der zuvor erfolgreich Hühnerdiebe gestellt hatte. Das liebenswerte Museum untersteht der Eidgenössischen Zollverwaltung, die hier in kluger, oft amüsanter Weise um Verständnis für ihre Arbeit wirbt. Dass im Garten zum See gepicknickt werden darf, ist ein zusätzliches Argument für den Museumsausflug.

▪ Mitte April bis Mitte Okt. Di–So 12–17 Uhr, Eintritt frei.

Hin & weg Von Lugano, bei kluger Planung auch von Gandria aus mit dem Kursschiff. Angelegt wird manchmal direkt vor dem Museum (Museo Doganale), manchmal 200 m weiter westlich (Cantine di Gandria). Eine Alternative ist die knapp 1½-stündige Wanderung von Caprino aus (von Lugano aus mit dem Schiff erreichbar, nördlich des italienischen Casinodorfs Campione). Bei starkem Regen ist der schöne Fußweg am See entlang allerdings nicht begehbar.

Architektur von Mario Botta: Kapelle mit Rampe aufs Dach

Valli di Lugano

Die drei Täler nördlich von Lugano, die als Valli di Lugano zusammengefasst werden, sind sehr unterschiedlich. Gemeinsam ist ihnen, dass sie wirtschaftlich auf Lugano ausgerichtet sind, in ihrem untersten Teil Schlafdörfer oder Vororte der Stadt.

Die *Valle del Vedeggio*, benannt nach dem Fluss, der südlich des Monte Ceneri Autobahn und Eisenbahnlinie begleitet und in Agno in den Luganersee mündet, ist von Durchgangsverkehr und Kleinindustrie geprägt. Für eine touristische Entwicklung bleibt da wenig Platz.

Das *Val Capriasca* mit dem Hauptort *Tesserete* ist schon interessanter. Bei *Origlio* wartet ein malerischer See, im einsamen obersten Teil des Tals treffen sich die Wanderer.

Das *Val Colla* ist das wildeste der drei Luganeser Täler. Zwar sind seit der Eingemeindung 2013 fast alle Dörfer Teil von Lugano geworden, doch von der Stadt ist nichts zu spüren. Auf den einsamen Bergstraßen sind vor allem sportliche Radfahrer zu finden.

Valle del Vedeggio

Bis hinauf nach *Taverne* zieht sich die Agglomeration Lugano, dann zeigen sich beiderseits des Tals steile Bergwände, zwischen denen sich Autobahn, Eisenbahn und Kantonsstraße dahinziehen. Die Dörfer haben kaum Platz, sich zu entwickeln. Am ehesten noch bemüht man sich in **Rivera**, dem letzten Ort vor der Passhöhe des Monte Ceneri, aus dem Schattendasein an der Verkehrsachse herauszutreten. Die *Casa dei Landfogti*, den einstigen Sitz der eidgenössischen Landvögte, lässt man am Straßenrand verfallen, das touristische Potential in Rivera liegt anderswo: Die Gondelbahn auf den **Monte Tamaro** erfreut sich großer Beliebtheit. Viele machen oben nur einen Kurzspaziergang und besichtigen die in den 1990er-Jahren von Stararchitekt Mario Botta entworfene *Kapelle Santa Maria degli Angeli* (siehe unten)– ein spektakulärer Bau – andere schnüren die Wanderstiefel und begeben sich auf die „Königswanderung“ des Tessins, die vom Monte Tamaro in rund fünf Stunden zum *Monte Lema* führt (siehe Wanderung 9). Und weil das Geschäft mit dem Monte Tamaro gut läuft, wurde 2013 an der Talstation der Gondelbahn „Splash & Spa“ eröffnet, ein Wasserpark mit Schwimmbad, riesigem Toboggan, Salzwasserpool, Sauna, Hamam und anderem mehr – so ist man auch bei schlechtem Wetter in Rivera gut aufgehoben.

Santa Maria degli Angeli: Die in den 1990er-Jahren errichtete Kapelle auf der Alpe Foppa gehört zu den spektakulärsten Bauten von Mario Botta – eine ebenso kühne wie raffinierte Architektur. Auf einem 65 Meter langen Steg (oder Viadukt oder Rampe) gelangt der Besucher auf einen Felssporn mit einer einmaligen Aussichtsplattform, die gleichzeitig das Dach der Kapelle ist – oder er nimmt den Weg innerhalb des Viadukts und findet sich vor dem Eingang der Kapelle. Der Rundbau mit einem Durchmesser von rund 15 Metern zeigt an der Außenmauer eine lichte Eisenkonstruktion für die Glocke, im Innern ist er ausgestattet mit 22 Bildern (Marienmotive) von Enzo Cucchi, der je nachdem als Transavantgardist oder Postminimalist apostrophiert wird. Der von derlei kunstkritischen Schubladisierungen unbeleckte Betrachter sieht in der großartigen Zusammenarbeit von Botta und Cucchi in erster Linie eine Einladung zur Meditation in der Bergwelt. Der Auftrag, an dieser ungewöhnlichen Stelle eine Kapelle zu errichten, kam übrigens von Egidio Cattaneo, dem damaligen (mittlerweile verstorbenen) Besitzer der Gondelbahn, der so seiner verstorbenen Frau ein Denkmal setzen wollte.

Hin & weg **Bahn:** Im 30-Minuten-Takt fährt ein Bummelzug von Bellinzona nach Lugano. Zwischenhalte in Rivera, Mezzovico, Taverne, Lamone.

Gondelbahn Rivera – Monte Tamaro: Die Gondel fährt eigentlich nur bis zur Alpe Foppa, wo die berühmte Botta-Kirche steht, der Aufstieg zum Tamaro-Gipfel dauert dann noch gut 1½ Stunden. Betrieb April–Okt. 8.30–17 Uhr, im Juli/Aug. bis 18 Uhr. Einfache Fahrt 20 CHF (6–16 J. 10 CHF), hin/zurück 29 CHF (6–16 J. 14,50 CHF).

Camping ***** Moretto,** am unteren Dorfausgang von Cureglia und somit nah bei Lugano. Großes Wiesengelände mit einigen Bäumen und 130 Stellplätzen. Am meisten Schatten findet das Iglu am Rand des Terrains. Alles sehr gepflegt. Mit Restaurant/Pizzeria. Geöffnet April–Okt. Via Moretto 3, 6944 Cureglia, ✆ 091-9667662, www.camping-moretto.ch.

***** Palazzina,** am südlichen Ortsausgang von Mezzovico, nach der Industriezone, östliche Talseite. Seit über 50 Jahren von der freundlichen Familie Scoglio, heute in zweiter Generation geführter Platz. Viele Deutschschweizer Dauergäste auf der einen Seite, auf der anderen findet auch ein Iglu Platz. Snackbar/Pizzeria, kleiner Kinderspielplatz. Gepflegte sanitäre Anlagen. Geöffnet Mitte März–Okt. Via alla Palazzina, 6805 Mezzovico, ✆ 091-9461467, www.campingpalazzina.ch.

Wohnmobil Unten im Tal, nahe bei Lugano, bietet der *Camping Moretto* (s. o.) kompletten Service, oben knapp unterhalb der Passhöhe des Monte Ceneri die *Camper-Area Tamaro*.

meinTipp **Essen & Trinken** **Carletti,** in Bedano. Das im ganzen Sottoceneri bekannte Lokal serviert neben einer ausgezeichneten Tessiner Küche auch mediterrane Gerichte. Im Sommer wird unter der romantischen weinverhangenen Pergola diniert. Die Preise sind überdurchschnittlich, die Qualität auch. Mo Ruhetag. Vicoletto 3, 6930 Bedano, ✆ 091-9450333.

Das Luganese → Karte S. 148

mein Tipp **Grotto Ticinese,** am oberen Ortsausgang von Cureglia. Beliebtes Grotto mit 130-jähriger Tradition. Unter dem Vordach wird gegrillt, was im lauschigen Garten aufgetragen wird. Spezialität des Hauses ist der mit Polenta servierte Brasato di Manzo del Grotto (Rinderbraten), aber auch die 450 g schwere Costata di Manzo (Rindersteak) ist nicht zu verachten. Di Ruhetag. Via ai Grotti 2, Cureglia, ✆ 091-9671226.

Wanderung 9: Traversata Tamaro – Lema → S. 264
Die Königsroute: Höhenwanderung zwischen Luganersee und Lago Maggiore

Val Capriasca

Der Hauptort **Tesserete** vermag trotz einiger Palazzi aus den besseren Zeiten eines Luftkurorts nicht so recht zu überzeugen. Neubauten und ein großes Sportzentrum bestimmen das Bild der zersiedelten Gemeinde. Dem Ortskern ist dank einiger Bausünden jegliche Harmonie abhanden gekommen. Selbst die Pfarrkirche *Santo Stefano* mit ihrem vierfachen Glockenspiel – im Innern weitgehend barock ausgestattet – bekam ein Wohnhaus als Anbau. Die alte Mietskaserne dient heute zivilen Bildungszwecken. Der Bahnhof steht verloren da, seit die Eisenbahnlinie nach Lugano vor bald einem halben Jahrhundert eingestellt wurde. Als Hauptort hatte Tesserete an Bedeutung bereits eingebüßt, als es 2001 Teil der Fusionsgemeine Capriasca wurde. Für Streifzüge in die Umgebung hingegen findet man hier aber eine brauchbare Infrastruktur, vor allem gute Busverbindungen und etliche Restaurants.

Stilmischmasch: Kirche von Vaglia

Im Nachbarort **Vaglia** ist einzig die *Chiesa di Sant'Antonio die Padova* einen Blick wert und das auch nur von außen. Der auffällige Bau stammt aus dem Jahr 1915 und zeigt neoromanische und neugotische Elemente sowie solche des Jugendstils – ein unterschiedlich geziegelter Turm, viele Türmchen und eine grün-rot gemusterte Fassade. Eklektizismus beziehungsweise purer Stilkarneval.

Einladender ist das Dorf **Origlio,** das seinen alten Ortskern pflegt und einige stattliche Villen zeigt. Dank eines kleinen Sees (Laghetto d'Origlio) hat sich der Ort zu einem Naherholungszentrum für Luganesen gemausert. Zum Freizeitangebot gehören ein großer Kinderspielplatz mit Picknickwiese, Tennisplätze und ein Hallenbad. Der

Am Laghetto d'Origlio

See ist Naturschutzgebiet: Seerosen, Enten und Ruhe. Doch darf gefischt (die Lizenz gibt's im Rathaus) und gebadet werden. Vor allem aber bietet sich hier ein Uferspaziergang an, der teilweise durch Kastanienwälder und zu einigen lauschigen Picknickstellen führt. In 45 Minuten ist der See umrundet, Sportliche schaffen es in 30 Minuten.

Nichts mehr von Lugano ist ganz oben im Val Capriasca im abgelegenen, über ein schmales Sträßchen erreichbaren Weiler *Gola di Lago* (972 m) zu spüren. Hier starten die Wanderer in alle Himmelsrichtungen. Zu den beliebtesten Strecken gehört der „Trans Swiss Trail", auf dem man über das Kapuzinerkloster Santa Maria von Bigorio (s. u.) nach etwas über zwei Stunden Tesserete erreicht.

Kloster Santa Maria von Bigorio: Mit Gründungsjahr 1535 ist es das älteste Kapuzinerkloster der Schweiz und wird auch heute noch vom Orden verwaltet. In erster Linie dient es als Tagungs- und Seminarzentrum, an Wochenenden finden oft Hochzeiten statt. Der Weg durch Kastanienwälder hoch zum abgeschiedenen Kloster ist aufregender als das Ziel.

Sant'Ambrogio von Ponte Capriasca: Ein Gemälde von Leonardo da Vinci in diesem abgelegenen Tessiner Tal! Natürlich kein echter da Vinci, aber fast. Wer in Ponte Capriasca die Kirche Sant'Ambrogio betritt, staunt nicht schlecht: An der linken Wand ist das weltberühmte „Letzte Abendmahl" des Meisters zu sehen bzw. eine Kopie. Das Original hängt nach wie vor im Kloster Santa Maria delle Grazie in Mailand und stammt aus den Jahren 1494–1498. Die Kopie in Ponte Capriasca wird auf ca. 1545 datiert und einem Leonardo-Schüler zugeschrieben, je nach Quelle Cesare de Sesto (der starb allerdings 1523), Marco D'Oggioni oder Francesco Melzi. Und gänzlich unklar ist, wie das Bild überhaupt hierher gelangte. Der Betrachter belässt es bei einem Staunen über die bis ins Detail getreue Kopie, die einzig bei den Fenstern im Hintergrund bewusst vom Original abweicht.

Hin & weg **Postauto:** Gute Verbindung in die Gemeinden der Valli di Lugano und nach Lugano.

Das Luganese → Karte S. 148

Essen & Trinken **Le Betulle,** fast am südlichen Ende des Laghetto d'Origlio (von Origlio aus Straße nach Cureglia, dann bei der Rudolf-Steiner-Schule rechts ab). Tessiner Küche und Pizza. Was hier vor allem zählt, ist die wunderbare Terrazza und davor eine Wiese bis fast zum See, auf der ebenfalls serviert wird. Mo Ruhetag. Strada dar Pian, Origlio, ✆ 091-9665295.

meinTipp **Del Giardino,** im Ortszentrum von Ponte Capriasca. Die Familie Rivella serviert wirklich preiswerte und gute Tessiner Hausmannskost sowie hausgemachte Wurstwaren. Auch wer nur einen Teller Pasta oder einen knackigen Salat verzehren will, ist willkommen – im bescheidenen, hübschen Garten oder unter der Pergola. Mo Ruhetag. Via Antonio da Ponte 2, Ponte Capriasca, ✆ 091-9451141.

meinTipp **Lüera,** weit oben im Tal, knapp oberhalb von Gola di Lago. Sonja und Luca haben 2011 den alten Landgasthof übernommen und einen sympathischen Ort daraus gemacht. Preiswerte Gerichte und kalte Platten, alles sehr unprätentiös, aber mit Freundlichkeit und guter Laune serviert – im Speiseraum, auf der Terrasse oder auf der großen Wiese davor. Falls der Gast Sonderwünsche (z. B. Fisch) hat und diese telefonisch voranmeldet, besorgt der Wirt das Nötige. Schließlich ist er zertifizierter Gastronom der „Republik von OIK" (was das genau ist, erklärt Ihnen Luca gern). Leider nur Fr–So geöffnet. Gola di Lago. ✆ 091-9431240.

Val Colla

Obwohl nah bei Lugano und seit einer Fusion 2013 weitgehend Teil der Stadt, ist das Val Colla das unberührteste der Täler der Valli di Lugano. Rund ein Dutzend Dörfchen oder Weiler kleben beidseitig an den Berghängen des Tals – zusammen zählen sie nicht einmal tausend Einwohner. Entsprechend sind die kurvenreichen Straßen wenig befahren. Der Cassarate, der das Val Colla durchzieht, nimmt zahlreiche Wildwasser auf, die den oberen Talabschnitt zerfurchen. Das Tal ist größtenteils bewaldet, vielerorts aber wegen der steilen Abhänge nur schwer zugänglich.

Seit der Jahrtausendwende verzeichnet man im Val Colla wieder einen leichten Bevölkerungszuwachs, erste Anzeichen einer Suburbanisierung. Aber noch finden Wanderer, Radfahrer und Mountainbiker eine ruhige Gegend vor, die zu Ausflügen und Touren einlädt. Bergsteiger suchen die Gipfel an der italienischen Grenze auf, deren höchster, die *Gazzirola* (2116 m), über einen Schotterweg auch für Mountainbiker zugänglich ist und bei schönem Wetter den Blick über Lugano bis in die Poebene freigibt.

Hin & weg **Postauto:** Der gelbe Bus fährt von Lugano aus tägl. rund ein Dutzend Mal ins Val Colla und hält in allen Orten des Tals.

Essen **Grotta Arla da Covin,** auf halbem Weg zwischen Maglio und Sonvico, ca. 3 km nach Trecio. Kein Felsengrotto, eher eine schöne Landkneipe. Riesiger, schattiger Garten unterhalb der wenig befahrenen Straße. Ob Fleischspieß oder Tessiner Platte, hier isst man gut. Mo/Di geschlossen. Madonna d'Arla, 6968 Sonvico, ✆ 091-9432137.

Grenze zum Mendrisiotto: Seedamm von Melide

Das Luganese → Karte S. 148

Halbinsel Ceresio

Die Halbinsel, die sich zwischen zwei Armen des Luganersees erstreckt, gehört zu den beliebtesten Reisezielen im Tessin. Die Autobahn stört nur im nördlichen Teil des Ceresio, dann verläuft sie unterirdisch und taucht bei Melide wieder auf, um den See auf dem Damm zu überqueren.

An der Südspitze der Halbinsel liegt am Seeufer *Morcote*, ein eng an den Berg geklammertes Bilderbuchdorf, das Mühe hat, den Tagestourismus zu verkraften. Im Inneren locken das „Künstlerdorf" *Carona* mit seinem gepflegten Ortskern und *Montagnola*, das heute vor allem wegen des Hesse-Museums aufgesucht wird. Der weltberühmte Autor von „Siddharta" und „Der Steppenwolf" lebte hier von 1919 bis zu seinem Tod 1962. Dass auch der Sozialphilosoph Max Horkheimer und sein Freund Fritz Pollock, zwei Schwergewichte der sogenannten Frankfurter Schule, sich in Montagnola niederließen, ist weniger bekannt. Heute zieht die Collina d'Oro (Goldener Hügel), wie sich die Region nennt, eher das Geld als den Geist an: Neureiche Russen bringen hier in jüngster Zeit Kapital und Kinder in Sicherheit. So gibt heute in der amerikanischen Privatschule TASIS (The American School in Switzerland) rund ein Viertel der knapp 700-köpfigen Schülerschaft Russisch als Muttersprache an. In *Melide* am Seeufer wurde die protestantische Kirche mangels Kirchgänger an die wachsende russisch-orthodoxe Gemeinde verkauft.

Auch wenn Sie bestimmt nicht allein unterwegs sein werden: Die Wanderung auf dem „Trans Swiss Trail" vom Monte San Salvatore über Carona nach Morcote (→ Wanderung 8) ist aufregend schön.

Wanderung 8: Blicke auf den Luganersee → S. 262
Höhenwanderung auf der Ceresio-Halbinsel

Melide

Das einstige Fischerstädtchen liegt am Anfang einer Landzunge, die 1848 zum Seedamm von Melide erweitert wurde, über den heute Autobahn und Bahnlinie ins Mendrisiotto und weiter nach Milano führen. Noch älter als der Staudamm war die schmucke *Villa Galli* an der Spitze der Landzunge, die in den 1950er-Jahren zum Tanzlokal umfunktioniert wurde und als „Villa Romantica" Clark Gable zu ihren illustren Gästen zählen durfte. 2013 wurde sie abgerissen. Wie so oft im Tessin sind die Immobilienhaie stärker als die Denkmalschützer. Bald soll an Stelle der Villa ein luxuriöses Residenzhotel eröffnen.

Der Ortskern zeigt noch einige schmucke Häuser, doch das Leben spielt sich unten an der Seestraße ab, wo großer Parkplatzmangel herrscht. Dort reihen sich auf kurzer Distanz Hotels und Geschäfte.

Größte Attraktion von Melide ist **SwissMiniatur** am Anfang der Landzunge. Die 1959 eröffnete Freiluftanlage mit einer Fläche von 14.000 m² präsentiert über 120 Modelle der berühmtesten Bauten der Schweiz im Maßstab 1:25: das Bundeshaus in Bern, das Großmünster in Zürich, Schloss Thun, Kapellbrücke von Luzern, das moderne Beyeler-Museum in Basel. Das Tessin ist mit dem Dazio Grande (Rodi-Fiesso), der Madonna del Sasso (Locarno), der Standseilbahn zum Monte San Salvatore (Lugano), dem Haus der Landvögte (Cevio), einer Autobahnraststätte (bei Piotta), einem weiteren Haus der Landvögte (Lottigna), dem Zentrum Pro Natura (Acquacalda), einem zur 700-Jahr-Feier der Eidgenossenschaft von Mario Botta entworfenen Zelt (Bellinzona), einer Brücke (Lavertezzo), dem Castelgrande (Bellinzona) und einem typischen Bauernhof (nicht weiter identifiziert) vertreten. Politically not correct ist, dass auch der Mailänder Dom da steht, der wurde einfach über die Grenze geholt. Sämtliche Bauten sind mit Nummern versehen und können so von den Besuchern anhand eines der Eintrittskarte beigegebenen Blatts mühelos erkannt werden. Und auch der öffentliche und private Verkehr wird vorgestellt: Zwischen den Bauten kurvt auf 3,56 km Länge eine Modelleisenbahn, ferngesteuerte Schiffchen steuern den Landungssteg an, auf den Autobahnen herrscht kein Stau, und am Flughafen Zürich stehen noch die Flieger der 2002 bankrott gegangenen Swissair.

▪ Mitte März–Okt. tägl. 9–18 Uhr. Eintritt 19,50 CHF, 6–15 J. 12,50 CHF.

PLZ 6815

Hin & weg **Bahn:** Melide ist Haltestelle an der Strecke Bellinzona–Chiasso und wird tagsüber im 30-Minuten-Takt angefahren.

Schiff: Linienverkehr nach Lugano, Capolago und über Morcote nach Ponte Tresa.

Übernachten/Essen ***** Riviera,** seit Generationen von derselben Familie geführtes

SwissMiniatur: im Schnellgang durch die ganze Schweiz

Hotel. Restaurant mit Terrasse zum See. Modern eingerichtete Zimmer, die meisten mit Balkon (teils zum See). Hoteleigener Steg für ein Bad im See. Restaurant mit Terrasse zum See, aus dem der Fisch auf Ihren Teller kommt. Geöffnet April–Okt. Lungolago Motta 7, ✆ 091-6401500, www.hotel-riviera.ch. ₣₣₣₣

B & B Al Boccalino, im Ortszentrum, etwas oberhalb der Durchgangsstraße und somit eine Variante für Ruhebedürftige. 9 gepflegte Zimmer, die teureren mit Balkon. Febr. geschlossen. Via F. Borromini 27, ✆ 091-6497767, www.alboccalino.ch. ₣₣₣

Morcote

Ein bewaldeter Bergrücken, ein tiefblauer See und ein harmonisches Dorf – kein Wunder, dass Morcote an jedem Postkartenständer des Sottoceneri zu finden ist. Schon seine Lage an der Spitze der Halbinsel macht aus dem Ort einen Tourismusmagneten.

Keine hässlichen Neubauten verschandeln das Ortsbild. Vielleicht sind die Gemeindepolitiker hier umsichtiger als anderswo im Tessin, vielleicht liegt es auch daran, dass zwischen dem Abhang des Monte Arbòstora und dem See ohnehin nicht viel Platz ist. Jedenfalls hat Morcote sein hinreißend schönes Ortsbild bewahrt.

Unten zieht sich die schmale Seestraße an Arkaden mit Cafés, Restaurants und Boutiquen vorbei; von ihr führen steile Gassen *(strecie)* in den oberen Teil des Dorfs. Ganz oben steht die im 18. Jahrhundert barockisierte Pfarrkirche *Santa Maria del Sasso*. Ihre markante Lage macht neugierig, doch erweist sie sich im Innern eher als enttäuschend. Allenfalls ist der barocke Hochaltar einen Augenschein wert. Der Aufstieg sei dennoch unbedingt empfohlen. Über 400 Stufen zählt der von Zypressen gesäumte Treppenweg. Oben überblickt man die Dächer des Orts und besichtigt hinterher den

Das Luganese → Karte S. 148

Friedhof. Im vorderen Teil hat sich die lokale Nobilität monumentale Grabmäler bauen lassen, das größte erreicht die Höhe einer Dorfkirche. Im neueren Teil liegt der expressionistische Schriftsteller *Georg Kaiser* (1878–1945) begraben, dessen Bücher von den Nazis verbrannt wurden und der sich 1938 im letzten Moment in die Schweiz absetzte. Seine letzten Lebensmonate verbrachte der erfolgreiche, heute weitgehend vergessene Autor auf dem Monte Verità bei Ascona. Auf der untersten Terrasse zum See ziert eine Skulptur von Henry Moore das Grab eines Mailänder Bankiers. Der Grabstein des 2007 verstorbenen Flavio Maspoli, Mitbegründer der populistischen Rechtspartei „Lega dei Ticinesi" steht in bester Lage, ist aber „fast schäbig", wie die regionale Zeitung zu Recht schrieb. Daneben hingegen überrascht eine luftig-leichte Skulptur aus parallel stehenden, in den Grabstein eingelassenen Glasplatten den Besucher – und unten schillert der See.

Parco Scherrer: Der verspielte botanische Park am westlichen Ortsausgang geht auf Arthur Scherrer zurück, einen im Textilhandel reich gewordenen Mann aus St. Gallen. Scherrer kaufte 1930 das Grundstück, auf dem damals zwischen Weinreben und Kastanienbäumchen ein Häuschen stand und sonst nichts. Seine beiden Vorlieben, Reisen und Botanik, standen Pate bei der Umgestaltung zum Park, wie er sich heute präsentiert. Nach dem Tod Scherrers vermachte seine Frau 1965 den Park der Gemeinde mit der Auflage, ihn der Öffentlichkeit zugänglich zu machen und zu unterhalten.

Kamelien, Magnolien, Rhododendren, Palmen, Bambus – die üppige Flora ist ein Vergnügen für Auge und Nase. Neben den kleinen Steinfiguren, die den Wegrand säumen, begegnet der Besucher einigen absonderlichen Gartenverschönerungen, die an Scherrers ausgedehnte Reisen erinnern. Der „römische Brunnen" mit der Grotte dahin-

In traumhafter Lage am See: Morcote

ter streift die Grenze zum Kitsch. Das von sechs Musen gestützte Erechtheion weiter oben ist eine Reminiszenz an die Akropolis von Athen. Es folgen ein fernöstliches Teehaus, ein verglastes Gebäude mit Jugendstildekor, in dessen Innerem Tierskulpturen von Spinnweben umgarnt sind, ein Haus im maurischen Stil und mehr. Im unteren Teil steht Scherrers herrschaftliche Villa, bewacht von vier grimmigen Löwen auf dem säulengestützten Vordach, davor ein großes Brunnenbecken.

Fazit: ein angenehmer, kurzer Spaziergang durch eine üppige Vegetation, unterbrochen von kuriosen architektonischen Spielereien, die man nicht allzu ernst nehmen sollte.

▪ Mitte März–Okt. tägl. 10–17 Uhr, Juli/Aug. bis 18 Uhr; Eintritt 7 CHF (bis 16 J. 2 CHF).

PLZ 6922

Information **Tourist Office,** an der Seestraße; die Zweigstelle von „Lugano Turismo" bietet Informationsmaterial rund um den See. Mo–Fr 9–12/13–18, Sa 10–12/13–17 Uhr. Riva dal Garavèll 16, ✆ 058-2206502.

Hin & weg **Postauto:** Knapp ein Dutzend Verbindungen tägl. nach Melide oder über Figino nach Lugano.

Schiff: 6 Fahrten tägl. über Melide nach Lugano, ebenso viele in die andere Richtung nach Ponte Tresa.

Parken Nicht lange zaudern und in das große Autosilo am Ortseingang eintauchen. Allenfalls fahren Sie am Ortsausgang verzweifelt wieder zurück und landen ebenda.

Galerie Seit Jahren stellt **Paolo Poma** regelmäßig zeitgenössische Tessiner Künstler aus; man kann sich aber auch ohne Kaufabsicht in der kleinen Galerie umsehen. Sehr limitierte Öffnungszeiten: Di–So 14.30–16 Uhr. Strecia di Mort (Seitengasse zur Seestraße).

Hotels **Della Posta,** an der Seestraße. 13 komfortable Zimmer in bester Lage. Geöffnet März–Okt. Piazzetta de la Posta 1, ✆ 091-9961 127, www.hotelmorcote.com. **₣₣₣**

Battello, an der Seestraße, bei der Schiffsanlegestelle. Auf der 3. Etage 5 Zimmer mit Du/WC. Geöffnet Febr.–Nov. Riva dal Drèra 10, ✆ 091-9961260, www.albattello.com. **₣₣₣**

Einer der vielen Gassen zur Seestraße

mein Tipp **Essen & Trinken** **Della Posta,** im gleichnamigen Hotel (s. o.), gut und preiswert. Auf Fisch und italienische Küche spezialisiert, aber auch Pizza aus dem Holzofen. Gegessen wird entweder über der Straße direkt am See oder – fast noch besser – auf der Terrasse in der 1. Etage des Stammhauses. Wenn alles voll ist, wird auch in der 2. Etage gespeist. Geöffnet Mitte März bis Mitte Okt. Piazzetta de la Posta 1, ✆ 091-9961127.

Batello, im gleichnamigen Hotel (s. o.). Direkt am See und auf Tessiner Küche eingeschworen, Polenta steht immer auf dem Programm. Geöffnet Febr.–Nov. Riva dal Drèra 10, ✆ 091-9961260.

Grotto del Parco, am unteren Ende des Parco Scherrer. Man hat den Eindruck, die Vegetation des Parks ziehe sich bis zu den vornehm gedeckten Tischen. Serviert werden klassische Tessiner Küche und fangfrischer Fisch. Bei schlechtem Wetter geschlossen. Reservierung empfohlen. Riva di Pilastri 24, ✆ 091-9802043.

Carona

Das unbestritten schmuckste Dorf in der Collina d'Oro ist Carona. Dominiert wird der Ort von der mächtigen *Pfarrkirche San Giorgio*, einem imposanten Bau aus der Spätrenaissance; der Turm mit der oktogonalen Kuppel ist eine spätere barocke Zutat. Über dem Eingang zeigt ein Fresko den heiligen Georg, der mit der Tötung des Drachens beschäftigt ist.

Links ist die *Loggia del Comune* angebaut, auf der die fünfzehn Wappen der eidgenössischen Stände zu sehen sind. Sie verbindet Kirche und Pfarrhaus und trägt so zur Harmonie des kleinen Vorplatzes bei. Weniger überzeugt der Anbau rechts, unter dem die Straße hindurchführt. Das dreischiffige Kircheninnere ist reich mit Fresken aus dem 16. Jahrhundert geschmückt. Das „Jüngste Gericht" im Chor ist zweifellos von Michelangelos Werk in der Sixtinischen Kapelle inspiriert, das „Letzte Abendmahl" an der Rückwand (zwischen Taufe und Grablegung Christi) lehnt sich an Leonardo da Vincis berühmtes Gemälde im Kloster Santa Maria delle Grazie in Milano an. An der rechten Wand empfängt die schöne Salome mit dem Silbertablett das Haupt des geköpften Johannes. Später wurde das Kircheninnere teilweise barockisiert, so dass von einem einheitlichen Stil nicht die Rede sein kann.

Hermes-Brunnen von Meret Oppenheim

Von der Pfarrkirche geht man ein Stück die Dorfstraße entlang, biegt dann rechts ein und erreicht den neu gepflasterten Dorfplatz, die malerische *Piazza Montàa*. Sie ist von herrschaftlichen Häusern gesäumt, darunter die *Casa Costanza*, die im Giebel ein Trompe-l'Oeil-Gemälde mit einem Papagei zeigt; sie war einst das Feriendomizil von Lisa Wenger, in dem auch ihre Enkelin Meret Oppenheim gern urlaubte (→ Kastentext „Künstlerdorf Carona"). Der elegante *Brunnen* auf dem Platz mit den zwei ineinander verschlungenen wasserspeienden Schlangen ist ein Werk Oppenheims, von ihr „Hermes-Brunnen" betitelt. Sie schuf die Gipsform, von der insgesamt sechs Bronzegüsse gefertigt wurden; ein weiterer Hermes-Brunnen findet sich im Park des Tinguely-Museums von Basel. Die Schlange ist in Meret Oppenheims Werk ein zentrales Motiv, sie ziert auch ihr Grabmal, das auf dem Friedhof an der Via Santa Maria (knapp außerhalb des Ortskerns) steht. Dort hat sie eine kreisrunde Form und beißt sich selber in den Schwanz.

Doch beschränkt man sich in Carona, das seit einer Fusion 2013 offiziell Teil der Stadt Lugano ist, nicht darauf, das schöne Ortsbild zu erhalten, auch

„Künstlerdorf" Carona

Carona wird gerne als „Künstlerdorf" bezeichnet. Der Ort war im späten Mittelalter eine Wiege der Baumeister und Steinmetze. Die aus Carona stammende Künstlerdynastie Solari war im 15. Jahrhundert vom Mailänder Dom bis zum Moskauer Kreml an zahlreichen Bauten beteiligt und brachte es zu Ruhm und Reichtum. Heute verbindet man mit der Bezeichnung „Künstlerdorf" jedoch eher Zeitgenossen des 20. Jahrhunderts. Hermann Hesse kam aus dem nahen Montagnola nach Carona, um hier seine Geliebte und später zweite Ehefrau Ruth Wenger zu treffen. Diese wiederum war die Tochter der in der Schweiz sehr erfolgreichen Kinderbuchautorin Lisa Wenger und gleichzeitig Tante der Surrealistenmuse Meret Oppenheim, die in Carona ihre Ferien gern im Domizil ihrer Großeltern verbrachte. Die linkspolitisch engagierte Jugendbuchautorin Lisa Tetzner („Die schwarzen Brüder") und ihr Mann Kurt Held, ebenfalls Jugendbuchautor („Die rote Zora"), fanden in Carona Zuflucht vor den Nazis und blieben bis zu ihrem Tod hier. Für eine kurze Zeit gastierte bei ihnen Bertolt Brecht mit seiner Frau Helene Weigel, ebenfalls auf der Flucht vor den Deutschen. Doch dann urteilte der Dramatiker „Die Schweiz ist zu teuer, hat keine Städte und ist eine Theaterdekoration (ohne Bühnenarbeiter)" – und verzog sich ins dänische Exil. Aber auch ohne Brecht hat Carona das Attribut „Künstlerdorf" verdient.

Das Luganese → Karte S. 148

die Bedürfnisse nach Freizeit kommen zu ihrem Recht. Knapp oberhalb des Friedhofs lädt in wunderbarer Lage ein großes *Freibad* ein, Naturliebhaber begeben sich auf einen Spaziergang zum nahen *Parco Botanico San Grato* (südlich des Orts, ausgeschildert), wo man über Azaleen, Rhododendren, exotische Pflanzen und Nadelhölzer hinweg einen herrlichen Ausblick auf den Luganersee genießt.

Tipp: Die enge Ortsdurchfahrt ist nichts für Wohnmobile! Lassen Sie dieses in Lugano stehen und fahren Sie mit dem Postauto hoch.

Postleitzahl 6914

Hin & weg **Postauto:** ca. alle 30 Minuten Verbindung nach Lugano

meinTipp Hotel ***** Villa Carona,** am südlichen Ortsausgang. Sehr gepflegte Bleibe in einem alten Herrschaftshaus mit großem, einladendem Garten nach hinten, der als Liegewiese wie auch als Örtlichkeit des Frühstücks dient. Obendrein kann man im hier aufgestellten Holzbottich ein Bad (39 Grad) nehmen. 18 komfortable, teils mit Stilmöbeln ausgestattete, fernsehfreie Zimmer, teils mit Verbindungstür zum Nachbarzimmer (ideal für Familien). Geöffnet Mitte Febr. bis Mitte Nov. Via Principale 53, ✆ 091-6497055, www.villacarona.ch. ₣₣₣₣

Essen & Trinken **La Sosta,** oberhalb der Villa Carona und deren Hausrestaurant mit einer malerischen Pergola. Die Karte schlägt Gerichte aus der mediterranen und italienischen Küche vor, die Auswahl ist klein, die Zubereitung hervorragend, die Preise leicht über dem Durchschnitt. Via Principale 53, ✆ 091-6499860.

meinTipp Ciona, etwas mehr als 1 km nördlich im Weiler Ciona. Traumhafte weinumrankte Pergola, unter der Tessiner Küche serviert wird: Ossobuco mit Risotto, Luganighe, Polenta mit Schmorbraten, Grillgerichte, Fisch, Käse und Wurst aus der Region. Ausgezeichnete Qualität zu durchschnittlichen Preisen. Mi Ruhetag, Do erst ab 17 Uhr geöffnet. Piazza di Ciona 5, ✆ 091-6494424.

Montagnola

Die ziemlich zerstreute Ortschaft, heute Teil der Großgemeinde *Collina d'Oro*, erstreckt sich über einen von der Sonne verwöhnten Hügelzug – eine begehrte Wohnlage. Der Immobilienmarkt boomt, neue Villen werden zu stattlichen Preisen gehandelt. Zum Glück sind sie meist dezent im Grünen versteckt oder passen sich dem Ortsbild an. Das Siedlungsgebiet hat sich in den letzten Jahrzehnten beträchtlich erweitert, ohne dass viel architektonischer Wildwuchs auszumachen wäre, was im Tessin ganz und gar nicht selbstverständlich ist. Selbst der stattliche Bau der *American School in Switzerland*, wo der internationale Geldadel seinen Nachwuchs ausbilden lässt, stört nicht weiter.

Die meisten Fremden kommen jedoch nicht nach Montagnola, um sich nach einer Immobilie umzusehen. Ihr Ziel ist vielmehr das *Hermann-Hesse-Museum*, das in einem Turmanbau der *Casa Camuzzi* im alten Ortskern untergebracht ist. Im palastähnlichen Schloss mietete Hesse 1919 vier kleine Zimmer, 1931 bezog er mit seiner Lebensgefährtin und zukünftigen dritten Frau die *Casa Rossa* am südlichen Ende des Orts, wo er bis zu seinem Tod 1962 blieb. Mithin hatte der Schriftsteller 43 von 85 Jahren seines Lebens in Montagnola verbracht. Er sei, notierte 1960 der Nobelpreisträger (1946) mit leiser Selbstironie „einer von den gebrechlichen und etwas komischen Gemeinde-Greisen" geworden.

Museo Hermann Hesse: Auf vier Etagen zeigt das Museum eine hervorragende Dokumentation über Hesses Leben in Montagnola. Zur Orientierung fasst die Ausstellung gleich am Anfang die wichtigsten biographischen Stationen zusammen. 1919: Auflösung der Familie (die Söhne lässt er in Bern zurück, seine erste Frau kommt in eine Nervenheilanstalt) und Bezug der Wohnung in der Casa Camuzzi; 1924: Schweizerische Staatsbürgerschaft; 1931: Umzug in die Casa Rossa; 1946: Nobelpreis für Literatur; 1962: Ehrenbürgerschaft von Montagnola (mit viel Pomp gefeiert) und Tod (ein Monat später). Dann folgen in den Räumen Dokumente über die wichtigsten Begegnungen in Montagnola, allen voran die Freundschaft mit dem Dada-Mitgründer Hugo Ball und dessen Frau (ab 1920), aber auch ein längerer Besuch des 21-jährigen, damals noch völlig unbekannten Dramatikers Peter Weiß (1937/38), der sich wie Hesse auch als Maler betätigte und ihm ein auf Holz gemaltes Bild „Luganersee" zum Dank für die Gastfreundschaft hinterließ. Bei anderen blieb es beim Briefverkehr: Sigmund Freud, C. G. Jung (dessen

Was haben Sie entdeckt?

Haben Sie ein besonderes Restaurant, ein neues Museum oder ein nettes Hotel entdeckt? Wenn Sie Ergänzungen, Verbesserungen oder Tipps zum Buch haben, lassen Sie es uns bitte wissen!

Schreiben Sie an: Markus X. Schmid, Stichwort „Tessin"

c/o Michael Müller Verlag GmbH | Gerberei 19, D – 91054 Erlangen

mxs@michael-mueller-verlag.de

Patient Hesse war), Walter Benjamin, Konrad Adenauer (zu Hesses 75. Geburtstag). Eine Abteilung ist Hermann Hesses Faible für die fernöstliche Philosophie gewidmet, auf einem Foto stellt er in indischer Tracht seinen Roman „Siddharta" in der Casa Camuzzi vor. Der Museumsbesucher, selbst wenn er mit der Literatur Hesses wenig anfangen kann, rätselt über die vielen Facetten des Schriftstellers, der in Montagnola Ruhe suchte und doch unruhig blieb. Und natürlich fehlen auch nicht einige Ausstellungsstücke, die Hesse im täglichen Leben begleiteten, wie Strohhut und Schreibmaschine oder das kleine Madonnenbild, Öl auf Holz, das er im Gepäck hatte, als er in die Casa Camuzzi einzog: „Ich kaufte in Brescia bei einem Trödler ein altes, kleines Bildchen, ein primitives italienisches Madönnchen aus dem 15. Jahrhundert, das hängt jetzt im Esszimmer und sieht ganz gut aus."

▪ März–Okt. tägl. 10.30–17.30 Uhr, Nov.–Febr. Sa/So 10.30–17.30 Uhr. Eintritt 8,50 CHF.

Wer hinterher Hermann Hesse einen letzten Besuch abstatten will, sucht den **Friedhof von Gentilino** auf, 1 km nördlich von Montagnola. Zwei kurze Zypressenalleen führen zur imposanten, im Inneren aber wenig interessanten barocken *Kirche Sant'Abbondio*; der sehr gepflegte Friedhof befindet sich auf der anderen Straßenseite. Eine Orientierungstafel am Eingang hilft bei der Suche nach Hesses letzter Ruhestätte. Auch das Grab des Dadaisten Hugo Ball findet man dank der Tafel leicht: ein bescheidener rötlicher Stein mit seinem Namen, den Namen seiner Frau Emmy und deren Töchtern aus erster Ehe.

PLZ 6926

Hin & weg **Postauto:** Im 30-Minuten-Takt nach Lugano oder in die andere Richtung bis Agra.

Hermann Hesse – Star der Hippies?

Hotel **Bellevue-Bellavista,** am nördlichen Ortsausgang. 18 etwas nüchtern eingerichtete, aber geräumige, komfortable Zimmer, teils mit kleinem Balkon, Bad mit Badewanne/Dusche. Große Terrasse mit Seeblick. Das Hotelrestaurant bietet italienische Küche und Pizza, manchmal auch Fisch an. Ganzjährig geöffnet. Via Collina d'Oro 72, ✆ 091-9858900, www.bellevue-bellavista.ch. **FFF**

Essen & Trinken **Dei Colombi,** Osteria im Ortszentrum. Das Interieur ist etwas lieblos, kulinarische Highlights sucht man vergebens, dafür sind die Preise äußerst bescheiden. Mo/Di geschlossen. Via Collina d'Oro 63, ✆ 091-9945016.

meinTipp **Caffè Letterario Boccadoro,** unterhalb des Hesse-Museums und dessen Hauscafé. Modernes, helles Interieur. Bescheidene Tagesgerichte, wobei auf regionale Produkte Wert gelegt wird. Vor allem aber kann man sich hier in aller Ruhe beim Kaffee oder Wein der Lektüre hingeben. Zeitungen und Magazine in verschiedenen Sprachen liegen auf. Wem das nicht reicht, der sucht sich ein Buch aus der hauseigenen Hesse-Bibliothek aus. In der 2. Februarhälfte tägl. 8–16.30 Uhr, März–Okt. tägl. 8–17.30 Uhr. Via dei Somazzi, ✆ 091-9933750.

Das Luganese → Karte S. 148

Das Malcantone

Das wenig bekannte Malcantone umfasst ein Gebiet, das sich von Agno am westlichen Seearm über Täler und Hügel bis zum 1621 m hohen Gipfel des Monte Lema zieht.

Wie das Malcantone zu seinem Namen kam, ist bis heute umstritten. Vielleicht liegt ihm das italienische „maglio" (= Hammer) zugrunde. Oben am Monte Torri wurde Eisenerz abgebaut, und in den Dörfern waren mehr Hammerschmiede anzutreffen als anderswo im Tessin. Möglicherweise galt das Malcantone aber auch einfach als vermaledeite Gegend, in der die Leute arm waren und wenig Hoffnung auf ein besseres Leben hatten. Tatsächlich wanderten im 19. und in der ersten Hälfte des 20. Jahrhunderts viele Familien aus, vor allem nach Norditalien. Heute ist die Gegend in den Wirtschaftsraum Lugano integriert und zumindest im unteren Teil verkehrstechnisch gut erschlossen. Am See breitet sich etwas Kleinindustrie aus, in den Bergdörfern setzt man auf sanften Tourismus. Ein „schlechter Kanton" ist das Malcantone jedenfalls nicht, eine Rundfahrt durch die Hügel führt zu ruhigen Dörfern, die zum Verweilen einladen.

Unten in den Seedörfern *Agno*, *Magliaso* und *Casiano* ist der See- und Badetourismus zuhause, entsprechend ist die Infrastruktur: Hotels, Restaurants, Cafés und Supermärkte. Das obere Malcantone (Alto Malcantone) wird zunehmend dem Wandertourismus erschlossen, ein Netz von Wegen verbindet die Dörfer untereinander, die allesamt auch mit dem gelben Postauto erreichbar sind. Weit oben, in *Miglieglia*, fährt eine Gondelbahn zum Gipfel des *Monte Lema*, Endpunkt der Wanderung vom Monte Tamaro zum Monte Lema (siehe Wanderung 9), den man aber ebenso gut als Ausgangspunkt für die berühmte „Königswanderung" in umgekehrter Richtung wählen kann.

Agno

Der an der Mündung des kanalisierten Vedeggio gelegene Seeort ist das Eingangstor zum Malcantone und gleichzeitig dessen einwohnerstärkste Gemeinde. Optisch wird Agno von der mächtigen *Stiftskirche Santi Giovanni Battista e Provino* dominiert, akustisch von viel Verkehrslärm, zu dem auch der nahe *Lugano Airport* beiträgt. Das Dorf selbst ist bis auf ein paar schmucke Häuser im Ortskern ziemlich gesichtslos. Neubauten und historische Substanz vermischen sich wahllos, offenbar regieren hier hungrige Baulöwen statt umsichtige Politiker. Das *Delta des Vedeggio* jedoch ist ein ausgezeichneter Platz für Campingurlauber. Der See ist sauber, Lugano ist nah, und für eine Tour ins Malcantone sind die Campingplätze eine ideale Basis. Die Flugpiste dahinter stört wenig – Agno ist weder Zürich noch Frankfurt und wird nur noch sehr selten angeflogen.

Postleitzahl 6982

Bahn: Agno liegt an der Strecke Lugano–Ponte Tresa, die von den Ferrovie Luganesi (FLP) bedient wird, in beide Richtung im 15-Min.-Takt.

Zimmer **Casa Molinazzo,** ein unauffälliges Wohnhaus mit schönem Garten nach hinten in der Nähe des gleichnamigen Campingplatzes, beim Coop-Supermarkt noch ein bisschen weiter. Familienbetrieb mit 6 Zimmern, alle mit

Dusche/WC, klein, aber freundlich eingerichtet. Schöner Garten nach hinten und strandnahe Lage. Ganzjährig geöffnet. Via Peschiera 11, ✆ 091-6051877, www.garnimolinazzo.ch. ₣₣

Camping Die nachgenannten Campingplätze sind alle am einfachsten von der Straße nach Lugano aus zu erreichen:

Lugano Lake, direkt am See; familiär geführtes, ebenes Gelände mit 3-Sterne-Qualität ganz in der Nähe von Aldi und Coop. 270 Stellplätze, Kinderspielplatz. Die Infrastruktur ist gut, an Schatten fehlt es allerdings etwas. Zugang zum unbewachten Badestrand. Geöffnet April–Okt. Via Molinazzo 9, ✆ 091-6001054, www.camping luganolake.ch.

Molinazzo, beim Lido Comunale. Ebenfalls viele Dauercamper, aber auch das Iglu findet seinen Platz. 100 Stellplätze, schöne sanitäre Anlagen. Das große Plus: direkter Zugang zum Lido, der mitsamt seiner großen Liegewiese vom Camping verwaltet wird. Das freundliche Team gibt abends oft „Hauskonzerte" (Folklore) mit Harmonika, Gitarre und Synthesizer, gelegentlich wird es dabei von musikalischen Campern unterstützt. Für Kinderfreuden sorgt das „Tschu-Tschu"-Bähnchen, das mit ihnen durchs Gelände und rund um den Lido kurvt. Geöffnet April–Okt. Via Acquacalda 15, ✆ 091-6051757, molinazzo.agno@bluewin.ch.

La Palma, auch mit einem Stern weniger schläft man gut. 150 Stellplätze, gepflegte sanitäre Anlagen und ebenfalls direkter Seezugang. Insgesamt mehr Schatten als die beiden vorgenannten. Geöffnet März–Okt. Via Molinazzo 21, ✆ 091-6052561 und ✆ 079-2922556.

Wohnmobil Service auf allen drei oben genannten Campingplätzen.

Essen & Trinken **Grotto Reina,** an der Durchfahrtsstraße. Grillgerichte, Pizza aus dem Holzofen, Luganighe. Die Qualität ist Durchschnitt, die Preise unter dem Durchschnitt. Der Straßenlärm schmälert das Essvergnügen eindeutig. Dafür kann das Personal natürlich nichts, freundlicher dürfte es trotzdem sein. Außerhalb der Saison Sonntagabend geschlossen. Contrada San Marco, ✆ 091-6053894.

meinTipp **Grotto Riviera,** außerhalb des Ortskerns, (Richtung Bioggio, am nördlichen Ortsausgang von Agno links hoch, bei der Gabel wieder links bis zum roten Grotto). Wunderbare, ruhige Lage. Plätze drinnen beim Cheminée oder draußen am Steintisch im schattigen Garten. Tessiner Küche vom Hähnchen bis zum Kaninchen, oft Polenta dazu, ein stattliches Weinangebot und ein freundlicher Wirt, der dafür sorgt, dass alles so bleibt, wie es ist: stimmig. Nur abends geöffnet, So Ruhetag. Via Pezza 24, ✆ 091-6052155.

Das Luganese → Karte S. 148

Magliaso

Die Wohnquartiere ziehen sich bis zum See hinunter, am Ufer findet man neben einer Ferienanlage für Zürcher Schüler ein evangelisches Ferien- und Bildungszentrum. Viel Platz bleibt da für den individuellen Badeurlauber nicht. Golfspieler hingegen sind in Magliaso gut aufgehoben. Der 18-Loch-Platz des *Golf Club Lugano* beidseitig der Magliasina, des Hauptgewässers des Malcantone, gilt bei Kennern als Meisterwerk der Golfplatzarchitektur.

Zoo al Maglio: Für Nichtgolfer bleibt der kleine Privatzoo die einzige Attraktion des Orts. Er liegt im oberen Ortsteil direkt neben der Magliasina und versammelt rund hundert Tiere. Am Eingang begrüßt ein Gibbon den Besucher, dann geht's an einem Känguru aus Tasmanien vorbei. In einem Spielgehege turnen Kapuzineräffchen. Die Enten schwimmen sorglos in ihrem Teich. Der Leopard daneben jagt ihnen keine Angst ein, ein starkes Gitter verhindert, dass er sich an ihnen vergreift. Das Hängebauchschwein lässt – nomen est omen – seinen Bauch hängen, der Rotgesichtsmakak daneben schaut traurig in die Welt, und am Schluss des Rundgangs steht man vor einem Prachtexemplar von Löwen mit einer Mähne wie im Bilderbuch. Seine Frau gesellt sich zu ihm, die beiden posieren gern, aber bald gibt sich der König der Wüste wieder seiner Lieblingsbeschäftigung hin – schlafen. Das sympathische

Unternehmen ist der einzige Zoo im Tessin, fünf Angestellte und drei Aushilfen stellen das Personal. Die Einrichtungen sind oft etwas ältlich, aber daran stören sich die Besucher kaum, schon gar nicht die Kinder. Vor Ort kann gegrillt und gepicknickt werden

▪ April–Okt. tägl. 9–18 Uhr; Nov.–März tägl. 10–17 Uhr. Eintritt 12 CHF, Kind 6 CHF.

Caslano

Im Gegensatz zum benachbarten Magliaso liegt in Caslano hinter der ausgedehnten Neubauzone der alte Kern eines Fischerstädtchens versteckt. Die paar Gassen – die meisten für den Verkehr gesperrt – und vor allem die Seepromenade mit ihren Kastanienbäumen, Bars und einem öffentlichen Leben heben sich wohltuend vom grauen Wohnhinterland ab. Der Tourismus hält sich in Grenzen, größtenteils sind es Einheimische oder einheimisch gewordene Zugezogene, die sich am See zu einem Schwatz treffen. Man sitzt hier angenehm, lässt die Zeit vergehen und hat die grauen Wohnblocks ein paar Straßen weiter hinten schnell vergessen.

Sehenswertes

Museo della Pesca: Das in einem Neubau direkt an der Seestraße (südlich des Orts, Richtung Parco Monte Caslano) untergebrachte Museum ist dem Fischfang von der Urgeschichte bis in die Jetztzeit gewidmet. Bootsbau, Fischereitechniken und Fischhandel werden anhand historischer Fotos und Schautafeln dokumentiert.

▪ April–Okt. Di, Do, So 14–17 Uhr (Juli/Aug. 16–19 Uhr). Eintritt 5 CHF. Falls Sie im Besitz einer gültigen Fischerlizenz sind: Eintritt frei.

Museum Alprose (SchokoLand): Im traditionellen Schokoladenland Schweiz

Baden begrenzt

gehört die 1957 gegründete Alprose zu den Jüngsten in der Branche. Heute arbeiten rund 100 Menschen in der Fabrik von Caslano. Das Unternehmen ist heute im Besitz der Baronie-Gruppe, eines belgischen Süßwarenkonzerns, aber „Alprose" verkauft sich natürlich besser als „Baronie Group Chocolate".

Im „SchokoLand", dem fabrikeigenen Museum, können die Besucher anhand von Dokumenten und eines Videos den Weg von der Kakaobohne bis zur Tafelschokolade verfolgen. Alte Plakate, Blechdosen, Schokoladeautomaten, Sammelbildchen (wer kennt das noch?) zieren den Ausstellungsraum. Beim Fabrikbesuch kann man der Produktion direkt zusehen, und hinterher – den Schoko-Duft noch immer in der Nase – steht man in der „Bottega del Cioccolato", wo die süßen Sachen verkauft werden. Der Alprose-Klassiker ist „Swiss Alps" mit Matterhorn und Schweizer Kreuz auf der Verpackung, aber auch Pralinen, Dragées und Napolitains eignen sich als Geschenk für die Daheimgebliebenen.

■ Tägl. 9–17 Uhr. Eintritt 5 CHF, 7–16 J. 2 CHF.

Naturpark Monte Caslano: Die bewaldete Halbinsel südlich von Caslano wird gänzlich vom Monte Caslano eingenommen und steht wegen ihrer vielfältigen Pflanzenwelt unter Naturschutz. Man kann den kegelförmigen Berg bequem auf dem Uferweg umrunden, der Spaziergang dauert rund eine Stunde. Eine Alternative für Pflanzenliebhaber bietet der didaktische Pfad *(sentiero didattico)*, der auf halber Berghöhe im Wald verläuft und nur wenig Zeit mehr in Anspruch nimmt, sofern man das Studium der 15 unterwegs aufgestellten Tafeln mitberücksichtigt. Man erfährt so einiges über die geologischen Besonderheiten des „Sassalto", wie der Monte Caslano bei den Einheimischen heißt, und von den rund 600 Pflanzenarten (Gefäßpflanzen) und den rund 150 Moosarten sieht man mehr als auf dem Uferweg. Der Lehrpfad beginnt am Ende der Via Stremadone (in Caslano ausgeschildert).

Praktische Infos

PLZ 6987

Information **Tourist Office Turistico,** im Ortszentrum am See, Zweigstelle von „Lugano Turismo". Mo–Fr 9–13/14–18, Sa 9–13 Uhr. Piazza Lago 5A, ✆ 058-2206501.

Hin & weg **Bahn:** Caslano liegt an der Strecke Lugano–Ponte Tresa, die von den Ferrovie Luganesi (FLP) bedient wird, in beide Richtung im 15-Minuten-Takt.

Schiff: 6 Fahrten tägl. über Melide nach Lugano, ebenso viele in die andere Richtung nach Ponte Tresa.

Hotels ****** Gardenia,** 400 m westlich des Ortskerns in absolut ruhiger Lage. Der „Palazzo" im Park war einst Teil eines Klosters, das sieht man ihm jedoch nicht an. 24 geräumige Zimmer mit allem, was der anspruchsvolle Gast braucht, u. a. Minibar, bei den teureren kommt ein Balkon dazu. Gepflegter Garten mit sehr schönem Swimmingpool. (Teure) Panoramasuite mit Wintergarten und Dachterrasse. Geöffnet April–Okt. Via Valle 20, ✆ 091-6118211, www.albergo-gardenia.ch. ₣₣₣₣

Battello, die freundliche Osteria (s. u.) am See verfügt über ein 3-Bett-Zimmer, ein DZ und ein EZ, jeweils mit Dusche und Balkon mit Seeblick. Jan./Febr. geschlossen. Piazza Lago 3, ✆ 091-6061650, www.osteriabattello.com. ₣₣

Camping **Ai Bosconi,** östlich des Ortskerns, hinter dem Lido. Klitzekleine Campingwiese mit Schatten und 25 Stellplätzen. Klein sind auch die sanitären Anlagen, dafür ist der Lido gleich vor der Haustür, dort 4 CHF für den Seezugang. Geöffnet Mitte März bis Mitte Okt. Via ai Bosconi 2, ✆ 091-6009098, www.campeggioaibosconi.ch.

mein Tipp **Essen & Trinken** **Battello,** freundliche, familiär geführte Osteria mit einem breiten Angebot an italienischer und Tessiner Küche: Fisch vom See, Fisch vom Meer, Pasta, Pizza und Polenta. Gegessen wird im Sommer unter dem Schattendach von vier riesigen Kastanien, direkt am See – großartige Lage! Di Ruhetag. Piazza Lago 3, ✆ 091-6061650.

Das Luganese → Karte S. 148

Sessa

Das in den Hügeln über dem Grenzfluss Tresa gelegene 650-Seelen-Dorf war einst der Hauptort des Malcantone. An der *Casa dei Landvogti* mit ihrer Loggia ist noch das verblasste Wappen des Kantons Uri auszumachen; hier sprachen die Vertreter der eidgenössischen Herrschaft Recht. Einige stattliche Palazzi im Ortszentrum und wunderbar begrünte Innenhöfe tragen das ihre dazu bei – Sessa ist der schönste Ort im ganzen Malcantone.

▲ Wohnkultur in Sessa
▼ Tor für Loren zur Goldmine

Im Dorfzentrum erinnern das kleine *Museo della Miniera d'Oro* mit seinen äußerst raren Öffnungszeiten (Di und Fr 10–12 Uhr, 5 CHF) und das verrostete Rollgestell einer Lore an die Zeiten, in denen zwischen Sessa und Astano noch Gold geschürft wurde. Am unteren Ortsrand steht die Kirche San Martino. Im Inneren ist ein prächtiger vergoldeter Holzaltar zu sehen, eingerahmt von zwei Weihrauchbecken schwingenden Engeln. Vor dem theatralisch anmutenden Purpurvorhang kommt das Prunkstück besonders gut zur Geltung. Beachtenswert ist auch die bemalte Holzkanzel, nach unten spitz zulaufend, zum Abschluss ein Kopf, halb Löwe, halb stirnrunzelnder Mensch.

Miniera d'Oro: Knapp 4 km nördlich des Orts wurde 2015 im Weiler La Costa der 375 m lange Hauptstollen einer Goldmine freigelegt. Er ist Teil eines 2 km langen Labyrinths von Gängen, das sich über fünf Ebenen zieht, und kann unter der fachkundigen Begleitung eines Minenführers begangen werden. Vor dem Stolleneingang wurde ein ehemaliger Kompressorsaal zum Empfangsgebäude umgebaut, in dem eine Dokumentation über die Geschichte des Goldschürfens am Monte Sceree zu sehen ist.

▪ **Besuch nur mit Führung** (90 Min.): Juli/Aug. Do–So 10 und 14 Uhr. Anmeldung erforderlich unter ✆ 091-6081125 oder ✆ 079-172 080 oder www.miniereadoro.ch. Eintritt 20 CHF (6–15 J. 13 CHF). Warme Kleidung und robustes

Schuhwerk nötig. Die Temperatur im Stollen beträgt konstant 11–12 °C!

Mein Tipp **Hotel/Restaurant Locanda della Pace,** eher unscheinbar am Ortsrand. Ein freundliches Haus, vor allem bei Radfahrern beliebt. 4 große, schön eingerichtete Zimmer, alle mit Dusche, einige mit WC auf der Etage. Das Restaurant (Di Ruhetag) verfügt nach hinten über eine einladende Terrasse mit Blick ins Grüne. Serviert werden preiswerte Tagesgerichte aus der Tessiner Küche und Pizze. Ganzjährig geöffnet. Via Cantonale, 6997 Sessa, ☏ 091-6081258, www.locandadellapace.com. **FF**

Astano

Fast so malerisch wie Sessa – auch Astano zeigt ein harmonisches, geschlossenes Ortsbild mit einigen Herrschaftshäusern. Eines der schönsten von ihnen ist die *Casa Trezzini*. Am stattlichen Palazzo prangt eine Gedenktafel für Domenico Trezzini (1670–1734), der als Hofarchitekt des Zaren bei der Gründung von St. Petersburg mitwirkte. Dass er „St. Petersburg gebaut hat", wie die Tafel behauptet, ist leicht übertrieben. An der Klingel steht übrigens „Trezzini" – vermutlich wurde das Haus über Generationen weitervererbt. Gleich daneben steht die *Ca' da Roma*, ein ebenso stattlicher Bau, dem allerdings eine Renovierung gut anstünde.

Ein anderer Trezzini aus Astano war es, der 1785 am *Monte Sceree* im Süden von Astano auf eine Goldader stieß (→ Sessa, Miniera d'Oro). Die kantonalen Behörden verboten erst den Abbau, was die Einheimischen allerdings nicht von der heimlichen Goldgräberei abhielt. Nach einer Bewilligung um die Mitte des 19. Jahrhunderts brach dann ein regelrechter Goldrausch aus. Mehrere Gesellschaften mühten sich im Lauf von hundert Jahren am Berg ab, doch reich wurde keine mit dem Gold aus dem Malcantone. 1961 machte die letzte Mine dicht.

Nur 500 m außerhalb des Orts liegt der *Laghetto d'Astano*, ein Naturseelein mit Snackbar und kleiner Liegewiese. Der idyllische Ort ist in kommunalem Besitz.

▪ Geöffnet 9–22 Uhr, wobei von 9 bis 11 und von 17.30 bis 19.30 Uhr gefischt werden darf – so das Reglement, das verhindern will, dass Badende und Fischer sich in die Quere kommen.

Am Lago d'Astano

Das Luganese → Karte S. 148

Mein Tipp **Hotel/Essen & Trinken** ** **Della Posta,** ein ehemaliges Postgebäude, das schon seit den 1880er-Jahren Gäste beherbergt. Dank der sorgfältigen Instandhaltung wurde das Hotel 2005 vom Internationalen Rat für Denkmalpflege (ICOMOS) ausgezeichnet und ein Jahr später in die Reihe der „Swiss Historic Hotels" aufgenommen. Die Zimmer sind unterschiedlich groß, teils mit dem alten Mobiliar des Hauses (restauriert) ausgestattet, das schönste von ihnen mit großem Balkon in der 1. Etage. Angenehmer Aufenthaltsraum mit Cheminée und Bibliothek. Das absolute Plus aber ist der Garten mit seiner mediterranen Vegetation, um den sich die meisten Zimmer gruppieren – ein Traum! Ein Swimmingpool ergänzt den Relax-Luxus. Die Küche serviert zu vernünftigen Preisen italienische und Tessiner Küche. Geöffnet letzte Märzwoche bis Mitte Nov. Via D. Trezzini, 6999 Astano, ✆ 091-6083 265, www.posta-astano.ch. ₣₣₣

Camping * **Al Laghetto,** knapp 1 km außerhalb, gleich neben dem Laghetto d'Astano. Wiese mit 35 Stellplätzen (15 davon dauerbelegt) und einer freundlichen Snackbar. Der kleine, sympathische Platz profitiert eindeutig von seiner unmittelbaren Nähe zum Seelein. Geöffnet April–Okt. Via Al Laghetto 1, 6999 Astano, ✆ 091-6081036, www.camping-laghetto.ch.

Mein Tipp ** **Al Parco d'Oro,** knapp 1 km außerhalb an der Straße nach Sessa. Kleines, sympathisches, idyllisches Gelände in einer Waldlichtung mit 60 Stellplätzen und viel Schatten. Deutschschweizer Leitung. Aufenthaltsraum (Pingpong), Kiosk und Buvette. Kleiner Einkaufsladen mit täglich frischem Brot. Für Individualisten, die keine Luxusansprüche stellen, der richtige Ort. Geöffnet Mitte April bis Mitte Okt. 6999 Astano, ✆ 091-6081282, www.alparcodoro.ch.

Novaggio

In Novaggio ist zumindest im Sommer etwas mehr los als in den anderen Dörfern des oberen Malcantone, hier kommen mehrere Wanderwege zusammen. Viel zu sehen gibt es nicht im Dorf. Die *Pfarrkirche San Siro* zeigt einen etwas eigenartigen Altar mit vier silbernen Päpsten, die dem Gekreuzigten in ihrer Mitte die Show stehlen. Im Dorf selbst wurde 2004 eine Wandmalerei-Aktion durchgeführt, die unnötig gewesen wäre. Kein Konzept und viel Kitsch. Neu ist die Idee ohnehin nicht, zur Verschönerung des etwas verschlafenen Orts hat sie nichts beigetragen.

Miglieglia

Auf einer Terrasse am Fuß des Monte Lema gelegen, entwickelt sich Miglieglia zum Eldorado der Aktivurlauber. Gleitschirmflieger, Mountainbiker und vor allem Wanderer kommen hier zusammen. Letztere nehmen am Morgen die Gondelbahn auf den Gipfel des *Monte Lema* und wandern von dort zum *Monte Tamaro* (siehe Wanderung 9), oder sie sind den Tessiner „Königsweg" umgekehrt gegangen und gondeln abends ermüdet nach Miglieglia hinunter.

Gleich zwei Kirchen des Orts sind dem heiligen Stephan geweiht. Besuchenswert ist vor allem die obere, *Santo Stefano al Colle*, die auf einem Hügel über dem alten Ortskern steht und den Dorfspaziergang abschließt. Ein farbenfrohes spätgotisches Fresko im Chor zeigt den gekreuzigten Christus, dem guten Sünder zu seiner Linken fliegt ein rettendes Engelchen entgegen, den schlechten zu seiner Rechten wird gleich ein Teufelchen quälen. Zwei pausbäckige Engel fangen mit Kelchen das Blut des Gekreuzigten auf. Weitere Fresken aus dem 16. Jahrhundert, teilweise restauriert, finden sich an den Wänden.

Santo Stefano al Colle in Miglieglia

Gondelbahn Monte Lema, April–Okt. tägl. 8.45–17.15 Uhr (Juli/Aug. bis 17.45 Uhr) im 30-Min.-Takt. Einfach 20 CHF (6–15 J. 10 CHF), hin/zurück 28 CHF (6–15 J. 14 CHF).

Hotel Casa Santo Stefano, eine sympathische Adresse mitten im Dorf. In zwei renovierten Häusern werden 13 DZ und 2 EZ angeboten, alle mit Dusche/WC. Den Gästen stehen eine eingerichtete Küche (mit Kamin), eine Terrasse und eine Pergola zur Verfügung; das kleine (professionelle) Massage-Angebot kann zusätzlich zum Wohlbefinden beitragen. Darüber hinaus werden im Haus Seminare organisiert (z. B. Yoga) und Kunstausstellungen gezeigt. Dass die Besitzer auch eine Verkaufsstelle regionaler Produkte unterhalten und das Brot zum Frühstück selber backen, sind zusätzliche Pluspunkte dieses freundlichen Betriebs. Ganzjährig geöffnet. Via alla Chiesa 25, 6986 Miglieglia, ✆ 091-6091935, www.casa-santo-stefano.ch. FFF

Breno

Der Hauptort des oberen Malcantone, seit einer Fusion in der Gemeinde Alto Malcantone aufgegangen, ist ein hübsches Bergnest in 800 m Höhe mit 250 Einwohnern, dominiert von der Pfarrkirche mit ihrem vierschrötigen Turm. Einige Häuser wurden in jüngster Zeit sorgfältig renoviert. Viel ist nicht los in Breno, Wanderer finden Verpflegung in einem kleinen Lebensmittelladen oder – leider nur noch an vier Tagen pro Woche geöffnet – in einer der sympathischsten Osterien weit und breit.

Essen & Trinken Ca' de Betty & Lüis, im Ortszentrum an der Hauptstraße. Der Name ist eine Hommage an die früheren Wirtsleute der alteingesessenen Breneser Gaststube. Nach Jahren der Schließung ließ die Tochter von Betty und Lüis zusammen mit ihrem Mann, einem Profi-Koch, die Osteria wieder aufleben. 2016 gab sie aus Altersgründen das beliebte Lokal an eine tatkräftige Italienerin ab, die verspricht, die Tradition des Hauses als Dorfrestaurant fortzuführen. Regionale Küche (z. B. Risotto ai mirtilli) mit italienischem Einschlag. Für Liebhaber des blauen Dunstes gibt es das „Fumoir Cabriolet" – dort ist die Lüftung so stark, dass Ihnen die Haare geplättet werden und der Rauch im Nu verschwindet. Di/Mi geschlossen. ✆ 091-6003400.

Das Luganese → Karte S. 148

Cademario

Die vielen Minivillen und Wohnhäuser im unteren Teil des Dorfs verraten die Nähe zu Lugano. Im oberen Teil dominiert das 2009 zum todschicken Wellnesszentrum hochrenovierte alte Kurhaus. Der Bau stammt aus dem Jahr 1914 und geht auf den Thurgauer Arzt Adolf Keller zurück, der die gute Luft auf 850 m über dem Luganersee und vielleicht auch den Ausblick auf diesen für das körperliche und seelische Wohl des Menschen förderlich hielt. Keller war ein Schüler von Maximilian Oskar Bircher-Benner, dem Erfinder des Birchermüeslis (sagen Sie bloß nicht „Birchermüüsli", sonst wittert der Schweizer gleich eine Maus in den Haferflocken). Er praktizierte in Cademario nach einer von ihm selbst entwickelten Naturheilmethode, die sowohl auf Sport wie auch auf Suggestion basierte.

Hotels ****** Kurhaus Cademario,** am oberen Ortseingang. Die äußere Gestalt des Kurgebäudes wurde bei der Renovierung 2009 belassen, das Innere und der Garten nach einem klug durchdachten Konzept umgebaut. Das Außenschwimmbad mit Blick auf den Luganersee führt über in ein verstecktes Grottenbad, dem sich ein weiteres separates Schwimmbad anschließt. Zur Spa-Abteilung gehören Dufthamam und Salzgrotte, Eisbrunnen, Finnische Sauna, Biosauna und Duschen, die automatisch auf einen feinen Sprühregen und zurück umstellen, wobei auch gleich die Farbe wechselt – der reine Regenbogenzauber. Über dem Hotel liegt diskret ein weiteres Schwimmbecken versteckt. Ein breites Therapieangebot (Allergie, Stress, Schmerz ...), Massagen (Shiatsu, Maggia-Stein mit Tessiner Walnussöl ...) sowie Schönheitskuren (Faltenfüllen, Peeling mit Honig, Traubenkern, Salz und Kastanien ...) stehen zudem auf dem Programm. Im hohen Zimmerpreis enthalten sind neben einem gesunden Frühstück ein flauschiger Bademantel, Badeslipper, Poolhandtuch sowie freier Zutritt in den Wellness-Bereich und zum schönen Außenbad mit Liegewiese und Seeblick. Ganzjährig geöffnet. Via Kurhaus 12, 6936 Cademario, ✆ 091-6105111, www.kurhauscademario.com. FFFFF

****** Cacciatori,** oberhalb des Dorfs, am Waldrand gelegen. Nicht ganz so nobel wie das vorgenannte, der Luxus zeigt sich erst beim Spaziergang durchs Innere. Zwei Swimmingpools, Finnische Sauna, Rosenquarzdampfbad, Kräuterbad, Massageräume und Beauty-Service. Großer verglaster Speisesaal und Speisegarten. Frühstück und Zugang zu den Wellness-Einrichtungen sind im Zimmerpreis inbegriffen. Geöffnet April–Okt. Via Cantonale 126, 6936 Cademario, ✆ 091-6052236, www.hotelcacciatori.ch. FFFF

***** Al Ponte,** Pizzeria oberhalb der Dorfkirche im unteren Ortsteil. Auf den ersten Blick erwartet man nicht viel, aber das knallig rot angestrichene Haus bietet 12 erstaunlich schöne Zimmer an, mit Dusche und Seeblick, modern eingerichtet, in den teureren steht sogar eine Kitchenette zur Verfügung. Die Brücke über den fast ausgetrockneten Bach, die dem Hotel den Namen gibt, dient sowohl als Bar wie auch als Restaurant. Eine Etage weiter unten findet sich ein hoteleigenes, verglastes Schwimmbad mit Liegestühlen und ebenfalls weiter unten eine nette Pergola, unter der gefrühstückt wird. Ganzjährig geöffnet. Via Cantonale, 6936 Cademario, ✆ 091-6052492 www.al-ponte.ch. FFFF

Badesteg in Brusino Arsizio

Das Mendrisiotto

Das Mendrisiotto ist der südlichsten Zipfel des Kantons, ein Arm des Luganersees ragt zwischen dem Gebirge des Monte Generoso und dem des Monte San Giorgio bis zur Industrieebene von Mendrisio-Chiasso.

Weniger bekannt ist die Valle di Muggio, ein größtenteils bewaldetes Tal, das sich am Bachbett der Breggia entlang hochzieht. Selbst die meisten Tessiner kennen das Tal nicht. Sie wissen aber, dass dort der beste „Zincarlin" produziert wird, ein sämiger Käse aus roher Kuhmilch, dem gelegentlich auch Ziegenmilch beigemischt wird.

Was anschauen?

In **Riva San Vitale** (→ S. 191), am südlichen Ende des Sees See, steht eine um das Jahr 500 datierte Taufkapelle, der älteste Sakralbau der Schweiz.

Der ganze Monte San Giorgio gehört zum Weltnaturerbe der UNESCO. Grund dafür sind die hier gefundenen versteinerten Pflanzen und Tiere. Mehr darüber erfährt man im Fossilienmuseum von **Meride** (→ S. 200).

Nicht nur Kinderherzen schlagen höher angesichts der riesigen, in einer ehemaligen Teigwarenfabrik untergebrachten Sammlung von Modelleisenbahnen der Galleria Baumgartner in **Mendrisio** (→ S. 195): über 8000 Miniaturen vom Schmalspurbähnchen in Graubünden bis zur Southern Pacific in den USA. Ältere deutsche Besucher erleben ein Wiedersehen mit den Mitropa-Speisewagen der verflossenen DDR.

In der Valle di Muggio lohnt das in einem renovierten Palazzo eingerichtete ethnographische Museum in **Cabbio** (→ S. 206) einen Besuch. Hier erfährt man vieles über das Leben im Tal, auch in längst vergangenen Zeiten, in denen die „Nevèra", eine Art alpine Eishütte, als Kühlschrank diente.

Was unternehmen?

Eine Zahnradbahn führt auf den **Monte Generoso** (→ S. 268). Auf dessen Gipfel thront seit 2017 die „Fiore di Pietra" (Steinblume): Das Bergrestaurant in der Form einer sich öffnenden Blume gehört zu den spektakulärsten Bauten des Tessiner Stararchitekten Mario Botta. Wanderer finden hier oben zahlreiche Möglichkeiten.

Der **Geopark der Breggiaschlucht** (→ S. 203) steht unter Naturschutz. Ein wunderschöner Spaziergang führt vorbei an Wasserfällen und Stromschnellen, verwegenen Brücken, Resten einer mittelalterlichen Burg, einer mit Fresken ausgeschmückten Kirche, einem stillgelegten Zementwerk und last but not least einem einladenden Grotto.

Von Brusino Arsizio fährt eine Drahtseilbahn hoch nach **Serpiano** (→ S. 200). Gipfelstürmer erreichen von hier in eineinhalb Stunden die Spitze des Monte San Giorgio. Bequemere begnügen sich mit der Aussicht von der Terrasse des Restaurants der Bergstation: Blick auf das idyllische Dörfchen Morcote am gegenüberliegenden Ufer des Sees.

Wo baden?

Wer sich am Verkehrslärm nicht stört, kann in **Bissone** (→ S. 189), direkt am Ende des Damms, sowohl im beheizten Schwimmbad mit getrennten Bahnen wie auch im offenen See schwimmen.

Kein Verkehrslärm, dafür fröhliches Kindergeschrei herrscht am beliebten Lido von **Riva San Vitale** (→ S. 191) am Südende des Seearms.

Wem ein Bad im See zu warm ist, sucht ein kaltes Becken in der landschaftlich spektakulären **Breggia-Schlucht** (→ S. 203) auf. Das lässt sich hervorragend mit einem Spaziergang durch die Schlucht verbinden.

Wo essen?

Im Städtchen **Mendrisio** (→ S. 199) sitzt man gut in einem der Grotti an der Via alle Cantine, Polenta und Risotto stehen stets auf der Karte. Oder man sucht das „Grotto Loverciano" 3 km außerhalb auf, wohl das größte Grotto im ganzen Tessin – mit Kinderspielplatz und Bocciabahn.

Gourmets suchen oberhalb von **Stabio** (→ S. 201) das „Montalbano" auf. Das im ganzen Mendrisiotto bekannte Lokal verlässt sich auf sein regionales Lieferantennetz. Wie wär's mit einem gebratenen Täubchen oder – nicht nur für Vegetarier – mit einem Brennnesselrisotto?

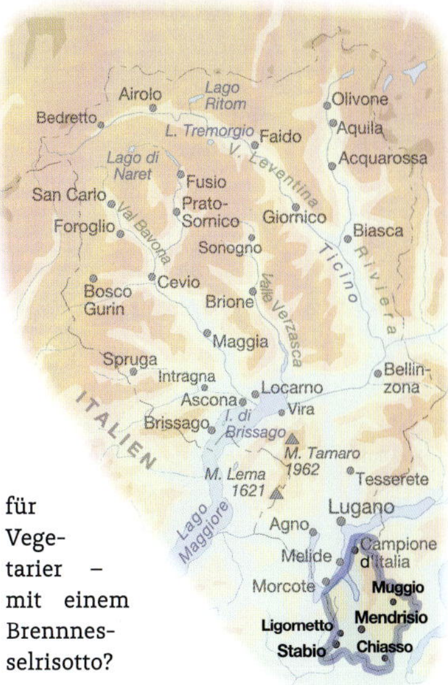

In der Valle di Muggio lohnt ein Ausflug nach **Sagno** (→ S. 204), in einem Seitental der Breggia gelegen. Dort zaubert der Koch von „Ul Fuirmighin", das auch einen kleinen Lebensmittelladen betreibt, eine schmackhafte einheimische Kost. Krönender Abschluss eines Essens ist der Zincarlin, die Frischkäsespezialität des Muggiotals, hier mit Honig serviert.

In **Riva San Vitale** (→ S. 192) lädt das „Unione" in einem ehemaligen Kinosaal zu Tisch. Hit ist hier die Charbonnade für 2 Personen, die der Gast, so er will, selbst am Tisch grillen kann. Im Sommer wird draußen auf der großen Terrasse serviert.

Wo shoppen?

Mit über 160 Läden und einer Schaufensterfront von rund drei Kilometern auf mehreren Ebenen ist „Foxtown" in **Mendrisio** (→ S. 195) das größte Outlet-Paradies der Schweiz. Ob Jill Sander, Adidas oder Samsonite – jede Marke, die auf sich hält, ist hier vertreten. Die Metropolregion Milano mit über vier Millionen Einwohnern liegt nah, an Wochenenden stehen auf den 1200 Parkplätzen zahlreiche Autos mit italienischen Nummernschildern.

Die Orte am See

Wer über den Damm bei Melide fährt, erreicht den südöstlichen Zipfel des Luganersees, der ins Mendrisiotto hineinragt. Im Westen erhebt sich der sanfte Monte Giorgio, im Osten führt eine Zahnradbahn auf den Gipfel des Monte Generoso.

Am Ostufer ist die dreifache, Platz beanspruchende Verkehrsführung dem Seetourismus abträglich: Eisenbahnlinie, Autobahn, Kantonsstraße. Dem Westufer entlang führt ein Sträßchen zum ehemaligen Fischerdörfchen Brusino Arsizio. Ein öffentlicher Zugang zum See steht dort immer noch aus, das Ufer ist weitgehend privatisiert.

San Vigilio: Oratorium in bester Panoramalage

Bissone

Bissone hat weniger Glück als Melide am anderen Ende des Damms: Hier muss sich der Schienen- und Straßenverkehr zwischen Berg und See durchzwängen. An der lauten Seestraße finden sich unter den Arkaden ein paar Restaurants und Cafés, für einen Stopp sei das freundliche *Caffè Olmo* empfohlen.

Parallel hat gerade noch ein alte Gasse Platz, dann ziehen sich hinter den Verkehrsschneisen Einfamilienhäuser hoch, deren Bewohner darauf Wert legen, schnell an ihren Arbeitsplatz in Lugano oder Mendrisio zu kommen.

Die schönste Örtlichkeit von Bissone ist eindeutig das im Sommer stets gut besuchte *Schwimmbad*, direkt am Ende des Staudamms. Nicht selten treffen sich Einheimische hier zur Strandparty.

Rovio: Das Dorf, 500 m über Meeresspiegel und 200 m über dem See gelegen, bietet nicht nur ein herrliches Panorama, es lädt auch zu Spaziergängen ein. Vom schattigen Dorfplatz mit seinen Kastanienbäumen und der Pfarrkirche mit ihrer neu geziegelten Fassade gelangt man in ein paar Minuten zum *Oratorio di San Vigilio*, einem romanischen Bau aus dem 12. Jahrhundert mit noch gut erhaltenen Fresken im Chor. Aufregender als diese aber ist die Panorama-Lage des Kapellchens: Blick bis zum See-Ende bei Capolago zur einen Seite, zur anderen auf den Hausberg Monte Sant'Agata, hinter dem sich der Monte Generoso zeigt.

Auf der anderen Dorfseite führt ein Viertelstundenspaziergang durch den Wald zur *Cascata del Botto*, einem 61 m hohen Wasserfall des Sovaglia-Bachs. Man kann sich ihm bis zur Wasserstaubwolke nähern – erfrischend. Speläologen ziehen sich die Profimontur über, steigen in die Höhle und dringen bis zu einem unterirdischen See vor.

Campione d'Italia

Nur 3 km nördlich von Bissone liegt in bester Seelage ein Stück Italien im Tessin. Der territoriale Status von Campione geht auf das Jahr 777 zurück, als ein langobardischer Herrscher das Gebiet testamentarisch einem Mailänder Kloster vermachte. Natürlich hätten die Eidgenossen dem Kuriosum via Einverleibung ins eigene Staatsgebiet gerne ein Ende gemacht. Beim Wiener Kongress 1814/15, als nach Napoleons Niederlage die politische Landkarte in Europa neu gezeichnet wurde, boten sie an, das abgeschiedene Bergdorf Indemini, das im sonst italienischen Val Veddasca liegt, gegen den Flecken am See einzutauschen; der Vorschlag stieß auf italienischer Seite auf taube Ohren.

Die Bewohner Campiones sind Italiener, doch an ihren meist teuren Autos prangt ein Tessiner Nummernschild. Das Telefonnetz ist der Schweiz angeschlossen, die Nummern beginnen mit „091", Italiener können also Auslandsgespräche ins Inland führen – und Postleitzahlen hat Campione gleich zwei, eine italienische und eine schweizerische. Mit dem zwittrigen Status hat man sich in Campione längst abgefunden, auch damit, dass der Schweizer Franken Hauptwährung ist. Dieser rollt millionenfach im Casino, das lange im Ruch stand, der italienischen Mafia als Geldwaschanlage zu dienen. „Ein Spielcasino ist nun einmal weder ein Kloster noch der Petersdom", kommentierte der frühere Gemeindepräsident von Campione die Vorwürfe freimütig.

2017 wegen Pleite geschlossen, 2022 wiedereröffnet

2009 finanzierte die Gemeinde einen vom Tessiner Architekten Mario Botta entworfenen 120 Millionen teuren, riesigen Neubau. 2017 wurde die Spielhölle geschlossen, man hatte sich in Campione ganz einfach verzockt, und die Gemeinde saß auf einem Schuldenberg von 150 Millionen Franken. In den Restaurants und Bars blieb die Kundschaft aus. Was blieb, war der steinerne Koloss, der die Dorfkirche daneben wie ein Spielzeug aus der Puppenkiste erscheinen lässt, und eine Diskussion, wie der Ort aus der Misere finden könnte. Selbst ein Übertritt der verschuldeten italienischen Gemeinde in die Schweizerische Eidgenossenschaft war wieder im Gespräch.

Dann Neueröffnung 2022: Nachdem die Gläubiger einem Business-Plan zugestimmt hatten, konnte das Casino wieder eröffnen, allerdings auf Sparflamme, statt 500 noch 200 Mitarbeiter, neben Poker und Roulette auch kulturelle Events, man ist offenbar klüger geworden. „Es darf keine ökonomische Monokultur mehr geben in Campione", ließ der neue Bürgermeister verlauten und stellte als Alternative zur Abhängigkeit vom Casino die Förderung des Tourismus in Aussicht.

Hotel ***** Campione,** nördlich von Bissone, knapp vor dem italienischen Spielerparadies Campione, am See. Größeres, in den 1960ern gebautes Hotel, das mehrmals renoviert wurde. Nach hinten Swimmingpool mit Blick auf den See und Kinderbecken. Zum Hotel gehört das in getrennter Regie geführte Restaurant „All'Arco" mit täglich wechselnden Menus. 35 kleine, aber komfortable, meist klimatisierte Zimmer, teils mit Balkon und Seeblick, sowie einige Suiten. Ganzjährig geöffnet. Via Campione 62, 6816 Bissone, ✆ 091-6401616, www.hotel-campione.ch. FFF

Camping ****** Paradiso,** in Melano, knapp vor dem Abzweig nach Rovio, neben einem Hundetrainingsgelände. Großer, gepflegter Rasen zum See, genügend Abstand zur Straße. 160 Stellplätze. Geöffnet April–Okt. Via Pedreta 26, 6818 Melano, ✆ 091-642863, www.camping-paradiso.ch.

***** Monte Generoso,** noch vor dem vorgenannten, nach dem Bahnhof Maroggia-Melano. Sehr schönes Wiesengelände am See mit 150 Stellplätzen, der Verkehr rollt in akustisch erträglichem Abstand. Kleines Lebensmittelgeschäft und Verleih von Kanus und Pedalos sowie eines kleinen Motorboots. In der Hauptsaison oft ausgebucht, reservieren! Geöffnet April bis Mitte Okt. Via Tannini 12, 6818 Melano, ✆ 091-6498333, www.campingmontegeneroso.ch.

Restaurant **Grotto Rialdo,** in Campione an der rechten Straßenseite, noch vor dem Casino-Klotz. Unter der grün überdachten Terrasse gibt's über Holzkohle gebackene Pizza und ein gutes Pasta-Angebot, z. B. Spaghetti all'astice (Hummerspaghetti). Eine Leserin war begeistert und fand zudem das Lokal äußerst preiswert (man befindet sich eben nicht mehr in der sündhaft teuren Schweiz). Nur abends geöffnet, Di Ruhetag. Corso Italia 13, I-22060 Campione d'Italia, ✆ 091-6499797.

Riva San Vitale

Das Örtchen am Ende des Sees mit der weithin sichtbaren *Kirche Santa Croce* (s. u.) verströmt in seinem Zentrum kleinstädtisches Flair: enge Gassen, teils renovierungsbedürftige Fassaden, ab und zu ein schöner Innenhof. Kunsthistoriker versäumen nicht, das *Baptisterium* (s. u.) neben der Ortskirche aufzusuchen. Am See lädt eine kleine Bucht zum Verweilen ein, gleich dahinter ankern ein paar Fischerboote.

Auf halbem Weg nach Capolago zweigt eine Straße zum *Lido* ab, einem großen Seebad mit teils schattiger Liegeweise, Dusche und Strandbar.

Sehenswertes

Baptisterium: Die Taufkapelle von Riva San Vitale, direkt neben der Pfarrkirche im Ortszentrum, gilt als ältester Sakralbau der Schweiz. Er wird um das Jahr 500 datiert, einiges ist nicht mehr erhalten, vieles wurde verändert. Im Zentrum des oktogonalen Raums steht auf dem alten Mosaikboden das Taufbecken mit einem Durchmesser von 1,90 m; dieses stammt allerdings aus dem 12. Jahrhundert, das ursprüngliche Becken liegt darunter und ist tiefer. In den frühen Zeiten des Christentums

Das Baptisterium

Das Mendrisiotto →Karte S. 188

galt noch die sog. Immersionstaufe, die Kandidaten waren erwachsen und tauchten ins Wasser ein. Schon im 6. Jahrhundert kam aber das Ritual der Kindstaufe auf, für das Besprengen des Säugling-Täuflings reichte jetzt ein kleineres Becken. Die Fresken in den Nischen und im Gewölbe werden ins 10. bis 12. Jahrhundert datiert, die Darstellungen haben ihre Farben weitgehend eingebüßt, sind aber noch gut auszumachen: ein Jüngstes Gericht (links unten steigen die guten Seelen aus ihren Gräbern), eine Kreuzigung, ein Engel mit Posaune ...

Kirche Santa Croce: Die am Ortsrand auf einer ummauerten Terrasse gebaute Kirche fällt schon von weitem durch ihre mächtige Kuppel auf, sie gehört zu den großen Renaissancekirchen der Schweiz. Der streng zentralsymmetrische Bau zeigt im Inneren einen dekorativen Marmorboden mit streng geometrischem Muster. Auf halber Höhe unterbrechen Halbkuppeln die Architektur, die stets dasselbe Motiv wiederholen: Löwen und Drachen. Der Besucher ahnt die einst opulente Ausstattung, auch wenn die Fresken nur noch teilweise erhalten sind. Den Bau in Auftrag gegeben hat ein gewisser Della Croce aus dem Mailänder Adel, und was für den Durchreisenden auf den ersten Blick wie die Hauptkirche von Riva San Vitale aussieht, war nicht mehr als eine Hauskapelle, die dem Heiligen Kreuz geweiht ist und gleichzeitig den Namen ihres Stifters trägt.

In der Kirche Santa Croce

Museo Oggetti del Passato: Wer dem Schild „Museo" bei der Pfarrkirche folgt, findet in der Via Sesti den Eingang zur wunderlichen Welt von Fabiano Bustelli. Jahrelang sammelte er Objekte aus vergangenen Zeiten und stattete damit sein Haus aus: alte Nähmaschinen, Fotoapparate, Öllampen, ein Telefonbuch aus dem Jahr 1944, Militärschuhe, Puppenwagen, Buttergeräte und andere Küchenutensilien, alte Zeitschriften zuhauf. Alles wurde fein säuberlich inventarisiert. Der Besucher findet anhand der Nummern der Exponate im Inventarverzeichnis die Beschreibung (auf Italienisch) – interessanter als jedes „klassische" Dorfmuseum. Heute ist es Fabianos Bruder, der Besuchern diese ebenso einzigartige wie wunderliche Sammlung zeigt.

■ Keine offiziellen Öffnungszeiten, kein Eintritt. Einfach am Glockenstrang im Garten ziehen (aber zu menschlicher Zeit) und auf sein Glück hoffen. Oder sich unter ✆ 091-6481018 oder ✆ 079-7312225 anmelden.

Praktische Infos

Zahnradbahn Monte Generoso, Talstation am Bahnhof von Capolago. April–Okt. tägl. 9.25–16.35 Uhr ungefähr stündlich mit zwei Zwischenhalten. Oben das vom bekannten Tessiner Architekten Mario Botta entworfene Restaurant „Fiore di Pietra" (2017 eröffnet) und zahlreiche Wandermöglichkeiten (→ Wanderung 10). Einfache Fahrt 45 CHF (6–15 J. 22,50 CHF), hin/zurück 68 CHF (6–15 J. 34 CHF). Bei schlechtem Wetter kein Betrieb.

MeinTipp **Essen & Trinken Unione,** an der Hauptstraße zwischen Riva San Vitale und Capolago. Im Kino essen, und zwar nicht Popcorn, sondern richtig gut! Ein pfiffiger Deutschschweizer hat ein früheres Kino zum eleganten Restaurant bzw. zur Lounge-Bar umgebaut. Zwischen den einzelnen Tischen ist viel Raum gelassen, was einer ruhigen Unterhaltung förderlich ist. Der Service ist aufmerksam und freundlich, die Speisen sind hervorragend zubereitet. Fangfrischer Fisch aus dem See, Fleisch, vegetarische Platten, auch Kindermenus. Der Hit ist die Charbonnade für 2 Personen, die der Gast, so er will, selber am Tisch grillen kann. Gelegentlich finden am Samstag Veranstaltungen statt (Konzerte, Vorträge), die vom Koch mit einer entsprechend ausgerichteten Speisekarte begleitet werden. Di abends geschlossen, Mi Ruhetag. Via dell'Independenza 16, 6826 Riva San Vitale, ✆ 091-6481010.

Wanderung 10:
Am Abhang des Monte Generoso → S. 268
Abstieg vom Gipfel zur Zwischenstation

Brusino Arsizio

Eine abgeschiedene Lage und traumhaft schön: Brusino Arsizio ist das einzige Dorf am rund 10 km langen Seeufer zwischen Riva San Vitale und dem italienischen Porto Ceresio. Das einstige Fischerdörfchen lebt natürlich längst nur noch vom Tourismus. Den schönen Dorfkern hat sich der Ort aber erhalten – die Ferienhäuser, die dazugekommen sind, stören das Bild nicht.

Einen Nachteil hat die touristische Entwicklung dennoch: Das Ufer ist weitgehend privatisiert, der See ladet zum Bade, aber der Badewillige hat das Nachsehen, sofern er keine Unterkunft mit privatem Zugang zum Wasser hat. Dem will die Gemeinde nun abhelfen: Sie hat einen „Lido Comunale" versprochen ...

Wanderer finden Möglichkeiten rund um den **Monte San Giorgio.** Eine Seilbahn führt hoch nach **Serpiano** (→ Meride), so dass man sich den steilen Anstieg ersparen kann. Von dort sind es dann immer noch 450 m Höhendifferenz bis zum Gipfel, den man in eineinhalb Stunden erreicht.

PLZ 6827

Hin & weg **Bus:** Die „Autolinea Mendrisiense" fährt über Riva San Vitale zum Bahnhof von Capolago und in die andere Richtung bis Porto Ceresio (Italien).

Schiff: Gleich zwei Linien führen über Brusino Arsizio: Porto Ceresio–Capolago und Lugano–Ponte Tresa (mit Zwischenhalten u. a. in Melide und Morcote).

Drahtseilbahn Brusino Arsizio – Serpiano: Die Talstation liegt im Ortsteil Terniciolo (Ortsausgang Richtung Italien), die Bergstation 10 Fußminuten entfernt vom Wellnesshotel Serpiano (→ Meride). Fahrbetrieb Mai–Okt. Mi–So 9.15–17.45 Uhr im 30-Min.-Takt. Bei Gewitter und starkem Wind wird der Betrieb eingestellt. Preis einfache Fahrt 8 CHF (6–15 J. 4 CHF), hin/zurück 14 CHF (6–15 J. 7 CHF).

Hotels/Essen & Trinken **Casa Sole,** die Charme-Variante im Ortskern und direkt am See, gehört zur „Osteria della Posta" daneben. 5 Zimmer in bester Lage, teils mit See-, teils mit Bergblick, eines davon Familienzimmer. Ganzjährig geöffnet. Lungolago, ✆ 091-9802480, hotel.brusino@gmail.com. **€€€**

***** Zappa,** rotes Haus, direkt vor dem Zoll an der italienischen Grenze. Ein Teil des Hotels wurde in Appartements umgewandelt, ein Teil wird weiterhin als Hotel betrieben. Auf den ersten Blick sieht die Lage wenig gemütlich aus. Doch verfügt das Hotel – man muss nur die Straße überqueren – über einen eigenen, kleinen Strand mit Blick auf Morcote. Die Zimmer, ein paar mit Du/WC auf Etage, sind teils geräumig, alle modern eingerichtet, einige mit See-, andere mit Bergblick. Restaurant mit kleiner Terrasse über dem See. Geschlossen Jan./Febr. Via al Confine 17, ✆ 091-9802629, info@albergozappa.com. **€€**

Mendrisio und Umgebung

Nach diversen Gemeindefusionen ist der Hauptort des Mendrisiotto mit rund 15.000 Einwohnern nach Lugano, Bellinzona und Locarno die viertgrößte Stadt des Kantons. In erster Linie verdankt Mendrisio seine Größe den zahlreichen Industriebetrieben, die sich wegen der verkehrsgünstigen Lage hier angesiedelt haben.

Mit der *Accademia di Architettura*, in einem Spital aus dem 19. Jahrhundert untergebracht, hat Mendrisio zudem eine international anerkannte Bildungseinrichtung; sie ist offiziell eine Fakultät der in Lugano angesiedelten *Universitá della Svizzera Italiana*. Sitz der Akademie ist der *Palazzo Turconi* in der gleichnamigen Straße südlich des Ortskerns. Ein farbenfroher „verliebter Vogel" von Niki de Saint-Phalle konterkariert das streng neoklassizistische Portal des Palasts. Einer der Motoren bei der Gründung der Akademie war der in Mendrisio geborene Stararchitekt Mario Botta, auf dessen eigenwillige Bauten man an zahlreichen Orten im Tessin trifft, aber auch anderswo in der Schweiz (Centre Dürrenmatt in Neuchâtel, Tinguely-Museum in Basel). Für die Akademie von Mendrisio, an der er auch unterrichtet, entwarf er den 2018 eröffneten zylinderförmigen Bau, das *Teatro dell'Architettura*.

Am Palazzo Pollini

Dass in der zersiedelten Industrielandschaft der alte, lombardisch geprägte Ortskern unbeschadet überlebt hat, grenzt schon fast an ein Wunder. Man betritt ihn bei der *Piazza del Ponte*, wo eine Tafel an den längst gefällten Freiheitsbaum erinnert, mit dessen Pflanzung die Stadt 1798 ihre Zugehörigkeit zur Eidgenossenschaft bekräftigt hatte. Gleich dahinter steht der *Palazzo Torriani*, ein eindrucksvoller Bau mit zwei Innenhöfen und Loggien, einst Sitz der lokalen Nobilität gleichen Namens. Ihr gegenüber zeigt sich die *Vecchia Torre Campanaria*, ein Überbleibsel einer mittelalterlichen Festungsanlage. Die Via San Damiano und deren Fortsetzung, die Via Stella, zeigen dann wieder lombardische Architektur. Knapp außerhalb des historischen Kerns prunkt als Gegenstück der barocke *Palazzo Pollini* mit seinem hübschen Trompe-l'Oeil-Dekor an der Fassade.

Sehenswertes

Museo d'Arte: Das städtische Kunstmuseum, untergebracht in den Räumen eines ehemaligen Servitenklosters, verfügt über eine beachtliche Sammlung vorwiegend regionaler Künstler. Zum Museumsbestand gehören auch rund 650 „Trasparenti", teils über 200 Jahre alte transparente Bilder mit religiösen

Innenhof des Museo d'Arte

Motiven, von denen einige während der Osterwoche (→ Feste) zum Einsatz kommen. Das alles bekommt der Museumsbesucher leider nicht zu sehen: nur noch temporäre Ausstellungen – drei im Jahr –, die sich zeitgenössischen Künstlern und Themen der lokalen Kunst- und Kulturgeschichte widmen.

▪ Di–Fr 10–12/14–17, Sa/So 10–18 Uhr. Eintritt 12 CHF.

Galleria Baumgartner: Ein Museum, das nicht nur Kinderherzen höher schlagen lässt! Die riesige Sammlung von Modelleisenbahnen brauchte Platz, und den hat sie in einer ehemaligen Teigwarenfabrik gefunden, obendrein in Bahnhofsnähe, was thematisch gut passt. Über 8000 Miniaturen sind zu sehen, vom Mitropa-Speisewagen der DDR bis zu Waggons der heutigen Deutschen Bahn, vom Schmalspurbähnchen in den Bergen Graubündens bis zur Southern Pacific in den USA. Mehrere große Anlagen werden gezeigt, die größte stammt von der Firma Märklin, ist 32 Meter lang und 10 Meter breit und nimmt das ganze Untergeschoss ein. Der Betrieb läuft computergesteuert und zu hundert Prozent auf der Basis von Solarenergie. Ausführliche Tafeln über die Geschichte des Modelleisenbahnbaus sind das Resultat langjähriger Recherchen von Bruno Baumgartner, Initiator dieses phantastischen Universums und bis zu seinem Tod 2015 auch dessen Kurator. So erfährt man zum Beispiel, dass der wohl erfolgreichste Konstrukteur und Flaschnermeister *Theodor Friedrich Wilhelm Märklin* seine ersten Erfahrungen im Modellbau mit der Produktion von Zubehör für Puppenküchen machte.

▪ Mi und Sa/So 9.30–17.30 Uhr. Eintritt 12 CHF, Kind 6–16 J. 6 CHF.

Foxtown: 160 Läden, die zusammengerechnet eine drei Kilometer lange Schaufensterfront ergeben, 250 internationale Marken zu mindestens um 30 % reduzierten Preisen und 1200 Parkplätze, die an Wochenenden oft nicht ausreichen – die „Fox Town Factory Stores" sind das größte Outlet-Center der Schweiz. Man kann das Konsumparadies mit seinen Verkaufsstraßen und Rolltreppen ziellos durchschlendern, oder man schnappt sich einen Flyer, sozusagen ein Inhaltsverzeichnis, und steuert gezielt Jill Sander

Das Mendrisiotto → Karte S. 188

(Level 3, Nr. 305), Adidas (Level 0, Nr. 005) oder Samsonite (Level 2, Nr. 204) an. Rund 60 % der Kunden sind Italiener, die Agglomeration Milano mit über vier Millionen Einwohnern ist nur 60 km entfernt.

Der Sonntagsverkauf ist heftig umstritten. Wer die Taschen gefüllt und immer noch Geld hat, kann dieses vor Ort im „Casino Admiral" verspielen. Tägl. 11–1 Uhr nachts.

Sehenswertes außerhalb

Pinacoteca Cantonale Giovanni Züst: Die kantonale Gemäldesammlung findet man jenseits der Autobahn in *Rancate*. Das hat seinen Grund: In Rancate starb 1976 im Alter von 89 Jahren Giovanni Züst, dem das Museum seinen Grundstock verdankt. Züst, ein Selfmademan der Speditionsbranche und Gründer des heute weltweit tätigen Transportunternehmens Züst & Bachmeier, begann schon früh, sich für Kunst zu interessieren und ließ sich bei seinen Einkäufen von kompetenter Seite beraten. Als er 1966 seine Sammlung dem Kanton Tessin vermachte, war dies Grund genug, ein kantonales Kunstmuseum zu eröffnen. Im nicht mehr verwendeten Pfarrhaus von Rancate fand sich die geeignete Örtlichkeit.

Die Sammlung konzentriert sich weitgehend auf Tessiner Künstler (bzw. Künstler, die im Tessin gearbeitet haben) aus dem 17. bis 19. Jahrhundert. Giovanni Serodine (1600–1630) aus der Asconeser Stuckateur- und Malerdynastie (→ Ascona, Sehenswertes) ist mit drei Gemälden vertreten, darunter „Petrus im Gefängnis", das wohl kostbarste Werk der Sammlung. Eine besondere Vorliebe zeigte Züst für Antonio Rinaldi (1816–1875) aus dem nahen Tremona, von dem das Museum 96 Gemälde und 246 Zeichnungen besitzt. Der Museumsbestand hat sich durch einige Anschaffungen inzwischen sachte erweitert, die Schenkung von Züst wird aber noch auf Jahre hinaus das Herz der Pinakothek sein. Dreimal pro Jahr wird eine sorgfältig erarbeitete Wechselausstellung präsentiert, dann wird die Dauerausstellung etwas reduziert.

▪ April–Juni Di–So 9–12/14–17 Uhr. Juli/Aug. Di–So 14–18 Uhr. Okt.–Febr. Di–Fr 9–12/14–18, Sa/So 10–12 und 14–18 Uhr. Eintritt 10 CHF.

In der Pinacoteca Züst

Das Mendrisiotto → Karte S. 188

Museo Vincenzo Vela: Von der „Pinacoteca Züst" (s. o.) kaum 2 km entfernt steht am Ortsrand von *Ligornetto* eine stattliche Villa in einem kleinen Park, die heute ein nationales Museum beherbergt. Nördlich der Alpen ist der Bildhauer Vincenzo Vela (1820–1891) wenig bekannt, anders im Tessin und vor allem in Italien. Im „Sonderbundskrieg" (1847), dem schweizerischen Bürgerkrieg, der in den heutigen Bundesstaat mündete, kämpfte Vela auf republikanischer Seite, in Italien engagierte er sich in den Freiheitskriegen. Als Bildhauer war er erfolgreich, leitete die Kunstakademie von Turin, wo er gegen den damals vorherrschenden Klassizismus den „Verismo", eine Variante des Realismus, vertrat. Dass sein sozialkritisches Engagement auch in seine Kunst Eingang fand, zeigt am besten sein heute wohl bekanntestes Werk, das man ganz im Norden des Tessins, am Bahnhof von Airolo findet: Die Skulptur „Vittime del Lavoro" (Opfer der Arbeit) ist ein eindrucksvolles Denkmal für die Toten des Tunnelbaus am Gotthard (→ Airolo, Sehenswertes), das Vela aus eigener Tasche finanzierte.

Mit 47 Jahren gab Vela 1867 die Leitung der Turiner Kunstakademie ab und kehrte in sein Heimatdorf Ligornetto zurück, wo er eine Villa hatte bauen lassen, die ihm Wohnhaus, Atelier und Ausstellungsraum zugleich war. Testamentarisch vermachte er das Gebäude mitsamt Mobiliar und Kunstwerken der Schweizerischen Eidgenossenschaft, die so zu einem nationalen Museum kam.

Nach einem Umbau – geleitet vom bekannten Architekten Mario Botta – ist vom Wohnhaus und Atelier weniger zu spüren, dafür werden die museographischen Aspekte betont. Die Ausstellung ist thematisch streng gegliedert, zu den einzelnen Abteilungen gibt es hervorragende Informationsblätter (auch auf Deutsch). Ein Saal zeigt Bozzetti (Vorstudien, meist in Gips), ein anderer „Gescheiterte Denkmäler", wieder ein anderer „Die letzten Augenblicke Napoleons". Im Zentrum des Baus steht das achteckige „Pantheon des Risorgimento", wo sich rund um ein monumentales Reiterstandbild des Herzogs von Braunschweig die Helden der italienischen Einigung gruppieren, den oberen Teil der Wände zieren 35 Büsten – Italiens Walhalla liegt in einem kleinen Tessiner Dorf.

▪ Juni–Sept. Di–So 10–18 Uhr. Okt.–Mai Di–Sa 10–17, So 10–18 Uhr. Eintritt 12 CHF.

Basis-Infos

PLZ 6850

Information **Tourist Information,** Hauptstelle des Mendrisiotto, tägl. 11–19 Uhr. Via Angelo Maspoli 18 (neben der Foxtown), ✆ 091-6413050, www.mendrisiottoturismo.ch. **Zweigstelle** am Bahnhof: Mo–Fr 9–12/13.30–18.30 Uhr.

Hin & weg **Bahn:** Mendrisio liegt an der Strecke Bellinzona–Chiasso. In beide Richtungen Züge im Halbstundentakt.

Bus/Postauto: Gute Verbindungen mit der „Autolinea Mendrisiense" nach Chiasso sowie über Riva San Vitale nach Brusino Arsizio und ins italienische Porto Ceresio; mit dem gelben Postauto nach Meride und in die umliegenden Dörfer.

Einkaufen Hauptgeschäftsader mit einigen kleinen Boutiquen ist die **Via Damiano,** weitere kleine Läden im **Corso Bello**.

Weinkenner melden sich bei der alteingesessenen Kellerei **Valsangiacomo Vini** in der Via alle Cantine 6 (bei den Grotti) unter ✆ 091-6836053 an, andernfalls werden sie abgewiesen. Degustation und Verkauf.

Im großen Stil shoppen kann man am Ortsrand im Outlet-Center **Foxtown** (→ Sehenswertes).

Markt **Wochenmarkt** Mittwoch, auf der Piazzale alla Valle.

Feste Weit über das Mendrisiotto hinaus bekannt sind die **Osterprozessionen** von Mendrisio, an denen jeweils rund 200 Personen in historischen Kostümen auftreten. Rund 50 Pferde sind mit dabei. Am Gründonnerstag trägt Jesus das Kreuz auf den Hügel und bricht unterwegs mehrmals zusammen, am Karfreitag steht, von Trauermusik begleitet, die Grablegung im Mittelpunkt. Dazu werden die teils über 200 Jahre alten „Trasparenti" getragen, transparente Bilder, die von hinten beleuchtet werden – nicht mehr wie früher mit Kerzen, sondern elektrisch. Alles Laiendarsteller, größtenteils aus Mendrisio.

Übernachten/Essen & Trinken

→ Karte S. 197

Hotels ***** Morgana 2,** am Stadtrand, unterhalb der Grotti. Gar keine schlechte Wahl: Die Zimmer (EZ, DZ, 3-Bett- und ein 4-Bett-Zimmer) sind geräumig und modern eingerichtet, mit Minibar und Kaffeemaschine, und verfügen teils über einen Balkon. Ganzjährig geöffnet. Via Carlo Maderno 12, ✆ 091-6462355, hotel@morganamendrisio.ch. FFF

Garni Bar Sport 8, freundliche Bar mit einem netten Gärtchen nach hinten und 10 renovierten Zimmern, alle mit Du/WC, Minibar.

Piazza Fontana 2, ✆ 091-6461560, www.garnisportmendrisio.ch. ₣₣

Grütli 7, im alten Ortskern, Restaurant-Pizzeria (Mo Ruhetag) mit 4 einfachen DZ und 1 EZ. Restaurant Ganzjährig geöffnet. Piazzetta Luigi Fontana 3, ✆ 091-2252260, info@ristorantegrutli.com. ₣₣

Essen & Trinken **Stella 6**, in einer überdachten Seitengasse im Ortskern. Der große Speisesaal ist oft proppenvoll. Die relativ teure regionale Küche isst keiner, alles sitzt bei Pizza und Bier, Kinder bei Pizza und Cola. Keine Autos, nur der fröhliche Lärm der Gäste. Die Pizza schmeckt hervorragend, die exakte Herkunft des Mozzarella ist auf der Karte nachgewiesen. Der Service ist oft leicht überfordert, aber die Stimmung gut. Via Stella 13, ✆ 091-6467228.

Gleich vier Grotti findet man an der Via alle Cantine, darunter die ersten drei der nachgenannten:

Antico Grotto Ticino 3, das edelste in der Grotti-Gruppe, zeigt einen Gilde-Hut, was in der Schweiz für Qualität bürgt. Gegessen wird unter den Kastanienbäumen im Garten oder im Wintergarten in der 1. Etage. Spezialität ist das Kaninchen aus dem Ofen, mit Polenta serviert. Als Nachtisch empfehlen wir einen Zincarlin-Käse aus dem Muggio-Tal. Di/Mi geschlossen. Via alle Cantine 20, ✆ 091-6467797.

Grotto San Martino 4, Polenta in vielen Variationen, Schmorbraten, einheimische Wurst- und Käseplatten. Vom Garten aus Blick auf die Industriezone von Mendrisio, aber die ist weit weg. Di Ruhetag. Via alle Cantine 30, ✆ 091-6465312.

meinTipp **Grotto Bundi 1**, unter den Kastanienbäumen hat mittags das ganze Jahr über jeder Tag sein eigenes Gericht: Dienstag gibt's Risotto mit Ossobuco, Mittwoch Polenta mit Luganighetta, Donnerstag Bollito misto etc. ... Doch geht es natürlich auch à la carte. Polenta ist immer im Angebot und hier ein sicherer Wert. Mo Ruhetag. Via alle Cantine 24, ✆ 091-6467089.

Grotto Loverciano, 3 km östlich von Mendrisio, über dem Ort Castel San Pietro (dort ausgeschildert). Keine Platzprobleme, mit der riesigen Terrasse (250 Sitzplätze) ist es vermutlich das größte Grotto im ganzen Kanton, daneben Boccia-Bahn und Kinderspielplatz. Ausufernd ist auch die Karte des beliebten Lokals: das große Polenta- und Risottoangebot und die Grillspezialitäten machen den Hauptteil aus. Täglich geöffnet. Via ai Grotti 5, 6874 Castel San Pietro, ✆ 091-6461608.

Mezza Luna 5, offensichtlich hatte eine solche Bar in Mendrisio gefehlt. Der „Halbmond" ist Treffpunkt der einheimischen Jugend. Helle Räume, schickes Design, mediterrane Küche und vor allem gute Drinks. So geschlossen. Via Stella 10, ✆ 091-6461511.

Marmorabbau in Arzo

Arzo

Der kleine Ort an der Grenze brachte in seiner Geschichte zahlreiche Stuckateure und Bildhauer hervor. Schließlich war Arzo vor allem für seine Marmorbrüche bekannt; an der Straße nach Meride wurde der rötliche Stein noch bis über die Jahrtausendwende hinaus abgebaut. Arzo-Marmor fand nicht nur als Material für Böden Verwendung, sondern auch in zahlreichen Bildhauerwerkstätten. Ein anderes Beispiel für den Einsatz findet man vor Ort: In der *Pfarrkirche Santi Nazaro e Celso* ist der Hochaltar gänzlich aus Arzo-Marmor gefertigt.

Heute ist Arzo vor allem seiner Lage wegen geschätzt. Gestresste Menschen aus dem Großraum Mendrisio finden hier ein ruhiges Domizil. Der neue Reichtum zeigt sich im herausgeputzten, kopfsteingepflasterten Ortskern.

Meride

Der mittelalterliche Ortskern des Dorfs am Fuß des Monte San Giorgio besteht aus kaum mehr als einem Straßenzug und strahlt eine Ruhe aus, wie man sie im Tal unten nicht findet. Der Flaneur bewundert all die Torbögen, Reste von Torbögen und die zahlreichen schönen Innenhöfe. Die Autos bleiben außen vor – unterhalb des Dorfs ist ein Parkplatz.

Sehenswertes

Im Zentrum hat 2012 der rührige Tessiner Architekt Mario Botta ein altes Patrizierhaus so umgestaltet, dass das **Museo dei Fossili** jetzt besucherfreundlicher ist.

Ein rekonstruierter Ticinosuchus, ein Tessiner Saurier vom Monte San Giorgio, der einer ganzen Gattung den Namen gab, empfängt am Eingang den Besucher. Schautafeln mit Illustrationen, versteinerte Fische und Pflanzen, Fotos der Ausgrabungen und ein 20-minütiger Videofilm (auch auf Deutsch) drehen das Rad der Zeit um 200 Millionen Jahre zurück. Aufgrund der spektakulären Versteinerungen, die auf dem Monte San Giorgio gefunden wurden, nahm die UNESCO den Berg in die Liste des Weltnaturerbes auf.

▪ Di–So 9–17 Uhr. Eintritt 12 €.

Von Meride schlängelt sich ein 6 km langes Sträßchen durch den Wald hoch nach **Serpiano,** einem größeren Wellness-Zentrum. Auch wenn Sie sich keiner Ayurveda-Massage oder einem Peeling unterziehen wollen, sind Sie nicht vergebens gekommen: Die Aussicht auf den See mit Morcote am gegenüberliegenden Ufer bis zum Staudamm von Melide ist grandios. Dasselbe phantastische Panorama genießen Sie, wenn Sie den 10-minütigen Spaziergang zur Bergstation der Drahtseilbahn unternehmen. Dort wartet das „Ristorante Funivia" mit einer großen Aussichtsterrasse. Gipfelstürmer erreichen von hier aus in eineinhalb Stunden die Spitze des Monte San Giorgio.

Praktische Infos

Hin & weg Gute Anbindung mit dem **Postauto** an Mendrisio (Bahnhof).

Drahtseilbahn Serpiano – Brusino Arsizio: Die Bergstation ist 10 Fußminuten vom Hotel Serpiano entfernt. Fahrbetrieb Mai–Okt. Mi–So 9.15–17.45 Uhr im 30-Min.-Takt. Bei Gewitter und starkem Wind kein Betrieb. Preis einfache Fahrt 8 CHF (6–15 J. 4 CHF), hin/zurück 14 CHF (6–15 J. 7 CHF).

Übernachten ***** Serpiano,** Wellness-Betrieb in einsamer Höhenlage am Hang über den Luganersee, erreichbar mit dem Auto (von Meride aus) oder mit der Drahtseilbahn (von Brusino Arsizio aus). Modern eingerichtete, geräumige Zimmer, die besten mit Balkon zum See. Wellness-Bereich mit Schwimmbad und Sauna, Fitnessraum und Massageangebot. Geöffnet April–Okt. 6867 Serpiano, ✆ 091-9862000, www.serpiano.ch. FFFF

Mein Tipp **Locanda San Silvestro,** mitten im Dorf, 2020 eröffnet. Aus einem umsichtig restaurierten Steinhaus aus dem 18. Jh. ist ein Juwel geworden. Innenhof mit Säulengang und Loggien. 7 komplett renovierte, komfortable Zimmer. jedes anders. Restaurant (Di/Mi geschlossen) mit Tessiner Spezialitäten. Via Peyer 20, 6866 Meride, ✆ 091-6461000, www.locandasansilvestro.ch. FFF

Camping/Wohnmobil ***** Monte San Giorgio (Meride-Mendrisio),** südlich von Meride, Richtung Arzo, knapp vor dem Abzweig nach Tremona. Klein und nett – 85 Stellplätze auf einem ruhigen Wiesengelände mit einem Weiher daneben. Gute Infrastruktur: Swimmingpool, Kinderpool, Kinderspielplatz, Pingpongtisch, Snackbar und gepflegte Sanitäranlagen. Zum Essen bieten sich in der unmittelbaren Umgebung gleich mehrere Grotti an (s. u.). Komplett-Service für Wohnmobile. Das Postauto (Linie Mendrisio–Serpiano) hält direkt vor dem Eingang (Haltestelle „Meride-Camping"). Geöffnet April bis Mitte Okt. Via ala Caraa, 6866 Meride, ✆ 091-6464330, www.tcs-camping.ch/meride.

Essen & Trinken **Grotto Fossati,** unterhalb des Dorfs vor dem Camping abzwei-

Sanft in die Landschaft eingebettet und autofrei: Meride

gen, dann bei der nächsten Gabelung rechts. Schöne Lage hinter den Weinbergen am Waldrand. Da wundert es kaum, dass der Besitzer eine önologische Nase hat: Der Weinkeller des Grotto lässt keine Wünsche offen. Im schattigen Garten wird regionale Küche serviert, Polenta und Risotto, die Karte ist nicht ausufernd, die Zubereitung stimmt aber. Nach dem Essen lädt die Boccia-Bahn zu einer Runde ein. Geöffnet März–Okt. Mo/Di sowie Sonntagabend geschlossen, Mi–Fr erst ab 16 Uhr geöffnet. Alle Cantine 1, ✆ 091-6465606.

meinTipp **Grotto Grassi,** 2 km südlich von Meride, in Tremona (dort leider unzureichend ausgeschildert). Idyllische Lage im Wald mit Blick auf den See. An schönen Sommertagen geht's ab, das Grotto ist weithin bekannt. Am Abend werden Lamm und Schwein gegrillt, der hausgemachte Grappa stammt aus Trauben von den Abhängen des Monte San Giorgio. Geöffnet März–Okt. Ruhetage gibt's je nach Wetterlage. Vicolo ai Grotti 16, 6865 Tremona, ✆ 078-8940665.

Stabio

Zu römischen Zeiten war Stabio die wichtigste Siedlung im ganzen Mendrisiotto, und man darf annehmen, dass bereits den Römern der schweflige Geruch in die Nase stach. Dem heutigen Reisenden ergeht es so, sobald er sich dem *Thermalkomplex* an der Via Bagni nähert. Das Kurhotel aus dem 19. Jahrhundert hat seine Pforten zwar längst geschlossen, doch gekurt wird weiterhin.

Das 10 °C kalte, leicht salzige, schweflige Wasser soll vor allem für die Atemwege befreiend wirken. Daneben gibt es auch ein Thermalschwimmbecken (38°), ein Fango- und Massagenangebot, aber das Etablissement ist ein bisschen in die Jahre gekommen. Daran ändert auch das Unternehmen „Pilafit" nichts, das sich einquartiert hat und kräftig Reklame für seine Pilates-Kurse macht.

Etwas heruntergekommen ist auch der Ort selbst, im alten Kern sind einige Häuser recht baufällig. Das harmlose *Museo della Civiltà Contadina del Mendrisiotto* (Museum der bäuerlichen Zivilisation, Mi, Do, So 9–11 und 14–17 Uhr, 7 CHF), das allerhand Landwirtschaftsgerät zeigt, reißt auch keinen vom Hocker. Wer sich für moderne Architektur interessiert, sucht vielleicht die von Mario Botta entworfene *Rotonda* auf – ein Wohnhaus, vielmehr ein eleganter Wohnturm an der Via Pietane Nr. 12.

Essen & Trinken **Montalbano,** über dem Dorf im Ortsteil San Pietro gelegen, mit einer großen Terrasse. Das Lokal von Claudio Croci Torti ist überall im Mendrisiotto bekannt. Claudio hat ein ganzes Netz aus regionalen Lieferanten aufgebaut, die ihm die Zutaten für seine regionale Feinschmeckerküche liefern. Schnecken auf Polenta sind vielleicht nicht jedermanns Sache, aber wie wär's mit gebratenen Täubchen oder einem rein vegetarischen Bennnesselrisotto? Hervorragende Küche zu überdurchschnittlichen Preisen. So/Mo geschlossen. Via Montalbano 34c, 6854 San Pietro di Stabio, ✆ 091-6471206.

Chiasso

In der Eingangshalle des Bahnhofs von Chiasso sind in trauter Eintracht „Italia e Svizzera" zu sehen. Die Doppelstatue stammt von der Bildhauerin und Malerin Margherita Osswald Toppi (1897–1971), in der Nähe von Rom geboren, später in Ascona wohnhaft und zeitlebens zwischen den beiden Ländern unterwegs. Insofern passt die Biographie der Künstlerin zum Thema. Doch so harmonisch wie die beiden Damen der Statue funktionieren die italienisch-schweizerischen Beziehungen nicht, zumindest nicht in Chiasso.

Bis in die neueste Zeit noch war Chiasso als Eldorado der Geldwäscher verschrien. Die beiden schweizerischen Großbanken, UBS und Credit Suisse, residieren noch heute in stattlichen „Palästen", und überhaupt zählt das 8000-Seelen-Städtchen verdächtig viele Banken – mehr als Ärzte, wie ein lokaler Journalist spottete. Seit dem Geldwäschegesetz von 1997 ist die White-collar-Kriminalität merklich zurückgegangen, die italienische Mafia hat längst andere Kanäle gefunden.

Heute sind es vor allem die Flüchtlinge, die der Grenzstadt Probleme bringen. Nirgendwo anders in der Schweiz werden so viele illegale Einwanderer abgefangen, die größtenteils wieder nach Italien zurückgeschickt werden. Das „Empfangs- und Verfahrenszentrum", wie die Auffangstelle schräg gegenüber dem Grenzbahnhof offiziell heißt, platzt aus allen Nähten, die Kleinkriminalität ist gestiegen, und die rechtspopulistischen Politiker haben ein Dauerthema. Ein neues Asylzentrum, das die Situation entschärfen soll, ist im nahen Balerna geplant.

Touristen meiden die eher gesichtslose Stadt meistens, die Hotels werden von Geschäftsleuten aufgesucht, und über Mittag sitzen in den Cafés mehr Krawattenträger als anderswo im Tessin. Auch der rotgepflasterte, als Fußgängerzone halbwegs respektierte *Corso San Gottardo*, Hauptgeschäftsader der Stadt, ist mit seinen Neubauten nicht aufregend.

m.a.x. museo: Der moderne Flachbau hinter dem renovierten „Cinema Teatro" ist Chiassos einzige nennenswerte Sehenswürdigkeit und für Spezialisten ein Muss. Das 2005 von der Witwe des Schweizer Grafikers und Plakatkünstler Max Huber (1919–1992) eröffnete Museum zeigt regelmäßig Ausstellungen aus den Bereichen Grafik, Design und visuelle Kommunikation. Ein Saal bleibt für die Dauerausstellung von Arbeiten Hubers reserviert, deren Ästhetik oft ihrer Zeit verhaftet, ihr oft aber auch voraus ist.

■ Di–So 10–12 und 14–18 Uhr. Eintritt 10 CHF.

Hotel/Restaurant * Touring**, im modernen (Banken)zentrum, also in wenig ansprechender Lage, für eine Übernachtung unterwegs aber zu empfehlen. Das Haus gehört der Mövenpick-Kette, damit ist kulinarische Qualität garantiert. Im Hotelrestaurant „Zigolini" isst man tatsächlich gut, ob drinnen oder draußen auf der großen Terrasse zur Straße: hausgemachte Pasta und Pizze, Polenta und Risotto, aber auch Klassiker aus der Deutschschweizer Küche wie Kalbsbratwurst mit Rösti. Da das Restaurant obendrein preiswert ist, wird es auch von Einheimischen geschätzt. 78 preiswerte, renovierte Zimmer, selbst in der „Economic"-Kategorie noch geräumig genug und mit modernem Bad ausgestattet. Zum Zimmerkomfort zählen Klimaanlage, Safe, Bade-Set und – selbst ist der durchreisende Geschäftsmann – Nähzeug. Piazza Independenza 1, 6830 Chiasso, ✆ 091-6825331, www.movenpickchiasso.com. **FFF**

Valle di Muggio

Das Tal der Breggia, die bei Chiasso die Schweiz verlässt, um sich in den Comersee zu ergießen, bildet die Valle di Muggio, ein weitgehend unbekanntes Tal. An Nichteinheimischen trifft man am ehesten noch auf Wanderer. Sie erreichen vom Dorf Muggio aus den Gipfel des Monte Generoso in rund viereinhalb Stunden.

Im untersten Teil wird das Muggiotal von der Agglomeration Mendrisio-Chiasso aufgesogen, der Weg zum Arbeitsplatz in der Ebene ist hinnehmbar, zumal man schöner und in besserer Luft wohnt als in der gesichtslosen Industriegegend. In den Dörfern im oberen Teil des Tals ist das Leben oder Überleben weniger einfach. Das „Büro für Regionalentwicklung des Mendrisiotto" hat das Problem erkannt, als es mit einer Finanzspritze die Lebensmittelläden in Caneggio und Muggio vor der drohenden Schließung bewahrte. Weitere Initiativen sind gefragt.

Morbio Inferiore

Im Ort am Rand des Agglomerationsgebiets sticht die *Wallfahrtskirche Santa Maria dei Miracoli* aus dem 17. Jahrhundert ins Auge. Ein breiter Aufgang, heute eine Wiesentreppe, früher vermutlich eine steinerne Treppe, auf der die Pilger auf Knien hochrutschten, führt zur Kirche hinauf, die im Inneren komplett barock ausgestattet ist. Der Kirchenbau geht auf eine Legende zurück, derzufolge zwei vom Teufel besessene Mädchen beim Anblick eines Marienbilds geheilt wurden. Das Wunder geschah am 29. Juli 1594, wurde als solches vom Bischof von Como umgehend bestätigt, ein Jahr später begann man mit dem Bau der Kirche, und noch heute wird am 29. Juli in Morbio Inferiore mit Messen von 3 Uhr früh bis Mittag sowie einer nächtlichen Prozession des Ereignisses gedacht.

Geopark der Breggiaschlucht

In seinem untersten Teil bildet das Muggiotal eine Schlucht, die unter Naturschutz steht. Die von der Breggia freigelegten geologischen Schichten geben ein spektakuläres Bild ab. Unterwegs: Wasserfälle, Stromschnellen und verwegene Brücken, Reste einer mittelalterlichen Burg, eine mit Fresken aus

geschmückte Kirche (meist geschlossen) und ein stillgelegtes Zementwerk,

Blick auf die Breggia

um das ein Zementlehrpfad angelegt wurde. Das Gebiet ist frei begehbar und hat mehrere Zugänge. Am besten wählt man den Zugang in *Morbio Superiore* und wandert die Schlucht abwärts, nimmt vielleicht unterwegs ein kaltes Bad im Fluss und legt im *Grotto del Mulino* (s. u.) eine Rast ein, geht dann weiter bis zur renovierten Mühle *(Mulino del Ghitello)* und verlässt die Schlucht unten in *Balerna*.

meinTipp Essen & Trinken **Grotto del Mulino,** im unteren Teil der Schlucht, auf der Höhe der Ex-Zementfabrik Sabeca, von Morbio Inferiore aus bequem erreichbar. Das schattige Gärtchen ist bei schönem Wetter gut besucht. Täglich wechselnde Karte, die Spezialität des Hauses, der Bollito misto, ist aber stets zu haben, ebenso ein Zincarlin, der sämige Käse aus dem Muggiotal. Im Winter werden Käsefondues und Raclettes serviert. Das fröhliche Grottoteam sorgt dafür, dass auch abends etwas los ist: Karaoke-Abende oder Konzerte, oder der Koch greift selbst zur Gitarre. Mi Ruhetag. Via ai Crotti 2, 6834 Morbio Inferiore, ✆ 091-6831180.

Sagno

Das Bergdorf, das man über Morbio Superiore erreicht, ist bei Wanderern beliebt. Ein ehemaliger Maultierpfad führt nach 2 Stunden auf den Gipfel des *Monte Bisbino* (1325 m) an der Grenze zu Italien. Der Weg ist als *Sentiero panoramico* ausgeschildert – zu Recht: Die Aussicht auf den Comersee ist überwältigend.

Übrigens: Wundern Sie sich nicht, wenn in Sagno Ihr Handy verrückt spielt. Manchmal übernehmen die Schweizer den Dienst, manchmal die Italiener, und manchmal geht gar nichts.

meinTipp Übernachten/Essen **Ul Furmighin,** eine besondere Adresse! Früher ein Pfarrhaus, dann ein Heim für schwer erziehbare Jungs, seit den 1990ern ein genossenschaftlich geführter, familienfreundlicher Gasthof mit Unterkunft. Die Idee dazu entstand im Dorf selbst. Im kleinen Sagno gab es weder ein Wirtshaus noch einen Lebensmittelladen, das sollte geändert werden. Mit seiner *„Bottega"* (Mo–Sa 8–12 Uhr) trägt das „Furmighin" („Kleine Ameise") zur örtlichen Infrastruktur bei, vor allem ältere Einheimische kommen, um hier einzukaufen. Anna, die sich hervorragend um die Gäste kümmert, stammt aus Sagno, ihr Sohn, ein gelernter Koch, sorgt für das leibliche Wohl. Drinnen, unter dem Vordach oder im Garten – man fühlt sich sofort wohl hier, zumal die einheimische Küche schmackhaft ist. Der Zincarlin (Käse aus roher Kuhmilch) kommt selbstverständlich auch hier auf den Tisch – mit ein wenig Honig dazu. 6 Zimmer vom Einzel- bis zum Familienzimmer, teils mit Du/WC auf Etage; im „Ostello" zusätzlich 25 Schlafplätze in Mehrbettzimmern. Geschlossen im Jan., Restaurant Mo/Di geschlossen. 6389 Breggia/Sagno, ✆ 091-6820175, www.ul-furmighin.ch. **FF**

Bruzella

Der Ort selbst ist nicht aufregend, knapp oberhalb aber findet man links der Straße eine alte Mühle. Deren Besuch lohnt sich nur, wenn sie in Betrieb ist, dann aber unbedingt, dann herrscht dort gute Stimmung. Man findet das **Mulino di Bruzella** unten an der Breggia: ca. 100 m talaufwärts des Orts am Straßenrand parken und links dem Schild hinunter zur Breggia folgen (15 Minuten zu Fuß).

Die Getreidemühle wurde restauriert. Eine kleine Ausstellung erklärt die Technik der Wassermühlen und deren Verbreitung in der Valle di Muggio. Die Mühlräder drehen sich, der Mais (in der Regel gelb, manchmal auch eine rote Sorte) wird gemahlen, dann abgewogen, verpackt und bei Bedarf verkauft. Vor Ort ist eine kleine Cantina eingerichtet, der Koch rührt im Kupferkessel die Polenta ... Fleisch, Käse und ein guter Merlot dazu.

April–Okt. Mi/Do 14–16.30 Uhr sowie zur gleichen Zeit an drei Sonntagen im Monat. Eintritt 4 CHF.

Restaurant Grotto del Tiro Cavallini, rund 500 m unterhalb der Nachbargemeinde Caneggio, in einer Straßenkurve, nicht zu übersehen. Preiswerte Küche, die weitgehend auf Produkten des Muggio-Tals beruht. Der in Bruzella gemahlene Mais wird zur Polenta verarbeitet, und auch der berühmte Zincarlin fehlt nicht. März–Okt. geöffnet, Mo Ruhetag. Via Cantonale 2, 6837 Caneggio, ✆ 091-6841830.

Die Pferde vom Monte Bisbino

Seit über 10 Jahren hört man von den „Wildpferden", die das Gebiet des Monte Bisbino durchstreifen; zwei Herden sollen es sein, derzeit rund zwei Dutzend Tiere. In der Tat handelt es sich um berggewohnte Haflinger, die ursprünglich auf der Alpe Böcc unterhalb des Gipfels grasten. Als dort der Bergbauer krank wurde und 2003 starb, hatten die Pferde ihr Revier schon beträchtlich ausgeweitet, und da sich keiner um sie kümmerte, machten sie sich selbstständig. Grenzen respektierten sie nicht, auch nicht die Landesgrenze, und so trampelten im eiskalten Januar 2009 einige Tiere auf der Suche nach Nahrung in Sagno ein. Dort sollen sie zum Schrecken der Bevölkerung den halben Friedhof leergefressen haben. Hinterher wurden erst kübelweise Pferdeäpfel gesammelt, dann begannen Politiker und Stammtischpolitiker sich des Problems anzunehmen. Einigen schien der Pferdemetzger die beste Lösung, andere wollten erst die Besitzerrechte abklären. Inzwischen hatte sich ein binationaler Verein gebildet, der sich erst mit dem Einverständnis der Erben um die „Wildpferde" kümmerte und heute ihr Besitzer ist. Die Tierfreunde fanden in Italien eine Koppel, wo die Pferde überwintern dürfen. Für die tierärztliche Versorgung und das Futter kommt der Verein auf, der die Pferde im Sommer wieder auf den Bisbino hinaufführt, wo sie in aller Freiheit wieder zu „Wildpferden" werden.

Cabbio

Oberhalb von Bruzella zeigt sich bald der Monte Generoso, der für den talaufwärts Fahrenden von nun an stets im Hintergrund thront – seit 2017 mit dem schon von weitem sichtbaren kristallförmigen Bau des von Mario Botta entworfenen Bergrestaurants „Fiore di Pietra".

Cabbio, knapp 3 km von Bruzella entfernt, wartet in seinem sorgfältig renovierten Ortskern mit der *Casa Cantoni* auf, einem kleinen Palazzo, in dem das **Museo Etnografico della Valle di Muggio** untergebracht ist. Groß ist der Museumsbestand nicht, aber er wird – anders als in anderen Tessiner lokalen Museen – in einer besucherfreundlichen Art präsentiert (vorerst nur auf Italienisch). Die „Nevèra" wird erklärt, eine Art alpine Eishütte, die einst den Kühlschrank ersetzte, oder das auch im Malcantone bekannte „Roccolo", eine Vogelfanganlage. Deren Opfer bereicherten die Tessiner Küche, bis der Vogelfang 1875 gesamtschweizerisch verboten wurde.

April–Okt. Di–So 14–17 Uhr. Eintritt 8 CHF.

In Cabbio

Parken Das Auto nicht an der engen Talstraße stehen lassen, sondern in den Ortskern hochfahren: großer Parkplatz vor der Kirche.

Einkaufen **Cantina Cavallini,** knapp unterhalb der Kirche. Qualität statt Quantität: Die Anbaufläche unten im Tal ist nur drei Hektar groß, aber Luciano und Grazia Cavallini produzieren ausgezeichnete Weine – in der Hauptsache den roten *Vacallo* aus Merlottrauben. Daneben experimentiert das Winzerpaar mit anderen Sorten (u. a. Sauvignon blanc) und hält Rosés und Weißweine im Angebot. Da die beiden alles selbst machen, vom Zurückschneiden der Reben bis zur Etikettierung der Flaschen, ist ein Besuch der kleinen Kantine nur nach Voranmeldung möglich: ✆ 091-6841579.

Restaurant **Della Posta,** an der Hauptstraße. Jahrelang nur für einen Stopp zu einer kalten Platte oder einem Bier geeignet, ist unter neuer Regie wieder ein richtiges Restaurant entstanden, das auch warme Gerichte serviert. Diese genießt man am besten auf der Terrasse nach hinten mit Blick auf den Monte Generoso. Regionale Küche, Fr–So abends auch Pizza. Di Ruhetag. Via Cantonale 67, 6838 Cabbio, ✆ 091-6841241.

Muggio

Die Dorfkirche bekennt Farbe: pastellgrüne Fassade und rotbrauner Turm. Eigenwillig war man in Muggio auch, als es um eine Fusion der Talgemeinden ging. In Muggio war man mehrheitlich dagegen, der Kanton Tessin verordnete eine Zwangsfusion. Muggio legte Einspruch in Bern ein und verlor. Der heimliche Hauptort des Tals ist Muggio trotzdem geblieben – ein schmuckes Bergnest.

Von Muggio führt eine schmale Bergstraße zu den obersten Siedlungen der Valle di Muggio: nach *Scudellate*, einem einstigen Schmugglerdorf am Abhang des Monte Generoso, und weiter nach *Roncapiano*, das weniger als ein Dutzend Seelen zählt.

Selbstfahrer können auf dem Rückweg nach Mendrisio ab Cabbio als Alternative die Straße auf der anderen Talseite über die Dörfchen *Casima* und *Monte* wählen, sie ist allerdings teilweise sehr eng.

Übernachten/Essen & Trinken **Albergo diffuso del Monte Generoso,** in Scudellate, ca. 7 km nördl. von Muggio. Was ein „Albergo diffuso" ist, ist derzeit in vorbildlicher Weise im Verzasca-Tal in Corippo (siehe dort) zu sehen, wo in mehreren Häusern Gästezimmer eingerichtet wurden, um so dem vom Aussterben bedrohten Dorf neues Leben einzuhauchen. In Scudellate strapaziert man den Begriff eindeutig. Die „Osteria Manciana" (So Abend geschlossen, Mo Ruhetag) beschränkt sich neben dem Restaurantbetrieb auf die Vermietung von 3 Zimmern bzw. Suites im Stammhaus, auch ein Appartement steht zur Verfügung, im „Ostello" (Jugendherberge) gibt's Mehrbettzimmer. Albergo diffuso geht anders. Via Cantonale 124, 6838 Scudellate, ✆ 091-6841136, www.ostello-scudellate.ch. FF

Restaurant **Stella,** in der Ortsmitte an der Durchgangsstraße. Regionale Küche im einzigen Restaurant des Hauptorts. Mi Ruhetag. 6838 Muggio, ✆ 091-6841122.

Dorfkirche von Muggio

Das Mendrisiotto → Karte S. 188

Zincarlin

Um die Jahrtausendwende war der Zincarlin, eine Frischkäsespezialität aus der Valle di Muggio, vom Aussterben bedroht, eine einzige Frau stellte ihn noch her. Dass sich die Käserin mit dem Präsidenten von „Slowfood Ticino" traf, der ebenfalls im Muggiotal aufgewachsen war, hat dem Zincarlin vielleicht das Leben gerettet. Heute bekommt man ihn in den Restaurants des Tals wieder angeboten – und mittlerweile sogar im Coop-Supermarkt in Mendrisio.

Die Produktion des Zincarlin ist aufwendig, zumal die Verarbeitung aus roher Milch (Kuhmilch, mitunter wird etwas Ziegenmilch beigemischt) in der Schweiz strengen Lebensmittelgesetzen unterworfen ist. Der gesalzene und leicht gepfefferte Frischkäse wird zu Zylindern geformt und dann im Felsenkeller gelagert. Dort wird zur Verhütung von Schimmel jedes einzelne Stück regelmäßig mit Weißwein gewaschen. Nach zwei Monaten wird der ausgereifte Zincarlin abgepackt und nimmt seinen Weg zum Endabnehmer, dem Gast eines Lokals in der Valle di Muggio. Geschmack: leicht scharf, sämig. Ein bisschen Honig dazu steigert den Genuss.

Blick in die Röhre: Gotthard-Basistunnel

Nachlesen

& Nachschlagen

Im Val Bedretto

Geografie

Die Alpenkette trennt das Tessin von der übrigen Schweiz. Nach Norden von den Bergen abgeriegelt, erstreckt sich der Kanton nach Süden. Die Tessiner Wasser fließen in den Po, Mailand liegt vor der Haustür, Zürich hinter den Bergen.

Für die Anbindung an den Norden sorgen vier Passstraßen: der *Gotthardpass* (2108 m) und der *San-Bernardino-Pass* (2065 m) bieten für Autofahrer als Alternative einen Tunnel an, weniger befahren sind der *Nufenenpass* (2478 m) aus dem Wallis und der *Lukmanierpass* (1914 m) aus Graubünden.

Das Kantonsgebiet, das mit einer Fläche von 2812 km^2 etwas größer als das Saarland ist, wird geografisch zweigeteilt in das *Sopraceneri* (oberhalb, nördlich des Ceneri) und das *Sottoceneri* (unterhalb, südlich des Ceneri). Die Grenze zwischen den beiden bildet der *Monte Ceneri* mit seiner bescheidenen Passhöhe von 554 m, bis 2008 noch Standort des Landessenders für die italienischsprachige Schweiz.

Das **Sopraceneri,** der weitaus größere (nördliche) Teil des Kantons, zieht sich von den bewaldeten, schwer zugänglichen alpinen Berghängen hinunter bis zum Lago Maggiore, der mit 192 m Meereshöhe den tiefsten Punkt der Schweiz aufweist. Hauptfluss ist der *Ticino* (Tessin), der dem Kanton den Namen gab und der die Autobahn von Airolo bis Bellinzona begleitet. Ebenfalls zum Sopraceneri zählen die Täler des Locarnese: Valle Verzasca, Valle Maggia und Centovalli sowie ihre Nebentäler – vor allem bekannt für ihre zahlreichen „Rustici", kleine Steinhäuser, die zu Ferienwohnungen umgebaut wurden.

Der Zuckerhut von Lugano: Monte San Salvatore

Das **Sottoceneri,** das südliche Tessin, bestehend aus dem Luganese und dem Mendrisiotto, verströmt weit südlicheres Flair, die Bergwelt rund um den vielarmigen Luganersee ist nicht mehr so abweisend, die Pflanzenwelt mediterraner, die kargen Rustici werden weniger, die teuren Villen mehr. Das Sottoceneri gilt als die eigentliche „Sonnenstube" der Schweiz, auch wenn die Einheimischen den Begriff nicht unbedingt gern hören. Der südlichste Zipfel des Landes ist schließlich mehr als nur eine Feriendestination. Im Mendrisiotto hat sich Kleinindustrie angesiedelt, und Lugano ist nach Zürich und Genf der drittgrößte Finanzplatz der Schweiz.

Urzeit-Crash bei Ascona

In der Gegend um Ascona sollte es Sie nicht wundern, wenn Ihr Kompass streikt: Hier stieß vor nahezu 120 Millionen Jahren die afrikanische Kontinentalplatte auf das europäische Festland und schob Felsmassen in die Höhe, die heute als Alpen bewundert werden. Die Nahtstelle weist bis heute erhöhte tektonische Aktivität auf – stärkerer Magnetismus und kleinere Beben sind nur zwei Indizien für den Urzeit-Crash. Ein zusätzlicher Hinweis ist die Radioaktivität. Die kommt in Form des Edelgases Radon in den Urgesteinen Gneis und Granit vor. Radon gilt als lungenkrebsfördernd. Mit 153 Becquerel pro Kubikmeter stufen die Behörden Ascona als Gemeinde mit hohem Radonrisiko ein. Erhöhte Radonwerte werden jedoch im ganzen Alpenraum verzeichnet. In Davos zum Beispiel, wo früher Lungenkranke kurten, beträgt der Wert 214 Bq/m^3 – Anlass zur Sorge besteht nicht.

Flora

Zwischen Kastanie und Kaktus, zwischen Bergblume und Palme gedeiht eine einzigartige Welt mit rund 1900 Blütenpflanzen, die es auf so engem Raum nirgendwo in Europa gibt.

Ist im nördlichen Teil des Kantons die *alpine Vegetation* vorherrschend, so wird der südliche Teil von der *insubrischen Flora* bestimmt; der Begriff erinnert an die keltischen Insubrer, die in vorchristlichen Zeiten zwischen der Tessiner Seengegend und der Poebene siedelten.

Alpine Vegetation: Der Zwergstrauchgürtel mit Alpenrosen und Zwergwacholder oberhalb der Waldgrenze wurde von der Weidewirtschaft weitgehend zerstört. Die Waldgrenze selbst ist in den letzten 50 Jahren von 2300 auf 1900 m zurückgegangen; bis auf 1600 m dominieren Lärchen, nur vereinzelt von den Arven durchsetzt. Die größte Walddichte besitzt der kontinental geprägte *Buchen-Weißtannen-Gürtel* zwischen 1000 und 1600 m. Allerdings handelt es sich nicht um einen Mischwald, denn neben der Buche, die nährstoffreiche Böden liebt, kann sich kaum ein Nadelbaum behaupten. Christrose, Akelei und Pfingstrose, die den Unterwuchs in Buchenwäldern ausmachen, gehören bereits zu den insubrischen Arten. Nur an überwiegend trockenen Standorten bestimmt die wärmeliebende *Föhre* die Waldzusammensetzung; sie wird jedoch häufig abgeholzt und durch schnell wachsende *Fichten* ersetzt. Bei beiden Nadelbäumen bilden überwiegend Alpenrosen und Woll-Riedgras den dürren Unterwuchs.

„Insubrische Flora": Unterhalb der 1000-Meter-Marke ist die *Edelkastanie* die vorherrschende Pflanze. Die mächtigen Bäume, von den Römern um Christi Geburt eingeführt, werden seit dem Mittelalter intensiv genutzt. Ihre mehligen Früchte dienen den Menschen als Nahrung, die Schösslinge als Winterfutter für Ziegen und das Holz als Bau- und Brennmaterial. Den Unterwuchs im Kastanienwald bilden neben Ginsterpflanzen vor allem die zur Mittelmeervegetation zählenden Zistrosen, deren Blätter an Salbei erinnern. Neben sich duldet die Kastanie selten andere Bäume, nur sehr vereinzelt mischen sich Birken und Eschen in den Wald. Außerdem räubert die Kastanie in anderen Vegetationen. So ist der Eichengürtel fast vollständig von der Kastanie verdrängt worden, und nur noch an den Hängen des Monte Tamaro findet man geschlossene *Eichenbestände*, wenngleich sich auch hier Birken eingeschlichen haben. Auch der von Edellaubhölzern (vor allem Linde, Ulme, Nussbaum und Stechpalme) gebildete Laubmischwald-Gürtel zählt zur insubrischen Flora. Kalkhaltige Hänge verschaffen ihm im Sommer die nötige Wärme und Feuchtigkeit und verschonen ihn im Winter weitgehend vom Frost.

Eingeführte Pflanzen: Seit dem 19. Jahrhundert wurden von Adel und Großbürgertum im Seengebiet Blumen- und Pflanzenarten aus aller Welt in prachtvollen Parks heimisch gemacht – Agaven und Azaleen, Magnolien und Dahlien, Geranien und Kamelien, Bananen und Rhododendren, Hibiskus, Tulpen und Hortensien, Palmen und Kakteen, Zypressen, Zedern und viele andere mehr. Mittlerweile haben viele die Grundstücksgrenzen überwunden und genießen an den Hängen der Tessiner Seen das fast schon mediterrane Klima.

Fauna

Während der kurzen Jagdzeit kommen dem Jäger Wildschweine, Gämsen, Hirsche und Rehe vor die Flinte, und wenn er nicht aufpasst, könnte er auf eine Schlange treten. Schlangen gibt's auch im Tessin, die Viper verspritzt sogar Gift.

Sonst aber ist die Tierwelt in ihrer Mehrzahl ungefährlich. Vor allem finden sich etliche Arten, die im übrigen Europa als ausgestorben gelten, dazu zählen mehrere Fledermaus- und Vogelarten; Fledermäuse sind mit über 20 Varianten vertreten. Achten Sie abends am See und an Flussläufen auf die Nachtjäger, die knapp über der Wasseroberfläche ihre Beute suchen. Die reiche Insektenwelt bietet vielfältige Nahrung, für ausreichend Unterschlupf sorgen die Waldgebiete an den umliegenden Berghängen.

Während auch im Tessin Tierarten bedroht sind, wurden andere wie der Steinbock, der König der Alpen, mit Erfolg wieder angesiedelt. Seit dem 17. Jahrhundert ausgestorben, wurde er vor bald 100 Jahren wieder eingeführt und hat es mittlerweile zu einer stolzen Population gebracht. Man braucht nicht einmal besonderes Glück, um im Verzasca- oder im Bavonatal einen dieser geschickten Kletterer zu entdecken. Auch Rehe wurden in den 1930er-Jahren ausgesetzt, sind aber bis heute nicht besonders häufig. Anders Rothirsch und Wildschwein, die in der Mitte des 20. Jahrhunderts aus dem Osten einwanderten und es mittlerweile auf große Bestände gebracht haben. Förster klagen über Wildverbiss, Landwirte und Weinbauern über zertrampelte Felder. Auch Murmeltiere sind stark verbreitet. Der Braunbär wiederum ist längst aus dem Tessin verschwunden, doch taucht gelegentlich, nachdem einzelne Exemplare im benachbarten Graubünden gesichtet wurden, im Tessin ein verirrtes Exemplar auf. Auch die zwischenzeitlich ausgerotteten Wölfe und Luchse kommen von Osten und Süden her vereinzelt wieder über die Tessiner Grenze.

Fische: Schon im 20. Jahrhundert waren die Tessiner Seen stark überfischt, und man behalf sich frühzeitig mit der Aufzucht importierter Fische. So machen heute *Felchen* aus dem Bodensee und *Barsche* aus Amerika den Großteil des Bestandes aus. Von den natürlich vorkommenden Arten überlebt haben die *Laube* (eine Karpfenart, vor allem im Lago Maggiore) und die *Finte* (Familie der Heringsarten) – ein einstiger Meeresfisch, der sich ursprünglich nur zum Laichen in Süßwasser begab, dann aber dort sesshaft wurde. In Bergbächen finden sich *Forellen* (ebenfalls ausgesetzt), vereinzelt *Elritzen* (kleine Karpfen) und *Koppen*, eine Unterart der winzigen, wirtschaftlich unbedeutenden Groppen, sowie der rar gewordene *Bachsaibling*. Weitere Hinweise zur Fischpopulation im Kapitel „Essen & Trinken".

■ Falls Sie Ihren „eigenen" Fisch auf dem Teller wollen: Eine zeitlich begrenzte Lizenz für Touristen ist in den großen Tourismusbüros sowie in Rathäusern erhältlich. 2-Tage-Lizenz 60 CHF (14–17 Jahre 20 CHF), 7-Tage-Lizenz 120 CHF (14–17 Jahre 30 CHF).

Vögel: Die artenreichste Wirbeltiergruppe ist die der Vögel. 40 % aller europäischen Vogelarten kommen im Tessin vor, mehr als die Hälfte von ihnen brütet auch hier. An den Seeufern wimmelt es nur so von *Stockenten* und *Schwarzkehlchen*, *Höckerschwänen* und *Haubentauchern*. Seltener sind *Blässrallen*, *Zwergrohrdommeln* und *Flussregenpfeifer*, und insgesamt deutlich unterrepräsentiert sind die Raubvögel. Auch einige Absonderlichkeiten der Vogelwelt sind zu bestaunen: Der *Halsbandschnäpper*, in Süditalien weit verbreitet, kommt so weit im Norden nur noch im Kastanienwald des Malcantone vor.

Scheuer Alpenbewohner

Reptilien: Das Heer der Reptilien machen die possierlichen, ungefährlichen Eidechsen aus. Meist handelt es sich um die graubraune *Mauereidechse*, deren Männchen eine grüne Färbung annehmen, oft aber auch um die leuchtend grüne *Smaragdeidechse*.

Kröten haben es im Tessin schwer, Autos walzen alljährlich Tausende der nützlichen Insektenfresser platt. Viele Kröten schaffen die alljährliche Wanderung zu ihren Laichplätzen nicht mehr. Der schwarz-gelb gefleckte *Feuersalamander* hingegen ist noch öfters zu sehen, auch wenn er in der Schweiz auf der Roten Liste der gefährdeten Arten steht.

Unter den Tessiner Schlangenarten gibt es drei giftige: die *Kreuzotter*, die in felsigen Gegenden vorkommt, die *Alpenviper* mit hell- und dunkelbrauner Zeichnung oder dunkelblau bis schwarz, und die sandfarbene *Rediviper*, die man vor allem im Sottoceneri antrifft. Vor den übrigen Schlangen brauchen Sie keine Angst zu haben, weder von der wasserliebenden *Ringelnatter* noch vor der *Zornnatter*, die meist verschwunden ist, bevor Sie sie sehen, und auch nicht vor der *Äskulapnatter*, die mit 1,80 m Länge furchterregend wirken mag.

■ Hinweis: Schlangenbisse sind in der Schweiz äußerst selten. „Tox Info Suisse" rät im Falle eines Vipernbisses, einen Arzt aufzusuchen oder die Tel.-Nr. 145 anzurufen. Eine kostspielige Antiveninbehandlung ist meist nicht nötig.

Wirtschaft

Die Zeiten, als die Tabakfabrik von Brissago mit 700 Beschäftigten der größte Industriebetrieb im Kanton war, sind passé, heute arbeiten dort noch 60 Personen. Das Tessin ist längst in der Dienstleistungsgesellschaft angekommen.

Die Statistik verzeichnet, dass nur noch 1 % des Nettovolkseinkommens im *primären Sektor* (Landwirtschaft) erwirtschaftet wird, 29 % entfallen auf den *sekundären Sektor* (Industrie), wobei es sich meist um mittlere und kleine Betriebe handelt. Das Gros mit rund 70 % bestreitet der *tertiäre Sektor* (Dienstleistungen), dessen wichtigster Zweig der Tourismus ist. Die leichte Abnahme der jährlichen Übernachtungen in den letzten Jahren sorgte für heiße Köpfe bei den Tourismusstrategen. Schuld an nicht ausgelasteten Hotels war aber nicht eine verfehlte Politik, vielmehr der starke Franken, der die ohnehin teure Gegend noch teurer machte. Die von der Eurokrise gepeinigten Europäer konnten sich die reiche Schweiz nicht mehr leisten, in der Folge buhlte man in Russland und China um teure Gäste. Aber auch eine Gegenbewegung zeichnet sich ab: Einige Hotels machen Spezialangebote, neue Wanderwege entstehen, der sanfte Tourismus wird gezielt gefördert.

Ebenfalls zum tertiären Sektor gehört das Bankwesen. Lugano ist nach Genf der drittwichtigste Finanzplatz der Schweiz, und auch Chiasso hat verdächtig viele Geldinstitute. Das hat mit der Grenznähe zu tun, noch in jüngster Zeit wurde gewaschenes und ungewaschenes Geld aus der nahen Lombardei kofferweise in Tessiner Banken getragen, und oft genug waren diese in italienische Steuerskandale verwickelt. Das schweizerische Recht unterscheidet zwischen Steuerbetrug und Steuerhinterziehung, wobei letztere mehr oder weniger als Kavaliersdelikt gilt. Wie lange diese Unterscheidung sich noch aufrechterhalten lässt, ist ungewiss. In den letzten Jahren ist der politische Druck auf die Schweiz gestiegen, erst von den USA aus, dann zog die EU nach. Das Geldwäschegesetz von 1997 war ein Anfang, in jüngster Zeit wird unter dem Schlagwort „Weißgeldstrategie" diskutiert, wie man die Vorwürfe des Auslands, die Schweiz biete Steuerflüchtlingen Beihilfe, kontern kann. Wie auch immer die Debatte ausgehen wird: Das berühmte schweizerische Bankgeheimnis ist längst durchlöchert wie ein Emmentaler Käse, und der Geldtransport über die Grenze bei Chiasso schwieriger geworden.

In der Altstadt von Lugano

Architekten und Steinmetze

„Wie alle Gebäude in diesem steinreichen und holzarmen Lande sind die Kirchen und Kapellen ganz aus Stein", notierte der Wahltessiner Hermann Hesse. Nicht nur Sakral-, auch Profanbauten vom stattlichen Palazzo bis zum kargen Rustico greifen auf den groben Granit zurück.

Das „steinreiche Land" hat etliche berühmte Architekten hervorgebracht. Aus Bissone am Luganersee stammt *Francesco Borromini*, der im 17. Jahrhundert – in verbissener Konkurrenz mit dem Barockarchitekten Bernini – seine Kunst in Rom unter Beweis stellte. Sein beeindruckendstes Werk dort ist wohl der Palazzo Spada, dessen Kolonnade als ein architektonisches Musterbeispiel der perspektivischen Täuschung gilt. Als zu Beginn des 18. Jahrhunderts im fernen Russland Zar Peter I. beschloss, St. Petersburg aus dem sumpfigen Boden zu stampfen, holte er als Hofarchitekten *Domenico Trezzini* aus Astano im Malcantone. Von ihm stammt die Peter-und-Paul-Kathedrale, heute eines der beliebtesten Postkartenmotive der russischen Millionenstadt.

Aus Mendrisio stammen gleich zwei zeitgenössische Architekten. *Luigi Snozzi* (geb. 1932) ist bekannt für die Verbindung von funktionaler Strenge und Eleganz, er baut vornehmlich mit Sichtbeton. *Mario Botta* (geb. 1943) ist weit über die Schweiz hinaus bekannt, sein Markenzeichen ist eine massive Architektur, in die er oft runde Formen einbringt. Zu seinen spektakulärsten Bauten im Tessin gehören die Kirche San Giovanni Battista in Mogno (Valle Maggia), die Kapelle Santa Maria degli Angeli am Monte Tamaro und das Restaurant „Fiore di Pietra" auf dem Monte Generoso. Botta war 1996 wesentlich an der Gründung der „Accademia di architettura" in Mendrisio beteiligt, die Teil der „Università della Svizzera italiana" ist.

Der bekannteste Tessiner Bildhauer ist *Vincenzo Vela* (1820–1891), der sich nebenbei als entschiedener Republikaner in die schweizerische, aber auch italienische Politik einmischte. In seinem Geburtsort Ligornetto bei Mendrisio ließ er einen Palazzo erbauen, den er als Museum für sein Werk der Öffentlichkeit zugänglich machte. Sein eindrücklichstes Werk steht ganz im Norden des Kantons, auf dem Bahnhofsplatz von Airolo: ein Denkmal für die Opfer des Gotthard-Durchstichs.

Lektüretipps

Bianconi, Piero, *Der Stammbaum. Chronik einer Tessiner Familie*. Limmat Verlag, Zürich 2017. Der 1984 verstorbene Autor erzählt die Geschichte seiner Vorfahren, die wie viele andere Tessiner Familien aus dem Verzascatal nach Amerika auswanderten.

Frisch, Max, *Der Mensch erscheint im Holozän*. Suhrkamp, Frankfurt 2001. Es regnet und regnet und regnet im Onsernone. Ein 73-jähriger Rentner mit zunehmendem Gedächtnisschwund unternimmt einen Ausbruchsversuch aus seiner demenzbegrenzten Welt – und fragt sich warum. Er kehrt zurück. Auf dem Hintergrund einer Naturkatastrophe setzt sich der berühmte Autor in seinem Spätwerk mit Sterben und Tod auseinander.

Hemingway, Ernest, *In einem anderen Land*. Rowohlt, Reinbek 2020. Roman des späteren Erfolgsautors und Nobelpreisträgers, geschrieben 1929. Hemingway verarbeitet seine Erfahrungen als kriegsfreiwilliger Sanitäter im Ersten Weltkrieg. Er beschreibt die Liebe zwischen dem verwundeten amerikanischen Offizier Frederic Henry und der englischen Krankenschwester Catherine Barkley. Nach seinem Lazarettaufenthalt desertiert Frederic und flieht mit Catherine über den Lago Maggiore in die neutrale Schweiz, wo ihnen die Ausweglosigkeit ihrer Lage bewusst wird.

Hesse, Hermann, *Tessin. Betrachtungen, Dichtungen und Aquarelle*. Suhrkamp, Frankfurt 1993. Von 1919 bis zu seinem Tod 1962 wohnte der Nobelpreisträger im Tessin. Das Bändchen versammelt querbeet Notizen über die Landschaft und ihre Farben, Gedanken bei Spaziergängen, im Tessin entstandene Gedichte und Aquarelle. „Steppenwolf"-Adepten werden von der Lektüre eher enttäuscht sein, die Sammlung enthält auch viel Banales, das in neoromantischer Verklärung daherkommt. Ohne Abstriche lesenswert hingegen ist das Nachwort von Herausgeber Volker Michel, das einen Überblick über Hesses Leben und sein größtenteils im Tessin entstandenes Werk gibt.

Landmann, Robert, *Ascona – Monte Verità: Auf der Suche nach dem Paradies*. Huber Verlag, Frauenfeld 2009. Wer sich für die „ersten Aussteiger" des 20. Jahrhunderts interessiert, ist mit diesem bereits 1930 erschienenen und neu aufgelegten Rückblick auf das Leben am „Schicksals"-Berg gut beraten. Der Autor war selber dabei und von 1923 bis 1925 sogar Mitbesitzer am Monte Verità. Sein Buch schildert die in viele Fraktionen zerfallene Szene der Welt- und Lebenserneuerer im Paradies von Ascona.

Nessi, Alberto, *Milò*. Limmat Verlag, Zürich 2016. Der im Muggio-Tal wohnhafte und 2016 mit dem Schweizer „Grand Prix Literatur" ausgezeichnete Autor zeigt mit diesem schmalen Band hohe Erzählkunst. Im Zentrum seiner feinsinnigen Geschichten, die teils im Aostatal, teils im Tessin spielen, stehen einfache Menschen und ihre Probleme. Ob er die Biographie eines Fotografen aus dem Bleniotal, der sich Anfang des 20. Jh. als Samenhändler durchs Leben schlug, nachzeichnet, oder ob er heutigen Flüchtlingen am Bahnhof von Chiasso zuschaut, Alberto Nessi ist ein genauer Beobachter, der viel Empathie zeigt, ohne je sentimental zu werden.

Rieger, Jonny, *Ein Balkon über dem Lago Maggiore*. Scherz Verlag, Frankfurt 2000. Das Tessiner „Reise-Verführbuch" schildert den Lago Maggiore vor dem Einsetzen des Massentourismus. Nur noch antiquarisch erhältlich.

Schläpfer, Monika (Hg.), *Reise ins Tessin. Kulturkompass fürs Handgepäck*. Unionsverlag, Zürich 2009. Eine Anthologie mit Texten über das Tessin. Neben Tessiner Autoren (u. a. Piero Bianconi, Plinio Martini) kommen auch Wahltessiner (u. a. Alfred Andersch, Max Frisch) und Besucher zu Wort. Zu letzteren gehört der von den Nazis 1934 ermordete Publizist und Anarchist Erich Mühsam. Er schreibt, wie ihm die Rohkost auf dem Monte Verità (Ascona) bekam.

Valangin, Aline, *Die Bargada. Dorf an der Grenze*. Limmat Verlag, Zürich 2002. Die 1986 verstorbene Autorin war nicht nur die Muse von James Joyce und Elias Canetti, sondern selbst auch eine ausgezeichnete Autorin. Sie erwarb 1929 in Comologno (Onsernone) den Palazzo La Barca, wo später zahlreiche von Hitler und Mussolini Verfolgte Unterschlupf fanden. In ihrem Roman schildert sie das Leben im Dorf im Zweiten Weltkrieg. Partisanen und jüdische Flüchtlinge stehen an der Grenze, der Schmuggel blüht, und ängstliche Schweizer fürchten, in den Strudel der Geschichte zu geraten. Letzteres ist wohl der Grund dafür, dass der zweite Teil des Buchs erst 1982 erschien.

Weiss, Martin, *Urchuchi. Tessin und Misox*. Rotpunktverlag, Zürich 2006. „Urchuchi" ist Schweizerdeutsch und meint Urküche. Der Autor geht der authentischen Tessiner Küche nach und stellt 45 Restaurants und 27 Grotti vor. Jedes Lokal eine Geschichte für sich und diese stets süffig erzählt, und jeder Koch verrät ein Rezept. Dazwischen Texte aus allen kulinarischen Regalen: Risotto und Polenta, Merlot und Mazze, Ziegenkäse, Kräuter und Kaffee. Reich bebildert, gewichtig und hervorragend.

Wenger, Elisabeth, *Als lebender Besen im Kamin. Einer vergessenen Vergangenheit auf der Spur*. Books on Demand, Norderstedt 2010. Die Autorin hat sich auf die Suche nach den letzten noch lebenden „Spazzacamini" gemacht, Kinder aus den Tessiner Tälern, die noch bis 1950 vor allem nach Norditalien, aber auch in andere Länder „vermietet" wurden, um dort unter miserablen Lebens- und lebensgefährlichen Arbeitsbedingungen als lebende Besen in den Kaminen hochzuklettern und den Ruß abzukratzen. Eine erschütternde Dokumentation.

Der Zahn der Zeit

Geschichte im Zeitraffer

1800–1300 v. Chr.: Die Gegend um Locarno und Bellinzona ist bereits in der Bronzezeit bewohnt und damit das früheste nachgewiesene Siedlungsgebiet im Tessin.

ab 1000 v. Chr.: Das Alpenvolk der Lepontier (Hauptstadt Domodossola, Piemont) siedelt sich im Sopraceneri, im Tessin nördlich des Monte Ceneri, an. An sie erinnert heute noch der Name Leventina.

900–400 v. Chr.: Ligurer siedeln am Lago Maggiore und bauen Getreide an.

700–400 v. Chr.: Die keltischen Insubrer überqueren die Alpen, gründen Mediolanum, das spätere Mailand. Sie drängen die Ligurer zunehmend an die ligurische Küste zurück.

196 v. Chr.–450 n. Chr.: Die Römer unterwerfen die Kelten und kolonisieren das Land, Locarno wird für sie zu einem wichtigen Marktort.

um 520: Ostgoten und später Langobarden übernehmen im Tessin die Reste des Römerreichs.

774: Karl der Große erobert das Langobardenreich und herrscht über das Tessin.

ab 900: Das gesamte Tessin wird Bestandteil des Heiligen Römischen Reichs. Bischöfe aus Como und Mailand dehnen ihren Machtbereich über Locarno bis nach Bellinzona und ins Maggiatal aus.

um 1100: Die Urner bauen den ersten Übergang (Säumerpfad) über den Gotthardpass.

1182: Bauern aus dem Bleniotal und der Leventina rebellieren gegen die Vögte und geben im „Schwur von Torre“ das Startsignal zum Kampf gegen den Kaiser und seine Vasallen.

1242: Die papstfreundlichen Guelfen (Gegenspieler der kaiserfreundlichen

Ghibellinen) erobern Bellinzona. Die guelfischen Visconti, Herzöge von Mailand, bauen die strategische Talsperre zur mächtigen Grenzfestung aus (heute UNESCO-Weltkulturerbe).

1342: Die Visconti nehmen Locarno ein.

1478: In der Schlacht bei Giornico siegen die Eidgenossen über das mailändische Heer. Uri sichert damit die Herrschaft über die Valle Leventina, die es bis 1798 behält.

1516: Nach den Mailänderkriegen anerkennen sowohl Frankreich wie auch Mailand das Gebiet des heutigen Kantons Tessin (mit Ausnahme des Mendrisiotto) im „Ewigen Frieden" als eidgenössisches Untertanengebiet.

1521: Auch das Mendrisiotto gerät unter eidgenössische Herrschaft.

1755: Im Livineraufstand revoltiert die Leventina erfolglos gegen die Urner Herrschaft. Die Rädelsführer werden in Faido öffentlich hingerichtet.

1798: Nach der Eroberung der Lombardei schafft Napoleon die Cisalpinische Republik. Doch die Tessiner entscheiden sich für die Helvetische Republik; erstmals gibt es ein Staatsgebilde „Tessin", das in die Kantone Lugano und Bellinzona eingeteilt wird.

1803: Napoleon wandelt die Schweiz wieder in einen föderativen Staatenbund um; das Tessin wird einer von 19 Kantonen.

1817–1830: Der Postweg über den St. Gotthard wird zur Straße ausgebaut.

1830: Eine gewählte Volksvertretung verabschiedet die erste freiheitliche Verfassung der Schweiz – Volkssouveränität, Gewaltenteilung, Pressefreiheit, demokratische Rechtsprechung werden garantiert.

1830–1889: Spannungen zwischen den Liberalen (Mehrheit im Sottoceneri, dem südlichen Tessin) und den Klerikalen (Mehrheit im Sopraceneri). Zankäpfel sind die Enteignung der Klöster, die liberale Verfassung und nicht zuletzt auch die Hauptstadtfrage. Um die Mitte des 19. Jahrhunderts führt die drückende Armut im Tessin zu einer Auswanderungswelle, Tausende von Tessinern versuchen ihr Glück im kalifornischen Goldrausch. Zahlreiche Kinder (Jungen im Alter zwischen 6 und 14 Jahren), vor allem aus der Valle Verzasca und dem Centovalli, werden saisonal als Kaminfeger (sog. „Spazzacamini") nach Oberitalien „vermietet". Die Ausbeutung schmächtiger Jungs, die als lebende Besen die Kamine hochsteigen, dauert bis zum Zweiten Weltkrieg.

1848: Während des italienischen „Risorgimento" nehmen viele Tessiner am Mailänder Aufstand gegen die österreichische Besatzung teil. Zahlreiche italienische Freiheitskämpfer finden ihrerseits Asyl im Tessin.

1878: Bellinzona wird zur Hauptstadt des Kantons Tessin erklärt.

1882: Die Eröffnung der St.-Gotthard-Bahn beschert dem Tessin einen bescheidenen Wirtschaftsaufschwung.

1884: Das Tessin wird zu einem eigenen Bistum mit Bischofssitz in Lugano und damit kirchlich-administrativ von Mailand und Como getrennt.

1900: Der belgische Industrielle van Oedenkoven und die Münchener Pianistin Ida Hofmann gründen auf dem Monte Verità über Ascona eine reformerische Kolonie, die sich der gesunden Ernährung und der Freikörperkultur verschreibt.

1914–1918: Italien traut der schweizerischen Neutralität nicht.

Erster Weltkrieg: Zur Abwehr einer erwarteten deutsch-österreichischen Invasion durch die Schweiz wird an der -italienisch-schweizerischen Grenze die Cadorna-Verteidigungslinie errichtet.

1925: Die Außenminister von Frankreich, Großbritannien und Deutschland (Briand, Chamberlain und Stresemann) schließen den Locarnopakt, in dem u. a. der gegenseitige Verzicht auf eine gewaltsame Revision der deutschen Westgrenze zu Belgien und Frankreich festgeschrieben wird. Briand und Stresemann erhalten dafür 1926 den Friedensnobelpreis.

1939–1945: Die Schweiz verhält sich im Zweiten Weltkrieg neutral. Zahlreiche deutsche Exilanten finden im Tessin Unterschlupf.

ab 1950: Tausende verlassener „Rustici" (meist Ställe auf Maiensäßen, wie die Mini-Alpensiedlungen heißen, wo oft auch Käse hergestellt wurde) werden zu Ferienwohnsitzen umgebaut. Die neuen Besitzer kommen oft aus der Deutschschweiz.

1969: Die Tessiner Frauen erhalten das allgemeine Wahlrecht auf kantonaler Ebene.

1980: Der Gotthard-Straßentunnel wird nach achtjähriger Bauzeit dem Verkehr übergeben; seit 1987 ist die Autobahn N 2 von Basel über Bellinzona bis Chiasso durchgehend befahrbar.

1991: Gründung der rechtspopulistischen Partei Lega dei Ticinesi, die vor allem gegen Europa, Ausländer und Asylbewerber Stimmung macht und mit der italienischen Lega Nord vergleichbar ist, allerdings keine Sezessionsambitionen hat. Später arbeitet die Lega eng mit der Schweizerischen Volkspartei (SVP) zusammen, eine nationale Partei, die ebenfalls mit populistischen Parolen gegen Ausländer Stimmung macht.

1993: Der Lago Maggiore tritt über seine Ufer und überschwemmt weite Teile des Seegebiets, besonders betroffen ist Locarno.

1994: Die Schweizer Bevölkerung nimmt gegen die Empfehlung der Regierung die Volksinitiative zum Schutz des Alpengebiets vor dem Transitverkehr (Alpeninitiative) an, die eine weitgehende Verlagerung des Güterverkehrs von der Straße auf die Schiene verlangt und den Bau einer zweiten Gotthardstraßenröhre verhindern will.

2004: In einer Volksabstimmung über den Gegenentwurf der Regierung zur

sog. Avanti-Initiative lehnen die Schweizer Stimmbürger den Bau einer zweiten Gotthardstraßenröhre erneut ab.

2011: Bei den kantonalen Wahlen wird die rechtspopulistische Lega mit fast 23 % zweitstärkste Fraktion im Tessin, in der Exekutive nimmt sie 2 von 5 Sitzen ein.

2012: Die Diskussion um den Bau einer zweiten Gotthardstraßenröhre flammt erneut auf, nachdem bekannt wird, dass der 1981 gebaute Straßentunnel 2020 bis 2025 umfassend renoviert werden muss, was eine Schließung von insgesamt ca. 900 Tagen bedingt (zweieinhalb Jahre durchgehend oder dreieinhalb Jahre mit Unterbrechungen).

2013: Der Lega-Gründer Giuliano Bignasca, ein rechtspopulistischer, landesweit bekannter Polterer, stirbt. Kurz nach seinem Tod – so etwas ist im Tessin möglich – wird er in den Luganeser Stadtrat gewählt, ein Ersatzmann übernimmt den Job. Die Lega stellt seither 3 von 7 Mitgliedern der Stadtregierung von Lugano.

2016: Das Schweizer Stimmvolk beschließt den Bau einer zweiten Röhre des Gotthard-Straßentunnels, um die bestehende sanieren zu können. Ab 2030 sollen beide Röhren je einspurig befahren werden.

Eröffnung des Gotthard-Basistunnels im Rahmen der Neuen Eisenbahn-Alpentransversale (NEAT), mit 57 km der längste Eisenbahntunnel der Welt.

Als erster Schweizer Kanton führt das Tessin das Verhüllungsverbot (Burkaverbot) ein. Die wenigen Muslima, die bisher den Niqab oder die Burka trugen, umgehen das Verbot, indem sie einen Mundschutz anlegen. Hauptsächlich vom Gesetz betroffen sind vermummte Fußballfans.

2021: Magere Bilanz in Sachen Burkaverbot. In den ersten vier Jahren wurde in nur 28 Fällen ein „Bußgeld" ausgesprochen. Das Gesetz erweist sich als Papiertiger.

Regio Insubrica: Grenzüberschreitende Regionalpolitik im Seengebiet

„Regio Insubrica" nannten die Römer die Region zwischen Lago Maggiore, Luganersee, Lago di Como und den Gebirgszügen Monte Rosa und Adamello. Namensgeber war der keltische Stamm der Insubrer, der seit etwa 400 v. Chr. die Region besiedelte und auch Mailand gründete. Regio Insubrica nennt sich heute auch eine grenzüberschreitende Arbeitsgemeinschaft, in der der Kanton Tessin sowie die italienischen Provinzen Novara, Lecco, Como, Varese und Verbano Cusio Ossola vertreten sind. Sie verstehen sich als Kultureinheit – eine sogenannte „Euroregion" –, in der Italienisch und der westlombardische (insubrische) Dialekt gesprochen werden. Unter dem Slogan „Eine Grenze, die zwei befreundete Länder vereint" kümmert man sich um binationale Kultur- und Bildungsprojekte, um die Belange der „Frontalieri" (derzeit fahren rund 70.000 Italiener täglich ins Tessin, um dort zu arbeiten) und natürlich auch um den Ausbau des Tourismus.

Auf der Gotthard-Passhöhe

Anreise

Das Tessin ist von Süddeutschland aus per Auto oder Bahn in wenigen Stunden zu erreichen. Von der deutsch-schweizerischen Grenze sind es keine drei Fahrstunden – egal, ob Sie das Automobil über die Autobahn steuern oder lässig die Beine im Großraumwagen der Schweizer Bahn ausstrecken.

Bei der Anreise von süddeutschen Metropolen unterscheiden sich Auto- oder Bahnfahrt zeitlich kaum. Mit dem Auto fährt man in vier Stunden von Stuttgart via Zürich oder von München via St. Margrethen nach Bellinzona – staufreie Fahrt vorausgesetzt. Per Bahn sind es sechs Stunden von Stuttgart bzw. sieben von München via Zürich nach Bellinzona.

Die Alpenkette ist die große Barriere, die das Tessin von der übrigen Schweiz trennt. Kein Problem: Zwei Röhren führen jahraus, jahrein durch den Berg, der Gotthard- und der San-Bernardino-Tunnel.

Alternativ kann man von etwa Mai bis Oktober, je nach Schneeverhältnissen, auch über eine von vier Passstraßen ins Tessin gelangen. Ob der Pass geöffnet ist, geben schon weit unten im Tal Schilder bekannt, oder man erkundigt sich im Internet: www.alpenpaesse.ch.

Für die Benutzung von Autobahnen (auf grünen Schildern angekündigt) benötigen Sie in der Schweiz eine jährlich neue *Vignette*, die bei Automobilclubs, grenznahen Tankstellen, schweizerischen Postämtern, aber auch an den Grenzübergängen erhältlich ist und 40 CHF (ca. 42 €) kostet. Die Vignette muss deutlich sichtbar an der Windschutzscheibe angebracht werden.

St.-Gotthard-Pass (A 2): Die Gotthardroute von *Basel* über *Luzern*, den 2108 m hohen St.-Gotthard-Pass bzw. durch den 17 km langen Straßentunnel und durch die *Valle Leventina* nach Italien ist der beliebteste Alpentransit: Über

Hinweis: Der Gotthard-Tunnel ist staugefährdet, vor allem an Feiertagen. Zu Ferienbeginn sind bis zu 20 km lange Schlangen möglich. Dann bietet sich ein Ausweichen über die San-Bernardino-Route an, die zwar auch Staus produziert, aber weniger lange. Zur vollen Stunde gibt das Schweizer Radio SRF nach den Nachrichten und dem Wetterbericht Staumeldungen durch.

Seit 2016 wird im Rahmen des Baus der zweiten Röhre der bestehende Gotthardstraßentunnel saniert. Das führt gelegentlich zu nächtlichen Sperrungen, die bereits unten im Tal angekündigt werden.

6 Millionen Autos rollen jährlich über oder durch den Gotthard. Entsprechend häufig sind trotz der bequemen, kostenlosen Tunneldurchfahrt Staus und andere Behinderungen. Die gut ausgebaute Autobahn bleibt jedoch für eilige Reisende aus West- und Norddeutschland die optimale Route ins Tessin.

San-Bernardino-Pass (A 13): Reisende aus Bayern, den östlichen Bundesländern und aus Österreich fahren am günstigsten über *Bregenz*, *St. Margrethen* und *Chur* zum San-Bernardino-Pass. Dort nutzt man entweder den 6,5 km langen Tunnel oder die sehr viel schönere Passstraße, um durch die 43 km lange *Valle Mesolcina* (noch in Graubünden) nach Bellinzona zu kommen. Seit die Westumfahrung Zürichs fertiggestellt ist, erweist sich diese Alpenpassage auch für Urlauber aus Baden-Württemberg als schnelle, staularme Route.

Nadelöhr Gotthard

Noch bis in die 1960er Jahre fuhren die Autos auf der verwegenen „Tremolastraße" über den Gotthardpass, oder sie ließen sich im Huckepackverfahren mit der Eisenbahn ins Tessin tragen. Dann wurde eine neue Passstraße gebaut, die dem rasant zunehmenden Verkehr jedoch bald nicht mehr gewachsen war. Schließlich wurde 1980 der Straßentunnel eröffnet, der das Problem gelöst hätte, wäre der Verkehr nicht weiter angewachsen. Bald darauf stand eine zweite Röhre für den Straßenverkehr zur Diskussion. Eine solche jedoch lehnte das Schweizer Stimmvolk zweimal ab, 1994 und 2004. Ziel der Gegner war es, den Güterverkehr von der Straße auf die Schiene zu verlagern, was bislang nur in geringem Umfang gelang. 2016 wurde der Gotthard-Basistunnel als längster Eisenbahntunnel der Welt (57 km) eröffnet. Er beschleunigt einerseits den Personentransport zwischen Nord und Süd und soll andererseits die Verlagerung des Güterverkehrs auf die Schiene unterstützen.

In Sachen Gotthard-Straßentunnel flammte die Diskussion einer zweiten Röhre erneut auf. Der bisherige Tunnel sei früher als vorgesehen renovierungsbedürftig und müsse, so Experten, zwischen 2020 und 2025 für 900 Tage geschlossen werden, entweder zweieinhalb Jahre durchgehend oder dreieinhalb Jahre mit Unterbrechungen. Die Eidgenossen wurden 2016 ein drittes Mal zur Urne gebeten – und entschieden sich nun doch für eine zweite Röhre! Bis 2029 soll diese fertiggestellt werden, dann kann die Sanierung des alten Tunnels beginnen. Und ab 2032 sollen beide Röhren befahrbar sein.

In Österreich besteht auf den Autobahnen bekanntlich **Vignettenpflicht,** das gilt auch für den kurzen Transit im Raum Bregenz. Die Städte Lindau und Bregenz leiden seitdem unter erheblichen Staus durch Fahrer, die der Maut entgehen wollen. Auf dieser Strecke erreicht man in St. Margrethen die A 13.

Lukmanierpass: In *Reichenau* (erste Ausfahrt nach Chur-Süd) verlässt man die Autobahn und fährt durch das Vorderrheintal aufwärts bis *Disentis*. Dort biegt man in die Lukmanier-Straße Richtung Süden ab, überquert den Pass und gelangt durch das 34 km lange Bleniotal nach *Biasca*, einige Kilometer nördlich von Bellinzona. Vor allem Motorradfahrer bevorzugen diesen mit 1940 m Höhe relativ niedrigen Alpenübergang mit seinen weit geschwungenen Kurven und geringen Steigungen. Für Wohnwagen-Gespanne ist die nur zwischen Mai und Oktober befahrbare zweispurige Passstraße allerdings problematisch – einfacher ist die Passage über die größeren Pässe am Bernardino oder Gotthard.

Im Sommer ist als Alternative ab *Disentis* auch die Weiterfahrt über den *Oberalppass* nach *Andermatt* und von dort über den *St. Gotthard* denkbar.

Grimsel-, Nufenen- und Simplonpass: Wer aus dem Norden Deutschlands kommt und den verkehrsreichen Gotthard-Pass meiden will, fährt über *Bern* bis *Spiez* auf der Autobahn, dann über *Interlaken* und *Meiringen* hoch zum Grimselpass (2165 m). Knapp nach dem Grimsel zweigt man rechts ins Wallis ab. Beim Dörfchen *Ulrichen* führt eine Straße über den landschaftlich beeindruckenden 2478 m hohen Nufenenpass ins 25 km lange Val Bedretto und bei *Airolo* am Fuß des St. Gotthards in die obere Valle Leventina. Die Grimsel-Nufenen-Route ist vor allem bei Motorradfahrern beliebt.

Oder man fährt nach dem Grimsel weiter ins Wallis hinunter, wählt ab *Brig* die gut ausgebaute Straße über den Simplonpass (2005 m) und erreicht auf der italienischen Seite *Domodossola*; von hier aus geht es über ein schmales Sträßchen zurück in die Schweiz, ins Centovalli und nach *Locarno*.

Zwei Vorbehalte: Die Pässe sind nur im Sommer befahrbar, die Straße ins Centovalli ist für Anhänger gesperrt.

Mit der Bahn

Ohne Stau und Stress und mit vorzüglichem Service fahren Sie mit den Schweizerischen Bundesbahnen (SBB) bzw. den Ferrovie Federali Svizzere (FFS), wie sie sich auf Italienisch nennen, ins Tessin.

Die ideale Strecke ist die *Gotthardlinie* von Zürich nach Mailand. Der neue *Gotthard-Basistunnel*, der eine alpenquerende Verbindung ohne größere Steigungen ermöglicht, verkürzt seit 2016 die Fahrzeit um eine knappe Stunde. Reisende zum Lago Maggiore müssen in Bellinzona umsteigen.

Mit der Eröffnung des 34,6 km langen *Lötschberg-Basistunnels* wurde 2007 eine zusätzliche Option für den Alpentransit geschaffen. Der fast 35 km lange Tunnel führt vom Berner Oberland ins Wallis und weiter durch den fast 20 km langen Simplontunnel nach Domodossola. Dort kann man in die Centovalli-Bahn (Ferrovia delle Centovalli) umsteigen und erreicht nach einer wunderschönen Fahrt durch das Centovalli das Seestädtchen Locarno.

Hinweis: Die deutsche *BahnCard* sowie die österreichische *Vorteilscard* gelten bei grenzüberschreitendem Verkehr auch in der Schweiz und bringen einen Preisnachlass von ca. 25 %.

Ausflugszüge: Über den regulären Fahrplan hinaus verkehren in der Schweiz auch einige Ausflugszüge. Für eine Fahrt ins Tessin bietet sich der *Gotthard Panorama Express* an, der von Luzern über Flüelen durch den St. Gotthard nach Locarno oder Lugano fährt, wobei die Strecke Luzern–Flüelen auf dem Raddampfer (seltener auf dem Motorschiff) über den Vierwaldstättersee führt. Der Zug fährt nur 1. Klasse, auf dem Schiff hat man die Wahl zwischen 1. und 2. Klasse: Von Mitte April bis Mitte Oktober täglich außer Montag von Luzern nach Lugano (ca. 150 CHF).

DB – Deutsche Bahn: www.bahn.de.

ÖBB – Österreichische Bundesbahnen: www.oebb.at.

SBB – Schweizerische Bundesbahnen: www.sbb.ch.

Wer sich nicht selbst durch den Tarifdschungel kämpfen möchte, dem sei www.gleisnost.de empfohlen. Die Bahnkenner finden für Sie garantiert die günstigsten Verbindungen.

Mit dem Flugzeug

Flughafen in Milano: Seit die *Swiss* den Linienverkehr von Zürich zum Mini-Flughafen Lugano-Agno 2019 eingestellt hat, sind für Flugreisende aus Deutschland nur noch die beiden Flughäfen von Mailand interessant: *Milano-Malpensa* und der etwas kleinere *Milano-Linate*. Nach Milano-Malpensa fliegen neben *Swiss* von Zürich auch Billigflieger *Easyjet* von Berlin und München aus, *Eurowings* aus mehreren deutschen Städten. Die S-Bahn (S 10) fährt vom Flughafen direkt nach Lugano. Milano-Linate fliegen *Easyet* von Berlin aus, die *Lufthansa* sowie die italienische *ITA Airways* von mehreren deutschen Städten aus an.

Wichtig ist frühzeitige Buchung. Je näher der Abflugtag rückt, desto teurer wird das vermeintliche Schnäppchen.

Flughäfen

Milano-Malpensa: www.milanomalpensa-airport.com.

Milano-Linate: milanolinate-airport.com

Fluggesellschaften/Billigflieger

Swiss: www.swiss.com.

Easy Jet: www.easyjet.com.

Eurowings: www.eurowings.com.

Lufthansa: www-lufthansa.com.

ITA Airways: ita-airways.com.

Fahrradmitnahme

Die Seitentäler des Locarnese und das Sottoceneri (das südliche Tessin) sind bei sportlichen Radfahrern besonders beliebt – aber wie schafft man seinen Drahtesel ins Urlaubsgebiet, wenn man nicht mit dem eigenen Auto unterwegs ist? Bei guter Organisation ist das kein Problem.

Fahrrad im Zug: Das Rad kann vom Bummelzug bis zum IC in den meisten Zügen mitreisen. Im grenzüberschreitenden Verkehr sind zwei Dinge unentbehrlich: die *Reservierung* und die *Internationale Fahrradkarte*. Letztere kostet in Deutschland und Österreich 10 € und gilt bis zum Zielbahnhof. Die Reservierung ist bei gleichzeitigem Erwerb der Internationalen Fahrradkarte kostenlos. Für die Rückfahrt kann die Karte entweder in der Schweiz oder schon im Abfahrtsland erworben werden.

Eine frühzeitige Buchung ist anzuraten. Die Deutsche Bahn bietet auf ihrer Internetseite (www.bahn.de) unter „Services" Informationen für Radfahrer an und unterhält zudem eine *Radfahrer-Hotline* (siehe unten). Das Rad möglichst an feste Gegenstände anschließen, die Packtaschen abnehmen, Helme und Fahrradcomputer an sich nehmen, Diebstähle kommen vor. Problemlos ist der Transport in speziellen *Fahrradtaschen* (110 x 80 x 40 cm), allerdings ist auch dafür die Fahrradkarte notwendig.

Radfahrer-Hotline der DB: Infos zum Radtransport unter ✆ 0180-6996633.

Fahrrad im Flugzeug: Billigflieger berechnen für die Mitnahme 50–65 € pro Flug, rechtzeitige Anmeldung und Bezahlung sind obligatorisch. Das Rad muss gut verpackt sein: Lenker nach innen drehen, Pedale entfernen, Luft aus den Reifen lassen und das Rad in Plastikfolie, Pappe o. ä. einwickeln. Die Fluggesellschaft lässt sich per Unterschrift bestätigen, dass sie für keinerlei Schäden aufkommt.

In luftiger Höhe: die Centovalli-Bahn

Verkehrsmittel vor Ort

Die Schweiz ist bekannt für ihr gut ausgebautes öffentliches Verkehrsnetz. Wo die Bahn nicht hinkommt, sorgt die Flotte der gelben Postautos für Abhilfe. Ergänzt wird das Angebot durch Schiffslinien und Bergbahnen. Die Abfahrt ist stets pünktlich.

Trotzdem verzichten die Tessiner ungern auf ihr privates Gefährt. Kamen 2021 im schweizerischen Durchschnitt 541 Autos auf 1000 Einwohner, so waren es im Tessin 631. Zu den einheimischen Fahrern kommen Touristen und Kurzzeitausflügler hinzu, Mailand liegt nah, und mancher Zürcher verbringt sein Wochenende in seinem Tessiner Rustico.

Mit dem Auto

Folge der Verkehrsüberlastung sind Staus, vor allem die Straße von Bellinzona nach Locarno ist bekannt dafür, und die enge Seestraße von Locarno nach Brissago ist zusätzlich verstopft, wenn die „Frontalieri“, die zwischen ihrem Arbeitsort in der Schweiz und ihrem Wohnort in Italien pendeln, auf dem Weg nach Hause sind. Die Straße ins Verzascatal ist eng, im Centovalli sieht's nicht besser aus, waghalsige Motorradfahrer donnern auf ihren Maschinen die Täler hinauf und riskieren die Kurven schneidend ihr Leben. Hat man trotz all dieser Hindernisse sein Ziel erreicht, stellt sich das nächste Problem: Die schmucken Dörfer mit ihren steinern Häusern sind eng gebaut, die wenigen Parkplätze von Einheimischen belegt, und nicht selten muss man sein Gefährt weit außerhalb abstellen.

Es gibt also Gründe genug, das effiziente öffentliche Verkehrsnetz zu nutzen.

Schweiz – Hinweise für Autofahrer

Europäischer Notruf: ✆ 112 (und Sie werden weitergeleitet).

Polizeinotruf: ✆ 117

Pannenhilfe: ✆ 140 (Straßenhilfsdienst des schweizerischen Automobilclubs).

Unfallrettung/Sanitätsnotruf: ✆ 144

Straßenzustand: Unter ✆ 163 erfährt man, ob die Pässe geschlossen, nur mit Winterreifen befahrbar oder gar Schneeketten erforderlich sind. Wem der automatisierte Dialog mit der Zentrale zu nervig ist, kann die Internetseite des schweizerischen Touringclubs konsultieren: www.tcs.ch.

Autobahngebühren: Pauschal wird der Preis von 40 Fr. (ca. 42 €) für die Vignette erhoben. Diese ist bei Automobilclubs, an Grenzübergängen sowie an Schweizer Postämtern erhältlich und berechtigt im laufenden Kalenderjahr zur Benutzung sämtlicher Autobahnen des Landes. Die Vignette ist gut sichtbar an der Windschutzscheibe anzubringen. Wer sich ohne Vignette auf der Autobahn erwischen lässt, zahlt 200 Fr. (ca. 205 €) plus den Aufkleber.

Licht: Auf allen Straßen muss auch tagsüber mit Licht (Abblendlicht oder Tagfahrlicht) gefahren werden.

Höchstgeschwindigkeit: Auf Autobahnen liegt die Grenze bei 120 km/h, auf Überlandstraßen bei 80 km/h. Die Geldstrafen für Raser sind hoch.

Bergstraßen: Wenn's eng wird, hat der Bergauffahrende Vortritt.

Promillegrenze: 0,5 Promille.

Mietwagen: Mit einer vorab getätigten Online-Buchung bei einem Autoverleiher fährt man oft günstiger als mit einer Anmietung vor Ort. Auch der juristische Aspekt ist zu bedenken, denn der Gerichtsstand ist in dem Land, in dem das Auto gemietet wurde.

Alle Verleiher verlangen bei der Anmiete eine Kaution, dafür ist in der Regel eine Kreditkarte nötig, Bargeld wird nur selten akzeptiert. Prüfen Sie außerdem genau den gebotenen Versicherungsschutz, Vollkasko mit oder ohne Selbstbeteiligung ist zu empfehlen. Für die Recherche im Internet sind folgende Webseiten behilflich, in der Regel vergleichen sie unter mehreren Verleihern:

- www.billiger-mietwagen.de, www.rentalcars.com, www.autovermietung.de, www.economycarrentals.com.

Mit Bahn und Bus

Die **Schweizerischen Bundesbahnen** bieten einen Service, der in Europa seinesgleichen sucht. Nirgends sitzen Sie in Eisenbahnen so bequem, nirgends ist die Information via Lautsprecher so verlässlich, nirgends der Transport des Fahrrads so problemlos. In größeren Bahnhöfen kann man Fahrräder und Autos mieten, Geld wechseln und eine Menge nützlicher Informationsbroschüren bekommen.

Reisen zum Nulltarif: das „Ticino Ticket"

Ob in einem Tessiner Hotel, in einer Tessiner Jugendherberge oder auf einem Tessiner Campingplatz: Wer im Tessin nächtigt, erhält beim Check-in das „Ticino Ticket", das bis Mitternacht des Abreisetags gültig ist.

Mit dem „Ticino Ticket" sind Bahn und Bus im ganzen Kanton gratis, Bergbahnen in der Regel 30 %, Schifffahrten 20 % billiger, und zahlreiche Museen gewähren Preisnachlass.

Die *Gotthardbahn* ist eine Hauptader des schweizerischen Schienenverkehrs, sie durchquert das Tessin von Airolo im Norden über Bellinzona und Lugano nach Chiasso im Süden und fährt weiter nach Mailand. Von ihr zweigen in Bellinzona zwei Strecken ab: Eine verläuft einspurig am Ostufer des Lago Maggiore entlang über das Gambarogno nach Luino (Italien) und weiter, die andere führt nach Locarno. In Locarno kann man in die romantische *Centovalli-Bahn* umsteigen, die durch das gleichnamige Tal hochzuckelt und im italienischen Domodossola (Italien) endet. Und schließlich hat auch das Sottoceneri, das südliche Tessin, eine Nebenlinie: eine private Schmalspurbahn von Lugano nach Ponte Tresa, dem Grenzort am westlichen Arm des Luganersees.

Wo die Bahn nicht hinkommt, hilft die Post weiter. Über **PostAuto,** wie der Busbetrieb der schweizerischen Post sich nennt, kann man nur Gutes sagen – allzeit pünktlich, mit Anschlüssen selbst in das entlegenste Dorf und zu annehmbaren Preisen. Fahrkarten sind sowohl im Bus wie in allen Postämtern zu bekommen, an denen der Postbus in aller Regel auch hält. In den Postämtern und Bahnhöfen liegen Fahrpläne und Informationen über sommerliche Ausflugsfahrten aus.

Lugano und Locarno verfügen zusätzlich über eigene Busnetze, die auch die umliegenden Orte und Täler bedienen (siehe dazu den Informationsteil in den jeweiligen Ortsbeschreibungen).

Mit der Bergbahn

Unersetzliche Verkehrsmittel für Touristen sind Bergbahnen, denn ohne Gondel-, Zahnrad- und Standseilbahn oder Sessellift käme man kaum in den Genuss der schönen Panoramagipfel. Oft beginnt eine Wanderung mit einer Bergbahnfahrt, die einem den sehr steilen Aufstieg in die Alpenhöhen erspart. Es wäre schließlich schade, wäre man schon erschöpft, wenn der schönste Teil der Wanderung erst beginnt. Und nach einer wunderschönen Höhenwanderung ersetzen die Bergbahnen den mühsamen Abstieg, der bekanntlich in die Knie geht. Alles über Fahrpläne, Preise und Besonderheiten erfahren Sie im Informationsteil in den jeweiligen Ortsbeschreibungen.

Mit dem Schiff

Zu den entspannenden Arten des Reisens gehört eine Seefahrt: Sowohl auf dem Lago Maggiore wie auch auf dem Luganersee verkehren Kursschiffe, die mehrmals täglich die Anlegestellen der Seeorte ansteuern. Auf dem Lago Maggiore, der zum größeren Teil auf italienischem Gebiet liegt, bereichert die staatliche italienische Schifffahrtsgesellschaft (Navigazione Laghi) das Angebot zusätzlich. Die schweizerischen Linienschiffe beschränken sich auf den Nordzipfel, zu dem auch die Brissago-Inseln – ein besonders beliebtes Ziel – gehören. Im Sommer kommen auf beiden Seen zu den planmäßig verkehrenden Schiffen zahlreiche Ausflugs- und Vergnügungsdampfer hinzu.

Fahrpläne findet man an allen Anlegestellen mit Ticketverkauf und in zahlreichen touristischen Informationsbüros sowie im Internet unter www.lakelugano.ch (Luganersee) und www.navlaghi.it (Lago Maggiore).

Mit dem Fahrrad

Für Mountainbiketouren ist das abwechslungsreiche Terrain des Tessins wie geschaffen. Ausgedehnte Hügelzonen im Sottoceneri oder schweißtreibende alpine Pisten im Sopraceneri – die Auswahl ist groß. Für gemächliches Familienradeln mit Kind und Kegel ist das Tessin eher ungeeignet, da das Verkehrsaufkommen hoch ist und spezielle Radwege meist fehlen.

Ist es Ihnen zu kompliziert, das eigene Rad mitzunehmen, oder sind Sie erst unterwegs auf die Idee gekommen, eine Radtour zu machen? Kein Problem: Die Bahnhöfe von Bellinzona, Locarno und Lugano unterhalten einen Fahrrad- und E-Bike-Verleih; die Rückgabe muss an einer der drei Stationen erfolgen.

Fahrradmitnahme in Bahn und Bus (Postauto): In den meisten Zügen ist die Mitnahme des Fahrrads kein Problem, oft zeigen die Waggons ein entsprechendes Piktogramm. In Schnellzügen kann eine Reservierung verpflichtend sein, erkundigen Sie sich vorab am Bahnhof. Sehr begrenzt ist das Angebot der beliebten „Centovallina“, dem Schmalspurbähnchen von Locarno durch das Centovalli nach Domodossola (Italien). Die meisten Postautos nehmen Fahrräder in begrenzter Zahl mit, in den Sommermonaten wird oft ein Heckträger installiert oder es fährt gleich ein Anhänger mit. Auch hier gilt: Besser, man erkundigt sich vorab. Information und Reservierung unter www.postauto.ch/de/velo-reservationen.

Gute Nacht im Grandhotel

Übernachten

Im Tessin finden sich Unterkünfte aller Art – vom Belle-Epoque-Grandhotel mit Seeblick bis zum tristen Betonkasten in der Stadt, vom Landgasthof in den Bergen bis zum B & B oder zur Jugendherberge. Rund drei Dutzend unterschiedlich ausgestattete Campingplätze ergänzen das Angebot.

Zur Aufrechterhaltung der touristischen Infrastruktur muss jeder Beherberger eine **Kurtaxe** abführen, die er selbstverständlich beim Gast einfordert. Einige Betriebe verstehen ihre Preise inklusive Kurtaxe, andere schlagen sie auf die Rechnung auf. Die Höhe der Kurtaxe wird von den Gemeinden festgesetzt, der Kanton gibt lediglich den Rahmen von 3,25 CHF bis 5,80 CHF pro Person und Nacht vor. Mit der 2017 erfolgten Erhöhung der Kurtaxe soll auch das seither bestehende „Ticino Ticket" (→ Unterwegs im Tessin, Mit Bahn und Bus) finanziell abgefedert werden.

Seit 2022 müssen sich im Kanton Tessin private Vermieter, die über Online-Plattformen wie *Airbnb* oder *Booking.com* Zimmer oder Wohnungen anbieten, registrieren lassen. Die Registrierungsnummer wird vom regionalen Tourismusbüro an die Standortgemeinde weitergeleitet, die die Qualität des Angebots überprüft.

Hotels

Das einfache **Familienhotel** im Dorf hat saubere, bescheiden eingerichtete Zimmer, WC und Dusche befinden sich gelegentlich auf der Etage, ein Restaurant ist in der Regel vorhanden. Das **Mittelklassehotel** hat Dusche/WC meist im Zimmer und in der Regel auch ein Fernsehgerät. Das **Luxushotel** bietet oft Design-Zimmer mit Safe für die mitgebrachten Juwelen und allen sonst erdenklichen Komfort, oft verfügt es über ein oder mehrere Gourmet-Restaurants.

Die **Klassifizierung** der Hotels sagt nur bedingt etwas aus. Seit Jahrzehnten werden von „Hotelleriesuisse, der Schweizerischen Hoteliervereinigung, Sterne vergeben. Doch zahlreiche Hotels führen keine Sterne, weil sie nicht Mitglied von Hotelleriesuisse sind; damit ist nichts über die Qualität dieser Hotels ausgesagt. In der Regel sind es eher kleine Hotels, denen der Beitrag für eine Mitgliedschaft und der Preis für den Eintrag im „Schweizer Hotelführer" zu hoch sind. Viele von ihnen sind Mitglied bei „GastroSuisse" (Arbeitgeber-Verband für Hotellerie und Restauration), dort sind die Mitgliedsbeiträge niedriger. Nach vergeblichen Gesprächen zwischen den beiden Branchenverbänden hat GastroSuisse 2011 eine eigene Klassifizierung mit Sternen eingeführt, deren Bewertungskriterien eher auf die kleineren Hotels zugeschnitten sind.

Zimmerpreise: Billiger sind natürlich die kleineren Zimmer, eher mit Aussicht auf den Hinterhof, teurer sind die größeren Zimmer, oft mit Balkon und Aussicht auf See oder Bergwelt. Die in diesem Buch angegebenen Preisgruppen beziehen sich in der Regel auf ein Doppelzimmer der oberen Kategorie (nicht Suite) in der Hauptsaison. Die Angaben beruhen auf Recherchen des Jahres 2022.

₣	unter 90 CHF
₣₣	90–150 CHF
₣₣₣	150–250 CHF
₣₣₣₣	250–400 CHF
₣₣₣₣₣	über 400 CHF

Einige Hotels öffnen erst an Ostern und schließen im Oktober; soweit die Betriebe nicht ganzjährig geöffnet sind, geben wir die **Öffnungsperiode** an. Sofern die Hotels eine Internetseite unterhalten, haben wir die Internetadresse vermerkt. Selbstverständlich zeigen sich die Hotels im virtuellen Raum von der besten Seite und stellen das schönste Zimmer ins Netz. Ist dieses nicht groß genug, so hilft gelegentlich ein Weitwinkelobjektiv.

Jugendherbergen

Für Alleinreisende und für kleine Gruppen sind Jugendherbergen in jedem Fall eine Low-Budget-Alternative, für Paare, die ihre Ruhe im Doppelzimmer suchen, sind sie weniger interessant. Ein Ort internationaler Kommunikation sind sie allemal. Informationen finden sich unter *www.youthhostels.ch*. Hostels gibt es nur in den Städten Bellinzona, Locarno und Lugano. Detaillierte Infos auch in den Ortskapiteln im Reiseteil.

Camping

Rund 40 Campingplätze werden im Tessin gezählt, viele liegen am Seeufer oder an einem Wildwasser. Zum Leidwesen der spontanen Camper sind die schönsten Stellplätze oft von „Jahresabonnenten" belegt, die das Campen als Ersatz für die nicht vorhandene Ferienwohnung nehmen. Geöffnet sind die Campingplätze in der Regel etwa von April/Mai bis September/Oktober.

Achtung: Im Hochsommer sind viele Campings bis auf den letzten Platz belegt, eine Vorbuchung ist dann unbedingt notwendig.

Ferienhäuser, Ferienwohnungen

Ferienwohnungen und Ferienhäuser gibt es zuhauf im Tessin, vom steinernen Rustico bis zum komfortablen Appartement oder zur schicken Villa im Seengebiet. In unserem Buch gehen wir nicht näher darauf ein. Anbieter finden Sie im Internet (in die Suchmaschine „Ferienwohnungen Tessin" eingeben). Wochenweise Vermietung ist die Regel, rechtzeitige Buchung ist vor allem im Juli und August erforderlich.

Essen und Trinken

Die traditionelle Tessiner Küche, die „cucina nostrana“, ist eine typische Arme-Leute-Küche, die mit der deutschschweizerischen wie auch mit der italienischen Küche verwandt ist.

Die Kartoffel spielt eine größere Rolle als Teigwaren, und eine noch größere die *Polenta*, in früheren Zeiten noch aus Hirse zubereitet, heute ein gelber Brei oder Kuchen aus Mais. Auch der *Risotto* wird geschätzt, während des Karnevals kommt er als öffentliche „Risottata“ zu Ehren: In großen Kesseln werden im Freien Risotto oder Polenta mit Würsten gekocht. In jüngster Zeit kommt vermehrt auch die lange vergessene *Kastanie* wieder ins kulinarische Spiel: Das einstige „Brot der Armen“ findet als *Gnocchi di castagne* oder in Süßspeisen Verwendung.

Überbleibsel der bäuerlichen Küche sind Gemüsesuppen und Eintöpfe: *Minestrone* ist nichts anderes als Resteverwertung – Saisongemüse, Kartoffeln und Teigwaren sowie geriebener Tessiner Käse gehören dazu. Im Winter kommen Kutteln in die Suppe, die dann *Busecca* heißt. Ein eher deftiger Eintopf aus Wurstresten, Weißkohl und Kartoffeln ist die *Cazzöla*. Die häufigsten Hauptgerichte sind italienisch angehauchte Fleischgerichte, beispielsweise *Costine*, gegrillte Schweinskoteletts, *Coniglio* (Kaninchen) oder ein schmackhaftes *Capretto*, ein im Backofen zubereitetes Zicklein. Im Herbst bieten die jagdverliebten Tessiner Gems-, Reh- oder Hirschpfeffer an.

In Seenähe kommt (oft teurer) Fisch auf den Teller, oft *Coregone*, eine Felchenart mit festem, weißem Fleisch und wenig Gräten. Eine besonders beliebte Zubereitungsart ist *Pesce in carpione*, dabei wird der gebratene Fisch in eine mit fein gehackten Gemüsen und Kräutern aromatisierte Essigmarinade eingelegt – je länger die Verweildauer, desto zarter und köstlicher mundet er.

Grotto – das typische Tessiner Lokal

Ursprünglich waren *Grotti* Felsenkeller und Höhlen, in denen ein findiger Bauer am Wochenende seine „Besenwirtschaft“ öffnete – ein paar einfache Stühle um den klobigen Tisch. Mit dem Siegeszug des Tourismus sind die Grotti zu stimmungsvollen Freilichtgaststätten geworden, meist von April bis Oktober in Betrieb, in der Regel außerhalb der Ortskerne am Waldrand oder Felshang gelegen. Traditionelle Grotti sind keine Feinschmeckerlokale, gelegentlich beschränkt sich die warme Küche auf Risotto und Polenta, die kalte auf Schinken, Salami und guten Käse. Der Wein dazu wird aus einem Steingutbecher mit Henkel und Schnabel geschlürft, dem *Boccalino*, in dem 2 dl Platz haben. Kehrseite der schönen Tradition: Längst nicht alles, was Grotto heißt, ist ein Grotto. Kneipenwirte wollen am Trend verdienen und nennen ihre Resopal-Osteria kurzerhand Grotto. Wir haben uns bei unseren Empfehlungen bemüht, solche Trend-Gewinnler zu übersehen – haben Sie aber Nachsicht, wenn die Trennungslinie nicht immer klar verläuft.

Die Magie des Ratafià

Die Nüsse für den weltweit gerühmten Tessiner Nusslikör – *Nocino* oder *Ratafià* genannt – müssen in der Nacht vom 24. auf den 25. Juni noch grün gesammelt werden. So will es die Tradition. Ansonsten gibt es so viele Rezepte wie Produzenten. Die Nüsse werden mit *Grappa nostrana* begossen, dazu kommen Vanille, Zimt und Nelken; alles in der Sonne stehen lassen und nach vier Monaten absieben. Oder doch ein, zwei Jahre ruhen lassen und Muskat statt Nelken verwenden? Oder lieber rühren und Zucker hinzufügen? Oder vielleicht doch ...

Sonstige Spezialitäten

Käse: Aus Ziegen- oder Kuhmilch wird der Frischkäse *Büscion* gemacht. Eine Spezialität des Muggiotals ist der weißschimmlige *Zincarlin*, ebenfalls ein Frischkäse, der mit ein bisschen Pfeffer und Salz gewürzt und mit Olivenöl beträufelt auf der Zunge zergeht. Auch harter Ziegenkäse verschiedener Reifestadien findet sich auf dem Käseteller.

Gastronomie in den Alpen

Der Bergkäse wiederum ist in der Regel Kuhkäse, einzig im Maggiatal kommen in ihm Ziege und Kuh zusammen.

Wurst: Die Herstellung von Wurst und Schinken hat im Tessin eine jahrhundertealte Tradition. Die *Mortadella* hat wenig gemein mit der berühmteren italienischen Verwandten, sie wird mit Leber vermischt. Neben *Pancetta* (magerer Speck) und *Salami* sind auch die *Luganighe* genannten Schweinswürste beliebt.

Kuchen: Eine typische Tessiner Nachspeise ist die *Torta di pane*, ein Kuchen aus altem Brot, mit Milch, Kakao, Amaretto und Sultaninen als Zugaben; ein intensiver Geschmack nach Schokolade, süß ist die Köstlichkeit trotzdem nicht.

Weine

Im Tessin wird heute vor allem die Anfang des 20. Jahrhunderts aus Bordeaux eingeführte rote Merlot-Traube angebaut, die beachtliche Weine hervorbringt. Am häufigsten wird der *Merlot del Ticino* serviert, aber auch der *Merlot rosato*, ein kühl getrunkener Rosé, und seltener der ebenfalls aus der roten Traube gewonnene weiße *Merlot bianco* gehören zur europäischen Spitzenklasse. Vom herben Landwein, dem einfachen Nostrano, der aus den einheimischen Rebsorten *Bondola*, *Freisa* und der *Uva americano* gewonnen wird, kann man das nicht unbedingt behaupten.

Das Rustico des Patrioten

Reisepraktisches von A bis Z

Ärztliche Versorgung

Mit der EHIC (European Health Insurance Card) weist man dem Arzt nach, dass man ordnungsgemäß versichert ist und lässt sich ordnungsgemäß behandeln. Die Behandlungskosten sind zunächst selbst zu bezahlen, zuhause werden sie dann zurückerstattet. Die EHIC gilt nicht für zahnärztliche Behandlungen. Auch ein Rücktransport im Krankheitsfall ist mit der EHIC nicht gedeckt. Wer das Risiko eines selbst bezahlten Rücktransports ausschalten will, schließt eine Auslandsreise-Krankenversicherung ab.

Das Krankenhaus heißt im Tessin *Ospedale*. Krankenhäuser mit Notfallaufnahme *(Pronto soccorso/Medicina d'urgenza)* findet man an folgenden Orten: Faido (Valle Leventina), Acquarossa (Valle di Blenio), Bellinzona, Locarno, Lugano, Mendrisio.

Sanitätsnotruf: ✆ 144

Baden

Von Juni bis in den Oktober beträgt die Wassertemperatur im Lago Maggiore 22–24 °C, im Luganersee 24–26 °C. Obwohl Privatgrundstücke hier und dort den Einstieg ins Wasser erschweren, gibt es an vielen Orten einladende Badeplätze. Die meisten Strände bestehen aus Kies, seltener sind Sandstrände. Dahinter erstrecken sich oft kleine oder große Wiesen mit schattigen Bäumen, sodass die sommerlichen Temperaturen nicht so extrem ausfallen wie etwa am Meer.

Eine Alternative zu den Seen sind die zahlreichen Flüsse, vor allem im Hinterland von Locarno *(Valle Verzasca, Valle Maggia)*, in denen auch gebadet werden kann. Wegen ihrer oft felsigen Ufer findet man dort viele abenteuerliche Badeplätze. Doch Vorsicht: Unterschätzen Sie die Kraft des wilden Wassers nicht – schon häufig ist es zu tödlichen Badeunfällen gekommen.

Tipp: Wappnen Sie sich gegen Stechmücken, die sich in der Dämmerung und vor Sommergewittern am Wasser tummeln – einschlägige Mittel finden Sie in den Supermärkten, z. B. das hervorragende „anti-insect" aus der Migros.

Diplomatische Vertretungen

Deutsches Honorarkonsulat, Via Soave 9, 6900 Lugano, ✆ 091-9227882, hk.lugano@bluewin.ch.

Österreichisches Honorarkonsulat, Via della Posta 4, 5. Stock, 6900 Lugano, ✆ 091-9306640, info@oe-konsulat-ti.ch.

Einkaufen

Sie fahren in ein teures Land – mit Norwegen ringt die Schweiz alljährlich um den ersten Platz auf der europäischen Hitliste der Verbraucherpreise.

Die Fußgängerzonen von Locarno und Lugano sind die ersten Shopping-Adressen – und die teuersten. Boutiquen und Schmuckläden reihen sich in den Gassen und machen ihr Geschäft mit den flanierenden Urlaubern. Traditionelle Stücke wie Web- und Wollwaren, Flecht- und Holzarbeiten sowie Filzhüte „tipico" bekommen Sie – mit etwas Glück – nur in den versteckten Läden der abgeschiedenen Täler. Eine Alternative zum Stadtshopping bietet das größte schweizerische Outlet-Zentrum in Mendrisio, ein riesiges Konsumparadies, das vor allem von Italienern aufgesucht wird. Umgekehrt fahren viele Schweizer nach Italien: In Luino am Ostufer des Lago Maggiore findet am Mittwoch der berühmteste Wochenmarkt der ganzen Region statt – seit über 500 Jahren! Kommen Sie aber nicht mit einer gefälschten Versace-Tasche zurück: In Italien ist es seit einigen Jahren strafbar, offensichtliche Plagiate zu Dumpingpreisen zu erwerben, und Schweizer Zöllner haben das Recht, Falsifikate ganz einfach zu konfiszieren.

Ermäßigungen

Studenten, die sich als solche legitimieren können, profitieren von ermäßigten Museumseintritten. Begleitete Kinder zahlen bei Bergbahnen in der Regel 50 %, eine einheitliche Regelung gibt es jedoch nicht. Zahlreiche Restaurants schreiben einen „Kinderteller" in die Speisekarte, in Hotels gibt es für Kinder meist einen Preisnachlass.

Feiertage

In der konfessionell durchmischten Schweiz unterliegen einige Feiertage der kantonalen Gesetzgebung. Für das Tessin gelten arbeitsrechtlich die folgenden staatlichen und kirchlichen Feiertage:

1. Januar – Neujahr

6. Januar – Heilige Drei Könige

19. März – Josefstag

1. Mai – Tag der Arbeit

29. Juni – Peter und Paul

1. August – Nationalfeiertag

15. August – Mariä Himmelfahrt

1. November – Allerheiligen

8. Dezember – Mariä Empfängnis

25. Dezember – Weihnachten

26. Dezember – Stephanstag

Dazu kommen die beweglichen Feiertage: Ostermontag, Auffahrt (Christi Himmelfahrt), Pfingstmontag, Fronleichnam. Kein Feiertag ist der Karfreitag; trotzdem gehört das Tessin zu den feiertagsreichsten Kantonen der Schweiz.

Feste & Veranstaltungen

Der Festreigen beginnt im **Frühjahr** mit dem Karneval, der an größeren Orten mit ausgelassenen Umzügen gefeiert wird. Zu ihm gehört auch die *Risottate di Carnevale:* in großen Kübeln werden Risotto oder Polenta mit Würsten zubereitet und an die Anwesenden verteilt. Zu Beginn der Urlaubssaison steht in Locarno die Kamelie, die in Hunderten von Arten am See blüht, im Mittelpunkt von *Locarno Camelie*.

Im **Juni** folgt die *Internationale Segelregatta* in Ascona. Ein weiteres Großereignis ist **Ende Juni/Anfang Juli** *JazzAscona*, eines der weltweit bedeutendsten Festivals für traditionellen Jazz. Ebenfalls **Ende Juni/Anfang Juli** geht in Lugano *Estival Jazz* über die Bühne. **Mitte Juli** folgt in Locarno *Moon and Stars*, ein Rock- und Popfestival.

Am **1. August** wird der *Schweizer Nationalfeiertag* gefeiert, vielerorts endet dieser mit eindrucksvollen Feuerwerken, auf den Bergen werden weithin sichtbare Höhenfeuer gezündet. Ebenfalls im **August** findet seit 1946 das wichtigste Kulturevent des Tessins statt, das internationale *Locarno Film Festival*, wo der „Goldene Leopard" vergeben wird.

Im **September** sind die *Internationalen Musikwochen* in Ascona das Großereignis. Der anschließende **Herbst** ist von den *Castagnate* (Kastanienfeste) geprägt, die oft mit Weinfesten einhergehen.

Auf **weitere Feste** weisen wir in den Ortskapiteln hin.

Geld

Im Nicht-EU-Staat Schweiz wird in Franken und Rappen bezahlt, die im Tessin *Franchi* und *Centesimi* heißen. Die offizielle Abkürzung des Schweizer Frankens ist *CHF* (oft liest man auch *Fr.*). Im Umlauf sind Geldscheine von 1000, 200, 100, 50, 20 und 10 Franken sowie Münzen von 5, 2, 1 und ½ Franken, 20, 10 und 5 Rappen. Die kupfernen 2- und 1-Rappen-Stücke sind nicht mehr im Umlauf, taugen aber noch als Glücksbringer.

> Wechselkurs: 1 CHF = 1,02 €
> 1 € = 0,98 CHF (Stand November 2022)

Banken finden sich an jedem größeren Ort und sind meist mit einem Geldautomaten versehen, der *Bancomat* heißt. Auch viele Postämter verfügen über einen Geldautomaten, *Postomat* genannt. Bancomaten und Postomaten akzeptieren problemlos gängige Kreditkarten und die Maestro Card, die auch von der Deutschen Postbank ausgestellt wird.

Geldwechseln ist in jeder Bank möglich. In grenznahen Geschäften wird oft auch der Euro akzeptiert, doch zu einem etwas geringeren Wechselkurs, das Rückgeld bekommt man in der Regel in Schweizer Franken.

Haustiere

Hunde und Katzen müssen für den Urlaub gegen Tollwut geimpft sein. Die mit tierärztlichem Zeugnis nachzuweisende Impfung darf nicht jünger als 30 Tage und nicht älter als ein Jahr sein.

Internet

Wer zwischendurch schnell mal seine Mails abrufen möchte, kann in größeren Orten auf zahlreiche Bars zurückgreifen. Hotels und auch viele Campingplätze bieten gratis einen WiFi-Zugang (WLAN).

Informative Webseiten **www.ticino.ch** – die offizielle Seite des Tessiner Fremdenverkehrsbüros.

www.tessin.ch – vom Ferienhaus bis zum Event-Kalender. Weitere Themen werden in die richtige Richtung verlinkt.

www.regio-ticino.ch – hilft bei der Suche nach der passenden Ferienwohnung.

www.wandersite.ch/Tessin_von_huette_zu_huette.html – Orientierung für Wanderer, denen eine Tageswanderung nicht genug ist.

Internetadressen mit nur lokalem Bezug sind in den Ortskapiteln aufgeführt.

Kinder

Es gibt so einiges, was sich hier anstellen lässt – in den meisten Badeorten kann man Tret- und Ruderboot fahren oder Minigolf spielen, auch Spielplätze sind recht häufig anzutreffen. Das

Kinderfreuden

Allergrößte ist es natürlich, mit einem Schiff auf den See hinauszufahren oder sogar ein Motorboot zu mieten, was vielerorts auch ohne Führerschein möglich ist.

Für Jung und Alt ist eine Zugfahrt mit der legendären **Centovalli-Bahn** aufregend, ebenso eine Fahrt in schwindelerregender Höhe mit einer der zahlreichen Gondelbahnen. Oder zeigen Sie Ihren Kindern gleich die ganze Schweiz vom Zürcher Flughafen bis zu Walliser Alphütten, vom Basler Münster bis zum Heididorf, Burgen, Marktplätze, Eisenbahnen und mehr – all das zu sehen im Maßstab 1:25 im 14.000 m^2 großen Park **SwissMiniatur** in Melide. Und was tun, wenn es Bindfäden regnet? Begeisterter Kommentar eines 6-jährigen Deutschschweizers im **Schokolademuseum von Caslano** am Luganersee: „Gseet gruusig us, schmöckt aber guet!“

Klima & Reisezeit

Der Meteorologe, der im Radio nach den politischen Nachrichten das Wort ergreift, spricht oft von „Alpensüdseite“ und meint damit das Tessin und die Bündner Südtäler. Die Alpenkette ist eine Wetter- und Klimascheide. Ist nördlich der Berge das kontinentale Klima bestimmend, so machen sich südlich Einflüsse des mediterranen Klimas breit. Das hat dem Tessin den Ruf „Sonnenstube der Schweiz“ eingebracht. Es kann also sein, dass man in Zürich bei Regen losfährt und nach Durchqueren der Gotthardröhre von eitel Sonnenschein empfangen wird. Am wärmsten sind die Magadino-Ebene und das Sottoceneri, das südliche Tessin, während in den höheren Lagen trotz wolkenfreiem Himmel oft eine kühle Luft weht. Kehrseite der Medaille: Wenn es regnet, dann richtig! Die Tessiner Niederschlagsmengen sind überdurchschnittlich hoch, vor allem in den Bergen, wo auch ein schneller Wetterumschlag nicht selten ist.

Im **April** grünt und blüht es in der Seenlandschaft im Überschwang, die Temperaturen sind mild, Windsurfer finden dank der stabilen Windverhält-

	Lugano (273 m)				Cimetta (1661 m)			
	Ø Lufttemperatur (Min./Max. in °C)		Ø Niederschlag (in mm), Ø Tage mit Niederschlag ≥ 1 mm		Ø Lufttemperatur (Min./Max. in °C)		Ø Niederschlag (in mm), Ø Tage mit Niederschlag ≥ 1 mm	
Jan.	0,8	6,6	66	5	-3,7	1,0	48	5
Febr.	1,6	8,5	52	5	-4,2	0,7	42	5
März	4,9	13,0	80	6	-2,0	3,2	68	6
April	7,9	15,8	156	11	0,4	5,8	137	11
Mai	12,1	20,2	196	13	4,8	10,5	194	13
Juni	15,4	24,2	164	10	8,4	14,2	182	10
Juli	17,8	26,9	153	8	10,9	16,6	159	9
Aug.	17,4	26,1	159	10	10,8	16,2	185	11
Sept.	13,9	21,7	185	8	7,6	12,4	209	9
Okt.	10,0	16,7	142	9	4,0	8,7	173	10
Nov.	5,1	11,3	127	8	-0,5	4,0	122	8
Dez.	1,7	7,4	80	6	-3,0	1,7	63	7
Jahr	**9,1**	**16,5**	**1559**	**98**	**2,8**	**7,9**	**1583**	**105**

Daten: MeteoSchweiz, Normwerte 1981–2010

nisse ideale Bedingungen. Zum Baden ist es allerdings noch zu kühl, und Wanderer müssen mit Schneefeldern rechnen. Der **Mai** ist eine wunderbare Zeit für Aktivurlauber, ebenso die **erste Junihälfte** – es ist warm, aber nicht zu warm. Doch schon zu Beginn des Monats kann man spüren, wie es Tag für Tag heißer wird, an den Seen beginnt die Badesaison, in den Bergen schnüren Wanderer die Stiefel. In der **zweiten Julihälfte** und bis zur **letzten Augustwoche** sollte man – falls man nicht an die Schulferien gebunden ist – die Seenlandschaft besser meiden: Die Badeorte sind überfüllt und die Campingplätze bis auf den letzten Platz belegt, Staus auf den Uferstraßen gehören dann zum Alltag. Andererseits finden in dieser Zeit fast an jedem Wochenende Feste und Festivals statt.

Im **September** beginnt vielerorts wieder die Schule, an den noch badewarmen Seen kehrt wieder Ruhe ein und Bergwanderer sind weniger der glühenden Sonne ausgesetzt. Allerdings kann es im Herbst auch zu lang andauernden und heftigen Regenfällen kommen, oft aber herrscht wunderbar klare Luft und eine damit verbundene optimale Fernsicht. Der **Oktober** ist meist trockener, die Weinernte wird vielerorts mit Festlichkeiten begangen, Wanderer freuen sich über die letzten schönen Tage, die bis in den **November** hinein anhalten können.

Wassertemperaturen: Für den **Lago Maggiore** gilt: Im Mai 15 °C, Juni bis August ansteigend bis 24 °C, September 20 °C, im Oktober abfallend auf 14 °C. Der **Luganersee** ist in der Regel um 1 bis 2 °C wärmer.

Obenstehende Tabelle zeigt in erster Linie die Temperaturunterschiede zwischen Lugano und der Messstation unterhalb des Cimetta-Gipfels nördlich von Locarno.

Kurtaxe

Sie dient dem Ausbau und dem Unterhalt der touristischen Infrastruktur. Jeder Beherberger muss an die Gemeinde eine Kurtaxe abführen, eine Pflicht, die er selbstverständlich an den Gast weitergibt. Die Höhe der Kurtaxe wird von Gemeinde zu Gemeinde verschieden festgesetzt, der Kanton gibt nur den Rahmen von 3,25 CHF bis 5,80 CHF (für Campingplätze weniger) vor. Die in „Hotelleriesuisse", der Schweizerischen Hoteliervereinigung zusammengeschlossenen Betriebe verstehen ihre Preise inklusive Kurtaxe, einige andere schlagen sie auf die Rechnung auf.

Maiensäß

Das Maiensäß ist eine Zwischenstufe zwischen Unterland und Alp. Bevor das Vieh auf die höher gelegene *Alp* (schweizerisch für Alm) getrieben wird, grast es im Mai auf dem Maiensäß. Bei der Rückkehr von den Alpweiden im September legt es auf dem Maiensäß erneut einen Zwischenaufenthalt ein. Oft findet sich auf dem Maiensäß ein → Rustico.

Zweitwohnsitz Rustico

Notruf

Der **Euronotruf** ✆ **112** ist auch in der Schweiz gültig. Die Zentrale leitet blitzgeschwind an die richtige Instanz weiter: Polizei, Rettungsdienst oder Feuerwehr. In der Regel spricht die zuständige Person auch Deutsch. Vorteil der Sammelnummer: Der Anruf ist gratis und funktioniert vom Festnetz wie vom Mobiltelefon aus.

Ansonsten bleiben auch die bisherigen Nummern gültig:

Sanitätsnotruf ✆ 144, Polizeinotruf ✆ 117, Pannenhilfe ✆ 140, Feuerwehr ✆ 118.

Öffnungszeiten

Lebensmittelläden und Supermärkte sind höchstens bis 18.30 Uhr geöffnet, Banken und Postämter schließen spätestens um 18 Uhr ihre Pforten. Nur größere Supermärkte kennen keine Mittagspause.

Post

In der Schweiz wird beim Versand von Briefen und Ansichtskarten nach Bestimmungsland unterschieden. Für die Ansichtskarte oder den Standardbrief bis 20 g zahlt man ins europäische Ausland 1,80 CHF, in alle übrigen Länder 2,30 CHF.

Postauto

Es gehört zur Schweiz wie Uhren und Schokolade – das gelbe Postauto ist eine nationale Institution. Man täte ihm unrecht, es einfach „Bus" zu nennen. Das Postauto, das 2006 sein 100-jähriges Jubiläum feierte, ist in Bergkantonen oft das wichtigste Transportmittel im öffentlichen Verkehr. Es ist pünktlich und hat Kultur: Sein „tü-ta-too" (Cis-E-A) stammt aus dem Andante der Ouvertüre von Rossinis „Wilhelm Tell".

Rauchen

Schlechte Nachricht für Liebhaber des blauen Dunstes: Seit 2006 herrscht im Tessin in allen Gaststätten Rauchverbot – seit 2010 gilt dieses in der ganzen Schweiz. Gepafft werden darf nur noch in ausgewiesenen, klar abgetrennten Raucherräumen („Fumoirs"), die selten anzutreffen sind.

Reisepapiere

Für den Aufenthalt in der Schweiz genügt der Personalausweis oder der Reisepass. Wer auf Nummer sicher gehen will, nimmt zusätzlich eine Kopie mit. Kindereinträge im Reisepass eines Elternteils sind seit 2012 nicht mehr gültig. Jedes Kind benötigt ein eigenes Ausweisdokument.

> Bei der Anreise über die Schweiz, die kein EU-Land, aber dem Schengener Raum beigetreten ist, finden Personenkontrollen nur noch bei „begründetem Verdacht" statt. Waren hingegen können jederzeit kontrolliert werden. Für Autofahrer empfiehlt es sich, die grüne Versicherungskarte mitzunehmen.

Rustico

Das Rustico ist ein Stall oder ein primitives Wohngebäude aus Stein, oft auf einem → Maiensäß stehend. Mit dem Ende der Transhumanz (Wanderweidewirtschaft) im Tessin wurden die Rustici nicht mehr gebraucht und verfielen zusehends. Seit den 1960er-Jahren wurden zahlreiche dieser Häuschen sowohl von Einheimischen wie auch von Deutschschweizern renoviert und zum Ferienwohnsitz umgebaut. Nachdem das Schweizer Stimmvolk 2012 die sogenannte Zweitwohnungsinitiative gutgeheißen hatte, die den Anteil von Ferienwohnungen auf 20 % der Wohnungen einer Gemeinde beschränkt, entbrannte im Tessin eine Debatte um die Rustici. 2012 wurde eine Sonderregelung getroffen, derzufolge noch ca. 7000 Rustici umgebaut werden dürfen. Noch nicht entschieden ist über ca. 3500 alte Ställe, die als schützenswert eingestuft werden.

Sport & Aktivitäten

Das Tessin bietet vom Wassersport bis zur Bergwanderung eine breite Palette von Sportmöglichkeiten – von A bis Z:

Bungee-Jumping: Von der 72 m hohen Centovallina-Eisenbahnbrücke bei *Intragna* oder von der Staumauer des *Lago di Vogorno* in der Valle Verzasca stürzen sich Tollkühne zwischen April und September am Gummiseil für 195–255 CHF in die Tiefe. Das will natürlich, auch aus Sicherheitsgründen, perfekt organisiert sein:

- Information: Trekking Team, Tegna, ✆ 091-7807800, www.trekking.ch.

Canyoning: Flussbett- und Schluchtenwanderungen werden vor allem im *Centovalli* und in der *Valle Verzasca* organisiert.

- Information: Trekking Team AG, Casa Rosina, 6652 Tegna, ✆ 091-7807800, www.trekking.ch.

Golf: Drei Anlagen, alle im Seengebiet, stehen nicht nur den Schönen und Reichen offen:

Golf Club Patriziale Ascona, 18-Loch-Platz im Maggiadelta. Via Lido 81, Ascona. ✆ 091-7912132, www.golfascona.ch.

Golf Gerre Losone, 18-Loch-Platz zwischen Locarno und Ascona an der Melezza. Via alle Gerre 5, Losone. ✆ 091-7851090, www.golflosone.ch.

Golf Club Lugano, 18-Loch-Platz südlich von Agno. Via Boett 2, 6983 Magliaso. ✆ 091-6061557, www.golflugano.ch.

Kanufahren: Es muss nicht unbedingt ein halsbrecherisches Abenteuer auf der Verzasca sein. Etwas ruhiger ist die Fahrt auf dem *Ticino* oberhalb von Bellinzona, zwischen Cresciano und Arbedo.

- Information: Gruppo Canoisti Ticinesi, www.canoa.ch.

Klettern: Bei *Ponte Brolla* am Eingang zur Valle Maggia (Locarno) sind mehrere schöne, auch weniger anspruchsvolle Klettergärten eingerichtet.

Paragliden: Das Fliegen hat in der Bergwelt um die Seen Aufwind bekommen. Die Tessiner Seilbahnen leisten für den Transport gute Dienste, z. B. am *Monte Tamaro*.

Radfahren: Für Mountainbiker gibt es in den *Tälern des Locarnese* zahlreiche Möglichkeiten, auch eine Fahrt in die *Valle di Blenio* oder Touren im *Mendrisiotto* sind beliebt. An den Seen herrscht leider viel motorisierter Verkehr, dort sind Radwege ziemlich rar.

Segeln: Bei Vorlage eines Segelscheins können in vielen Orten Boote gemietet werden. Segelschulen, die nicht nur Unterricht erteilen, sondern im Sommer Segeltörns veranstalten, finden sich sowohl am Luganersee wie auch am Lago Maggiore. Im Juni findet in *Ascona* eine der größten Regatten der Region statt.

Tauchen: Getaucht wird in beiden großen Tessiner Seen. Bei *San Nazzaro*, am Ostufer des Lago Maggiore, können versunkene Wracks betaucht werden, am Westufer sind die unterseeischen Steilwände bei *Brissago* beliebt. Anspruchsvoller ist das Tauchen in Flüssen, z. B. in der *Verzasca* – unbedingte Vorsicht vor starken Strömungen ist geboten!

Paddeln in Blau

Wandern → „Kleiner Wanderführer durchs Tessin" S. 245

Windsurfen: Die Windverhältnisse auf den Tessiner Seen sind von Mai bis September ausgesprochen stabil. Morgens bringt die „Tramontana" frischen Wind aus den Bergen, nachmittags bläst die „Inverna" aus der Poebene zum See herauf. Die Windstärken betragen meist um 2 bis 3 Beaufort, lediglich die Tage mit böigem Föhn können ein wenig unangenehm werden.

Sprache

Amtssprache ist im ganzen Tessin Italienisch. Einzige Sprachinsel ist das Dörfchen Bosco Gurin in einem Nebental der Valle Maggia, wo seit dem 13. Jahrhundert ein walserdeutscher Dialekt gesprochen wird. Mit Deutsch (aber auch mit Französisch) kommt man vor allem in touristischen Gegenden leidlich bis gut zurecht. In klassischen Touristenorten wie Locarno und Ascona wohnen mittlerweile bald so viele Deutschsprachige (Deutschschweizer, Deutsche) wie Italienischsprachige. Die Einheimischen würdigen es jedoch stets, wenn sich Fremde bemühen, Italienisch zu sprechen.

Auch wenn Sie Italienisch verstehen, so sind Sie vielleicht ratlos, wenn Sie die Einheimischen in einem Bergdorf sprechen hören. Der Tessiner Dialekt gehört zum lombardischen Italienisch und hat neben vielen „Ö" und „Ü" noch andere Eigenarten. Umgekehrt aber wird jeder Einheimische Ihr halbwegs korrektes Italienisch verstehen.

Strom

Die deutschen Stecker mit ihren dicken Polen passen nicht in Schweizer Steckdosen. Deutscher Föhn und deutsches Notebook brauchen also einen Adapter.

Telefonieren

Mobiltelefon: Sobald sich Ihr Handy in das schweizerische Mobilfunknetz eingebucht hat, können Sie problemlos telefonieren und Anrufe entgegennehmen, Funklöcher treten nur vereinzelt in den Bergen auf. Sie zahlen dann die jeweiligen Tarife des schweizerischen Netzbetreibers, zusätzlich werden für jeden Anruf Roaming-Gebühren Ihres Mobilfunk-Providers fällig. In der EU wurden diese Gebühren 2017 abgeschafft, die Schweiz wird vermutlich dereinst nachziehen.

Telefonieren aus Deutschland und Österreich in die Schweiz:

Landesvorwahl 0041 + Regionalvorwahl + Anschlussnummer, wobei die 0 der Regionalvorwahl entfällt. Im Tessin beginnen nahezu alle Nummern mit 091, also 0041-91 plus die siebenstellige Anschlussnummer.

Die meisten Schweizer Handy-Nummern beginnen mit 075, 076, 078 oder 079, gefolgt von der siebenstelligen Anschlussnummer.

Telefonieren innerhalb der Schweiz:

Die 0 der Regionalvorwahl wird immer mitgewählt (auch von Locarno nach Bellinzona), die zu wählende Nummer hat also stets zehn Ziffern.

Telefonieren aus der Schweiz nach Deutschland und Österreich:

Die Landesvorwahl für Deutschland ist 0049, für Österreich 0043. Bei der folgenden Ortsvorwahl entfällt die 0. Beispiel für die Ziffernfolge aus dem Tessin nach Frankfurt/M.: 0049-69 + Anschlussnummer.

Euronotruf: ✆ 112. Die Zentrale leitet blitzgeschwind an die richtige Instanz weiter: Polizei, Rettungsdienst oder Feuerwehr.

Polizeinotruf: ✆ 117

Sanitätsnotruf: ✆ 114

Pannenhilfe: ✆ 140

Nationaler und internationaler Auskunftsdienst (Swisscom): ✆ 1811

Touristinformation

Im Tessin erhalten Sie touristische Auskünfte an jedem größeren Ort im Tourismusbüro. Details zu den lokalen Büros finden Sie in den Ortsbeschreibungen.

Trinkgeld

Bedienungsgeld ist stets im Preis inbegriffen. Nach oben zu runden ist in jedem Fall freundlich und ganz und gar üblich.

Zeitungen

Unter den Tageszeitungen hat der *Corriere del Ticino* die größte Auflage, knapp gefolgt von *laRegione*, letztere ist vor allem in der Region Bellinzona-Locarno verbreitet. In deutscher Sprache erscheint jeden Freitag die *Tessiner Zeitung*, die neben einem Überblick über das politische Geschehen im Kanton auch zahlreiche Hinweise zu Veranstaltungen und Freizeitangeboten gibt. Viermal im Jahr veröffentlicht die Tessiner Zeitung eine Extra-Ausgabe mit den Schwerpunkten Tourismus und Kultur.

Online-Ausgaben: www.cdt.ch, www.laregione.ch, www.tessinerzeitung.ch.

Zoll

Die Schweiz ist nicht in der EU. Bei der **Einfuhr von Waren in die Schweiz** sind die schweizerischen Einfuhrgesetze zu beachten, die folgende Limits kennen:

5 l alkoholische Getränke bis 18 % Vol. und 1 l alkoholische Getränke über 18 % Vol.; 250 Stück/Gramm Zigaretten, Zigarren oder andere Tabakprodukte; Der Gesamtwert der Waren darf den Wert von 300 CHF nicht übersteigen, andernfalls wird er mehrwertsteuerpflichtig. Für die Einfuhr von Alkohol und Tabak gilt eine Altersgrenze von 17 Jahren.

Bei der **Ausfuhr von Waren aus der Schweiz** sind die Einfuhrgesetze der EU zu beachten.

Auf der Wanderung rund um den Lago Ritom

Wandern

im Tessin

GPS-kartierte Touren sind mit dem Symbol GPS gekennzeichnet. Download der GPS-Tracks inkl. Waypoints unter https://mmv.me/51725

Übersicht der Wanderungen

Über dem Bedrettotal (Wanderung 1)

Kleiner Wanderführer durchs Tessin

Das Tessin ist ganz ohne Übertreibung ein Wanderparadies: Selten in Europa findet man derart großartige Panoramen auf vergleichsweise leichten Touren.

2000 km markierte Wanderwege stehen zur Auswahl, die Anfahrt ist in aller Regel mit dem Postauto (Bus) möglich. Außerdem stehen zahlreiche Seilbahnen zur Verfügung, sodass man die Touren nicht unbedingt mit einem mühevollen Aufstieg beginnen muss – und sich bisweilen auch den Abstieg sparen kann. Und fast immer findet sich am Weg eine meist bescheidene Verpflegungsmöglichkeit.

Die hier beschriebenen Wanderungen sind höchstens in einzelnen Abschnitten mittelschwer, sonst leicht und für jeden, auch für Kinder, machbar. Doch schützende Kleidung gegen Regen und Wind sollte auch auf leichten Routen nicht fehlen. Sonnenbrille, Hut und Sonnencreme sind ein Muss in der südlichen Sommersonne! Teleskopstöcke können besonders beim Abstieg (auch bei leichten Touren) eine große Hilfe sein, und feste Wanderstiefel sind für jeden noch so harmlosen Weg immer zu empfehlen. Denken Sie auch an Notproviant, ein Flüssigkeitsvorrat von 1½ Litern ist bei ganztägigen Sommerwanderungen notwendig.

Markierung & Schwierigkeitsgrade

Die Art der Markierung gibt Hinweise auf die Schwierigkeit eines Wegs:

gelb = Wanderweg auf leichter Route.

weiß-rot-weiß = Bergwanderweg, gutes Schuhwerk erforderlich, Teleskopstöcke sind nützlich.

weiß-blau-weiß = Alpinwanderweg, Gletscherquerungen und leichte Kletterei möglich. Entsprechende Ausrüstung ist erforderlich.

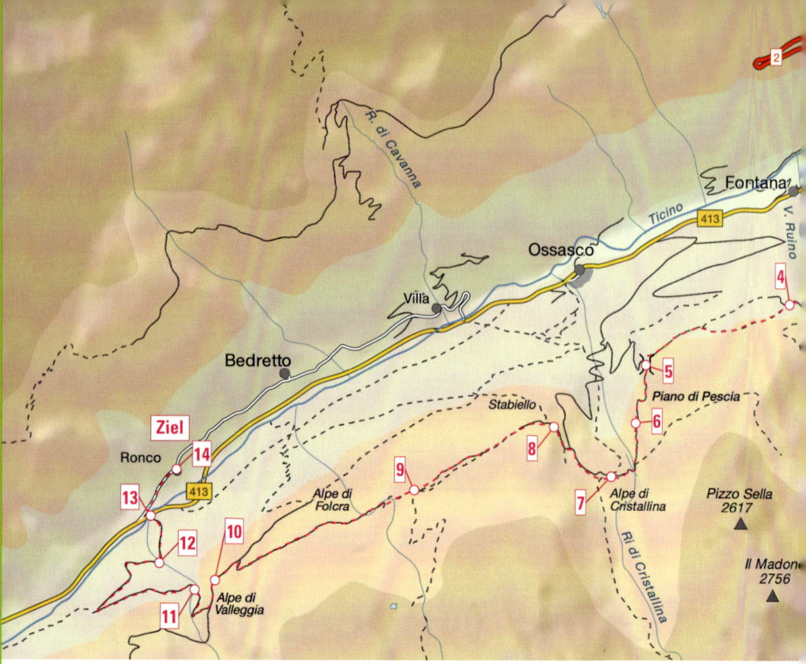

GPS-Wanderung 1

Hoch über dem Bedrettotal

Charakteristik: Höhenwanderung zu Alpen zwischen Lärchenwäldern. Oben wandert man meist zwischen 1700 und 1900 m Höhe ohne nennenswerte Steigungen. Einzig der Abstieg zum Schluss kann in die Knie gehen. **Route:** Pesciüm – Piano di Pescia – Alpe di Cristallina – Alpe di Folcra – Alpe di Valleggia – Ronco. **Dauer:** 4 Stunden. **Gondelbahn:** Den mühsamen Aufstieg erspart die Gondelbahn von Airolo hoch zur Alpe di Pesciüm (Betrieb, sofern oben schneefrei. Juli bis Mitte Okt. 8.15–12.15 und 13.15–18.15 Uhr (Okt. nur bis 17.15 Uhr) im 30-Min.-Takt. Einfache Fahrt 15 CHF.

lWegbeschreibung: Ausgangspunkt ist das Restaurant neben der *Bergstation der Gondelbahn Airolo–Pesciüm* **1**. Dort gelangt man an Ski- und Snowboardschule und Skiliften vorbei zum Schild „Strada degli Alpi Bedretto", das fortan wegweisend ist. Ein leichter Anstieg durch eine von Lärchenwäldchen unterbrochene Heidelandschaft, in der sich Alpenrosen zeigen, führt zur *Alpe di Pesciüm* **2** mit einem einladenden Picknickplatz, sogar ein Grill steht zur Verfügung. Eine Viertelstunde später, beim Brunnen vor dem Gehöft Cassina Nuova, weist die *weiß-rot-weiße Markierung* nach rechts. Der angenehm breite Weg zieht sich durch Wiesen mit lockerem Lärchenbewuchs, ab und zu zeigt sich auf der anderen Talseite die Gotthard-Passstraße. Nach der Querung des Pozzuolo-Tälchens geht's leicht bergan, Heidelbeeren und Alpen-rosen zieren den Wegrand und später ein idyllischer kleiner Flecken, wo der Schnee länger liegengeblieben ist – der grüne Teppich ist vermutlich Sauerampfergewächs.

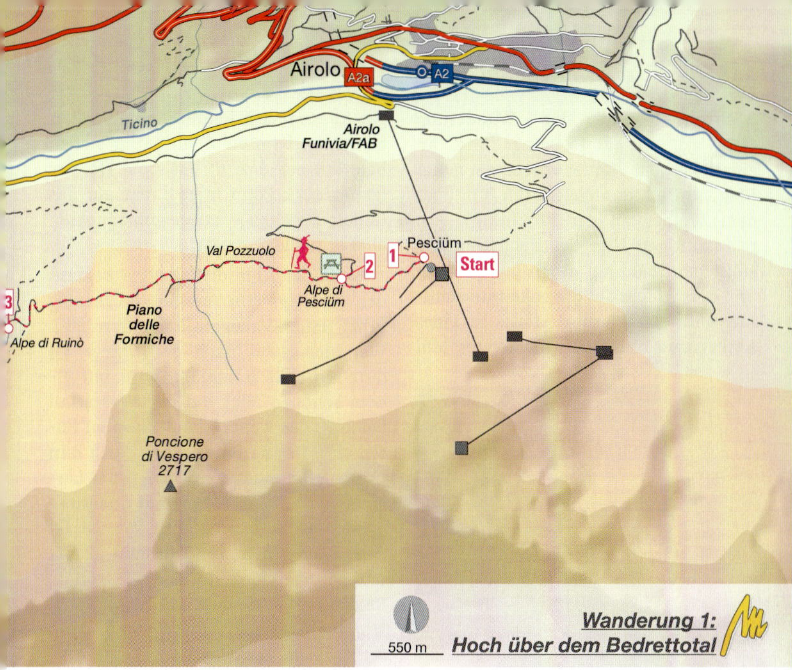

Nach dem Piano delle Formiche führt der Weg durch den Wald leicht bergab zum Val Ruinó, einem weiteren Bedretto-Seitental, und an den paar Häuschen der Alpe di Ruinó zu einem malerischen *Wasserfall* **3**. Nur 5 Minuten später steht man vor einer *Weggabel* **4**: Bis hierher teilten sich Wanderer und Mountainbiker die Route. Letztere fahren jetzt rechts ins Haupttal hinunter, während der Wanderweg – ab hier ein schmaler Pfad – links hochführt, erst ziemlich steil an einem gedeckelten und verschlossenen Brunnen vorbei, dann mehr oder weniger eben, bis er sich im offenen Feld verliert. Hier einfach querfeldein, links vom alten Stall des *Piano di Pescia* **5** auf die neuen Stallungen zugehen. Vor den Ställen steht ein Schild, das nach links zur Alpe Cristallina weist. Diesem folgen wir auf einer Forststraße, gelangen erst zu einem *Brunnen* **6**, überqueren dann den Cristallina-Bach und stehen auf der exakt 1800 m hoch gelegenen *Alpe di Cristallina* **7**. Falls Sie dort nicht nur Kühe, sondern auch einen Menschen sehen: Zögern Sie nicht, der Bergbauer verkauft einen kräftigen Alpkäse!

Auf der Cristallina-Alp kreuzen sich die Wege: Rechts führt eine Piste ins Tal hinunter, links ein alpiner Wanderweg ins Cristallina-Massiv hoch, wo der Schweizer Alpenclub auf 2575 m Höhe eine Hütte unterhält. Wir bleiben aber auf unserem „Sentiero“. Bei der nächsten Gabel widerstehen wir einem breiten, bequemen, nicht ausgeschilderten Weg auf der rechten Seite, halten uns vielmehr – der Markierung „Ronco“ folgend – links und erreichen den Wegweiser *Stabiello* **8**. Dort ignorieren wir den Abstieg nach Bedretto und stehen 5 Minuten später vor der *Alphütte Stabiello Grande*, die ebenfalls Käse herstellt, aber nicht verkauft.

Ab hier wird der Pfad zunehmend steiler, führt an ein paar Weiherchen vorbei und verliert sich dann fast. Keine Markierung, die dem Wanderer hilft, aber mit etwas Gespür für die richtige Richtung (stets bergaufwärts) erreicht man die *Alpe di Folcra* **9**, den höchsten Punkt der Wanderung (1905 m). Die Fortsetzung führt an einem kleinen Weiher vorbei, ein neuer Weg wurde hier angelegt (ca. 1 m über dem Weiher, in der Böschung). Am rechtsseitigen Ufer des Bachs entlang stößt man bald auf einen breiten Weg und dort wieder auf die bekannte weiß-rot-weiße Markierung stößt. In einer Linkskurve bietet sich ein letztes Mal ein Abstieg nach Bedretto an, doch wir bleiben auf unserem Weg und stehen bald auf der *Alpe di Valleggia* **10**, das letzte Stück kann man direkt auf das Gehöft zugehen – etwas unbequemer, aber schneller.

Im Bedrettotal

Nach der Alpe di Valleggia beginnt der Abstieg. Ein breiter Karrenweg führt zum Valleggia-Bach hinunter. Wer sich 30 m nach der *Brücke* **11** durchs Gebüsch schlägt, wird mit einem schönen Blick auf den Wasserfall belohnt, der weiter oben schon zu hören war. Der Karrenweg zieht sich nun in Schleifen abwärts durch einen Lärchenwald (beim Wegweiser Richtung „Ronco"), bis wieder eine *Brücke* **12** den Bach überquert, diesmal direkt unter einem mehrstufigen Wasserfall. Bald darauf stößt man auf die *Nufenenstraße* **13**, dort erst links gehen, dann rechts nach Ronco hoch.

Das Postauto hält direkt vor dem *Ristorante Stella Alpina* **14**, das den Wanderer mit einer wunderschönen Sonnenterrasse empfängt.

GPS-Wanderung 2

Rund um den Lago Ritom

Charakteristik: Familientaugliche Rundwanderung zu drei Seen. **Route:** Stazione Piora – Lago Ritom – Lago Cadagno – Lago di Tom – Stazione Piora. **Dauer:** 4½ Stunden. **Ritom-Standseilbahn:** Es ist stets von Vorteil, sich in die Höhen hochfahren zu lassen, um nicht schon vom Aufstieg entkräftet zu sein, wenn die schöne Landschaft sich erst zeigt. Die 1921 gebaute Standseilbahn wartet obendrein mit einem Superlativ auf: Sie ist steilste Bergbahn Europas. In nur zwölf Minuten überwindet sie fast 800 Höhenmeter, die maximale Steigung beträgt 87,8 %. Mai–Okt. 8.35–18.10 Uhr (Okt. nur bis 17.20 Uhr), alle 40 bis 60 Min. Einfache Fahrt 14 CHF.

Wegbeschreibung: Von der *Bergstation* **1** führt ein kurzer Spaziergang auf einem Teersträßchen hoch zur *Staumauer des Lago Ritom* **2**, unterwegs blickt man immer wieder auf die Leventina herunter. Am Fuß der Staumauer entlang gelangt man zum *Berggasthof Lago Ritom* **3**, der auch Zimmer vermietet. Unterhalb des Restaurants dem Wegweiser „Sentiero" folgen, der rechts hoch in Richtung *Pinett* zeigt, während links ein „Lehrpfad" *(sentiero didattico)* am Seeufer entlangführt. Erst geht es recht steil berg-

an – man dankt den Wanderstöcken – an Alpenrosen und gelegentlichem Nadelholz vorbei zu einem kleinen Weiher. Hier wird das Wandern wieder geruhsamer, man erreicht einen weiteren Weiher und folgt dem leicht steigenden weiß-rot-weiß markierten Weg – falsch kann man nichts machen. Bald gewahrt man links, rund 100 m vom Weg entfernt, eine Alphütte und steht fünf Minuten später an einer *Weggabelung* **4**, hier links dem Schild „Cap. Cadagno SAT" (Berghütte des Schweizer Alpen-Clubs) folgen. Erst geht man ein Stück auf dem alten Maultierpfad hoch, der einst vom Forca-Pass hierherführte. Wenn der Pfad sich im Geröll verliert, links halten, und man stößt bald wieder auf die bekannte *weiß-rot-weiße Markierung* **5**.

Von hier geht es gemütlich leicht bergab, erst über Wiesen mit Blick auf den Lago Ritom, dann in lockeres Nadelgehölz, zu dem sich Alpenrosen gesellen. Wegen der zahlreichen Bächlein, die den See speisen, ist das Gelände oft etwas wässrig. Ein größerer Bach **6** wird problemlos auf Steinen überquert, zu den vielen Alpenrosen kommen jetzt Enzian und Vergissmeinnicht dazu. Bei einer *Hütte mit Sonnenkollektor* **7**, von der aus man auf den Lago Ritom blickt, gabelt sich der Weg erneut, dem Schild „Cap. Cadagno SAT" folgen, das bergaufwärts zeigt. Bei der nächsten *Weggabelung* **8** sieht man links unten die Berghütte, über der die Schweizerfahne weht, doch vor ihr liegt – unsichtbar von hier aus – eine kleine Schlucht. Aus diesem Grund muss man erst geradeaus weitergehen bis zur *Brücke über die Murinascia Grande* **9**, den Fluss überqueren und dann links den Weg zur Berghütte einschlagen – ein kleiner Umweg, für den gelegentlich der Anblick eines scheuen Murmeltiers entschädigt. Die *Berghütte Cadagno* **10** wurde 2013 umfassend renoviert und verfügt nun über sechs 8-Bett-Zimmer. Tagsüber laden die Schwestern Elena und Sara den Wanderer zu einer willkommenen Stärkung ein: Minestrone und Polenta, Pasta, gemischter Salat, eine einfache Tessiner Platte und vor allem ein hervorragender „Büscion di Capra" (Ziegenfrischkäse). Eine Rast auf der Sonnenterrasse bietet sich an, zumal wir jetzt die Hälfte des Wegs hinter uns haben.

Von der freundlichen Berghütte führt ein Sträßchen leicht abwärts, und man erreicht nach rund 200 m die *Alpe di Piora* **11**, einen Weiler aus mehreren Gehöften, teils mit Wellblechdächern. Dort weist an einer Hausmauer ein leicht zu übersehender Wegweiser rechts zum *Lago Cadagno* (1921 m), den man nach rund 20 Minuten erreicht. Der See wird über Wiesen nördlich umgangen, der anfänglich breite Weg verengt sich zusehends, dazwischen verliert er sich ganz. Doch alles kein Problem, das nächste Etappenziel ist gut sichtbar: die Häuser von Cadagno-di-fuori am Ende des Sees. Die Gegend hier ist ein Naturreservat, und angesichts der artenreichen Flora denkt man an das zuhause gelassene Buch, anhand dessen die Pflanzen sich identifizieren ließen. Nach den ersten paar Steinhäuschen von *Cadagno-di-dentro* führt der Weg am Ufer entlang nach *Cadagno-di-fuori*, wo das Bergrestaurant *Canvetto del Carletto* **12** mit einer großen Sonnenterrasse zu einer Pause verführt.

Beim Canvetto del Carletto folgen wir der Beschilderung „Alpe Tom – Piora". Der Aufstieg zum Lago di Tom ist nicht sehr steil, kann aber in der

Mittagshitze dennoch schweißtreibend sein: kein Schatten. Unterwegs sieht man zahlreiche Murmeltierbauten. Wer einen Moment innehält und aufmerksam die Gegend absucht, wird bestimmt eines der scheuen Alpentiere entdecken. Der Blick zurück fällt noch eine Zeitlang auf den Lago Cadagno und den Lago Ritom, dann verschwinden sie beide und vorne zeigt sich der *Lago di Tom* (2022 m), den man bei einem *Gehöft* **13** am obersten Punkt des Wegs erreicht. Der See liegt mitten im Grünen und schillert selbst grün – ein ungemein idyllischer Fleck, der die Mühen des kurzen Aufstiegs vergessen lässt.

Weiter folgt man der Beschilderung „Ritom – Piotta". Nach ein paar Schritten schon ist der wunderschöne Lago di Tom aus dem Blickfeld verschwunden, dafür taucht der Lago Ritom wieder

Lago Ritom mit Bergkulisse

auf. Über einige bequeme Schlaufen gelangt man zu dessen Ufer hinunter, wandert an diesem entlang bis zur *Staumauer* **2** und von dort auf dem Teersträßchen zurück, wie gehabt, zur *Bergstation der Ritom-Standseilbahn* **1**. Letzte Talfahrt 18.30 Uhr, im Oktober um 17.50 Uhr.

GPS-Wanderung 3

In der Valle di Blenio → Karte S. 252

Charakteristik: Gemütliche Talwanderung auf einsamen Wegen, gelegentlich Asphalt, aber fast kein Verkehr. **Route:** Acquarossa – Ponto Valentino – Largario – Camperio. **Dauer:** 3 Stunden.

Wegbeschreibung: Ausgangspunkt der Wanderung ist die *Post von Acquarossa* **1**, unterhalb der Brücke über den Brenno. Erst muss man den Ort über den richtigen Weg verlassen, der eine etwas umständliche Beschreibung erfordert: am rechten Ufer (rechts von der Quelle aus gesehen) des kleinen Bachs hoch, dann über die Brücke, dann links und gleich wieder rechts (Schild „Foppa"), noch vor der Straße rechts bei der weiß-rot-weißen Markierung abzweigen, auf einem Wiesenstreifen zwischen den Häusern hindurchgehen, dann beginnt links bei der *Villa Elisa* **2**, die im Garten ein

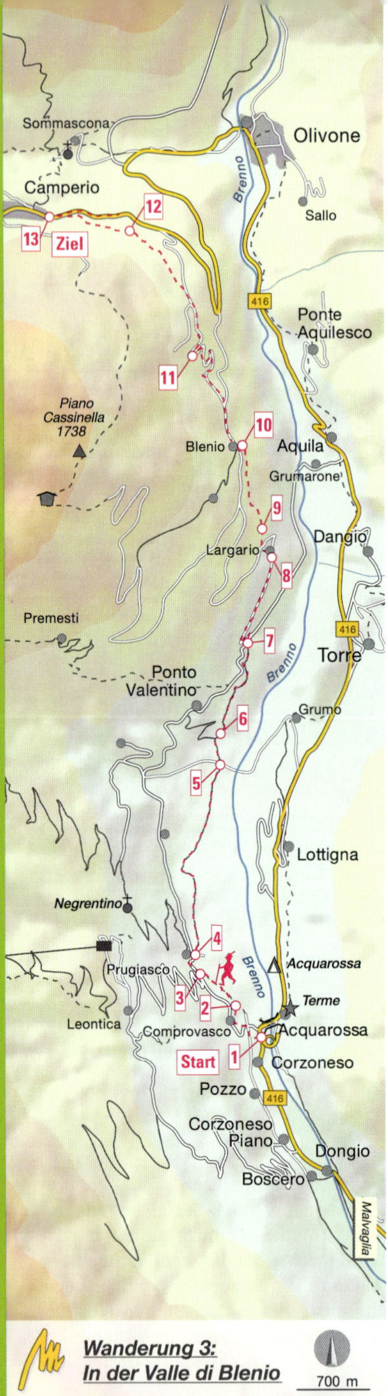

Wanderung 3: In der Valle di Blenio

hübsches Baumhaus zeigt, die eigentliche Wanderung.

Das erste Stück folgt man dem gut ausgeschilderten „Sentiero Nara" an einem modernen Schulhaus vorbei hoch zur Straße nach Prugiasco, die man am *Abzweig nach Leontica* **3** erreicht. Ein Stück gehen wir auf der Asphaltstraße ins Dorf *Prugiasco* hinein, dann weist in einer Linkskurve rechts ein *Schild „Sentiero Camperio"* **4** auf den Hauptweg unserer Wanderung. Ein bequemes, praktisch nicht befahrenes Sträßchen führt durch den Talboden unterhalb des Dörfchens Castro, vorbei an ausgedehnten Wiesen und freundlichen Rustici. Bei einer *Wegkreuzung* **5** führt rechts ein Sträßchen nach Aquila, wir halten uns aber weiterhin geradeaus in Richtung Largario, noch ein kleines Stück Asphalt, an der nächsten Gabel ein paar Meter rechts, dann zeigt links ein Wegweiser **6** wieder auf den „Sentiero Camperio", unsere Hauptroute.

Zwischen groben Steinmauern gelangt man hoch in das Dörfchen *Ponto Valentino*, wo noch einmal ein kurzes Asphaltstück zu gehen ist, bevor am Ortsausgang der „Sentiero Camperio" nach ein paar Gehöften in den Wald hineinführt. Nach einer Bachüberquerung erreicht man im Zickzack wieder die *Straße* **7**, überquert diese und wählt das Asphaltsträßchen (Schild „Sentiero Camperio") nach *Largario*, das in einer knappen Viertelstunde erreicht ist.

Ein Schild hinter der *Kirche von Largario* **8** verrät, dass wir noch mit 1 Std. 45 Min. bis Campiero rechnen müssen. Eine Asphaltkurve wird geschnitten, dann führt ein etwas anstrengender, uralter, sehr schöner Weg durch den Wald hoch, vorbei an einem *Brunnen* **9**. Knapp nach einer „Ranch" haben wir die Höhe erreicht. Zwar führt der Waldweg links in einer Kurve noch höher, doch wir halten uns, dem Wanderwegweiser folgend, geradeaus. Ein gemütlicher, gelegentlich leicht ansteigender Waldspaziergang führt an einer

Einsame Wege im Bleniotal

Wegkapelle **10** vorbei und in einem letzten Anstieg zu einer asphaltierten Straße hoch. Diese rechts einschlagen, und bald genießt man einen schönen Blick auf Olivone hinunter, den Hauptort des oberen Bleniotals. Bei der bald folgenden Straßengabel gehen wir das noch engere Sträßchen links hoch, weit unten zeigt sich erneut das Bleniotal.

An zwei Brunnen vorbei gelangen wir nach einigen Kurven zu einem *Weiler* **11**, dort weist das Schild in einen anfangs breiten, befahrbaren Waldweg, der sich aber bald verliert. Wo der Weg nicht mehr klar ausgezeichnet ist: links halten. Durch Wiesen an einem Weiler vorbei erreicht man einen bequemen Waldweg, der anfangs eben ist, dann sachte hinunterführt. An einer letzten *Weggabel* **12** führt links ein Weg zur Berghütte Gorda hoch, wir wählen jedoch rechts („Camperio Ospizio") und stehen nach einem rund 20-minütigen, wunderschönen Waldspaziergang an der Lukmanier-Passstraße **13**.

Die nächste Haltestelle des Postautos befindet sich ca. 300 m bergaufwärts. Letzte Fahrt talabwärts um 17.26 Uhr (in Olivone umsteigen).

GPS-Wanderung 4

Von der Alpe di Neggia nach Indemini

→ Karte S. 255

Charakteristik: Durch den Wald ins abgelegenste Dorf des Gambarogno. **Route:** Alpe di Neggia – Monti Idacca – Monti Scviaga – Indemini. Die Wanderung verläuft meist im schattigen Wald und erfordert keine besondere Kondition. **Dauer:** rund 3 Stunden. **Ausgangspunkt:** Passhöhe der Alpe di Neggia an der Straße, die von Vira aus ins abgeschiedene Bergnest Indemini führt. Von Vira aus ist die Passhöhe auch mit dem Postauto erreichbar (4-mal tägl., Fahrzeit wegen der vielen Kurven und Haltestellen knapp 1 Std.).

Wegbeschreibung: Auf der Passhöhe der *Alpe di Neggia* sorgt ein Bergrestaurant falls nötig für eine letzte Verpflegung. Mehrere Wanderwege kreuzen sich hier oben, das Gros der Wanderer nimmt sich den Monte Gambarogno

(1734 m) zum Ziel, wir haben eine andere Route vor und wandern von der *Passhöhe* **1** erst ein paar Schritte auf der Straße in Richtung Indemini und gehen auf der Höhe des Ortsschilds den nur schlecht ausgewiesenen Pfad die Wiese hinunter. Bald gelangt man in den Wald und steht nach einer knappen Viertelstunde wieder auf der *Straße* **2**. Diese hier direkt überqueren, ein paar Steinstufen markieren die Fortsetzung. Sie führt auf einem weiter nicht mehr markierten, kaum erkennbaren Weg an ein paar Häusern vorbei, nach 10 Min. steht man bei der Siedlung *Monti Idacca* **3** erneut auf der Straße. Sie wird wieder überquert, die Bruchstelle des Geländers weist den Weg. Mitten durch die Siedlung gehen, bis man zum dritten Mal die Straße erreicht (wir haben uns drei ihrer Schlaufen erspart), dann ein paar Meter hoch zur Postautohaltestelle **4** und dort dem Schild rechts in den Wald folgen. Es folgt ein angenehmer Wiesenweg bis zur *Querung eines Bachs* **5**, bald darauf gabelt sich der Wanderweg **6**. Links würde man nach einigen Stunden Wanderns auf den Monte Lema gelangen (ebenfalls sehr schön), aber wir halten uns an Monti Sciaga.

Klares Wasser für durstige Wanderer

Der Weg führt bald durch einen idyllischen Buchenwald zu einem *Bach* **7** hinunter. Danach wird der Wald noch schöner, doch der Weg ist nur noch schlecht erkennbar. Also der Nase nach bis zur nächsten *Bachquerung* **8**, die notfalls mit Halteseilen überstanden wird (auf der Karte ist das Tälchen als *Val della Grassa di Dentro* verzeichnet). Ein angenehmer, ebener Waldweg führt nach 10 Min. zum nächsten *Bach* **9** – Bäche gibt es hier wahrlich zuhauf. Ein leichter Anstieg, aber stets im schattigen Buchenwald, und wir stehen erneut vor einem *Bach* **10**, diesmal eher ein Rinnsal.

Nach weiteren 10 Min. erreichen wir den Waldrand und gelangen über eine Wiese nach *Monti Sciaga* **11** – unterwegs erhaschen wir einen Blick auf den Lago Maggiore und, rechts am gegenüberliegenden Hang, auf das Ziel der Wanderung, Indemini, und seinen Nachbarort Biegno. Monti Sciaga (1342 m) ist eine Alp mit mehreren, meist verfallenen Steinhäusern und einem hübschen, in Granit gefassten Brunnen, für dessen Wasserqualität die Gemeinde Gambarogno leider nicht bürgen mag. Ein altes Schild (Indemini Chiesa, 1 Std.) weist hier geradeaus hinunter und konkurriert mit einem neuen Schild (Indemini mit Bussymbol, 1:20 Std.), das den Weg linker Hand vorschlägt. So oder so – beide Wege führen unterhalb der Siedlung zusammen. Von hier aus geht es auf einem fotogenen, befestigten Säumerpfad

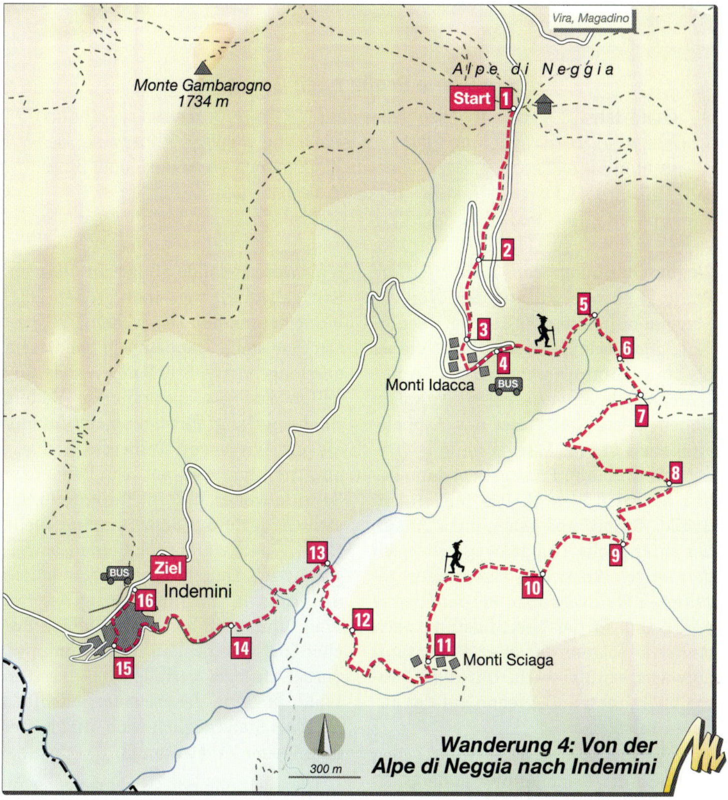

weiter, ideal für Maultiere, für Zweibeiner wegen den Unebenheiten der Steine ziemlich anstrengend. Im Zickzack gelangt man, vorbei an einigen Steinhäusern, Ruinen und an einem *Wegstock* **12**, in den Wald zurück und weiter auf dem alten Säumerweg hinunter in ein schluchtartiges Tal, das *Val Grona*.

Bei der Gabelung, noch vor dem Bach, halten wir uns an die Richtungsangabe „Indemini". Das darauffolgende handgeschriebene Schild „Lido, Badi" (Badi ist das schweizerdeutsche Wort für Schwimmbad) weist rechts hoch, wo vermutlich Badegumpen sind (von uns angesichts dräuender Wolken nicht überprüft). Nach der Brücke **13** geht der steinige Säumerweg in einen weicheren Waldweg über, der später auf einen breiteren Forstweg stößt **14**. Diesen bergan gehen, er wird noch breiter und mutiert schließlich zum Asphaltsträßchen, das zum unteren Dorfrand von *Indemini* führt. Hier einfach die Steintreppe **15** zwischen den Häusern zur Straße hochsteigen, dort rechts am „Ristorante Indeminese" vorbei zur *Postautohaltestelle* **16**.

Das letzte Postauto zur Alpe di Neggia und weiter nach Vira fährt um 17.33 Uhr.

GPS-Wanderung 5

Von Ponte Brolla nach Gordevio

Charakteristik: An den Abhängen über der Maggia – zum Schluss ein schöner Auenwald. Die Wanderung führt größtenteils am waldigen Abhang auf der rechten Talseite entlang. Sie ist auch mit Kindern möglich. **Route:** Ponte Brolla – Gropp – Vald d'Fòra – Ronchi – Gordevio. **Dauer:** knapp 4 Stunden.

Wegbeschreibung: Vom *Bahnhof Ponte Brolla* **1** suchen wir erst den Weg zur Maggia: hinter dem Restaurant „Centovalli" am Restaurant „Da Enzo" vorbei bis zum „Grotto Americano", wo Autofahrer auch einen kleinen Parkplatz finden. Beim Grotto erst das Asphaltsträßchen an der Maggia entlang (Badebecken!) bis zu Ende gehen, dann gabelt sich der Weg **2**. Wir folgen dem Schild „Gropp" und gehen links hinauf, der anfängliche Treppenweg geht nach den letzten Rustici in einen mauergesäumten Waldweg über. Bei den Rustici von *Gropp* **3** der Beschilderung nach *Aurigeno* folgen; der Weg führt sanft aufwärts, sanft abwärts. Durch die Bäume blickt man auf Avegno auf der anderen Talseite.

Ungefähr 45 Min. nach Gropp gehen wir an einer Stromleitung entlang ins Tal hinunter. Der Abstieg – weiß-rot-weiß markiert – wurde neu befestigt. Bald überquert man auf einer kleinen *Holzbrücke* **4** ein Wildwasser, und gleich befindet man sich an der Maggia, die hier zum Schwimmen meist nicht tief genug ist, aber für ein Erfrischungsbad ausreicht. Zudem ist der Platz ideal für ein Picknick.

Nach einem kurzen Spaziergang an der Maggia entlang erreicht man ein großes Wiesengelände mit Hundegebell und Gehöft, *Torbeccio* genannt, wo eine *Fußgängerbrücke über die Maggia* **5** führt. Der Fluss reicht hier allenfalls für ein Fußbad.

Die Brücke lassen wir rechts liegen und folgen weiter dem Weg nach Aurigeno (Schild). Hinter dem zweigeteilten Wiesengelände steigt der Weg an. Erst gehen wir um einen großen Felsblock herum, dann zwischen zwei Felsen eine steile Treppe hoch; bei diesem anstrengendsten Stück der Wanderung helfen im Felsen verankerte Ketten. Oben angelangt **6**, blickt man hinunter auf die Wiese von Torbeccio und talabwärts auf Avegno. Nur ein paar Schritte weiter, und im Tal unten zeigt sich Gordevio mit dem Camping „Bella Riva". Gleich darauf folgt eine Abzweigung nach Dunzio **7**, aber wir halten uns stets in Richtung Aurigeno. Der Weg führt sanft zwischen Eichen, Buchen und vereinzelten Birken hinunter, vorbei an zwei verfallenen *Rustici* im Wald **8**, von denen eines allenfalls noch als Stall tauglich wäre, und weiter zum Weiler *Vald d'Fòra* **9**.

Hier betreibt ein Ostschweizer eine ökologische Aufzucht von Yaks, schottischen Hochlandrindern und Wollschweinen. Auf einer befahrbaren Naturstraße spazieren wir zum Weiler *Vald*, wo vornehmlich Deutschschweizer einige Rustici unterhalten. Vielleicht ihren Autos zuliebe ist das nächste Stück asphaltiert, das über die Brücke **10** des Maggia-Zuflusses *Ri della Terra di Fuori* zu den Häusern von Ronchi führt. Statt nach Ronchi zu gehen, zweigen wir jedoch nach der Brücke rechts in Richtung Gordevio ab, verlassen bei der ersten Straßenkurve den Asphalt und schlagen rechts den gelb markierten „Sentiero" ein. Zwischen malerischen Steinmäuerchen führt der Weg hinunter zu einer Gabelung, dort links (schlecht markiert!)

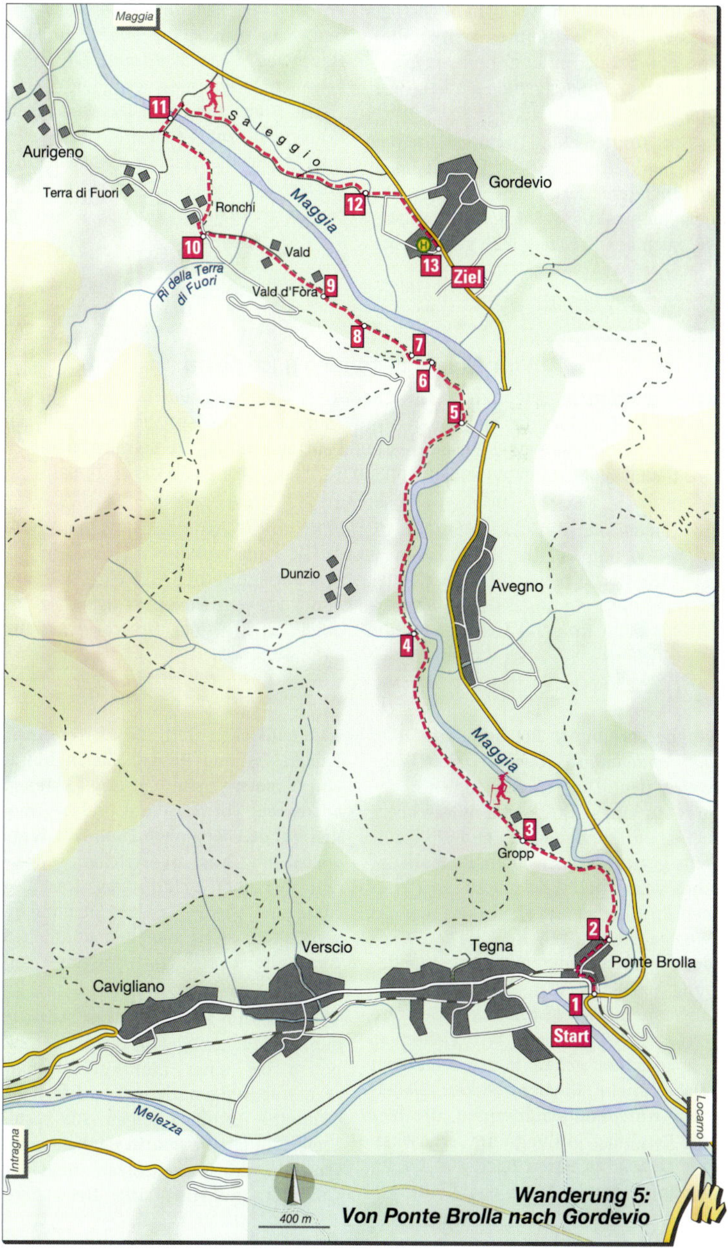
Maggia
Aurigeno
Terra di Fuori
Ronchi
Saleggio
Gordevio
Maggia
Vald
Vald d'Fòra
Ri della Terra di Fuori
Ziel
Dunzio
Avegno
Maggia
Gropp
Verscio
Tegna
Ponte Brolla
Cavigliano
Start
Melezza
Intragna
Locarno
400 m
Wanderung 5:
Von Ponte Brolla nach Gordevio

gehen. Durch ein Wäldchen gelangt man zur Maggia hinunter, geht an dieser ein Stück entlang und wechselt über eine *Fußgängerhängebrücke* **11** ans andere Maggia-Ufer.

Dort führt rechter Hand ein breiter, gelb markierter „Sentiero" in bequemen 20 Min. quer durch den wunderschönen Auenwald von *Saleggio* (Alternative: nach der Brücke gleich ganz rechts an der Maggia entlang talabwärts gehen, man trifft später wieder auf den Hauptweg). Am *Waldrand* **12** angekommen, steht man vor den ersten Häusern von Gordevio. Das Sträßchen führt hoch zur Talstraße, diese geht man talabwärts: Nach der Abzweigung „Gordevio Paese" erreichen wir die *Haltestelle des Postautos* **13**.

GPS-Wanderung 6

Vom Monte di Comino nach Costa

Charakteristik: Eine familientaugliche Höhenwanderung durch Wälder zu Almen (schweizerisch: Alpen), die – oft auf alten Maultierpfaden – immer wieder durch schattige Wälder führt und auch mit Kindern zu bewältigen ist. **Dauer:** rund 3 Stunden **Route:** Monte di Comino – Dröi – Calascio – Cremaso – Costa.

Gondelbahnen: *Verdasio Stazione – Monte Camino*, April/Mai 9–12.30 und 14–17 Uhr, Juni–Okt. 9–18 Uhr, im 30-Min.-Takt. Einfache Fahrt 12 CHF. *Costa – Intragna*: Der Betrieb der Gondelbahn wurde im Herbst 2021 eingestellt und dürfte frühestens 2024 wieder aufgenommen werden. Bisher galt: März bis Mitte Nov. 9–12.30 und 14.30–18 Uhr im 20-Min.-Takt. Einfache Fahrt 8 CHF.

Wegbeschreibung: Bei der *Bergstation der Gondelbahn* **1** folgen wir dem Wegweiser nach Dröi, erst am linken Bachufer ein kurzes Stück eine Wiese hoch, bei einem Rustico wird dann die Bachseite gewechselt. An einem Ferienhäuschen vorbei gelangen wir zu einer kleinen *Rusticosiedlung* **2**, bei der sich der Weg gabelt: Wir gehen rechts den Wanderweg nach Intragna. Wer die Wanderung ausweiten will, kann beim kommenden *Tälchen* **3** links den „Sentiero Panoramico" wählen. Wir ziehen es vor, rechts zu gehen, in den schattigen Wald hinein: Buchen, Birken, Nadelholz. Auf dem Maultierpfad, der hier am Berghang entlangführt, erhaschen wir ab und zu einen Blick auf die gegenüberliegende Seite des Centovalli und entdecken dort die Dörfer Rasa, Palagnedra und Bordei. Gleich hinter einem malerischen *Wegstock* **4** stehen wir erneut vor der Wahl und begeben uns auf den Weg nach Dröi, laut Wegweiser in 35 Min. zu erreichen, es werden aber eher 45 Min. sein. Der Weg führt zum oberen Teil der *Siedlung* **5**, weit unten sieht man den nördlichen Abschnitt des Lago Maggiore mit Locarno.

Hinter Dröi folgt ein kurzer Anstieg, dann ein ebener Weg im Wald. Nach ca. 900 m bei einer Linkskurve scharf rechts abzweigen, dem *Schild* **6** nach Calascio – Intragna folgen. An bester Stelle lädt unterwegs ein Bänkchen zur Rast ein, der Blick schweift über das Onsernone und seine Dörfer. Der weitere

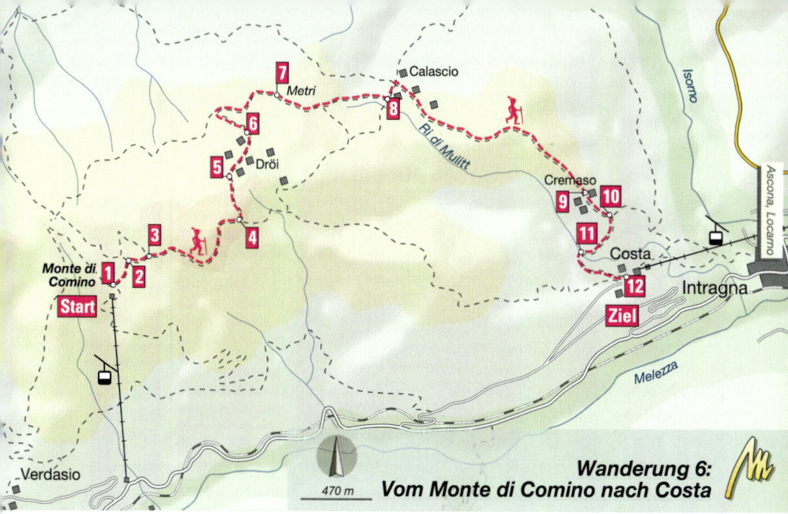

Weg führt bergab zu einer Lichtung mit der Ruine eines *Rusticos* **7**, auf der Karte als „Metri“ verzeichnet, und rechts an einem weiteren Rustico vorbei, dieses wieder instandgesetzt, in einen Birken-Buchenwald hinein. Über einen kleinen Bach, der auch im Hochsommer noch Wasser führt, gelangen wir zu einer Alp, auch hier ein Rustico. Dort rechts der Beschilderung „Dröi Comino“ folgend am Waldrand entlanggehen, dann um eine zweite Alp herum – durch eine Steinmauer von der ersten getrennt – und wieder in den Wald hinein. Bei einer kaum wahrnehmbaren Gabelung links gehen und stets durch den Wald hinunter bis *Calascio* **8**. Der Weiler besteht aus mehreren Gehöften und einer Kapelle. Auf alten Wanderkarten ist er noch mit dem Symbol Messer und Gabel versehen, doch das Gasthaus im oberen Ortsteil ist längst geschlossen, die Wanderer begnügen sich mit einem Picknick in der Vorhalle der Kapelle.

Gleich nach Calascio führt rechts ein einstiger Maultierpfad in den Wald hinein, und nach ungefähr 30 Minuten haben wir den Weiler *Cremaso* **9** erreicht. Hier stehen die Ferienhäuser eng beieinander, wir nähern uns der Zivilisation. Bei einem Wegstock gelangen wir rechts hinunter, an der Bergstation einer Seilbahn für Gütertransport vorbei, zu einer *Weggabelung* **10**. Dort dem Schild „Costa“ folgen – die angegebenen 20 Min. stimmen in etwa. Der Weg, meist Treppen, führt steil hinunter zur *Brücke über den Ri di Mulitt* **11**. Etwas unterhalb Brücke lädt ein kleines Becken, allerdings nicht leicht zugänglich, zum Erfrischungsbad ein. Nach der Brücke – man ist nach dem etwas mühsamen Abstieg schon fast dankbar – geht es problemlos hinauf nach *Costa*, das man bei der *Bergstation der Gondelbahn* **12** erreicht. Deren Betrieb wurde allerdings im Herbst 2021 eingestellt, hoffentlich nicht auf Dauer. Optimisten rechnen mit einer Wiederaufnahme 2024. Bisher galt: letzte Talfahrt 18.10 Uhr. Solange die Bahn außer Betrieb ist, muss man über Pila nach Intragna absteigen (ca. 45 Min., ausgeschildert).

GPS-Wanderung 7

Von Spruga auf die Alpe Saléi

Charakteristik: Etwas mühsamer Aufstieg, als Lohn winkt ein idyllischer Bergsee. Insgesamt wenig anstrengende Tour. **Route:** Spruga – Pian Secco – Mondada – Laghetto dei Saléi – Capanna Saléi – Alpe Saléi. **Dauer:** knapp 3 Stunden. **Gondelbahn:** Alpe Saléi – Zott, Mitte Mai bis Okt. Mo–Sa 8.30–12 und 14–18 Uhr, So 8.30–18.30. Einfache Fahrt 15 CHF.

Wegbeschreibung: Ausgangspunkt ist die freundliche *Bar Onsernonese* am Dorfplatz von Spruga **1**. Im oberen Teil des Weilers an einer Handweberei vorbeigehen, dann beginnt der relativ steile Anstieg, zum Glück größtenteils im Wald. An einem *Wegstock* **2** vorbei gelangen wir zu einem renovierten *Rustico* **3**, einem netten Feriendomizil, und weiter zu einer *Weggabelung* **4** im Wald. Links ginge es nach Fenei und Mondada (auf letzteres treffen wir später), aber wir schlagen den rechten Weg ein, Richtung Cima al Corte und Alpe Saléi. Bald stehen wir auf einer Alp mit einer *Rustico-Ruine* **5** und ein paar halbwegs sanierten Rustici etwas weiter oben. Die Siedlung heißt *Pian Secco* **6** – von hier führt ein kurzer Weg nach *Mondada* **7**, einem ehemaligen Berggasthaus.

Vom Ex-Berggasthaus führt ein alter, markierter Weg (auf den meisten Karten nicht verzeichnet) durch den Wald bis zu einem *Wegweiser* **8**, dort weiter hoch – jetzt etwas weniger steil – in Richtung Alpe Saléi. Das Laubholz wird allmählich von Nadelholz abgelöst, und irgendwann sieht man ein kleines Teilstück vom Lago Maggiore. An einer größeren *Kreuzung* **9** treffen sich mehrere Wege, einfach weiter in Richtung Alpe Saléi halten, nach knapp 10 Min. überqueren wir ein ausgetrocknetes Bachbett und stehen vor der *Capanna Saléi* **11**, einer Berghütte, die von Wanderern genutzt wird. Noch vor ihr führt links ein schlecht markierter, aber klar erkennbarer Weg hoch, teils ziemlich steil, zum *Laghetto dei Saléi* **10**, einem wunderschönen Bergsee in einer karg mit Nadelholz bewachsenen Landschaft, den wir in einer Viertelstunde erreichen. Der kleine See ist glasklar und ziemlich kalt, die Ufer sind zum Picknicken sehr beliebt. Der Blick reicht bis zum Lago Maggiore hinunter, von dem man allerdings nur ein kleines Teilstück sieht.

Blick von Pian Secco ins Onsernone

Vom See wieder auf demselben Weg zurück zur *Capanna Saléi* **11**. Von hier sind es nur noch 5 Min. auf einem bequemen Feldweg zur *Alpe Saléi* **12**, die den Wanderer mit Getränken, Salami und Käse zur Rast einlädt. Gleich daneben fährt die Gondelbahn hinunter nach Zott im Vergelettotal.

Wer die letzte Talfahrt (18 Uhr) verpasst hat, setzt die Wanderung – teils ziemlich steil – fort, bis er unten im Tal ankommt. Dann auf der Straße rechts zur Talstation der Gondelbahn, die zugleich Endstation der Postautolinie ins Valle di Vergeletto ist.

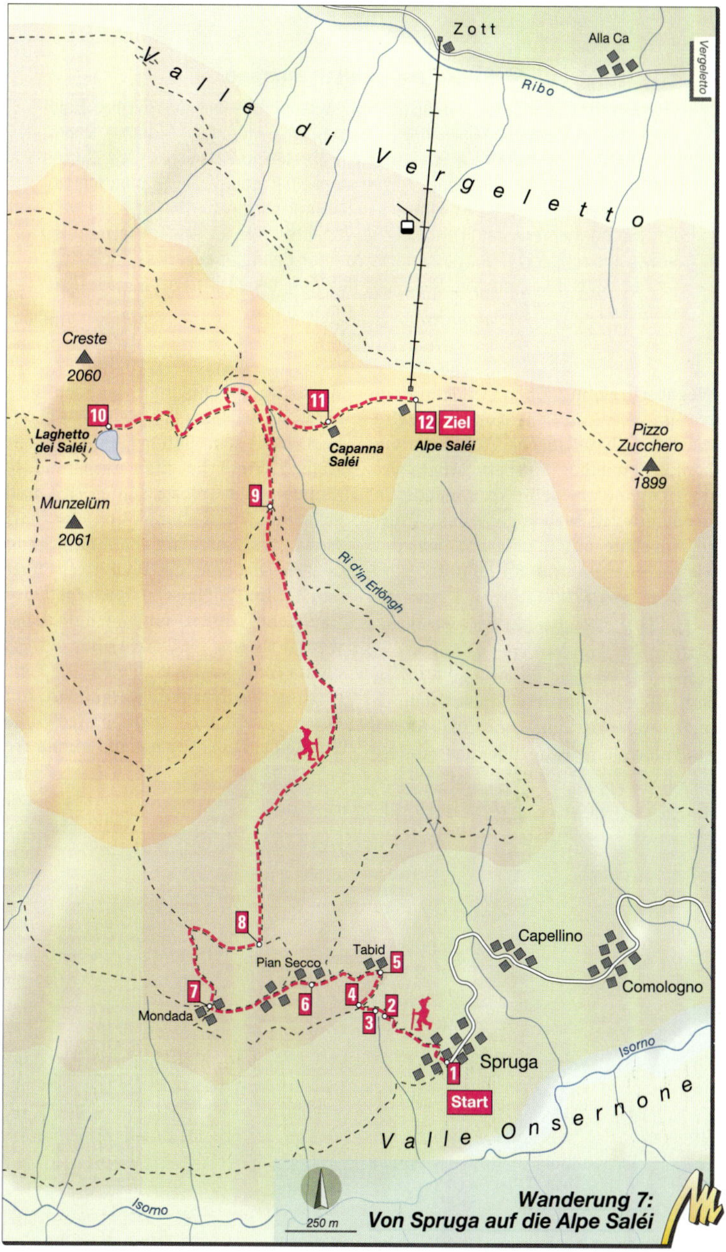
Zott
Alla Ca
Vergeletto
Ribo
Valle di Vergeletto
Creste
2060
10
Laghetto dei Saléi
11
Capanna Saléi
12 Ziel
Alpe Saléi
Pizzo Zucchero
1899
9
Munzelüm
2061
Ri d'in Erlöngh
8
Pian Secco
Tabid
5
Capellino
Comologno
7
Mondada
6
4
2
3
Spruga
1
Start
Isorno
Valle Onsernone
Isorno
250 m
Wanderung 7:
Von Spruga auf die Alpe Saléi

GPS-Wanderung 8

Blicke auf den Luganersee

Charakteristik: Ein Tessin-Klassiker: Höhenwanderung auf der Ceresio-Halbinsel. **Route:** Monte San Salvatore – Carona – Vico Morcote – Morcote. **Dauer:** 3½ Stunden. **„Aufstieg" via Standseilbahn ab Lugano-Paradiso:** Profis starten unten in Lugano-Paradiso und steigen über einen steilen Felsenpfad mit vielen Treppen zum Gipfel des Monte San Salvatore hoch (ca. 1¼ Std.). Wir wählen die bequemere, familientaugliche Variante – sie ist erst im letzten Teil etwas anstrengend – und lassen uns von der Bahn auf Luganos „Zuckerhut" fahren: Mitte März bis Okt. 9–18 Uhr (Juli/Aug. bis 23 Uhr) im 30-Min.-Takt; einfache Fahrt 23 CHF.

Wegbeschreibung: Oben auf dem *Monte San Salvatore* angekommen, wird man die phantastische Aussicht vom konkurrierenden Hausberg Monte Brè über Lugano und seine Vororte bis zum Seedamm von Melide genießen. Andere Angebote auf dem Gipfel wie das kleine Museum und ein Lehrpfad sind weniger spektakulär.

Unser Ausgangspunkt ist die *Bergstation der Standseilbahn* **1** auf 882 m Höhe. Der Abstieg durch den Wald ist vor allem im ersten Stück ziemlich steil, steinerne und hölzerne Stufen sind eine kleine Hilfe, über das zahllose Wurzelwerk kann man dennoch stolpern. Bei der *Casa San Salvatore* **2**, einem modernen Bau gegenüber einer kleinen Wiese, hat man nach rund 45 Minuten das Gröbste hinter sich und verschnauft erst einmal. Von hier führt die Via San Salvatore schnurstracks in den *Weiler Ciona*, der Blick reicht über den See ins italienische Spielerparadies Campione. Außer einer empfehlenswerten Osteria (→ Carona) hat der Ort nichts Aufregendes zu bieten. Die Fortsetzung ist schlecht ausgeschildert. Am besten überquert man einfach die Straße Lugano – Carona und nimmt die

Einer von vielen Blicken auf den Luganersee

Via Roccolo in den Wald, wo ein Schild nach „Morcote" weist. Der Waldweg ist angenehm, erst leicht abwärts, dann ebenso leicht aufwärts. Ab und zu erhascht man rechts einen Blick ins Industriegebiet des Scairolo-Tals mit dem blau-gelben Klotz des bekannten schwedischen Möbelkonzerns. Nach knapp einer Viertelstunde führt der Weg aus dem Wald hinaus auf eine Asphaltstraße, in diese rechts einbiegen. Sie mündet am südlichen Ortsausgang von Carona in die Hauptraße **3**. Das Dörfchen ist ein Juwel und lohnt eine Besichtigung (→ Carona).

Die Fortsetzung ist anfangs etwas kompliziert: erst ein Stück auf der Hauptstraße Richtung Vico Morcote, beim Sportgelände (mit Schwimmbad!) von den beiden Morcote-Schildern das linke (2 Std. 20 Min.) wählen, dann der Beschilderung „San Grato" folgen, bis rechts ein Zickzackpfad mit Wandermännchenschildern zum „Parco Botanico San Grato" hochführt. Der Besuch des botanischen Gartens mit Azaleen, Rhododendren, Nadelhölzern und exotischen Pflanzen ist gratis, und wenn man sich trotz aller bunten botanischen Schilder an die Wandermännchen hält, findet man wieder heraus auf den Weg nach Morcote. Man gelangt erneut auf die *Asphaltstraße* **4**, geht diese ein kurzes Stück hoch und folgt dann der Beschilderung rechts in den Wald hinein.

Der Waldweg ist eben (stets auf die Schilder „Morcote" achten!), ab und zu schimmert links der Luganersee durch die Bäume. Erst am *Belvedere-Punkt* **5** gewinnt man einen freien Blick auf den See: Unten liegt die Ceresio-Landnase, am anderen Ufer das schmucke Dörfchen Brusino Arsizio, darüber die Seilbahn nach Serpiano. Eine Steinbank lädt hier zu einer letzten Rast ein, bevor der Abstieg beginnt.

Erst führt der Weg zur Lichtung der *Alpe Vicania* **6**, wo das einstige Bauerngehöft zu einem Landgasthof umgebaut wurde. Dann haben wir wieder die Wahl: Links weist ein Schild nach Morcote (1 Std.), rechts weist ein anderes ebenfalls nach Morcote (1 Std. 25 Min.) – wir entscheiden uns für die kürzere Variante. Sie führt erst am Zaun eines riesigen privaten Grundstücks entlang, dann auf eine Asphaltstraße, die in die *Straße Carona – Vico Morcote* **7** mündet. Unmittelbar davor weist ein Schild rechts die Treppe

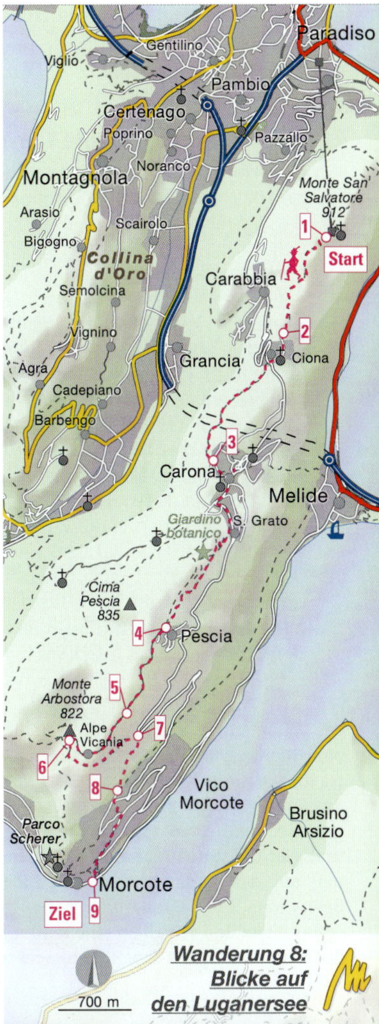

hinunter, an deren Ende wieder ein Aussichtspunkt lockt: Brusino Arsizio am anderen Ufer liegt jetzt nicht mehr so weit unten, am diesseitigen Ufer zeigt sich die Kirche von Vico Morcote.

Die Treppe führt weiter, schier endlos – es ist der anstrengendste Teil der ganzen Wanderung – bis an den oberen Ortsrand von *Vico Morcote* **8**. Hier einfach auf dem kürzesten Weg hinunter gehen, und man stößt auf eine Postautohaltestelle. Das Postauto fährt stündlich, und wenn man nicht lange warten muss, kann man getrost diese faule Variante wählen (so interessant ist der 40-minütige Weg nach Morcote auch wieder nicht – teils kopfsteingepflasterter Waldweg, vor allem aber Treppen). Die Wanderung endet direkt an der *Schiffsanlegestelle* **9** des malerischen Dorfs.

Die **Rückfahrt mit dem Schiff** ist ein würdiger Abschluss der Tour. 6-mal täglich fährt ein Kahn über Brusino Arsizio, Melide, Campione und Lugano nach Paradiso – eine 50-minütige Kreuzfahrt!

GPS-Wanderung 9

Vom Monte Tamaro zum Monte Lema

Charakteristik: Die Königsroute: Höhenwanderung zwischen Luganersee und Lago Maggiore. **Route:** Alpe Foppa – Capanna Tamaro – Monte Tamaro – Bassa di Montoia – Passo d'Agario – Monte Lema. **Dauer:** 4½–5 Stunden. **Gondelbahn Rivera – Monte Tamaro** und **Monte Lema – Miglieglia:** Betrieb April–Okt. Erste Bergfahrt in Rivera um 8.30 Uhr, dann im 30-Min.-Takt, letzte Talfahrt vom Monte Lema nach Miglieglia 17 Uhr. **Rückfahrt Miglieglia – Rivera:** Ein Spezialbus führt Wanderer von Miglieglia nach Rivera zurück. Abfahrt in Miglieglia 17.15 Uhr. Das Busticket bezahlt man gleich in Rivera (damit ist ein Platz reserviert!); das Ticket für die Talfahrt nach Miglieglia kann man erst auf dem Monte Lema lösen. Alles in allem kosten Gondeln und Bus zusammen 55 CHF. Wer den Spezialbus erreichen will, muss um 17 Uhr am Monte Lema die Talfahrt nach Miglieglia antreten. Manchmal fährt auch um 17.30 Uhr noch eine Gondel talwärts, dann aber ist unten der Bus abgefahren. In diesem Fall: Mit dem Postauto (letzte Abfahrt 18.09 Uhr) bis Lamone fahren, dort in den Zug nach Rivera umsteigen. **Essen/Übernachten:** Wer möglichst lange auf dem Lema bleiben will, kann sich im Ristorante-Ostello Vetta Monte Lema (Selbstbedienung) an die Sonne setzen. Wer zu lange bleibt und die letzte Gondel verpasst, kann im Haus nächtigen: 11 renovierte Zimmer, HP im DZ 95 CHF/Pers. Reservierung geboten. Monte Lema, 6986 Miglieglia, ✆ 091-9671353, www.montelema.ch.

Die Wanderung vom Monte Tamaro zum Monte Lema, die sog. Traversata, ist die Tessiner Königsroute. Sie führt am Kamm des Gebirges zwischen Luganersee und Lago Maggiore entlang und gibt den Blick mal auf den einen, mal auf den anderen, mal auf beide Seen frei. Die Wanderung verlangt etwas Puste und vor allem eine Kopfbedeckung: kein Schatten! Ein bisschen Proviant und vor allem genügend Wasser sind obligatorisch.

Noch bevor man an der Bergstation die Stiefel schnürt, bietet sich ein Besuch der **Kapelle Santa Maria degli Angeli** (→ Valle del Vedeggio) an, die gleich neben dem Restaurant steht. Die vom Tessiner Stararchitekten Mario Botta in den 1990ern geplante Kapelle ist ein kühner Wurf, der seinesgleichen sucht.

Piazzogna
Rivera
Alpe Foppa
Start
1
S. Maria degli Angeli
Bironico
2
3
4
Capanna Tamaro
Monte Tamaro
Camignolo
5
6
Bassa di Indemini
Vira
7
Bassa di Montoia
Alpe di Montoia
8
Mezzovico
M. Gradiccioli
9
Sigirino
Passo d'Agario
10
Monteviasco
Taverne
Torricelle
Zottone
11
Bedano
Mugena
Arosio
Vezio
12
Piano del Poncione
13
Ziel
Monte Lema
Gravesano
Fescoggia
Manno
Breno
Bosco Luganese
Miglieglia
Cademario
Aranno
850 m
Wanderung 9:
Vom Monte Tamaro zum Monte Lema

Wegbeschreibung: Die Bergstation der Gondelbahn befindet sich *nicht* auf dem Monte Tamaro, wie die Aufschrift der Bahn verspricht, sondern auf der *Alpe Foppa* **1**, wo neben der berühmten Botta-Kapelle auch das Restaurant den Start der Wanderung um ein paar Minuten verzögern kann. Im Rücken das Vedeggiotal mit der Autobahn – Bergstation und Kapelle werden rasch kleiner – nimmt man den ersten Anstieg, der am Schluss etwas anstrengend in Kurven hochführt, und steht nach rund einer Stunde vor der *Capanna Tamaro* **2**. Hier gibt es eine letzte Einkehrmöglichkeit: Polenta, Käse und Salami, oder man füllt nur die geleerte Wasserflasche auf. Dann öffnet sich das Alpenpanorama langsam, nach 10 Minuten gelangt man zu einer *Gabelung* **3**, links könnte man nach Mezzovico ins Vedeggiotal absteigen, aber wir gehen weiter am Talhang entlang, bald mit Blick auf den Luganersee und den markanten Monte San Salvatore. Der Weg steigt erst etwas, führt unterhalb eines Gebäudes vorbei, wird dann wieder eben. Ab und zu erfreuen Alpenrosen das Auge, und bald sieht man auf der anderen Seite ein Stück des Lago Maggiore mit Ascona und Locarno. Bei einer Weggabelung **4** beginnt der steile, 20-minütige Aufstieg zum Gipfel des *Monte Tamaro*. Falls dieser sich im Nebel zeigt, kann man sich die Kraxelei sparen und ihn auf dem Weg links umgehen. Bei schönem Wetter aber lohnt die Mühe, der Ausblick vom 1961 m hohen *Gipfelkreuz* **5** auf den Lago Maggiore und die Magadino-Ebene ist einmalig.

Der Abstieg vom Gipfel ist weniger steil als der Aufstieg, weit unten liegt rechts das einstige Schmugglerdörfchen Indemini. Nach 25 Minuten trifft man in der *Bassa di Indemini* **6** wieder auf die Hauptroute. Von hier weg führt die Wanderung in leichtem Auf und Ab

Monte Tamaro

Ungefährliche Gratwanderung auf der Traversata

sehr angenehm auf dem Grat, stets den Lago Maggiore im Blick, zur *Bassa di Montoia* **7**. Bei einer ersten Gabel führt rechts ein Weg über die Alpe di Montoia nach Indemini, das man in einiger Entfernung sieht, wir gehen aber ein paar Schritte weiter zur nächsten *Gabel* **8**, die etwas verwirrend ist: Links weist ein Schild zum „Monte Lema, 3 Std.", rechts eines ohne Zeitangabe zum „Monte Lema". Ein Blick auf die Karte hilft bei der Entscheidung. Der linke Weg führt steil zum Monte Gradiccioli hoch und erreicht später wieder den Hauptweg. Wir wählen die bequemere Variante, eine Hangwanderung durch die Alpenflora mit Blick hinunter auf ein Stück des Lago Maggiore, auf Indemini und die Dörfer der Valle Vedasca.

Beim *Wegweiser Pianoni* **9** mündet links die Gradiccioli-Route wieder in den Hauptweg. Bald führt dieser als Wiesenweg auf dem Grat leicht abwärts, links rückt Lugano ins Blickfeld, vorne zeigt sich bereits der Gipfel des Monte Lema, später kommt man in den Genuss, beide Seen gleichzeitig zu sehen. Ein paar Schritte nach einer Gabel (rechts Abstieg zur Alpe Merigetto) erreicht man den Passo d'Agario mit einem ehemaligen *Wachthäuschen* **10**, wo ein freundliches Schild „Self-Service" den Wanderer einlädt, sich selbst zu bedienen und das Geld passend zu hinterlegen (leider war keine Ware da, es soll sich aber um Getränke handeln). Die Zeitangabe „Monte Lema, 1h25" ist untertrieben, rechnen Sie mit einer Viertelstunde mehr.

Vom „Selbstbedienungshäuschen" aus zeigt sich der Weg als angenehme Wiesenwanderung ohne größere Steigungen auf dem Grat durch eine reiche Alpenflora – erst Blick auf Lugano und Teile seines Sees, später auf beide Seen. Bei einem weiteren Häuschen im Sattel *Zottone* **11** führt links ein Weg ins Malcantone-Dörfchen Breno hinunter. Das Ziel Monte Lema vor Augen bleiben wir aber auf dem Hauptweg,

Rast vor dem Monte Lema

der bis unterhalb des Poncione di Breno steil ansteigt: Steintreppen, teils unterstützendes Geländer. Hat man den *Piano del Poncione* **12** erreicht, sieht man vor sich etwa auf gleicher Höhe die Bergstation der Lema-Gondelbahn. Doch zwischen hier und dort liegt noch ein Tal, erst also hinunter und dann wieder hinauf. Im allerletzten Stück hat man die Wahl zwischen einem mühsamen, langen Schlaufenweg und einem ebenso mühsamen, kurzen, steilen Treppenweg, der direkt durch den Wald zur *Bergstation der Gondelbahn* **13** führt. Von hier sind es noch 5 Minuten auf den Gipfel des Monte Lema, der mit seinem Panorama selbst den Monte Tamaro übertrumpft: Lago Maggiore und Luganersee liegen dem Wanderer zu Füßen, der Blick reicht in die Poebene bis nach Milano – und im Hintergrund türmt sich eine imposante Alpenkette auf.

GPS-Wanderung 10

Am Abhang des Monte Generoso

Charakteristik: Abstieg vom Gipfel zur Zwischenstation. **Route:** Monte Generoso – Alpe Nadigh – Alpe Génor – Bellavista. **Dauer:** 2¾ Stunden inklusive Gipfelbesteigung. **Zahnradbahn Capolago – Monte Generoso:** April–Okt. tägl. 9.25–15.35 Uhr – ungefähr stündlich mit zwei Zwischenhalten. Letzte Talfahrt ab Bellavista April/Mai 17 Uhr, Juni–Okt. 18 Uhr. Einfache Fahrt 36 CHF, Rückfahrt ab Bellavista 24 CHF. Bei schlechtem Wetter kein Betrieb.

Der **Monte Generoso,** dessen 1701 m hohen Gipfel sich die Schweizer mit den Italienern teilen, gehört zu den großen Ausflugszielen des Tessins. Seit 1890 fährt eine Zahnradbahn direkt unter den Gipfel und hält direkt vor dem spektakulären Bau des 2017 eröffneten Bergrestaurants „Fiore di Pietra" (Steinblume), das von Mario Botta entworfen wurde.

Für den Abstieg zum See würde man 3½ bis 4 Stunden brauchen, eine schwierige Route mit 1430 m Höhenunterschied. Wir schlagen eine bescheidenere, familientaugliche Variante vor: Abstieg mit einer Schlaufe zur knapp 500 m tiefer gelegenen Zwischenstation und von dort mit dem Bähnchen zurück. Im ersten Teil wandert man über der Waldgrenze, Kopfbedeckung nicht vergessen!

Die Zahnradbahn auf den Monte Generoso

Wegbeschreibung: Erst den *Gipfel* **1** stürmen: Von der Bergstation der Zahnradbahn dauert der Aufstieg 15 Minuten, der Abstieg ist in 10 Minuten zu schaffen. Das Panorama oben ist einmalig: Man überblickt fast den gesamten Luganersee, erhascht ein Stück vom Lago Maggiore, bei klarem Wetter zeigt sich der Monta Rosa, und weiter hinten türmen sich die Gipfel der Berner Alpen auf.

Wer vor dem Abstieg noch eine Stärkung braucht oder seinen Durst löschen will, macht sich in der spektakulären „Steinblume" des Architekten Mario Botta, dem 2017 eröffneten Restaurant *Fiore di Pietra* **2**, fit für den Abstieg. Ein paar Meter östlich davon steht der erste Wegweiser für Wanderer, wir halten uns an die Angabe „Nadigh, 30 Min." Die ersten fünf Minuten geht man auf einem ebenen Höhenweg, den zahlreiche Besucher für einen Verdauungsspaziergang nutzen, dann weist ein Schild abwärts. Die weiß-rot-weiße Markierung die Wiese hinunter ist ausreichend. Kurz vor zwei Rustici *gabelt sich der Weg* erneut **3**: weiter Richtung Nadigh halten. Anfangs geht es etwas steil bergabwärts, dann gemächlicher, und bald sieht man die schiefergedeckten Häuser der kleinen, verschachtelten *Alpe Nadigh* **4**, wo neugierige Ziegen den Wanderer mustern. Hier rechts abzweigen (Richtung „Alpe Génor"), der Weg verläuft eben am Hang entlang, nach einer Viertelstunde steht man vor der *Alpe Génor:* einige Rustici-Ruinen, ein renoviertes Rustico und eine hübsche Mauer aus Granitplatten, weiter unten ein Bauernhof.

Von hier aus erst auf dem Weg bleiben, die Markierung findet man erst weiter oben wieder. Ein meist ausgetrocknetes Bachbett wird überquert, dann führt der Weg hoch zu den *Gleisen des Zahnradbähnchens* **5**, rechts führt der Weg zurück zum Monte Generoso hoch, links hinunter zur Zwischenstation Bellavista. Weit unten zeigt sich im Grünen das Dörfchen Muggio im gleichnamigen Tal, interessanter ist das Grün direkt vor der Nase: Wald, Schatten! In den Wald, aus ihm hinaus und wieder in den Wald hinein – der Weg ist hier so angenehm, dass man kaum wahrnimmt, dass er abwärts führt.

Bald werden die Bahngleise **6** überquert und man steht – am Schluss wird es nun doch noch etwas steil – vor der *Station Bellavista* **7**. Die Wartezeit auf das Bähnchen kann man sich auf der Terrasse des 2022 renovierten historischen „Buffet della Stazione" oder auf dem Picknickplatz im Wald verkürzen. Als Alternative zur Bahnfahrt kann man auch nach Capolago hinunterstrampeln: Das Buffet unterhält einen Fahrradverleih (Radrückgabe am Bahnhof von Capolago).

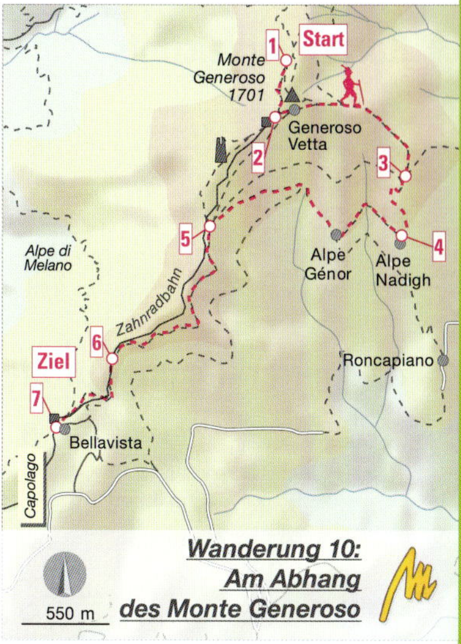

Alpe Nadigh

Kartenverzeichnis

Zeichenerklärung für die Karten und Pläne

- Autobahn
- Hauptverkehrsstraße
- vierspurige Schnellstraße
- Landstraße
- Nebenstraße
- Piste
- Wanderung mit GPS-Point
- Eisenbahn mit Bahnhof
- Seilbahn/Zahnradbahn
- Ort
- Bebaute Fläche
- Gewässerfläche
- Nationalpark/ Naturschutzgebiet
- Grünfläche
- Sperrgebiet
- Information
- Sehenswürdigkeit
- Museum
- Kirche
- Krankenhaus
- Apotheke
- Post
- Parkplatz
- Parkhaus
- Bushaltestelle
- Flughafen
- Seilbahn
- Schiffsanlegestelle
- Berggipfel
- Aussichtspunkt
- Turm
- Brücke
- Hütte
- Campingplatz
- Picknickplatz
- Sendemast
- Naturattraktion
- Quelle
- Wasserfall
- Ascona — im Kapitel näher beschriebener Ort

Alles im Kasten

Fotonachweis

Alle Fotos von Marcus X. Schmid außer: S. 2 (Werner Fiederer) | S. 45, 46, 52, 56, 64, 150, 154, 159, 167, 208, 211, 215, 220, 226, 229, 236 (Steffen Fietze) | S. 183 (Makalu/Pixabay) | S. 260 (Claude Mordasini) | S. 195 (Museo d'arte Mendrisio) | S. 196 (Pinacoteca Züst Rancate) | S. 210, 212 (zweites v. u.), 245, 248, 253 (Bruno Schmid)

Was haben Sie entdeckt?

Haben Sie ein gemütliches Grotto entdeckt, eine freundliche Unterkunft oder den besten aller Badestrände? Wenn Sie Ergänzungen, Verbesserungen oder Tipps zum Buch haben, lassen Sie es uns bitte wissen!

Schreiben Sie an: Marcus X. Schmid, Stichwort „Tessin"
c/o Michael Müller Verlag GmbH | Gerberei 19, D – 91054 Erlangen
mxs@michael-mueller-verlag.de

Vielen Dank!

Allen Lesern, die durch ihre Zuschriften mit wertvollen Hinweisen die Aktualisierung dieses Buches unterstützt haben.

Impressum

Text und Recherche: Marcus X. Schmid | **Lektorat:** D&M Services GmbH: Horst Christoph | **Redaktion:** Annette Melber, Christine Hetterle | **Layout:** D&M Services GmbH: Jana Locker, Dirk Thomsen | **Karten:** Theresa Flenger, Judit Ladik, Gábor Sztrecska, Inger Holndonner, Hans-Joachim Bode | **Herausnehmbare Karte:** Inger Holndonner | **Fotos:** siehe Fotonachweis oben | **GIS-Consulting:** Rolf Kastner | **Covergestaltung:** Karl Serwotka | **Covermotiv:** Morcote, Luganersee © mauritius images / John Warburton-Lee / Doug Pearson

ISBN 978-3-96685-172-5

 Druck: Westermann Druck, Zwickau GmbH

Haftungsausschluss

Abruzzen ■ Ägypten ■ Albanien ■ Algarve ■ Algarve ■ Allgäu ■ Altmühltal & Fränk. Seenland ■ Amsterdam ■ Andalusien ■ Andalusien ■ Apulien ■ Australien – Der Osten ■ Azoren ■ Bali & Lombok ■ Barcelona ■ Bayerischer Wald ■ Berchtesgadener Land ■ Berlin ■ Bodensee ■ Bornholm ■ Bremen mit Bremerhaven ■ Bretagne ■ Brüssel ■ Budapest ■ Chalkidiki ■ Chiemgauer Alpen ■ Chiemgau & Berchtesgadener Land ■ Chios ■ Cilento ■ Comer See ■ Cornwall & Devon ■ Costa Brava ■ Costa de la Luz ■ Côte d'Azur ■ Cuba ■ Dänemark Nordseeküste ■ Dolomiten ■ Dolomiten ■ Dominikanische Republik ■ Dresden ■ Dublin ■ Düsseldorf ■ Ecuador ■ Eifel ■ Elba ■ Elsass ■ Elsass ■ Fehmarn ■ Florenz & Chianti ■ Föhr & Amrum ■ Franken ■ Fränkische Schweiz ■ Fränkische Schweiz ■ Friaul-Julisch Venetien ■ Fuerteventura ■ Gardasee ■ Gardasee ■ Golf von Neapel ■ Gomera ■ Gran Canaria ■ Hamburg ■ Harz ■ Haute-Provence ■ Ibiza & Formentera ■ Irland ■ Island ■ Istanbul ■ Istrien ■ Jerusalem ■ Kalabrien & Basilikata ■ Kanada – der Westen ■ Karpathos ■ Kärnten ■ Katalonien ■ Kefalonia & Ithaka ■ Köln ■ Kopenhagen ■ Korfu ■ Korsika ■ Korsika Fernwanderwege ■ Korsika ■ Kos ■ Krakau ■ Kreta ■ Kreta ■ Kroatische Inseln & Küstenstädte ■ Kykladen ■ Lago Maggiore ■ Lago Maggiore ■ La Palma ■ La Palma ■ Languedoc-Roussillon ■ Lanzarote ■ Latium mit Rom ■ Lesbos ■ Ligurien ■ Ligurien ■ Limnos ■ Limousin & Auvergne ■ Liparische Inseln ■ Lissabon & Costa de Lisboa ■ Lissabon ■ London ■ Lübeck ■ Lüneburg & Lüneburger Heide ■ Madeira ■ Madeira ■ Madrid ■ Mailand ■ Mainfranken ■ Mainz ■ Mallorca ■ Mallorca ■ Malta, Gozo, Comino ■ Marken ■ Marseille ■ Mecklenburgische Seenplatte ■ Mecklenburg-Vorpommern ■ Menorca ■ Midi-Pyrénées ■ Mittel- und Süddalmatien ■ Montenegro ■ Moskau ■ München ■ Münchner Ausflugsberge ■ Münster & Münsterland ■ Naxos ■ Neuseeland ■ New York ■ Niederlande ■ Nord- u. Mittelengland ■ Nord- u. Mittelgriechenland ■ Norddalmatien ■ Norderney ■ Nordkroatien ■ Nördliche Sporaden ■ Nordportugal ■ Nordseeküste – Schleswig Holstein ■ Nordspanien ■ Normandie ■ Norwegen ■ Nürnberg, Fürth, Erlangen ■ Oberbayerische Seen ■ Oberitalien ■ Oberitalienische Seen ■ Odenwald ■ Oslo ■ Ostfriesland – Ostfriesische Inseln ■ Ostseeküste – Mecklenburg-Vorpommern ■ Ostseeküste – von Lübeck bis Kiel ■ Paris ■ Peloponnes ■ Pfalz ■ Pfälzerwald ■ Piemont & Aostatal ■ Piemont ■ Polnische Ostseeküste ■ Porto ■ Portugal ■ Potsdam ■ Prag ■ Provence & Côte d'Azur ■ Provence ■ Rhodos ■ Rom ■ Rügen, Stralsund, Hiddensee ■ Rumänien ■ Rund um Meran ■ Salzburg & Salzkammergut ■ Samos ■ Santorini ■ Sardinien ■ Sardinien ■ Schottland ■ Schwäbische Alb ■ Schwarzwald Mitte/Nord ■ Shanghai ■ Sizilien ■ Sizilien ■ Slowakei ■ Slowenien ■ Span. Jakobsweg ■ Spreewald ■ Sri Lanka ■ St. Petersburg ■ Steiermark ■ Stockholm ■ Straßburg ■ Südböhmen – Böhmerwald ■ Südengland ■ Südfrankreich ■ Südnorwegen ■ Südschwarzwald ■ Südschweden ■ Südtirol ■ Südtoscana ■ Südwestfrankreich ■ Sylt ■ Tallinn ■ Teneriffa ■ Teneriffa ■ Tessin ■ Thailand – der Norden ■ Thassos & Samothraki ■ Thüringen ■ Toskana ■ Toskana ■ Tschechien ■ Türkei ■ Türkei – Lykische Küste ■ Türkei – Mittelmeerküste ■ Türkei – Südägäis ■ Türkische Riviera – Kappadokien ■ Umbrien ■ USA – Südwesten ■ Usedom ■ Varadero & Havanna ■ Venedig ■ Valdarno, Casentino & Florenz ■ Venetien ■ Wachau, Wald- u. Weinviertel ■ Wales ■ Warschau ■ Westböhmen & Bäderdreieck ■ Wien ■ Zakynthos ■ Zypern

MM-Travel **MM-City** **MM-Wandern**

Register

Die in Klammern gesetzten Koordinaten verweisen auf die herausnehmbare Tessin-Karte.

Morcote

Unsere App zum Buch – unser Buch mit App

mmtravel® App

Dieses Buch besitzen Sie nicht nur auf Papier.
Bei Ihrem Reiseführer aus dem Michael Müller Verlag ist die App **mmtravel®** inklusive.

Die App **mmtravel®** …

… ist ein echter, vollständiger Offline-Reiseführer: alle Texte, alle Bilder und alle Karten – federleicht auf Ihrem Handy oder Tablet

… besitzt auch offline alle digitalen Benefits: Vergrößerbare Schrift, Suchfunktion, Verlinkung von Text und Karte, eigene Favoriten und Kommentare

… gestaltet die Reise nach Ihrem Geschmack und Ihren Interessen: Die intuitive Filterfunktion hilft bei der Planung und vor Ort

… enthält mehr Adressen (POIs) als andere Reise-Apps: Sie können sogar nach bestimmten Geschäften oder dem Bahnhof suchen

… unterstützt Sie mit GPS: Sie sehen, wo Sie sich befinden, entdecken alle Tipps in der Nähe und gehen damit auf Wandertour

Ihren Freischaltcode finden Sie vorne im Umschlag

Auf **mmtravel.com/app** geht's direkt zum Download in die App-Stores für iOS und Android. Nach dem Installieren einfach ein Benutzerkonto anlegen und den Freischaltcode eingeben.

Noch mehr Service – gratis auf mmtravel.com